전쟁의 심리학

전쟁의 심리학

초판 1쇄 발행 2020년 3월 20일

원제 THE PSYCHOLOGY OF THE GREAT WAR(1915)
지은이 귀스타브 르 봉
옮긴이 정명진
펴낸이 정명진
디자인 정다희
펴낸곳 도서출판 부글북스
등록번호 제300-2005-150호
등록일자 2005년 9월 2일

주소 서울시 노원구 공릉로 63길 14(하계동 청구빌라 101동 203호)
(01830)
전화 02-948-7289
전자우편 00123korea@hanmail.net
ISBN 979-11-5920-122-6 03180

The Psychology of the Great War

전쟁의 심리학

귀스타브 르 봉 지음 정명진 옮김

차 례

BOOK I 이 책을 이해하는 데 필요한 심리학적 원리들

BOOK II 현대 독일의 진화

BOOK III 전쟁의 간접적 원인들

BOOK IV 전쟁의 직접적 원인들

BOOK I

이 책을 이해하는 데 필요한 심리학적 원리들

서문

전쟁을 심리학적으로 연구하다

유럽 전쟁[1]의 사건들을 검토하는 것은 나의 목표가 아니다. 단지 이 전쟁의 기원과 전개를 둘러싸고 있는 심리적 현상들을 분석하는 것이 주된 목적이다. 이 전쟁이 지금도 우리를 흥분시키고 있는 탓에 현재로선 이 투쟁을 객관적으로 설득력 있게 설명하는 것은 불가능하다. 역사에 남을 일을 하는 세대는 역사를 쓰는 사람이 아니다. 왜냐하면 인간의 격정에서 비롯된 중대한 드라마를 충분히 이해하기 위해서는 어느 정도의 세월이 흘러야 하기 때문이다. 역사는 살아 있는 사람들에게 불공평하며, 죽은 자를 제외하고는 어느 누구에게도 공정하지 않다. 그러나 오늘날 우리가 그 과정을 지켜보고 있는 사건들의 뒤에, 그 사건들을 낳은 정신적 힘이라는 거대한 영역이 자리 잡고 있다. 이유

....

1 제1차 세계 대전(1914-1918)을 말한다. 저자가 이 책을 발표한 것은 전쟁이 발발하고 1년이 지난 시점인 1915년이었다.

는 눈에 보이는 세상의 현상들은 언제나 눈에 보이지 않는 세상에 뿌리를 내리고 있기 때문이다. 바로 이 눈에 보이지 않는 세상에서 우리를 지배하는 감정들과 믿음들이 완전하게 다듬어진다. 이 원인들의 영역이 내가 조사하려고 하는 유일한 영역이다.

* * *

너무나 많은 나라들을 분쟁의 소용돌이로 몰아넣은 이 전쟁은 평화주의 경향을 보이던 유럽 대륙 위로 천둥처럼 폭발했다. 당시에 유럽은 어쩔 수 없이 무장한 상태였다. 그러면서도 유럽은 발칸전쟁[2] 동안에 경험한 외교의 성공에 고무된 가운데 평화의 공식적 수호자들이 한동안 전쟁을 피할 수 있을 것이라고 기대하고 있었다. 그러나 평화는 결코 예정되어 있지 않았으며, 일주일 동안의 외교적 대화 끝에 유럽은 화염에 휩싸였다.

이 전쟁처럼 중대하고 끔찍한 사건들은 절대로 어느 한 사람의 의지에 좌우될 수 없으며, 그보다는 오랜 세월을 두고 서서히 쌓인, 뿌리가 깊고 또 먼 다양한 원인들에 의해 일어난다. 이 원인들은 그렇게 오랫동안 쌓이다가 어느 날 갑자기 그 효과를 우리 시야에 드러내게 된다.

역사적 사건들이 일어나는 과정을 살펴보면, 원인은 산술급수적으로 늘어나는 것 같은 반면에 결과는 기하급수적으로 늘어나는 것처럼 보인다.

....

2　제1차 세계 대전 발발 전에 발칸 반도에서 일어난 두 차례의 군사적 충돌(1912년 10월~1913년 5월, 1913년 6월-1913년 8월)을 말한다.

유럽 전쟁의 진정한 원인들을 이해하려면, 그 전쟁에 앞서 일어났던 사실들로 돌아가야 한다. 무엇보다, 현대 독일인들의 정신에 일어난 변화를 반드시 연구해야 한다. 이유는 한 국민의 행동, 따라서 그 국민의 역사는 바로 그 국민의 사고방식에서 비롯되기 때문이다.

* * *

이 유럽 전쟁은 심리적인 힘들의 경쟁이다. 서로 대립하는 이상(理想)들이 격투를 벌이고 있는 것이다. 개인적 자유가 집단적 예속에 맞서고 있고, 개인적인 진취적 정신이 국가 사회주의의 전횡에 맞서고 있으며, 조약에 대한 국제적 성실과 존중이 대포의 힘에 맞서고 있다. 독일이 지금 쟁취하려고 노력하고 있는, 힘의 절대주의라는 이상은 절대로 새로운 것이 아니다. 고대에도 힘의 절대주의가 최고의 권력을 누렸으며, 그 이상을 다른 것으로 대체하려는 시도가 지난 2,000년 동안 유럽이 투쟁을 벌이도록 만들었다. 게르만족의 이상이 승리한다는 것은 곧 국가들이 자국 역사 중 가장 절망적이었던 시대로, 다시 말하면 가장 강력한 자의 법이 정의의 유일한 토대였던 그런 폭력의 시대로 후퇴한다는 것을 의미한다.

인간들은 암흑 시대를, 말하자면 약자들을 무자비하게 짓밟고, 쓸모없는 것들을 잔인하게 버리고, 국가들의 이상이 정복이고 학살이고 약탈이던 그런 시대를 망각하기 시작했다. 그러나 문명의 진보가 원시적인 시대의 야만적인 관습을 최종적으로 파괴했다는 믿음은 위험한 망상이었다. 새로운 무리의 야만인들이 지금도 세계를 착취하고 노예화시키겠다는 꿈을 꾸고 있기 때문이다. 이 야만인들의 조상이 보였던 포악성은 오랜 세월이 흘렀음에도 전혀 약화되지 않았다.

독일을 지배하고 있는 사상이 우려를 낳고 있다. 이유는 그 사상이 종교적인 형태를 취하고 있기 때문이다. 무함마드Muhammad 시대의 아랍인들처럼, 게르만족 국가들은 스스로 우월한 민족이라는 공상에 빠져, 자신들이 세계를 정복하고 개조할 운명을 타고났다고 생각하고 있다.

한 국민의 신(神)들은 그 국민의 망상뿐만 아니라 그 국민의 물질적 필요와 질투, 증오까지 구체화한다. 독일의 새로운 신들도 절대로 이 원칙에 예외가 아니다. 독일의 새로운 신들은 역사 속에서 압도적인 역할을 하고 있는 신비주의적 권력들의 무리에 속하며, 이 권력들의 승리를 위해서 수백 만 명의 인간들이 처참하게 죽고, 번창하던 도시들이 폐허가 되고, 그 위에 막강한 제국들이 건설되었다.

현재의 전쟁은 옛날의 종교 전쟁과 비슷한 점을 몇 가지 갖고 있다. 현재의 전쟁도 종교 전쟁 때와 똑같은 망상에서 비롯되었으며, 똑같이 논리적 맥락의 결여와 광기, 잔인성을 보이고 있다. 이 전쟁은 전적으로 비합리성의 지배를 받고 있다. 하기야 만약 이성(理性)이 왕들과 민족들의 포부를 지배할 수 있었다면, 전쟁이란 것은 아예 일어나지도 않았을 것이다.

* * *

온 세계가 상황을 지켜보고 있는 가운데 비극적으로 연속적으로 벌어지고 있는 사건들을 설명하려고 노력하면서 합리적인 논리 운운하는 것은 쓸데없는 짓이다. 이유는 이성의 관점에서 검토할 경우에 이 유럽 전쟁은 그 기원과 전개에서 똑같이, 제아무리 영리한 정신의 소유자라도 절대로 예측하지 못했을, 일어날 성 싶지 않은 일들의 카오스이기 때문이다.

이 전쟁은 실제로 우리에게 어떤 자료를 제공하고 있는가? 가장 먼저, 이 전쟁은 어느 한 군주를 보여주고 있다. 자신의 제국의 번영에 필요했던 평화 정책을 25년 동안 유지하다가 돌연 자기도 바라지 않은 무시무시한 투쟁에 끌려들어간 군주 말이다. 둘째, 무역과 제조업을 날로 확대하던 한 국가를 보여주고 있다. 이 나라는 날로 번창하고 있었음에도 불구하고 앞으로 오랜 기간 자국을 파괴할 잔인한 투쟁에 돌입하기로, 무아경의 흥분 상태에서 결정했다. 마지막으로, 유서 깊은 도시들과 오랜 역사를 자랑하는 도서관, 그 앞에 벌어졌던 전쟁들도 남겨 놓았던 소중한 예술품들을 파괴한 문화인들이 보인다. 어떤 예언자가 모순된 일들이 이렇게나 많이 일어날 것이라고 예상할 수 있었겠는가?

이 전쟁이 낳은 예측 불가능한 현상들 중에서, 신비주의적 광란의 폭발도 강조되어야 한다. 독일 국민들로부터 분출된 이 신비주의적 광란은 아주 저명한 학자들조차도 피하지 못했다. 왜냐하면 정신적 전염의 영향이 이성을 완전히 압도하는 탓에 저명한 학자들의 발언도 광기의 소용돌이에 완전히 묻혀 버리기 때문이다. 프랑스 쪽에도 예측 불가능한 변화들이 많이 있었다. 감수성이 예민하고, 변덕스럽고, 규율이 없던 국민이 돌연 결단력 있고 집요한 인간들의 집단으로 바뀌었다. 비참한 참호 속에서 몇 개월씩 참고 지내고, 죽음의 공포에 끊임없이 시달리면서도 투쟁을 지속적으로 벌이는 그런 인간들로 변한 것이다. 마지막으로, 역사는 이런 예기치 않은 일들 외에 작은 나라인 벨기에의 영웅적인 희생을 분명히 기억할 것이다. 도시들이 불타고 아녀자들이 학살당하는 것을 본 벨기에는 자국의 명예를 지키기 위해 한순간의 망설임도 보이지 않았다. 그렇게 약한 나라가 그렇게 막강한 적에게 그처럼 강하게 저항할 것이라고는 어느 강대국도 예상하지 못했다. 특히 독일은 그런 예상을 전혀 하지 않았다.

이런 일련의 비극적인 사건들은 이성은 절대로 예상할 수 없는 것들이었다. 이유는 간단하다. 그 어떤 사건의 동기도 이성은 결코 아니었기 때문이다. 그렇다면 그 사건들의 원인을 어디서 찾아야 하는가?

* * *

학자들의 연구는 합리적인 논리만을 따른다. 그래서 학자들은 세상이 언제나 합리적인 논리의 지배를 받고 있다고 기꺼이 믿으며, 그러다가 합리적인 논리의 영향을 벗어난 것 같은 현상을 만나면 분노를 표현한다. 그러나 학자들은 과학자들이 연구하는 과정을 비춰주고 철학자들이 원리를 발견하는 과정을 비춰주는 지적 봉화(烽火) 바로 옆에, 정서적이고 신비주의적이고 집단적인 힘들이 있다는 사실을 망각하고 있다. 이 힘들도 지성과는 전혀 아무런 관계가 없지만 합리적인 논리와 거리가 아주 먼 나름의 논리를 갖고 있다. 합리적인 논리는 틀림없이 과학의 바탕이긴 하지만 역사의 바탕은 아니다. 지성과 별개인 그런 형식들의 논리는 오랫동안 인간에게 알려지지 않았다. 이유는 그런 논리들의 연결이 무의식이라는 흐릿한 영역에서 다듬어지고 있고, 이 무의식의 과학이 이제 겨우 연구되기 시작하는 걸음마 단계에 있기 때문이다. 그런 논리들의 역할을 제대로 이해하지 못한 가운데, 저술가들은 사건들에 그 사건과 아무런 관계가 없는 합리적인 어떤 기원을 부여했으며, 따라서 역사를 실제와 매우 다른 가공의 창작물로 바꿔놓았다.

지금 이런 개념들은 아주 근본적임에도 불구하고 여전히 다소 희한하게 여겨지고 있다. 그래서 나는 몇 권의 책을 통해서 그 개념들을 과거 사건들 중에서 가장 중요한 사건에 속하는 프랑스 혁명을 연구하는 데 적용함으로써 그 가치를 실질적으로 보여주길 원했다. 프랑스 혁명이라는 비극의 주인공들은 전적으로 이성에 호소하고 있었다. 아니, 이성을 숭배하기까지 했다. 그럼에도 역사에서 프랑스 혁명 때만큼 이성이 인간들에게 영향을 미치지 못했던 시기를 찾아내기가 어렵다. 왜냐하면 걸출한 인물들이 자신의 소망과 모순되는 말이나 행동을 프랑스 혁명 때만큼 자주 한 때가 없었기 때문이다. 극적인 그 비극 속의 배우들을 은밀히 지배한 힘들은 그들이 끊임없이 호소했던 합리주의와 꽤 다른 원천에서 나왔지만, 이 힘들의 본질을 규명하는 작업은 현대 과학의 몫으로 남겨졌다.

지금 벌어지고 있는 사건들은 혁명기에 팽배했던 심리적인 문제들만큼이나 어려운 심리적인 문제들을 제시하고 있다. 만약에 우리가 여기서 제안하고 있는 원리들이 맞는다면, 그 원리들은 지금 여러 국가들이 맞서 싸우고 있는 망상들의 기원을 밝혀 줄 수 있어야 할 뿐만 아니라, 겉보기에 이해 불가능한 많은 것들의 원인도 밝혀줄 수 있어야 한다. 전쟁의 기원에 관한 다양한 의견에서부터 전 세계가 분노하도록 만든 예술 작품 파괴와 대량 살상까지, 이 원리들이 밝혀내야 할 문제는 아주 많다.

* * *

유럽 전쟁은 우리의 삶의 태도와 감정, 사상에 격변의 시기가 닥치고 있다는 사실을 알려주는 신호이다. 유럽인은 아마 프랑스 혁명 때처럼 인류의 이상과 원칙이 변하고 새로운 귀족 정치가 등장하는 그런 역사적인 시기에 도달해 있을 것이다. 국가들은 아직 흐릿한 빛조차도 비치지 않고 있는 어떤 미래 쪽으로 쫓기고 있다. 국가들은 예견하지 못한 무엇인가에 지배당하고 있으며, 국가들이 변화 불가능하다고 여겼던 정치적, 도덕적 사상들은 지금 사라질 운명에 처한 것처럼 보인다. 이론들과 원칙들이 하나씩 차례로 사라지고 있으며, 미래는 더 이상 확실하지 않다. 이유는 필사적인 투쟁에 심리적인 힘들이 이제 막 작용하기 시작했기 때문이다.

웅변가들과 저술가들의 망상은 실제적인 행동 앞에서 무색해지고, 논쟁은 총소리 앞에서 침묵에 빠진다.

틀림없이, 프랑스는 현재의 비극으로부터 쇄신되고 더 강해진 모습으로 빠져 나올 것이다. 그렇게 믿는 이유는 현재 프랑스를 지키고 있는 사람들의 영웅적인 자질들이 프랑스를 위협할 것 같은 무정부주의가 철저히 피상적이라는 점을 보여주고 있기 때문이다. 프랑스 젊은이들의 불굴의 용기는 많은 사람들에게 위안을 주는 장면이다. 프랑스 젊은이들은 역사에서 가장 특이한 모험을 겪을 것이며, 그 위대함은 아주 널리 알려진 전설적인 존재들의 위대함보다 더 두드러진다. 전 세계가 경탄의 눈길로 본 그 무시무시한 투쟁에 비하면, 호메로스Homer의 전사들의 업적이나 샤를마뉴Charlemagne대제의 재미있는 동행들 또는 팔라딘[3]과 마법사들의 싸움은 도대체 뭐란 말인가?

다양한 사회적 계층에서 온 남자들에게서 동일한 미덕이 그렇게 풍성하게 발견될 것이라고는 아무도 예측하지 못했을 것이다. 농가나 사무실, 공장, 학교, 심지어 궁전에서 영위하던 차분한 삶을 뒤로한 그 남자들은 갑자기 자신이 너무나 놀랍고 불가능한 모험의 한가운데로 내던져졌다는 사실을 발견했다. 꿈에서나 볼 수 있는 그런 모험이었다. 정말로 그들은 위험에 처한 프랑스를 방어하기 위해 일어난 새로운 존재들이었다. 바꿔 말하면, 간혹 잠을 자긴 하지만 절대로 죽지는 않는 그런 고대의 영혼의 부활을 통해 창조된 존재들이었다. 톨비악Tolbiac 전투[4], 부빈Bouvines 전투[5], 마렝고Marengo 전투[6]의 영웅들의 아들들인 이 용맹스런 전사들은 영광스런 아버지들의 용맹을 고스란히 느끼면서 조국의 첫 부름을 받고 자신의 내면에서 그 용기를 살려냈다. 그들은 끔찍한 지옥으로 떨어지면서도 종종 역사가 영원히 기억할 영웅적인 말

....

3 샤를마뉴 대제의 궁정에서 가장 유명한 기사를 뜻한다.

4 A.D. 496년에 클로도베쿠스(Chlodovechus)가 이끄는 프랑크족이 지금의 독일과 벨기에 국경 근처에 있던 톨비악에서 게르만 부족과 싸워 이긴 전투를 말한다.

5 1214년에 플랑드르의 부빈에서 일어난 전투로, 1213년과 1214년에 걸쳐 벌어졌던 영국과 프랑스 전쟁에 종지부를 찍었다. 브르타뉴와 노르망디의 앙주 지역에 대한 프랑스의 지배가 인정되었다.

6 나폴레옹 보나파르트가 이끄는 프랑스 군대가 1800년에 이탈리아 피에몬테 주 마렝고 평원에서 미하일 폰 멜라스가 이끄는 오스트리아군의 기습 공격을 받고 격전을 벌인 끝에 이를 물리치고 이탈리아에서 오스트리아 군대를 몰아낸 전투를 말한다.

을 했다. 사방이 적들로 둘러싸인 어느 참호에서 마지막 남은 병사는 적의 기관총에 쓰러진 동료들을 향해 "일어나라, 죽은 자들이여!"라고 외쳤다. 고대 그리스였다면 그 병사를 위해 면류관을 엮고 그를 기리는 노래를 불렀을 것이다.

고귀한 대의를 위해 영웅으로 죽는 것은 스스로 공허하고 단조로운 존재를 영위할 운명을 타고났다고 믿는 사람들에겐 부러워할 만한 운명이다. 삶의 가치가 산 날들의 길이로 측정되는 것이 아니라 성취한 업적에 의해 평가되기 때문이다. 우리 아버지들의 신성한 땅을 방어하고 우리의 미래를 다듬는 장인들인 그들은 운명의 신의 모루로 새로운 프랑스를 형성했으며 이미 반신(半神)의 판테온에 들어갔다. 이 반신들을 국민들은 숭배할 것이며, 세월의 거친 손길도 더 이상 그들을 해치지 못한다.

1장

정서적, 집단적, 신비주의적 힘들과 그 힘들이 국민들의 삶에서 하는 역할

1. 생명의 주기

유럽 전쟁을 피상적으로 관찰한다면, 다시 말해 다양한 군대들이 채택한 과학적인 작전과 그 군대들이 사용한 무기들을 본다면, 상당히 믿을 만한 형태의 합리적인 논리가 상황을 지배했다는 공상을 쉽게 품을 수 있다. 전쟁의 기술적인 측면에만 국한시킨다면, 물론 이것도 틀린 결론이 아닐 수 있다. 그러나 조금만 더 깊이 조사하면, 전투원들의 사상과 감정, 행위가 상위의 어떤 힘들의 지배를 받고 있다는 사실이 금방 발견된다. 물리적인 무기들이 전투에 이용되고 있지만, 그 무기들을 휘두르고 있는 것은 심리적인 힘들이다. 이 심리적인 힘들이 무수히 많은 사망자를 내고 있는 전쟁터를 지배하고 있다. 전쟁터에서 죽은 병사들은 평소에 온순했으며, 종종 자신의 의지를 지배하고 있던 힘들에 무의식적으로 휘둘리던 하인들이었다. 이 정신적인 힘들이야말로 전투의 진정한 지도자들이며, 분별력 있는 눈이라면 모든 대포와 총검 뒤에서 그것들을 작동시키고 있는, 눈에 보이지 않는 지배자들을 보지 않을 수 없다.

이런 정신적 힘들의 본질을 명확히 밝혀 두기 위해서, 나는 이미 여러 권의 책에서 제시한 바 있는 심리적인 원리들 일부에 대해 여기서 간단히 요약해야 한다.

결정적으로 중요한 현상들은 깊은 신비에 둘러싸여 있기 때문에, 현재로선 그것들에 대해 설명하는 것이 불가능하다. 단지 이렇게만 말할 수 있을 뿐이다. 일들이 마치 살아 있는 존재를 구성하고 있는 다양한 요소들, 말하자면 생물학적 요소와 정서적 요소와 나머지 요소들이 각자 개별적인 존재를 영위하고 있는 것처럼, 또 특별한 형태의 논리를 따르고 있는 것처럼 전개되고 있다고. 특별한 형태의 논리를 따른다는 말은 곧 현상들이 명확한 어떤 순서로 이어지고 있다는 뜻이다.

생물학적 논리는 유기체의 생명과 욕망을 지배한다. 유기체를 지탱하기 위해서 이 욕망이 충족되어야 한다. 정서적 논리는 우리 인간을 이끌고 있는 감정과 본능을 통제한다. 집단적 논리는 도덕성과 사회생활을 규정하고, 신비주의적 논리는 신들과 교리를 낳는다. 지적 논리는 인간의 존재를 변화시키는 발견들을 낳는다.

생명의 다양한 주기들은 저마다 특별한 법을 갖고 있기 때문에, 한 가지 형태의 논리만으로는 다양한 주기들에 나타나는 징후들을 절대로 설명하지 못한다. 그렇기 때문에 현상의 이 차원에서 다른 차원으로 넘어갈 때엔 해석 방법도 당연히 변해야 한다. 모든 생명의 뿌리에는 유기적인 주기가 있다. 말하자면, 사람이나 쥐나 새의 세포들이 생명 관련 법칙의 영향을 받으면서, 특히 모든 존재에게 핵심적인 두 가지 감정인 쾌락과 고통의 영향을 받으면서 서로 비슷하게 작동하도록 하는 획일적인 어떤 영역이 있다는 뜻이다.

이 획일성은 감정과 열정 등을 포함하는 정서적인 삶의 주기에서 다소 떨어지지만, 그럼에도 거기서도 살아 있는 모든 생명체는 유사성을 상당히 많이 보인다. 일부 가축의 경우에 사랑과 미움, 질투, 용기, 헌신 등의 감정이 그 가축의 주인인 인간 못지않게 발달되어 있는 것처럼 보인다.

인간 종의 다양한 예들 사이에 엄청난 지적 변형이 확인되고, 인간과 하등 동물 사이에 상당히 중요한 차이가 발견되는 것은 오직 합리적인 삶의 주기 안에서 뿐이다. 그러나 합리적인 논리는 그 외의 모든 것을 배제하면서 과학자의 연구실을 독점적으로 지배하고 있을지라도 개인과 국민의 행동에는 아주 조금밖에 영향을 미치지 못한다. 개인과 국민의 존재는 주로 정서적, 신비주의적, 집단적인 요소들에 좌우되며, 따라서 국민의 삶을 이해하기 위해선 국민의 삶을 진정으로 좌우하고 있는 이 힘들에 대한 지식이 반드시 필요하다. 이유는 국민의 생각과 행동이 이성의 지배를 받는 경우가 무척 드물기 때문이다.

2. 정서적, 지적 힘들

성격은 물려받은 감정들, 즉 정서적 요소들이 서로 결합한 결과 생기는 것이며, 성격은 우리 삶에서 가장 위대한 안내자의 역할을 맡고 있다. 왜냐하면 우리가 지력으로 이해하더라도, 행동은 우리의 성격의 통제를 받기 때문이다. 지력은 우리가 생각하도록 하지만, 성격은 우리가 행동하도록 하며 정말로 우리의 행동에서 주도적인 역할을 맡고 있다. 따라서 성격이 개인과 국민의 삶에서 가장 중요한 요소이다. 그러나 성격의 발달은 이해력의 발달과 아무런 관계가 없다. 오귀스트 드 마르몽Auguste de Marmont 장군[7]은 이렇게 말한다.

> "정신이 성격을 지배할 때, 사람은 언제나 의견을 바꾸고 계획과 행동 노선을 수정하게 된다. 그 이유는 훌륭한 이해력이 문제들을 언제나 다양한 관점에서 바라보고 있기 때문이다."

감정의 발달은 의지와 별개이다. 어떤 사람도 마음먹은 대로 사랑하거나 미워하지 못한다.

전쟁의 기원에 관한 다양한 의견들은 감정에 근거한 확신이 합리적인 증거에 거의 아무런 중요성을 부여하지 않는다는 점을 보여주는 놀라운 예이다. 이 같은 사실은 가끔 놀랍게 다가오지만, 그것은 감정과 이성이 똑같은 형태의 논리를 따르지 않는 탓에 서로에게 영향을 미치지 못하기 때문에 나타나는 현상이다. 어떤 감정은 다른 감정의 반대에 봉착할 수 있지만, 이성의 반대에는 절대로 봉착하지 않는다.

대단히 유명한 철학자들도 정서적인 요소와 합리적인 요소가 맡는 역할에 대해 아직 최종적 결론을 내리지 못하고 있는 것 같다. 에밀 부

7 프랑스 혁명 전쟁과 나폴레옹 전쟁에 참여한 프랑스 장군(1774-1852).

트루Émile Boutroux [8]에 따르면, 프랑스인들은 감정의 지배를 받는 반면에 독일인들은 주지주의의 지배를 받고 있다. 그러나 나는 이 같은 일반화가 꽤 정확하다고 믿지 않는다. 왜냐하면 독일인이 꽤 논리적인 사람들일지라도 여전히 좋거나 나쁜 감정의 지배를 받고 있기 때문이다. 이 점에 있어서는 독일인도 다른 모든 국민들과 똑같다. 잔인함도 친절과 똑같이 하나의 감정으로 불릴 권리를 누리며, 정서적 요소라는 거대한 영역의 본질적인 부분에 속한다. 어떤 생명체도 잔인함에서 벗어나지 못한다.

정서적인 영향들은 역사의 흐름을 바꿔놓는 중요한 힘들에 포함된다. 정서적인 영향들은 우리의 사상에 힘을 부여함으로써, 우리로 하여금 감수성의 정도에 따라서 사물들을 다른 방식으로 보도록 만든다. 모든 국민은 물려받은 감정들의 총합을 갖고 있다. 이 감정들의 총합은 국민의 정신적 방향성을 결정하고, 또 조상들로부터 서로 다른 것을 물려받은 개인들이 똑같은 문제에 다른 관점을 갖도록 하고, 또 우리가 지금 눈으로 보고 있는 바와 같이, 유럽 전쟁의 중요한 원인에 속하는 민족 간의 증오를 낳는다.

중대한 국제적 충돌에서, 민족 간의 증오는 그 기원을 따지고 들어가면 정서적일 뿐이고 합리적인 요소는 전혀 없는데도 극단적으로 강해지는 모습을 보인다. 이 증오 앞에서는 다른 감정들이 맥을 못추며, 여기선 히포크라테스Hippocrates [9]가 한 말, 말하자면 두 가지 고통이 동시

....

8 아카데미 프랑세즈 회원이었던 철학자(1845-1921)로서, 과학의 힘이 극대화될 경우에 과학과 종교의 양립이 가능해진다고 생각했다.

9 고대 그리스의 의사로 의학의 아버지(B.C. 460?- 377?)라 불린다.

에 일어나는 경우에 그 중에서 심한 고통이 약한 고통을 몰아낸다고 한 말이 적용될 수 있다. 전쟁이 발발했을 때, 프랑스인들은 국내적으로 정치적, 종교적 증오에 사로잡혀 있었다. 이 증오만으로도 틀림없이 충분히 고통스러웠다. 그러나 이 국내적인 증오는 프랑스인들이 침략자들에게 느낀 압도적인 증오에 지워져 버렸다. 이 같은 현상은 온 곳에서 관찰되었기 때문에 아마 일반적인 심리 법칙에 따른 결과일 것이다. 영국은 아일랜드[10]와 내전을 벌이기 직전이었으며, 그럼에도 불구하고 영국 제국의 모든 정당들은 같은 국기를 방어하는 데 힘을 모으고 있다. 한편 러시아에서도 아나키스트와 혁명가들이 지금 열렬한 왕권 지지자로 바뀌고 있다. 만약에 독일인들이 이런 심리적 원리가 있다는 것을 알았다면, 그들은 영국과 프랑스의 국내 불화를 성공의 한 요소로 꼽지 않았을 것이다.

강한 감정 앞에서 약한 감정이 사라지는 현상과 관련해 내가 방금 한 말은 오직 같은 종류의 감정에만 적용된다. 강한 증오는 약한 증오를 몰아내지만, 강한 증오는 그것과 성격이 다른 감정에겐 존재를 허용하며 그런 감정에 의해 강화될 수 있다. 예를 들면, 프랑스인들이 침략자들에게 느끼는 증오는 독일인들의 잔인성이 프랑스인들의 내면에 불러일으키는 분노에 의해 더욱 강해졌으며, 그 증오는 또 벨기에 국민들이 자기 나라를 영웅적으로 지키는 모습이 프랑스인들의 내면에 불러일으키는 공감에 의해서도 더욱 치열해졌다.

....

10 영국의 지배를 받다가 1916년 부활절 봉기와 영국-아일랜드 전쟁을 거쳐 1921년에 아일랜드의 32개 주 중 남부의 26개 주가 독립했다.

3. 집단적인 힘들

인간들이 군중 속에서 사고하는 방식은 그들이 따로 있을 때 사고하는 방식과 완전히 다르다. 이유는 인간들의 집합은 그 집합을 이루고 있는 개인들과 완전히 다른 존재이기 때문이다. 이는 살아 있는 어떤 존재가 그 존재를 구성하고 있는 세포들과 다른 것이나 마찬가지이다.

이성은 집단적인 정신에 거의 아무런 영향을 미치지 못한다. 집단적인 정신은 집단적인 논리의 지배를 받으며, 이 논리는 엄격히 집단적인 정신에만 적용된다. 지적으로 보면, 집단적인 인간이 언제나 개별적인 인간보다 열등해 보이지만, 감정의 영역에서는 집단적인 인간이 개별적인 인간보다 탁월할 수 있다. 왜냐하면 군중이 고마움 같은 일부 감정을 모를지라도 이타심과 공공복지에 대한 헌신, 심지어 영웅심 같은, 실천하기 훨씬 더 어려운 다른 감정들을 갖고 있기 때문이다. 집단에 합류하는 경우에, 평균적인 인간의 힘은 증대되는 반면에 탁월한 인간의 힘은 감소된다.

군중의 감정은 치열하고 변덕스럽다. 따라서 군중은 숭배 분위기에 빠졌다가 돌연 증오 분위기로 바뀔 수 있다. 그리고 군중이 실질적 가능성에 대한 감각을 결여하고 있기 때문에, 군중의 중요한 영양소는 희망이다. 군중 속으로 스며든 신비주의는 군중을 현혹시키고 있는 지도자와, 군중의 욕망을 통합시키고 있는 단순한 구호에 마법적인 힘을 부여한다. 정신적 전염은 집단뿐만 아니라 따로 떨어져 있는 개인들에게도 작용하지만, 집단이 이성을 갖고 있지 않기 때문에 그런 전염은 집단 속에서 특히 더 기승을 부리게 된다.

군중은 마찬가지로 망상도 아주 쉽게 받아들인다. 이때 망상은 단지 집단적으로 받아들여지고 있다는 사실 때문에 진리의 힘을 얻는다. 현재의 전쟁은 이 법칙을 보여주는 예를 풍성하게 제공하고 있다.

집단적인 의견은 상당한 힘을 행사한다. 그럼에도 이 힘은 자발적이지 않다. 왜냐하면 군중이란 것이 확언과 반복, 신망, 전염 등으로 영향을 미치는 지도자가 없는 경우에 행동을 취하지 못하는, 무정형(無定形)의 유기체와 비슷하기 때문이다. 여기서 말하는 확언과 반복 등은 정서적 논리에 고유한 설득의 방법들이다.

국내 투쟁의 경우에도 여론을 창조하고 이끄는 지도자가 언제나 있어야 한다. 그렇지만 지도자가 굳이 군중에게 열변을 토하는 사람일 필요는 없다. 이유는 어떤 상황에서 맹렬하게 불타는 신념이나 감정이 지도자의 역할을 맡을 수도 있기 때문이다. 그러나 대중적인 의견의 진정한 출발점은 언제나 지도자나 지도자를 대체하는 역할을 하는 중대한 사건이다.

전쟁의 원인들에 관해 쓴 책에서, 레비 브륄Lévy Bruhl은 프랑스 학자들이 대체로 간과하는 이 원리에 관한 학자들의 생각들을 이런 식으로 종합하고 있다.

> "역사가 어떤 극적인 성격을 띠는 위기의 기간에, 무대의 중앙을 차지하는 배우들은 바로 랠프 왈도 에머슨Ralph Waldo Emerson이 '대표인'representative men이라고 부르는 사람들, 다시 말해 말과 행동이 이름 없는 군중의 성향과 열정을 표현하고 있는 사람들이다. 이 '대표인'은 집단적인 의지의 개별 장기(臟器)인 셈이다."

모든 독일 역사학자들의 지지를 받고 있고 지금 프랑스 학계에서도 매우 인기 높은 이 가설은 주어진 어느 시점에 집단적인 의지가 가장 중요하게 된다는 사실에서, 그리고 지도자도 자신이 창조한 홍수에 휩쓸리면서 실제로 한 사람의 추종자로 변하고 있을 수 있다는 사실에서 나왔다. 그러나 이 가설에도 불구하고, 사건들의 경로를 조금만 더 추적해 보면, 집단적인 의견도 보통 개인적인 의견에서 비롯된다는 사실이 확인된다.

이 법칙은 위대한 종교들의 초기 역사에 분명하게 적용된다. 이 법칙은 또 중요한 정치적 위기에도, 특히 유럽 전쟁에도 적용된다.

통치 기술의 토대 중 하나는 집단적인 감정들을 창조하고 그 감정들에서 나오는 일반적인 의견들을 지키는 능력이다. 오늘날 여론을 거스르며 지배할 수 있을 만큼 강한 독재자는 더 이상 없지만, '다행히도' 여론을 창조하는 것은 쉬운 일이다. 독일 정부가 이 중요한 요소의 힘을 알고 있었다는 사실은 독일이 전쟁 동안에 해외 여론을 지배하려는 목적에 투입한 돈의 액수로 증명된다. 한편, 독일 정부가 현재의 투쟁에서 국내적으로 힘을 확보하고 있는 한 가지 이유는 독일 정부가 과거에도 국민들의 의견을 원하는 방향으로 움직였고 지금도 움직이고 있다는 사실에 있다. 언론인들과 저술가들, 교수들은 독일 정부의 의지에 고분고분 따랐으며, 따라서 유럽의 투쟁을 일종의 국민적인 전쟁으로 바꿔놓았다. 오늘날 전투를 벌이고 있는 주체는 권력을 잡은 계층이나 군인 계층이 아니라 독일 국민 전체이다. 그러나 우리는 독일 정부가 전 국민의 전쟁으로 바꾸는 과제가 쉽다는 사실을 깨달았다는 것을 기억해야 한다. 이 과제가 독일 정부에게 쉬웠던 이유는 독일 국민의 집단적인 군인 정신이 이미 시민 정신을 완전히 파괴해 버렸기 때문이다.

규모가 큰 집합은 군중의 중요한 특징들, 예를 들면 평범한 지적 평균과 과도한 불합리성, 분노의 갑작스런 전염, 불관용, 지도자들에 대한 맹목적 복종 등을 보인다. 그럼에도 위대한 문명국가들이 최종적으로 각자의 운명을 맡긴 집합은 바로 이런 종류의 집합이다. 경험에 따르면, 이런 집합들의 집단적인 독재가 어떤 개인 또는 계급의 독재에 비하면 단점이 덜한 것 같다. 이유는 큰 집합이 대체로 자신들 앞에 제시된 문제들을 설명하는 데 성공하고, 자체적으로 비판 받을 수 있다는 두려움이 많은 불공정한 행위를 사전에 막기 때문이다. 러시아인들이 거듭 패배를 겪은 뒤에 마지막 방편으로 두마Duma[11]를 소집한 것이 그 점을 잘 보여주는 예이다. 당시에 우리가 잘 알고 있는 그런 끔찍한 재앙을 러시아에 안긴 행위들은 모두 두마에서 나온 조치였다.

평상시라면, 어느 한 나라의 최고 구성원들이 갖추고 있는 지적인 힘들이 집단적인 힘을 쉽게 지배하겠지만, 전쟁과 혁명 같은 중대한 위기가 발생한 때에는 일이 그런 식으로 전개되지 않는다. 왜냐하면 그런 상황에서는 개인적인 영향들에서 비롯된 집단적인 힘들이 아주 막강해지면서 나라 전체를 저항 불가능한 회오리 속으로 몰아넣으며 새로운 사고방식이 출현하도록 만들기 때문이다.

....

11 러시아의 옛 입법 의회.

4. 국민정신

개인의 정신은 오직 일시적으로만 존재하지만, 민족의 정신은 영원하며 결코 해체의 대상이 되지 않는다. 민족정신 또는 국민정신은 하루아침에 만들어지는 것이 아니며, 오랜 과거의 산물이다. 이유는 문명국가들의 역사가 바로 이 영원한 정신을 얻으려는 노력에 관한 이야기이기 때문이다. 이 국민정신만이 국민을 야만의 상태에서 끌어낼 수 있다.

조상의 정신이 안정성을 충분히 확보할 때, 그 정신은 개인과 군중의 정신이 동요하는 것을 제한하고, 따라서 국민을 크게 강화시키면서 개인과 군중의 불안정한 정신에 맞설 수 있다.

현재의 전쟁 동안에 아주 분명하게 드러났듯이, 조상의 정신은 중대한 사건이 벌어진 상황에서 같은 나라에 속하는 인간들을 똑같이 생각하고 똑같이 행동하도록 만드는 힘을 갖고 있다. 만약에 징병 연령에 해당하는 모든 프랑스인이 자신의 상황과 개인적 이해관계를 미련 없이 포기하고 매일 자신을 위험에 노출시켰다면, 그것은 그들의 이기적인 개인적 충동이 갑자기 민족의 정신에 종속되었기 때문이다. 전쟁터에서 전투가 매우 치열하게 벌어지는 이유가 살아 있는 자들 때문이 아니라 무수히 많은 죽은 자들 때문이라고 말하는 것도 절대로 과장이 아니다.

여기서 내가 민족의 형성 과정에 대해 논해야 할 이유는 전혀 없다. 왜냐하면 독일 역사학자들의 그릇된 진술에도 불구하고 오늘날 문명국가들 중에는 혼합되지 않은 민족은 전혀 없는 것이 확인되기 때문이다. 국민은 역사 속의 사건들의 결과물이다. 현대의 프로이센 주민들처럼 한때 꽤 다른 기원을 가졌던 사람들이 긴 세월 동안에 공통적인 삶의 조건에서 살면서 공통적인 이해관계로 결합될 때, 국민이 탄생하게 된다. 이때 언어와 종교의 공유는 단결의 가장 확실한 요소 중 하나이다.

역사적 과정을 통해 형성된 민족은 그 민족의 삶의 모든 단계에서 특정한 제도와 도덕, 믿음, 예술 등을 필연적으로 암시하며 그 외의 다른 것은 암시하지 않는다. 따라서 어떤 국민도 외국 문명을 변형시키지 않은 상태 그대로 채택하지 못한다.

내가 방금 말한 내용을 근거로, 우리 모두는 개인의 정신과 조상의 정신을 동시에 소유하고 있다고 말할 수 있다. 비록 개인의 정신이 일상 삶을 지배할지라도, 중대한 사건이 벌어진 상황에서, 특히 국가의 존립이 걸린 상황에서 우리를 이끄는 것은 조상의 정신이다. 개인의 정신이 이기적이어야 하는 것은 당연하다. 왜냐하면 개인의 주된 생각은 그 사람 본인에 관한 것이기 때문이다. 그러나 민족에 몰두하는 조상의 정신이 개인으로 하여금 민족의 이익을 위해서 자신을 희생시키도록 하는 것도 마찬가지로 자연스럽다.

5. 신비주의적 힘들

"신비주의"라는 단어는 철학과 종교에서 꽤 다른 의미를 지닌다. 이 단어는 시대에 따라서, 또 그것을 사용하는 개인에 따라서 내용이 달라지는 많은 단어들 중 하나이다. 일반적으로 말하면, 신비주의는 신비에 대한 감각, 초자연적인 것에 대한 사랑, 경험에 대한 경멸, 초월적인 권력들이 세속적인 현상에 개입한다는 믿음 등이 특징으로 꼽힌다.

신비주의는 여러 세기 동안 인류를 쉽게 충족시켜왔던 설명의 원천이다. 고대 국가들의 경우에 가장 많이 발달한 시기에도 자연이 불변의 법칙을 따르고 있다는 생각을 떠올리지 못했다. 고대인들의 눈에는 신들이 모든 현상을 지배하는 것처럼 보였다. 넵투누스[12]가 바다를 지배했고, 케레스[13]가 들판의 곡물을 익혀 풍작을 일궜던 것이다.

신비주의는 시대에 따라서 다양한 형태로 나타났지만, 신봉자들이 신과 무아경의 결합을 이루고, 물신과 성(聖)유물과 기적의 물을 믿고, 어떤 정치적 구호에 마법적인 힘을 부여하는 것이 공통적인 현상으로 꼽힌다. 이유는 종교적, 정치적, 사회적 신비주의가 모두 같은 집단에 속하기 때문이다.

신비주의는 나름의 법칙을 갖고 있으며, 신비주의의 논리적 연결은 정서적, 합리적 논리의 연결과 아주 다르다. 정서적 논리와 신비주의적 논리에 공통적인 특징 하나는 합리적인 증거의 뒷받침을 전혀 받지 않는 단언을 이용한다는 점이다. 어쨌든 신비주의와 이성은 서로 배척하는 영역에 속한다. 왜냐하면 신비주의적인 믿음은 암시나 정신적 전염에 의해 유발되지만 추론에 의해서는 절대로 유발되지 않기 때문이다. 이성은 신비주의적인 믿음을 절대로 낳지 못한다. 마찬가지로 이성은 신비주의적인 믿음을 깨뜨리지 못한다. 이유는 신비주의적인 믿음이 신봉자에게 절대적인 진리로 위장해서 나타나기 때문이다.

....

12 로마 신화 속의 바다의 신으로, 그리스 신화의 포세이돈에 해당한다.

13 로마 신화 속의 농경의 신으로, 그리스 신화의 데메테르에 해당한다.

이런 경우에 절대적인 진리의 증거가 너무나 분명하게 보이기 때문에, 그것을 둘러싸고 논쟁이 벌어진다는 사실 자체가 공정성의 결여를 암시하는 것으로 여겨지게 된다. 이런 자명한 것들에 의해 생겨난 힘을 이해하기는 쉽다.

신비주의적 충동은 물질적인 욕구를 고려하지 않듯이 합리적인 논쟁도 전혀 고려하지 않는다. 내가 다른 곳에서 예를 통해서 보여준 바와 같이, 신비주의적 충동의 영향을 받고 있는 상태에서는 고통과 이기심, 심지어 모성애까지도 사라져 버린다. 신비주의자는 신앙의 이름으로 자신에게 더없이 소중한 존재를 파괴하는 일도 망설이지 않으며, 따라서 종교적이거나 정치적이거나 사회적인 신념을 위한 순교는 그 종류를 불문하고 똑같이 바로 이 신비주의 때문에 일어난다.

신비주의는 즉각 집단적인 형태를 취하며, 이 집단적인 형태는 정신적 전염에서 비롯되며 독실한 신자를 크게 강화한다. 고대의 유대인과 중세의 아랍인, 오늘날의 독일인은 어느 민족이 신으로부터 세상을 혁신시키라는 부름을 받았다고 믿는 것이 그 민족에게 언제나 대단한 이점으로 작용했다는 점을 증명하고 있다.

어느 누구도 자신이 신비주의의 영향으로부터 완전히 자유롭다고 단언하지 못한다. 왜냐하면 지력이 아주 높은 사람들조차도 정신적 삶의 균형이 혼란과 혼동으로 인해 깨어질 때 신비주의로부터 도피할 수 있다고 장담하지 못하기 때문이다. 그런 사람들도 완전히 변하면서 현실감을 상실하며, 그들에게 내재된 합리적 논리가 고장을 일으킨다. 곧 보게 되겠지만, 신비주의가 유럽 전쟁의 기원과 전개에서 한 역할은 아주 컸다.

과학이 오랫동안 경멸했고 또 전혀 알지 못하고 있는 신비주의적인 힘들이 인류를 지배하는 동기들 중에서 최고로 막강하다. 태곳적부터 이 땅에 축적된 온갖 투쟁의 근본적인 원인들을 나열하기만 해도, 신비주의적인 힘들이 맡고 있는 압도적인 역할은 금방 분명해진다.

인간의 중대한 갈등의 근본적인 요소들은 3가지 종류의 원인, 즉 생물학적 원인과 정서적 원인, 신비주의적 원인과 연결된다.

생물학적인 요소들을 보면, 그 옛날에 게르만족 무리들이 다른 지역으로 흩어지게 만들었던 기아와 욕망이 포함된다. 게르만족 무리들이 수적으로 늘어남에 따라, 그들이 태어난 곳의 숲이 그들에게 생존을 뒷받침할 수단을 더 이상 제공하지 못하게 되었다. 정서적인 요소들은 증오와 욕심 같은 다양한 감정을 포함한다. 이런 감정은 많은 민족들이 서로 싸우도록 만들었으며, 여러 문명을 파괴했다. 신비주의적 요소들에는 아랍인들이 절정기에 자신의 예언자의 종교를 전파할 목적으로 로마 제국을 공격하게 하고, 십자군 원정 당시에 유럽 민족들이 자신의 신의 무덤을 차지하려는 희망에서 동양을 공격하게 했던 힘들이 포함된다. 한 세기 이상 동안 유럽을 폐허로 만든 종교 전쟁과 박해, 그리고 순교자들을 기둥에 묶고 불태웠던 처벌도 마찬가지로 신비주의적 기원을 갖고 있다. 자신의 신념으로 개종시킬 목적으로 다른 나라들을 정복하길 원했던 혁명군들의 꿈도 마찬가지로 신비주의적인 기원을 갖고 있다.

신비주의적인 기원을 가진 동기들은 언제나 인류의 다양한 동기들 중에서 가장 강력하다. 왜냐하면 역사의 바퀴를 힘차게 굴리고 있는 망상들을 창조하는 것이 바로 이 신비주의적인 동기들이기 때문이다.

신비주의적 동기의 영향 아래에서 대제국이 파괴되고 다른 제국이 건설되었으며, 지금도 신비주의적 동기가 문명의 토대가 되고 있다. 현대 세계는 스스로 신비주의적 동기의 영향으로부터 자유롭다고 생각하지만, 그럼에도 인류는 지금만큼 심하게 신비주의적 동기의 노예가 되었던 적이 없었다. 정치적, 종교적, 사회적 동기는 모두 같은 집단에 속하고, 똑같은 행위를 수행하고 있으며, 똑같은 법칙의 적용을 받고 있다. 이성은 그런 동기들을 지배하지 않는다.

만약 유럽이 오늘날 격변을 겪고 있다면, 만약 우리의 젊음의 꽃이 피 튀기는 전쟁터에서 시들고 있다면, 또 만약에 무수히 많은 가족들이 절망에 빠져 있다면, 그것은 어느 한 나라가 세상을 쇄신할 운명을 타고 났다는 식으로 믿고 있다는 사실 때문이다. 그 나라가 세계 지배라는 자신들의 신비주의적 괴물을 강요하고 있다는 뜻이다.

2장

인격의 변형

1. 인격의 안정성과 변동성

옛날의 심리학은 인간의 영혼을 분명하고 동질적인 어떤 요소로 보았다. 말하자면, 인간의 영혼을 인간의 육체 위에 겹쳐져 있어서 언제든 육체로부터 분리시킬 수 있는 것으로 여겼다는 뜻이다. 동시에 인격은 엄격히 확정되어 있어서 큰 변형은 어쨌든 불가능한 것으로 여겨졌다. 그러나 이 같은 견해는 더 이상 지지를 받지 못할 것 같다. 지금 우리는 초기의 이론들이 어떤 고정된 인격을 갖고 있는 것으로 여겼던 그런 인간을 단순히 하나의 허구로 보고 있다.

실제의 인간은 서로 꽤 다르다. 왜냐하면 우리가 일상에서 조우하는 그런 인간이든 아니면 역사에 등장할 만한 영웅적인 인간이든, 인간이 모두 다양한 요소들의 총합을 나타내고 있기 때문이다. 이 다양한 요소들의 결합이 우리가 자아ego라고 부르는 그 균형 상태를 낳으며, 이 상태는 그런 식으로 한 번 확립되고 나면 환경이 변하지 않는 이상 지속된다.

따라서 인격의 안정성은 전적으로 환경의 영속성에 좌우되는 것으로 여겨져야 한다. 왜냐하면 환경에 어떤 변화가 일어나기만 하면, 개인의 정신적 삶을 형성하고 있는 요소들 사이에 균형이 깨어지고, 그 결과 새로운 균형이 확립되고 그 사람이 새로운 인격을 얻게 되기 때문이다.

이런 인격의 변형은 내가 지적한 바와 같이 혁명기에 종종 일어나는 현상이며, 현재의 전쟁 동안에도 그런 현상을 별 어려움 없이 관찰할 수 있다.

이런 식으로 급조되는 인격의 본질과 그에 따른 행동의 변화를 예측하는 것은 불가능한 일이다. 공포 시대를 살았던 사람들은 아주 온화한 성격의 소유자까지도 피를 부르는 일에 적극적으로 개입하게 된다는 사실을 뒷받침하는 예를 많이 남겼다. 그런 예를 찾아 멀리까지 갈 필요도 없다. 현재의 전쟁에서 독일 지식인들이 보이고 있는 야만성과 프랑스인들이 보이고 있는 선한 자질들을 어느 누구도 예상하지 못했을 것이다.

그런 인격 변화는 이 전쟁 동안에 매일 확인되고 있으며, 나는 매우 두드러진 예들을 제시할 수 있지만, 당장은 영국의 저명한 소설가이며 시인인 러디어드 키플링Rudyard Kipling이 한 말을 소개하는 것으로 만족할 것이다. 그가 전선을 방문한 뒤에 한 말이다.

> "우리가 잘 알고 있다고 생각한 지인에게 최악의 시련이 닥칠 때, 그 사람의 본성이 과거의 지식이나 믿음을 어떤 식으로 변화시키는지가 간혹 드러난다. 아주 많은 면에서 우리와 비슷했던 그 사람은 우리가 닿을 수 없다고 생각하는 높이까지 가볍게 도약한다. 그 사람은 평소에 우리와 함께 소시민의 삶을 살았던 바로 그 동료와 똑같은 사람임에도 불구하고 모든 면에서 위대해졌다. 오늘날 프랑스가 꼭 그렇다. 프랑스는 자신의 영혼의 크기를 다시 발견했다."

그러나 인격의 불변성이라는 옛날의 원리가 여전히 널리 통하고 있다. 그래서 우리는 사람들이 새로운 지위를 얻고 새로운 환경으로 들어가면서 행동과 의견을 바꾸는 것을 볼 때마다 크게 놀란다. 하지만 그들이 다른 인간이 되었는데 어떻게 행동이 달라지지 않을 수 있겠는가?

인격을 뒤엎어 놓을 만큼 중요한 일이 전혀 일어나지 않을 때조차도, 자아는 아주 연약한 구조이기 때문에 크게 변화할 수 있다. 병이 인격에 상처를 입히기도 하고, 비탄이 인격을 절망시키기도 하고, 행복이 인격을 확장시키기도 한다.

따라서 우리의 인격은 매일 다소 요동칠 수 있으며, 만약에 문명이 자아에 온갖 제약을 가하면서 지속적으로 자아의 변화를 방해하지 않는다면, 그 요동은 더욱 커질 것이다. 인간의 인격이 수많은 규칙과 법칙, 관습에 의해 어느 정도 안정되지 않는다면, 사회생활은 불가능해질 것이다. 제약이 없이는 어떤 문명도 존재하지 못한다.

모든 문명의 방어 장치인 억제적인 법이 부재한 상태에서 인간의 인격이 어떻게 변하는지를 보여주는 예들을, 전쟁과 혁명은 필요 이상으로 많이 제공하고 있다. 세계는 현재의 투쟁에서 벌어지는 야만적인 행위를 놀란 눈으로 바라보고 있다. 그 야만적인 행위들은 높은 지적 문명과 조상 대대로 내려오는 야만성의 본능들을 동시에 물려받은 어느 국민의 소행이다. 이 야만적인 본능들은 지금까지 사회적 제재에 의해 저지되었으나, 이 제재가 전쟁으로 인해 당연히 깨어지고 말았다. 그리고 만약 모든 교전국들이 그런 예를 따르지 않았다면, 그것은 그 국가의 일부 개인들이 사회적 제약의 영향을 너무나 오랫동안 받은 탓에 그들의 감정이 어느 정도의 안정성을 확보했기 때문이다.

전통이 국민의 사고방식을 강하게 안정시키고 있을수록, 그 국민의 원시적 야만성을 저지하는 데에 사회적 제약이 그만큼 덜 필요해진다. 이유는 그런 경우에 국민들 사이에 형성된 어떤 내적 규율이 법으로 강요되는 외적 규율을 대체하고 있기 때문이다. 이 정도의 안정성까지 이른 국가는 극히 드물며, 그런 국가에서도 변덕스럽고 우유부단한 성격을 가진 다수 집단을 이끄는 일에 사회적 제약이 여전히 필요하다. 우유부단한 성격을 가진 사람들의 정신적 균형은 너무나 불안정하기 때문에, 그런 성격에서는 행동을 규제할 수 있는 힘이 전혀 발견되지 않는다. 그런 사람들은 먼지구름처럼 형태가 없는 상태에 있으며, 자신에게 가해지는 온갖 종류의 충동에 굴복하고, 햄릿처럼 영원히 흔들리면서 절대로 결단을 내리지 못한다.

2. 의식적 의지와 무의식적 의지

의식에 지각되는 현상들은 단순히 우리가 아직 모르고 있는 내면의 어떤 정신적 삶의 반영이며, 이 미지의 정신적 삶 속에서 행동의 가장 중요한 동기들이 다듬어지고 있다.

이 동기들을 다듬는 작업으로부터 의지가 생겨난다. 의지는 두 가지 형태로 나타난다. 심리학자들에 의해 인정받고 있는 의식적 의지가 한 가지 형태이며, 다른 한 가지 형태는 무의식적 의지이다. 무의식적 의지는 현재 심리학자들로부터 인정을 받지 못하고 있지만, 그럼에도 불구하고 의식적 의지보다 범위가 더 넓다.

의식적 의지는 자유로운 숙고와 객관적인 토론을 암시하지만, 무의식적 의지 안에서 우리를 대신해서 깊이 생각하는 것은 무의식이다. 후자의 경우에, 결정은 무의식의 결정이 우리의 의식 영역에 닿을 때 최종적으로 내려진다. 이때 우리의 의식은 당연히 무의식의 결정을 거부할 수도 있지만 대체로 받아들인다.

무의식적 의지는 우리의 인격을 에워싸고 있는 민족이나 집단, 환경 등의 필요와 욕망, 포부에서 기원한다. 이 포부와 필요, 욕망이 암시와 충동 속으로 확장하는데, 이 암시와 충동은 가끔 우리의 무의식적 의지의 지배자가 되고 항상 무의식적 의지의 안내자 역할을 맡고 있다. 대부분의 사람들의 행동은 전적으로 무의식적 의지의 지배를 받고 있으며, 행위가 일어나는 순간에야 무의식적 의지가 사람들에게 알려지기 때문에 그들의 말과 행동은 종종 서로 불일치하는 것처럼 보인다.

이런 식으로 의식적 의지와 무의식적 의지에 의해 형성된 이중성은 긴 역사 덕분에 조상의 정신을 갖게 된 국민들 사이에서 공통적으로 확인된다. 이 조상의 정신은 너무나 안정되어 있기 때문에 사람들의 행동이 공공복지에 기여하는 방향으로 행해지도록 이끈다. 그래도 환경에서 비롯되는 영향들의 산물인 사람들의 개인적인 정신이 사람들로 하여금 서로 다르게 생각하고 추론하게 하지만 이 조상의 정신이 있어서 행동을 다르게 하도록 하지는 않는다.

이 주장을 뒷받침할 사실들이 많이 있지만, 나는 '더 타임스'The Times의 정치 에디터인 H. W. 스티드Steed가 영국인의 심리를 관찰한 내용을 인용하고 싶다. 그가 사용하는 용어는 다르지만, 이론은 똑같다.

> "영국인들은 무엇보다 본능의 안내를 받고 있다. 영국인들은 관념을 불신한다. 논리가 그들에겐 불쾌하게 다가오기 때문이다. … 이성보다 더 깊은 본능은 영국인들에게 이런 이야기를 들려주고 있다. '삶 자체는 논리적이지도 않으며 삶은 종종 맹목적인 에너지에 의해 굴러가는데, 이 에너지는 심리학자들이 '의식의 문턱'이라고 부르는 것 아래에 있는 원천에서 나온다.' … 영국을 주의 깊게 관찰하면, 관념들과 그것들을 표현하는 사람들의 행동 사이에 명백한 모순이 확인된다. 영국인들은 모순의 상태에서 살고 있으면서도 그 같은 사실을 잘 모르고 있다. … 영국인의 정신의 두 영역들, 즉 관념이 간직된 영역과 근본적 충동이 나오는 영역 사이에, 방수처리된 구획 같은 구분이 있다. 영국인이 정상적이고 차분한 상태에서 하는 말은 그 사람이 개인적 또는 국가적 위기의 순간에 어떤 행동을 할 것인지에 대해 아무런 단서도 제공하지 않는다. 그런 위

기 상황에 처해야만 영국인은 자신의 본모습을 드러내고, 자신의 진정한 기질을 발견하고, 말을 적게 하고 행동을 취하게 된다."

따라서 무의식이 소위 자발적 행위의 실행에서 맡고 있는 역할은 일반적으로 사람들의 눈에 관찰되지 않고 있음에도 불구하고 상당히 크다. 무의식적 의지는 종종 조상의 정신에 기원을 두고 있지만, 그 의지는 또한 순간의 감정과 열정뿐만 아니라 관습과 유행, 사회적 집단 등 다양한 원천에서도 나온다. 이 원천들은 우리에게 생각하는 부담까지 주지 않고 우리가 해야 할 일이 무엇인지를 말해주는 영향들이다.

3. 의지의 변형들

의식적인 의지든 무의식적인 의지든, 의지의 범위는 변화 가능하다. 이유는 의식이 예상 밖의 동요를 곧잘 겪기 때문이다. 어떤 영향은 의지를 촉진시키는가 하면, 사치와 쾌락에 대한 사랑처럼 의지를 약화시키는 영향도 있다.

한 나라의 쇠퇴는 의지가 약해지고 책임에 대한 두려움이 전반적으로 나타날 때 시작된다. 그리고 어느 나라가 로마 제국 말기의 로마인들처럼 의지를 상실할 때, 그 나라는 역사에서 사라지게 된다.

의지는 국가 사이의 투쟁에서 결정적인 역할을 한다. 이는 전투가 기본적으로 의지들의 대결이기 때문이다. 우리는 마른Marne강 전투[14]에

14 파리 근처 마른강 유역에서 펼쳐진 전투(1914년 9월 6일-9월 10일)를 말한다. 이 전투에서 프랑스군이 독일군을 저지함으로써 프랑스는 수도를 잃을 위기에서 벗어났다. 이 전투 뒤에 독일은 전쟁의 조기 종결을 기대하지 못하게 되었고 참호전이 이어졌다.

서 놀라운 예를 본다.

많은 전투의 경우에, 결과가 전적으로 어느 한 쪽의 의지의 지속에 좌우되는 그런 순간이 온다. 마른강 전투에서, 알렉산더 폰 클뤼크 Alexander von Kluck 독일 장군이 이끄는 군대의 오른쪽 진영은 그의 적인 미셸 모누리 Michel Maunoury 프랑스 장군이 후퇴하기로 결정한 바로 그 시점에 뒤로 물러났으며, 이제르 Yser 강 전투[15]에서 그의 적이 15만 명의 병력 손실을 입고 후퇴하기로 결정했을 때, 폰 클뤼크 장군은 조금만 더 전력투구했더라면 승리를 거둘 수 있었을 것이다. 노통브 M. F. Nothomb 는 이렇게 관찰하고 있다. "만약에 독일군이 그 땅을 15분만 더 차지하고 있었더라면, 그들은 모든 지점에서 프랑스의 방어선을 뚫을 수 있었을 것이다." 낭시의 운명이 달려 있었던 그랑-쿠로네 Grand-Couronné 전투[16]에 대해서도 똑같이 말할 수 있다. 프랑스의 말레테르 Gabriel Malleterre 장군은 1914년 9월 7일에 314 연대의 지휘관이 후퇴하라는 명령을 받았다고 보고했다. 이 지휘관은 후퇴하기를 거부했지만 서면 명령은 반드시 따라야 하는 것이었다. 그가 후퇴하기 시작한 바로 그 순간에, 적도 철수했다. 이런 일련의 놀라운 사실들은 전투의 마지막 순간에 의지의 중요성을 분명히 보여주고 있다.

대중의 영혼에 무의식적 의지를 불어넣는 것은 위대한 전사들이나 국가 수반, 종교 창설자 같은 지도자들의 임무이며, 이 지도자들은 자신이 이끌고 있는 국민들에게 대대로 내려오는 충동들과 조화를 이루

....

15 벨기에 이제르 강에서 벌어진 전투로, 벨기에가 독일이 벨기에의 나머지 영토를 함락하는 것을 막는데 성공했다. 이 전투에서 승리를 거둠으로써 벨기에의 알베르 1세 국왕은 영웅이 되었다.

16 1차 세계대전 초기에 프랑스의 그랑-쿠로네에서 벌어진 전투(1914년 9월 4일-9월 13일).

는 방향으로 행동하도록 할수록 더욱 큰 성공을 거두게 된다. 유명한 장군들은 예외 없이 자신이 지휘하는 병사들의 의지를 높이는 능력을 갖추었으며, 승리 중 많은 것은 이런 식으로 집단적 의지를 촉진한 결과이다. 유명한 장군들은 나폴레옹Napoleon Bonaparte처럼 병사들의 힘을 증대시켜 무적의 병사로 만드는 말과 몸짓, 행동을 잘 알고 있다.

강력한 의지에 고무된 인간의 능력은 놀랄 만하다. 최근에 일어난 사건들은 말할 것도 없으며, 나는 리슐리외Richelieu의 말을 예로 제시하고 싶다. 조르주 클레망소George Clémenceau는 리슐리외가 한 말을 이렇게 요약하고 있다.

> "마온 항을 점령했을 때, 리슐리외는 병사들이 포도탄(葡萄彈)이 우박처럼 쏟아지는 끔찍한 상황에서 어떤 요새로 기어 오르며 보여준 영웅심에 놀랐다. 그는 그 일에 너무나 강렬한 인상을 받았다. 그래서 그는 그 일을 설명하려는 욕심에서 다음날 그때까지 방어 태세를 갖추지 않고 있던 똑같은 요새를 공격할 것을 명령했다. 그러나 그 공격은 허사였다. 저항이 전혀 없다는 사실을 알았기 때문에, 우리 군인들은 용기를 내도록 크게 자극을 받았던 그 전날과 같은 의지를 발휘할 수 없었다. 그들이 용감성을 발휘하기 위해서는 극복 불가능할 정도로 큰 장애가 필요했던 것이다."

산을 움직이는 것은 신앙이 아니라 의지이다.

BOOK Ⅱ

현대 독일의 진화

1장

독일 권력의 등장과 발달

1. 프로이센의 역사

어느 한 국민에 대한 지식을 약간이라도 얻기 위해서는, 그 국민의 감정과 믿음, 사상뿐만 아니라 그 국민의 개인적 정신과 사회적 정신의 기원을 반드시 연구해야 한다. 이유는 그 국민의 정치적 삶은 그 국민의 역사를 이루고 있는 단 한 가지 요소에 지나지 않기 때문이다.

진화를 결정하는 요소들은 국민에 따라 다 다르다. 현재 경제적인 요소에 지나치게 큰 중요성이 부여되고 있다. 그렇게 보는 이유는 경제적인 요소들의 영향이 사실은 민족과 환경, 제도, 개인적 또는 집단적 행위 외에 다양한 많은 조건들에 따라 다르기 때문이다.

따라서 국민의 역사는 대단히 복잡한 현상이며, 프로이센처럼 작은 수의 근본적인 요소들의 영향에 의해 발달한 새로운 국가를 다루는 경우가 아니라면 국민의 역사의 의미를 규명하는 것은 대단히 어려운 작업이 된다.

프로이센에 흡수된 이후의 현대 독일을 이해하려면, 현재의 전쟁을 야기하게 되어 있었던 사고방식을 낳은 원천들을 대략적으로 훑어보아야 한다.

독일을 통합하려는 시도는 기독교 시대가 시작된 이후로 줄곧 있어 왔지만, 독일이 프로이센의 영향 하에서 통합된 것은 아직 50년도 채 되지 않는다. 프랑크족과 색슨족, 스와비아 사람, 오스트리아 등의 지도자들은 이따금 독일의 몇몇 지방을 통합할 수 있었으며, 12세기에 호엔슈타우펜Hoenstaufen 왕가는 꽤 오래 지속한 제국을 건설하는 데 성공했다.

그러나 이 모든 노력은 실패로 끝났으며, 프로이센이 확립한 통합이 얼마나 오래 존속될 것인지에 대해 말할 수 있는 것은 오직 미래뿐이다. 프로이센이 주도한 통합은 꽤 오래 지속될 것 같다. 왜냐하면 프로이센이 독일에 행사하는 영향력이 옛날의 그 어떤 영향력보다 훨씬 더 깊기 때문이다. 프로이센이 독일인의 사고방식에 영향력을 행사할 수 있게 되기까지 50년이 채 걸리지 않았다. 오늘날엔 베른하르트 폰 뷜로브Bernhard von Bülow 후작[17]이 어느 책에서 독일 정신이 프로이센의 군주제에 맞서 반란을 일으키지 않을까 하고 두려움을 표시한 것은 기우에 지나지 않는다는 것이 중론이다.

프로이센의 지배로 인해 생겨난 사고방식을 연구하는 데 별도의 장을 할애해야 하기 때문에, 여기선 현대 독일의 지배자들의 사고방식이

....

17 독일 제국의 외무장관과 수상을 지낸 정치인(1849-1929).

형성된 과정을 간단히 살펴보는 것으로 제한할 것이다.

고대 프로이센의 사고방식은 척박한 삶의 조건 때문에 탐나는 땅을 빼앗기 위해 수백 년 동안 이웃들과 끊임없이 싸워야 했던 그런 민족의 사고방식을 닮았다. 그런 민족의 태도와 관습, 도덕, 법은 모두 정복을 꾀하려는 오만한 욕망에서 비롯된다.

프로이센은 인위적인 국가이며, 이 나라의 경계는 다양한 기원을 가진 민족들에게 피해를 입히면서 이룬 병합을 통해 서서히 확장되어 왔다. 여러 세기 동안 프로이센은 지칠 줄 모르고 확장 노력을 펴 왔다. 그런 시도 중에는 프로이센에 심각한 실패를 안긴 예도 몇 차례 있었다. 30년 전쟁이 벌어진 1640년이 그런 예이다. 그때 프로이센은 대단히 심하게 패배를 당했으며, 그 결과 어떤 지역은 주민의 반밖에 지키지 못했으며 프렌츠로브 같은 도시의 인구는 6,000명에서 600명으로 줄었다. 프로이센은 이 시기에 주민을 거의 다 잃었으며, 이 때문에 이웃 국가들의 대상(隊商) 숙소가 되었다. 프로이센에게 아주 다행하게도, 프랑스의 낭트 칙령[18] 폐기가 노동 인구의 꽃인 프로테스탄트 수천 명이 프랑스를 등지도록 했으며, 프로이센 왕은 현명하게도 프랑스 프로테스탄트 2,000명 이상을 자신의 영토로 끌어들였다. 이 지역은 이 이민자들의 유입으로 전에 없는 번영을 누릴 수 있었다.

이 이방인들은 브란덴부르크에 다수의 새로운 산업과 농업 방식을 소개했다. 이민자들은 이 지역에 유리 공장과 시계 공장을 짓고 농장을 개척했다. 당시만 해도 거리에 쓰레기와 오물이 나뒹굴고 인구도

18 프랑스의 앙리(Henri) 4세가 1598년 브르타뉴의 낭트에서 공포한 칙령. 신교파인 위그노에게 조건부로 신앙의 자유를 허용함에 따라 30년간 지속된 위그노 전쟁을 종식시켰다.

겨우 6,000명에 불과했던 베를린은 이민자들의 영향으로 번영하는 도시가 되었다. 프랑스 난민은 급속도로 증가했으며, 1740년에는 그들의 후손 60만 명이 프로이센의 250만 주민들 사이에 끼어 살고 있었다. 지금도 많은 수의 프로이센 사람들이 프랑스 혈통이다. 물론 그들 중 많은 수는 독일 이름을 택했다.

프로이센의 왕들은 언제나 자신의 영토 안에서 절대적인 지배자였다. 현대 독일 철학자가 등장하기 훨씬 전부터, 프로이센 왕들은 국가가 최고고, 국가가 자체의 법과 도덕을 만들어야 하며, 국민들의 유일한 역할은 복종하는 것이라는 관점을 가졌다. 프리드리히Friedrich 1세는 국민들의 논쟁을 금지시켰다. 그러나 국민들이 논쟁 같은 것을 꿈에도 생각하지 않았기 때문에, 그것은 불필요한 조치였다.

프로이센 군주제도의 근본적인 원칙은 영토를 끊임없이 확장하는 것이었으며, 이 목적을 위해서 그 외의 모든 것은 지속적으로 희생되었다. 당시에 프로이센 정부는 지금과 달리 게르만 민족의 우월성에 호소함으로써 정복의 권리를 정당화하는 그런 수고조차 하지 않았다. 프로이센의 인구를 구성하고 있는 민족이 다양했기 때문에 게르만 민족의 우월성을 주장하는 것이 불가능한 상황이긴 했지만, 그 시대엔 인종적 우수성이라는 이론이 지배자의 의지로 대체되었다.

정복의 꿈을 실행하기 위해서, 프로이센의 왕들은 자원의 상당 부분을 군으로 돌렸다. 병역이 1733년에 법으로 의무화되었다. 프리드리히 빌헬름Friedrich Wilhelm 1세가 왕위에 올랐을 때, 프로이센 군대는 3만 8,000명이었다. 그러던 것이 그가 죽음을 맞은 1739년에는 병력이 8만3,000명으로 늘어나 있었다. 같은 시기에, 프랑스는 병력을 겨우 16

만 명을 두고 있었으며, 오스트리아는 10만 명을 두고 있었다. 빌헬름의 후계자인 프리드리히 대왕은 이 병력의 도움으로 강대국을 건설하고, 슐레지엔과 폴란드의 일부를 병합함으로써 프로이센의 영토를 배로 늘렸다. 그런 노력을 통해 건설된 왕국은 나폴레옹 시대까지 파괴되지 않았으며, 이때도 왕국의 해체는 일시적이었다. 왜냐하면 프로이센이 라이프치히와 워털루에서 예나 전투의 패배를 보복했으며, 1815년 조약에 의해 쾰른과 마인츠, 트리에 등 유명한 도시들을 포함하고 있는 라인 지방을 획득했기 때문이다. 또 다른 유명한 도시들인 사도바와 스당이 프로이센의 위대성을 완성했으며, 모든 게르만족 국가들이 프로이센의 지배에 종속되었으며, 이로써 자그마한 왕국이 막강한 제국이 되었다.

독일인들의 자긍심은 권력과 함께 급속도로 커져갔다. 그들은 마침내 자신들이 지구상에서 가장 위대한 민족이라고, 그들의 역사학자들과 철학자들이 함께 설득한 대로 특권을 누리는 민족이라고, 다시 말해 하늘의 의지에 따라 세상을 혁신할 운명을 짊어진 민족이라고 믿기에 이르렀다.

지금까지 간단히 요약한 내용은 프로이센이 정복을 통해 태어났다는 점을, 그리고 프로이센이 정복만으로 점점 위대해졌다는 점을 보여주고 있다. 이 같은 사실을 고려한다면, 프로이센이 그렇게 오랫동안 유럽을 기만했다는 사실이 그저 놀라울 뿐이다. 물론, 프랑스 국왕들은 언제나 프로이센을 의심하면서 리슐리외의 시대 때처럼 독일의 통합을 꾀하는 노력을 저지해 왔지만, 프로이센은 볼테르Voltaire의 시대 이후로 지금까지 프랑스에서 큰 인기를 누리고 있다. 정확히 관찰하는 것이 얼마나 어려운 기술인지를 보여주는 이런 예외적인 판단 착오 때문에, 프랑스 철학자들과 저술가들은 프로이센을 리버럴한 권력으로 보았다. 당통Georges Danton의 눈에, 프로이센은 "프랑스의 자연스런 동맹"이었다. 혁명 시대의 사람들도 똑같이 오해를 했던 것이다. 역사학자 미슐레Jules Michelet도 프로이센 사람들에게 매우 호의적이었으며 독일 통합을 바랐다. 그는 "우리가 위대하고 막강한 독일을 보는 것을 하늘이 허용하고 있다."고 말했다.

이처럼 놀랄 만큼 강하게 프로이센을 신뢰하는 태도는 사도바 전투까지 지속되었다. 프랑스의 시사평론가 중에서 가장 영향력 있는 한 인물은 "논리적으로 프랑스는 프로이센에 동의한다."고 썼으며, 동시에 어느 중요한 신문은 "독일 통일은 프랑스 혁명의 승리이며, 프로이센을 지지하는 것은 가장 정의로운 대의의 승리를 바라는 태도다."라고 주장했다. 어찌 이런 망상이!

2. 독일 제국 정책의 평화로운 시작. 호전적 사상의 부활

프로이센의 주도 하에서 독일 통합이 이뤄진 뒤 몇 년 동안에, 비스마르크Otto von Bismarck는 자신의 계획에 따라 건설한 제국의 주인으로서 오직 평화를 유지함으로써 제국을 공고히 다지는 일에 대해서만 생각했다. 그의 정책의 지배적인 사상은 혹시 있을지 모르는 프랑스 측의 보복에 대비해 동맹의 지지를 확보하는 것이었다. 이 보복 가능성은 언제나 비스마르크의 마음에 자리 잡고 있었다. 그는 의회에서 행한 연설에서 그 점에 대해 종종 언급했다. 다음 인용은 비스마르크가 주

안점을 두고 있는 문제의 본질을 명확히 보여준다.

> "프랑스가 대성당이 있는 3개의 도시, 즉 메스와 툴, 베르됭을 장악했을 때, 독일 국경이 하나의 문제가 되었다. 그 문제는 오랫동안 망각되어 왔는데, 나는 단지 역사적 연결 때문에 그 문제를 떠올릴 뿐이다. 우리가 툴이나 베르됭을 다시 정복할 의사는 전혀 없고, 메스는 우리가 소유하고 있다. 그러나 그 후로 독일에서 프랑스를 상대로 칼을 뽑지 않을 수 없었던 세대는 없었다. 프랑스 국민과의 이 국경 전쟁은 지금 영구히 끝났는가, 아니면 아직도 끝나지 않았는가? 그것은 여러분도 알지 못하고 나도 알지 못하는 문제이다. 단지 나는 그 전쟁은 아직 끝나지 않았다고 추측할 수 있을 뿐이다. 왜냐하면 그 전쟁의 종식이 국경 상황뿐만 아니라 프랑스 국민의 성격에도 근본적인 변화를 의미할 것이기 때문이다."

비스마르크가 권력을 잡은 동안에, 평화를 유지하려는 그의 노력은 끝나지 않았으며, 현재의 황제도 처음에는 똑같은 정책을 추구했다. 독일 제국은 공고해졌으며, 독일 제국의 경제적 번영은 엄청났다. 날이 갈수록 중요성을 더욱 키워가던 독일 상선은 세계 곳곳으로 항해했으며 어디서든 영국 외에는 적수가 없었다. 이제 영국은 독일에게 증오의 대상이 되고 있었다.

비스마르크가 그렇게 두려워했던 프랑스는 최종적으로 더 이상 독일에 불안을 안기는 나라가 되지 못했다. 프랑스는 종교적, 정치적 분열을 겪은 나머지 너무나 허약해 보였으며, 보복할 생각을 품지 못하게 되었다. 프랑스와의 충돌이 간혹 가능한 것으로 여겨졌지만, 그것은 프랑스가 영국의 동맹이 되는 한에서만 가능한 일이었다. 독일에게 영국은 조만간 전쟁이 불가피한 적으로 여겨졌다.

비스마르크가 독일을 지배하는 동안에 전쟁은 피해야 할 위험으로 여겨졌지만, 무역과 제조업이 확장하기 시작하자 전쟁이 욕망의 대상이 되었다. 독일을 부유하게 하고, 전 세계에 걸쳐 독일의 패권을 확립하는 한 방법으로서 전쟁이 고려되기 시작한 것이다. 이때 군부와 애국 단체, 언론, 대학들이 한목소리로 캠페인을 전개했다. 목적은 여론을 자극하여 전쟁을 준비하도록 하는 것이었다. 독일 정부는 이 운동을 적극적으로 도왔으며, 그 결과 독일 정부는 조기 전쟁에 대한 의회의 우려를 불식시키고 군사력을 증대시키는 데 필요한 세금을 확보할 수 있었다.

3. 독일 저술가들이 제시한 정복 정책

현재 전개되고 있는 유럽의 재앙을 일으키기 위해서 여론을 조작하는 데 적극적이었던 저자들 중 한 사람이 폰 베른하르디 장군이었다. 그의 마지막 책인 『우리의 미래』Unsere Zukunft의 번역자는 영어판 표지에 '전쟁을 야기한 책'이라고 썼지만, 이것은 명백히 사실들을 과장한 표현이다. 왜냐하면 베른하르디는 단순히 독일의 평론 잡지 대부분에 표현되고 있던, 특히 소위 애국 단체들이 품고 있던 의견을 대중화했을 뿐이기 때문이다. 당시에 애국 단체들의 영향력은 매우 컸다. 이 책이 독일에서 공통적으로 통하던 사상들을 지지하고 있음에도, 거기서 몇 대목을 인용하는 것도 유익할 것 같다. 왜냐하면 그 대목들이 프로이센이 독일에 강요한 정치적 개념들이 프로이센 군주제의 초기 설립자들이 실제로 실행했던 개념들과 동일하다는 점을 아주 분명하게 보여주기 때문이다.

다음은 베른하르디의 책 10장에 포함되어 있는 중요한 내용들을 요약한 것이다.

> "국가는 임무를 수행하면서 오직 힘의 요소만을 고려해야 하고, 국가에 유리하지 않은 법은 모두 무시해야 한다.
>
> 국민이 겨우 4,000만 명인데다가 이미 독일에 패한 적이 있는 나라가 어떻게 감히 독일의 확장에 한계를 제시할 수 있는가?
>
> 우리가 3국 협상[19]을 파괴하고, 프랑스에 치욕을 안기고, 프랑스에 실제의 힘에 어울리는 지위를 부여할 수 있을 때에만, 유럽 대륙에서 독일의 지위가 확보될 수 있다.
>
> 현재 독립 국가인 중부 유럽의 국가들은 독일과 합쳐져야 한다.
>
> … 우리가 영국과 결투를 벌일 때까지, 우리의 외교 정책은 실패의 저주를 면하지 못할 것이다.
>
> 전쟁을 선포하는 시점은 우리의 자유 의지에 따라 결정되어야 하며, 우리의 적의 의지에 좌우되어서는 안 된다.
>
> 육군과 해군뿐만 아니라 우리의 외교 정책도 즉각 전투를 준비해야 한다."

……….

19 영국과 프랑스, 러시아가 제1차 세계대전 전에 맺은 동맹 관계.

국제적 중재에 관한 장에서, 저자는 중재자들이 어떤 법의 관점을 지키도록 하는 데 따르는 문제를 부각시키려고 노력하고 있다.

"권리가 아니라 힘만이 강대국들 사이의 분쟁을 해결할 수 있다. … 다양한 개인들은 서로 다른 정의관을 갖고 있으며, 정의의 개념은 개인뿐만 아니라 국가들 사이에도 다 다르다. 모든 국가는 나름으로 정의의 기준과 이상, 포부를 갖고 있으며, 이것들은 반드시 그 나라의 성격과 역사에서 비롯된다. … 어느 누구도 이것 또는 저것이 옳다고 말하지 못한다.

국가와 국가 사이의 온갖 차이를 규제할 수 있는 법을 마련하는 것은 불가능하다. … 모든 직업에서, 모든 국가에서 우리는 서로 다른 명예 개념을 발견한다. … 일반적인 중재 조약들은 독일처럼 새롭게 떠오르는 야심찬 국가에, 말하자면 아직 정치적, 국가적 발달의 정점에 이르지 않은 국가에 특별히 치명적임에 틀림없다. … 영토의 변화를 수반할 모든 진전이 차단될 것이고, 강력한 국가들의 발달이 현상 유지에 의해 중단될 것이고, 이것이 쇠퇴하고 있는 국가들에게 이롭게 작용할 것이다.

개인의 도덕 개념을 국가의 도덕 개념에 적용하지 못한다. 국가의 도덕은 별도의 문제다. 국가의 도덕은 그 국가의 특이한 본질과 조화를 이뤄야 하며 그 국가의 성격과 목적 위에 세워져야 한다. 개인의 도덕이 개인의 인격과 개인이 사회에 지는 의무 위에 세워져야 하는 것과 똑같다.

국가의 핵심은 권력이며, 국가의 허약은 죄이다.

만약에 어떤 국가가 권력을 확장하려고 노력하지 않는다면, 또 만약에 그 확장이 인구 증가에 따른 것이 아니라면, 그 나라는 비도덕적이다. … 국가들은 국가의 존립을 위태롭게 하거나 국가의 존립에 불리한 조약의 의무에 묶여서는 안 된다."

이 사상들이 우리가 여러 세기 동안 유럽 문명의 강점으로 생각해 왔던 개념들과 충돌을 빚는 것은 분명하다. 또 이 사상들은 우리를 마키아벨리Machiavelli 시대에 이탈리아의 작은 군주들을 안내했던 원칙으로 되돌려놓고 있다. 그러나 이 사상들은 수많은 독일 대학 서클에서 전통적인 것으로 통하고 있다. 국가와 관련한 이런 종류의 사상들에 대해선 별도의 장에서 논할 것이다.

베른하르디는 우리가 어느 나라에서나 만나는 그런 고립되고 괴상한 사람이 아니다. 그의 말은 어디에서도 아무런 메아리를 일으키지 않는 그런 개인의 말과 다르다. 그의 글은 온갖 부류의 문필가들에 의해 끝없이 되풀이되고 있다. 예를 들어 '르 코레스퐁당'Le Correspondant이 1914년 9월에 인용한, 『만일에 내가 왕이라면』If I were King이라는 책의 일부 구절을 보자.

"독일은 다른 모든 나라보다 더 탁월해졌기 때문에 모든 것에 대한 권리를 누린다. 독일은 자국의 확장을 가로막는 모든 것을 피와 철로 파괴하는 것을 목적으로 삼고 있다. 영국은 파괴되어야 하고, 프랑스는 짓밟혀야 한다. 그런 다음에 독일은 독일의 안전에 필요한 프랑스의 식민지와 해외 영토를 빼앗아야 한다. 네덜란드와 벨기에 같은 작은 국가들은 독일의 숭고한 보호를 받아야 하고, 러시아는 쉽게 정복될 것이며, 러시아의 국경 지역은 우리의 식민지 건설을 위한 발판이 될 것이다."

비스마르크를 옹호하는 사람인 쉐어Scherr가 한 다음과 같은 발언은 독일 정책의 비양심적인 성격을 단적으로 보여주고 있다.

"사려 깊고 경험 많은 사람이라면 정직이 최선의 정책이라는 진부한 표현은 어린이의 철자 교본에나 어울린다고 말해야 한다. 엄격히 말하면, 정직한 정책이란 것은 절대로 있을 수 없다. 창조적인 정치인은 자신의 일이 적들에게 편파적인지 여부를 놓고 고민함으로써 머리를 어지럽힐 것이 아니라 아예 그런 것을 고려하지 않고 일을 수행할 수 있어야 한다."

프로이센의 정치사상의 근본적인 특징 한 가지는 약한 국가들을 아주 강하게 경멸한다는 점이다. 프로이센은 작은 국가들의 살아갈 권리를 철저히 부정한다. 베를린 주재 벨기에 대사를 지낸 베인Eugène Beyens은 자신이 독일 외무 장관과 나눈 대화의 한 대목을 전하고 있다.

"그는 오직 강대국들만이 식민지를 건설할 권력뿐만 아니라 권리까지 갖는다고 생각했다. 그는 대단히 은밀한 속내까지 감히 나에게 털어놓았다. 유럽에서 강대국에 유리한 방향으로 일어나고 있는 변화를 감안하면, 작은 국가들은 지금까지 누렸던 독립적인 삶을 미래에는 누리지 못하게 될 것이라는 뜻이었다. 또 작은 국가들은 사라지거나 강대국의 세력권으로 끌려들어갈 운명에 처했다고 그는 말했다."

독일의 역사학자와 철학자, 저술가들에 의해 전파되었던 세계 지배라는 이 꿈은 독일 국민에게 호소력을 점점 더 강하게 발휘하는 환각이 되었으며, 독일 국민은 옛날의 아랍인들과 터키인들처럼 자신을 그 어떤 것보다 위에 있는 탁월한 민족으로 여기게 되었다. 결국, 이런 온갖 자극들은 그에 상응하는 결과를 낳게 되어 있었다. 여론이 변하고, 주전파는 날이 갈수록 더 강해져갔다.

4. 독일의 정치적 진화를 요약하면

독일이 프로이센의 주도로 통합을 이룬 뒤로, 독일과 독일의 포부의 역사는 몇 줄로 요약될 수 있다.

이미 본 바와 같이, 현대 독일은 프로이센에 의해 창조되었으며, 프로이센은 정복에 의해 인위적으로 형성된 왕국이며, 프로이센이 누린 번영은 정복 덕분이다. 프로이센은 자국의 영향 아래로 모든 게르만족 국가들을 통합시킨 1870년 전쟁 뒤에 당연히 자국의 위대함의 바탕이 되었던 조직을 각 국가들에게도 강요했다.

정치 심리학의 근본적인 원리 하나는 어떤 감정들을 낳고 확장시킨 다음에 그것들을 집단적인 것으로 만든다는 것이다. 국민의 감정을 교묘하게 조작하는 경우에 그 국민의 의지를 바꿔놓을 수 있기 때문이다. 또 국민의 감정에 영원성을 불어넣음으로써, 국민정신을 개조하는 것도 가능하기 때문이다.

대학과 역사학자, 철학자, 애국 단체, 그리고 특히 군사 교육 제도의 도움으로, 프로이센은 독일 국민의 정신적 경향을 50년도 채 안 되는 짧은 기간에 확 바꿔놓았다. 독일 국민들에게 독일 역사학자들은 독일이 세계의 어느 나라보다 더 탁월하다는 점을 설득시켰고, 독일 철학자들은 힘 앞에서 옳은 것은 허약한 망상에 지나지 않는다는 것을 가르쳤고, 독일 정치인들은 세계 지배라는 비전이 국민들의 눈 앞에서 빛을 발하도록 만들었으며, 독일의 거친 군사 제도는 국민의 의지를 예속시켰다.

독일은 경쟁 국가들의 성장을 주시하고 있었다. 그런 가운데 독일은 경쟁국들을 지배하려면 모든 지역에서 자국의 법을 강요할 수 있을 만큼 아주 막강한 육군과 해군이 필요하다고 판단했다. 이런 군사적 준비에 필요한 근거를 확보하기 위해, 독일 정부는 독일 제국의 존립이 질투하는 적들의 적대적인 태도 때문에 심각한 위협을 받고 있다고 선언했다.

영국이 가장 두려운 적이었으며, 독일 저술가들이 대중의 분노를 불러일으키기 위해 게르만족 확장에 최대의 적으로 꼽은 것도 바로 영국이었다. 그 결과, 해상에서 안전을 누리고 있던 이 불구대천의 원수가 가진 해군력을 파괴하기 위한 함대가 신속히 건조되었다.

우선 당장에 대중의 격정을 불러일으키는 것은 비교적 쉬운 문제지만, 훗날 대중의 격정을 자제시키는 것은 극히 어려운 일이다. 왜냐하면 격정이 금방 잠재울 수 없는 가공할 만한 힘으로 커가기 때문이다.

당시에 독일에서 일어난 일이 꼭 그랬다. 독일에서는 정부가 고의적으로 부추긴 격정의 지배자가 더 이상 될 수 없는 시점으로 급히 다가서고 있었다. 또 독일 정부는 호전적인 분위기를 일으킬 목적으로 결성한 집단의 지배자도 더 이상 될 수 없었다. 이 중대한 시기에, 가장 먼저 닥치는 곤경이 인구의 많은 계층이 뜨겁게 열망하고 있던 전쟁을 폭발시키는 기폭제가 되는 것은 불가피해졌다.

2장

독일 철학자들이 말하는 국가 개념. 독일 철학자들의 역사 해석

1. 독일식 국가 개념의 기원

개인과 국가의 관계는 언제나 정치의 중요한 문제였지만, 국가에 필요한 권력과 그 국가의 시민들에게 꼭 필요한 자유 사이에 만족할 만한 균형을 확립하는 것은 오직 소수의 위대한 현대 국가에서만 가능했다. 고대 세계에서, 보다 구체적으로 고대 세계의 동쪽 부분에서, 그 문제는 국가를 통치하는 주권자에게 무한한 권력을 부여한다는 단순한 계획에 의해 해결되었다.

프로이센 군주제가 통치해야 했던 다양한 민족들과 이웃 영토를 병합하려는 프로이센의 야망을 고려할 경우에, 프로이센 군주제는 절대 군주제가 되지 않을 수 없었다. 프로이센의 왕들은 어떤 것도 국가의 권력보다 더 높이 올라갈 수 없다고 믿었다. 국가의 의지는 도덕과 법을 구현해야 하고, 국가의 의무는 정복을 통해 영토를 넓혀가는 것이라는 것이 프로이센 왕들의 믿음이었다. 더욱이, 국가 자체의 이익이 조약을 준수하는지 여부를 결정하는 기준이기 때문에, 프로이센 국왕들은 언제나 "훌륭한 전쟁은 어떤 명분이든 정당화한다."는 확신을 품었다. 훗날 니체Friedrich Nietzsche가 그와 비슷한 말을 하듯이 말이다.

다양한 프로이센 군주들은 앞에서 요약한 원칙들에 따라 행동했다. 물론, 그들이 그 원칙들을 말로 구체적으로 표현한 것은 아니었다. 그래서 자기 나라의 역사에 의해 그 유효성이 입증된 이론들을 뒷받침할 합리적인 근거를 제시하는 과제를 철학자들이 넘겨받게 되었다.

이런 국가 개념의 밑바닥에서 작용하고 있는 철학적 원리들은 처음에 헤겔Georg Wilhelm Friedrich Hegel과 피히테Johann Gottlieb Fichte 같은 탁월한 사상가들에 의해 발표되었으며, 이어 많은 역사학자들, 특히 하인리히 폰 트라이취케Heinrich von Treitschke에 의해, 니체 같은 문학인들에 의해, 아돌프 라손Adolf Lasson과 베른하르디 같은 선동가들에 의해 가르쳐졌다. 이들이 옹호한 원리들의 본질을 설명하는 대목에서 저자들의 말을 직접 제시할 것이다. 이들의 원리들은 정치적 결과를 낳게 되어 있었으며, 그런 정치적 결과는 앞 장에서 제시한 인용문에 의해서 이미 드러났다.

헤겔은 국가에 고유의 절대적 권리가 있다는 이론을 구축한 첫 번째 인물이다. 그의 견해에 따르면, 국가는 하나의 신으로 숭배되어야 한다. 그는 역사를 움직이는 유일한 요소로 힘을 제시했다. 오랫동안 이런 사상들은 대학 서클에 한정되었으며, 그 사상들이 대중화되면서 독서 인구 사이에 퍼지기 시작한 것은 한참 뒤의 일이었다.

프로이센 국가는 프로이센이라는 나라를 신의 화신으로, 모든 권위보다 더 우위에 서는 권위로, 도덕법의 굴레로부터 자유로운 실체로, 약한 국가들을 정복할 절대적 권리를 가진 국가로 보는 이론들을 고무하는 외에 달리 할 수 있는 것이 없었다. 그러나 국가 사회주의의 원칙들은 게르만족 철학자들에 의해 이런 식으로 만들어진 것으로서 다소 공격적인 분위기를 풍겼으며, 그래서 이 원칙들의 옹호자들은 거꾸로 고대 로마인들까지 거슬러 올라가면서 제국일 때뿐만 아니라 공화국일 때에도 국가가 절대 권력을 가진 최고의 실체였다는 점을 보여줌으로써 국가 사회주의 원칙과 초기의 개념을 서로 연결시키려 노력했다. 이어서 국가 사회주의 원칙의 옹호자들은 독일 제국을, 신성 로마 제국의 연속처럼 보이도록 하려고 시도했다. 사실, 독일인들의 국가 개념은 고대 로마의 사상을 그야말로 약간만 닮았을 뿐이며, 아시아 강대국들의 제도와 훨씬 더 가깝다.

이 같은 국가 이론은 프로이센의 모든 조직과 역사의 원천이다. 그렇게 보는 이유는 앞에 언급한 원칙들이 만들어졌기 때문이 아니라, 이 원칙들이 실제로 적용되면서 사람들의 정신에 아주 깊이 스며들며 행동을 자극하는 동기가 되었기 때문이다.

2. 국가에 의한 개인의 흡수

국가가 개인을 완전히 흡수하는 것은 이 같은 독일 이론들의 당연한 결과이며, 처음에 프로이센에서, 나중에 제국 전체에서 일어난 것이 실은 꼭 그것이었다. 국가가 모든 것을 공급하고 모든 것을 관리하며, 국가의 관료적 체계화는 다른 나라에서는 견딜 수 없는 것처럼 보이지만 독일에서는 받아들여지고 있다. 이유는 모든 독일인들이 대단히 엄격한 군사 제도를 통해서 수동적인 복종에 익숙해졌기 때문이다. 이 같은 복종은 독일인들의 타고난 순종성에 의해 더욱 강화되고 있다. 헤겔의 사상에 따르면, 독일인들은 국가를 모든 사람이 행복하게 복종하는 신으로 보고 있다. 독일의 시인이자 철학자인 노발리스[Novalis]는 "국가는 한 사람의 신비한 인간이다. 이 인간의 장기(臟器)는 말하자면 법정이고, 극장이고, 궁정이고, 정부이고, 대중 집회이다."라고 말한다.

이런 신은 국민들의 합리적인 동의를 요구하는 것이 아니라 단순히 복종만을 요구한다. 이유는 철학자들의 이론에 따르면 국가가 칭송과 비난보다 위에 서기 때문이다. 그러나 어쨌든 프로이센에서는 누구도 국가를 비난하려는 생각을 좀처럼 하지 않는다. 프로이센의 관료 조직이 국민들로부터 너무나 깊은 존경을 불러일으켰으며, 그 결과 프로이센 국민들이 지금 그 조직을 모든 인류에게 강요하려 들고 있으니 말이다.

프랑스 국민들은 국가를 국민 개개인과 꽤 많이 분리되어 있는 어떤 실체로 여긴다. 프랑스인은 이익을 얻기 위해 이따금 국가를 이용하기도 하고 국가를 개인의 약함을 지원하는 받침대로 이용하지만, 프랑스인은 언제나 국가를 다소 적으로 여긴다. 그러나 독일인들에게 국가는 민족의 화신이며, 국가에 맞서는 것은 곧 자기 자신에게 맞서는 것으로 여겨진다.

그러나 이유야 어떻든, 독일에서 국가의 위세는 어마어마하다. 국가에 대한 숭배가 국민들의 영혼에 확고히 새겨져 있으며, 당국은 맹목적 복종을 확보하는 데 어려움을 조금도 겪지 않는다. 프랑스인과 영국인은 자유를 갈망하는 한편, 독일인은 복종하길 즐긴다. 독일인은 독재에 호의적이며, 그러다가 아주 작은 권위라도 갖게 되기만 하면 이젠 자신이 독재자가 된다.

카이저가 1891년 포츠담에서 신병들에게 행한 다음 연설에서 확인되듯이, 병사에겐 완전한 예속이 요구된다. "너희들의 육체와 영혼은 나의 것이다. 만약에 내가 너희들에게 아버지와 어머니를 쏘라고 명령한다면, 너희들은 조금의 망설임도 없이 나의 명령을 따라야 한다." 독일인들이 아닌 다른 어떤 국민들 앞에서 국가 수반이 감히 이런 연설을 할 수 있겠는가?

독일인들의 순종성이 독일인들을 통치하는 임무를 아주 쉬운 일로 만들고 있다. 프랑스인들이 아주 쉽게 깨뜨리는 규칙과 규제도 독일에서는 언제나 엄격히 지켜지고 있으니 말이다. 독일에서는 파리의 아스토리아 호텔을 둘러싼 소란 같은 것은 절대로 일어나지 않을 것이다. 이 호텔이 어느 독일인에 의해 건축되었다는 사실을 기억하고 있을 것이다. 이 독일인은 프랑스에서 법을 피하는 것이 아주 쉽다는 사실을 잘 알고 있었으며, 그래서 건축 관련 규정이 허용하는 것보다 훨씬 더 큰 건물을 지었다. 이런 일이 독일에서 일어났다면, 법을 어긴 만큼의 높이에 해당하는 층들이 24시간 내에 허물어졌을 것이다. 그러나 프랑스에서는 상황이 다르다. 건축에 문제가 있다는 최종 결정이 자치단체에 의해 1907년에 내려졌음에도 불구하고, 그 호텔은 지금도 그 자리에 그대로 서 있으면서 프랑스 정부의 약한 권위를 널리 시각적으로 보여주고 있다.

전쟁 동안에 일부 게르만족 학자들이 보인 일탈을 두고 여론을 정확히 해석한 것으로 여겨서는 곤란하지만, 그럼에도 불구하고 그 저자들이 충분히 대표성을 지니는 경우에는 그들의 의견을 알아두는 것도 유익하다. 내가 오스트발트[Ostwald] 교수의 다음과 같은 생각을 인용하는 것도 그런 이유에서다.

> "독일은 조직 능력 때문에 다른 나라들보다 높은 단계의 문명에 이르렀다. 우리의 적들 중에서 러시아인들은 아직 유목민 시대에 있는 반면에, 프랑스인들과 영국인들은 우리가 50년 전에 벗어난 문화적 발달 단계에 있으며 그 단계를 우리는 개인주의라고 부른다. 그러나 이 단계 위에 조직의 단계가 있다. 오늘날 독일은 그 단계에 와 있다. 사람들이 나에게 독일이 원하는 것이 뭐냐고 묻는다. 독일은 유럽을 조직하길 원한다. 유럽이 지금까지 조직화되지 않았기 때문이다. 독일은 집단 노동 사상을 실현시킬 수 있는 새로운 길을 만들어내길 원하고 있다."

이 같은 선언은 집단주의 사회주의자들을 기쁘게 했을 것이지만, 진보와 위대한 발견들은 집단이 아니라 선택된 소수의 일이라는 것을 잘 아는 사람들의 계몽된 정신에는 거의 호소력을 발휘하지 못할 것이다.

집단적인 조직의 이점을 확인할 수 있는 때는 오직 평균적인 정신들을 활용할 필요가 있을 때뿐이다. 집단적인 조직은 독일인들에게 극히 이로웠다. 훈련이 잘 되어 있고 군집성 강한 독일인들의 본성이 공동 사업을 쉽게 만들고 개별적 노력을 어렵게 만들기 때문이다. 하지만 어쨌든 조직은 독일인들로부터 인격을 완전히 박탈했다. 전쟁 동안에 많은 독일군 포로들을 조사한 사람들이 포로들의 생각 자체가 서로 완전히 일치한다는 사실에 강한 인상을 받은 경험에서도 그 같은 사실이 확인된다. 장교나 사병 할 것 없이 독일군 포로들은 같은 주형틀로 만든 것이 아닌가 하는 의구심이 들 정도로 생각이 서로 완전히 똑같았다.

국가 사회주의는 독일인들 사이에서 신비주의적인 형태를 취했으며, 독일인 저술가들에겐 종교적 교리로 받아들여지고 있다. 베를린 대학의 에두아르트 마이어Eduard Meyer 교수는 독일인과 영국인의 국가 개념을 이런 식으로 대비시키고 있다.

> "사실, 여기서 국가를 정반대로 보는 두 가지 개념이 두드러지고 있다. 이 두 가지 개념이 이 무서운 전쟁에서 생사를 건 투쟁을 벌이고 있는 것이다. … 그 차이는 영국인과 독일인의 국가 개념에만 나타나는 것이 아니라 영국과 독일이 형성한 자유의 사상에서도 두드러진다. 영국인에게 자유는 개인이 국가의 간섭을 받지 않는 상태에서 물질적 이익을 무한정 추구할 권리를 누리고 그 외의 다른 모든 것, 말하자면 관점과 태도, 관습, 생활 습관 등에서는 다수의 의지, 즉 여론을 따르는 것을 말한다. 한편, 독일인에게 자유는 집단의 이익과 국가의 이상적인 목표를 따르는 것을 의미한다. 영국인은 국가를 하나의 충동적인 도구로 보고 있으며, 따라서 국가의 권리와 요구는 개인에게 영향을 미치는 까

닭에 최대한 제한되어야 한다. 반면에 독일인은 국가를 국가가 설정한 가장 고귀한 목표를 탁월하게 수행하는 하나의 유기체로 여기고 있으며, 따라서 국가의 권위가 미치는 범위는 국민의 삶 전체이며 국가의 권위는 국민의 삶이 생생하게 돌아가도록 만들어야 한다. 국가의 명령이 그런 성격을 지니고 있기 때문에, 모든 개인은 위대한 전체의 한 구성원으로서 국가의 명령을 자신의 의지가 자유롭게 표현된 것으로 보아야 하고, 따라서 그 명령에도 자발적 복종과 자발적 의무의 실행이라는 도덕적 구속이 갖는 존엄을 부여해야 한다. 이것이 독일인이 징병제도를 자유로운 국민국가의 토대임과 동시에 최고의 표현으로 보는 이유이다. 반면에 영국인은 징병제도를 대단히 혐오스러운 것으로, 자유사상을 파괴하는 독재적인 강압의 한 형태로 여긴다."('Scientia', 1915년 3월 1일)

의기양양한 독일이 이미 알자스에 강요했듯이 유럽에도 강요하려고 준비하고 있는 체제를 이 진술보다 더 선명하게 보여주는 것도 없다. 개인은 수동적으로 복종해야 하지만, 그 개인에겐 그런 복종이 "자신의 의지의 자유로운 표현"이라고 믿는 것이 허용된다. 깊은 지하실에서 밀을 갈던 고대의 노예도 아마 이와 똑같은 정신적 망상에 설득당했을 것이다. 말하자면, 그 노예도 그런 고된 노동을 하면서도 자신의 자유로운 결정에 복종하고 있다는 식으로 생각하도록 배웠을지 모른다는 뜻이다.

영내 생활을 하는 세대들을 통해 길들여지지 않았다면, 어떤 국민도 그처럼 예속적일 수 없을 것이다. 영국인이나 미국인은 독일 체제를 절대로 인내하지 않을 것이다. 왜냐하면 영국인과 미국인은 국가가 개인을 위해 만들어지는 것이지 개인이 국가를 위해 존재하는 것이 아니라고 믿고 있기 때문이다. 또 영국인과 미국인은 자유와 독립이 수동적인 복종보다 훨씬 더 고귀하다고 믿고 있다.

독일 철학자들이 고안한 국가 사회주의 이론과 프랑스 민주 사회주의자들의 이론 사이에 매우 유사한 점이 있다는 것이 확인되었다. 프랑스의 민주 사회주의자들은 자신들의 사상을 달리 설명하겠지만, 그들도 기회가 날 때마다 그 사상을 열정적으로 실행하려 들었다. 그러나 두 이론 사이에 두드러진 차이가 한 가지 있다. 독일인의 이론은 극히 실용적이고 지속적인 정복에 대한 욕구를 드러내고 있는 반면에, 프랑스의 이론은 주로 이론적이다. 프랑스의 사회주의 이론이 극히 권위적인 경향을 보이고 있으면서도 인구 중에서 그 이론이 적극적으로 박해했던 계급을 제외한 다른 모든 계급들에겐 평화주의와 보편적 형제애를 품을 것을 가르친 사실에서도 그 점이 확인된다.

3. 힘의 숭배

앞에서 설명한 국가 개념은 당연히 물리적인 힘의 우세를 암시하지만, 프로이센 군주들이 물리적 힘의 우세가 안겨줄 이점을 이해하도록 하는 데는 철학적 논문 같은 것은 필요하지도 않았다. 이유는 프로이센 군주들의 왕국이 힘에 의해 건설되었듯이, 그 왕국은 힘에 의해서만 유지되고 성장할 수 있었기 때문이다.

획득한 결과를 정당화하기 위해, 독일 저술가들은 자연히 물리적인 힘을 역사를 지배하는 중요한 요소로 제시해야 했으며, 따라서 한 나라의 가치를 보여주는 유일한 기준인 성공은 강자의 몫이라는 점을 강조하지 않을 수 없었다.

힘은 최고의 지배자이기 때문에 동정을 보일 필요가 전혀 없다. 독일 철학자들과 역사학자들이 거듭 강조하듯이, 힘은 마음대로 행동할 자유를 누리기 때문이다. 유명한 법학자 루돌프 폰 이헤링Rudolf von Ihering은 "정복자의 힘이 법을 만든다."고 말한다. 그리고 이 의견의 옹호자인 니체는 이렇게 말했다.

> "주인 도덕은 사람은 자신과 동등한 사람들에게만 의무를 진다고 단언한다. 사람은 열등한 부류에 속하는 존재에게는, 그리고 이질적인 모든 것에게는 모든 면에서 자기 하고 싶은 대로, 그러니까 가슴이 명령하는 대로 행동하면 된다. 이유는 강한 인간에게는 동정보다 더 위험한 것이 없기 때문이다."

다른 장에서 독일군 참모본부의 지시사항을 인용할 때, 이 원칙들이 얼마나 엄격하게 적용되었는지, 또 인간적인 모든 것이 이 원칙들로부터 얼마나 엄격하게 배제되었는지를 볼 기회가 있을 것이다.

이 원칙들이 기독교, 아니 문명의 단순한 진보를 통해서 문명국가들 대부분이 알게 된 원칙들과는 거리가 너무나 멀다는 사실은 쉽게 확인된다. 독일은 명목적으로 기독교 국가로 남았지만, 성경 속의 온화한 예수를 독일의 고대 오딘[20]만큼 야만적인 신으로 바꿔놓았다. 오딘의 끊임없는 목표는 바로 정복과 대량 살해였다. 이교도 냄새를 매우 강하게 풍기는 이 새로운 기독교는 성경이 말하는 도덕을 전적으로 부정하고 있다. 니체의 주장에 따르면, 성경이 말하는 도덕은 "노예 도덕"일 뿐이다. 온화함과 감수성, 인간성은 허약의 다양한 형태로 여겨졌다. 힘이 곧 정의였다. 가장 강한 국가는 나머지 모든 국가들을 지배할 권리를 가지며, 약한 국가에 친절이나 선의를 베풀 의무 같은 것은 전혀 지지 않는다. 모든 독일 지식인들은 빌헬름Wilhelm 2세가 한 것으로 전해지는 이 말에 담긴 원칙에 푹 빠져 있다. "나 개인적으로 보면, 인도적인 것은 보주 산맥[21] 저쪽에서 끝난다." 이런 종류의 행동 원칙이 냉혹한 포악성을 낳는 것은 피할 수 없었으며, 결국 포악성이 현재의 전쟁에서 무서운 장면을 세계에 보여주었다.

힘에 대한 이 같은 숭배는 당연히 독일이 벌인 모험의 결과가 독일 국민들에게 독일이 강하다는 점을 보여주었을 때에만 국민들 속으로 파고들기 시작했지만, 그때부터 줄곧 새로운 학파의 이론가들이 전면에 나서면서 독일 국민들에게 자신들은 우수한 민족이며, 그래서 세계를 정복할 의무를 져야 한다는 식으로 설득시켜 왔다. 이제 전쟁은 독일이 세계에서 맡은 임무에 반대하는 열등한 국가들을 짓밟는 십자군 운동 같은 것이 되었다. 이유는 독일의 이상이 그런 열등한 민족들을 반드시 지배할 수 있어야 하기 때문이다.

사람이 본능을 지배하지 못할 때엔, 차라리 그 본능을 찬미하는 것

....

20 북유럽 신화에 나오는 지식, 문화, 전쟁의 최고신.

21 알자스-로렌 지방에 걸쳐 있는 프랑스 동부의 산맥.

이 더 나을 수 있다. 그렇게 할 경우에 다른 의심을 사지 않고 본능에 복종할 수 있기 때문이다. 독일 철학자들은 이 같은 원칙을 바탕으로 자기 나라 국민들의 무가치한 포부들을, 특히 정복과 살육과 약탈 본능을 높이 칭찬할 줄 알 만큼 똑똑했다.

4. 종교와 국가의 관계

가장 절대적인 형태인 군주제에서도, 국가와 교회는 일반적으로 서로 독립적인 권력들이다. 국가와 교회가 가끔 불화를 일으킬지라도, 한 쪽이 다른 쪽에 완전히 종속되는 예는 드물다. 그러나 국가의 절대 권력에 관한 독일의 사상들은 프로이센 군주제의 창설자들이 어떤 형태로든 자신의 권위에 맞설 가능성이 있는 종교적 권위를 인내하지 못하도록 만들었다. 사실은 프로이센 군주제 창설자들은 교회의 권위를 건드릴 필요조차 없었다. 이유는 프로테스탄트 신앙이 세속의 권력에 의해서 거의 언제나 뒷구석으로 밀려나고 있으며, 세속적 권력과 갈등을 빚는 예가 거의 없기 때문이다. 그러나 프로이센의 영토가 독일 전역을 포함할 만큼 크게 확장된 1870년 전쟁 이후에, 프로이센은 통치할 국민 중에 4,000만 명의 프로테스탄트 외에 2,500만 명의 가톨릭 신자가 있다는 사실을 깨달았다. 노련한 비스마르크도 이 어려운 문제를 풀지 못했다. 그는 상당한 시간 동안 가톨릭 신자들과 맞선 뒤에 일련의 타협에 동의하지 않을 수 없었다. 그럼에도 불구하고, 갈등은 날로 더욱 치열해져갔다. 현재의 전쟁이 발발한 뒤 그 분쟁이 사라졌음에도, 그 사라짐은 일시적일 수밖에 없다. 독일에서 두 가지 종교는 언제나 완전한 통합을 아주 어렵게 만들 것이다.

2,500만 명인 가톨릭 신자들은 제국의 정치에서 정말 중요한 역할을 맡고 있다. 이는 독일 정부가 근본적으로 절대적이라 할지라도 여전히 의회에 종속되어 있기 때문이다. 의회의 표결이 정부를 당혹스럽게 만들 때가 간혹 있다. 특히 과세 문제에서 그런 예가 많다. 가톨릭교도들은 다수의 평론 잡지와 신문을 지배하고 있으며, 이 매체들은 정부의 제안에 고분고분하지 않다. 가톨릭교도들은 의회에서 소위 중도당을 형성하고 있으며 종종 반대 집단에 합류함으로써 과반을 획득할 수 있다. 예를 들면, 1909년에 당시 수상이던 폰 뷜로브의 사임을 야기한 표결이 있다.

가톨릭 당은 당연히 정부 쪽에 전혀 인기가 없으며, 독일의 어느 국무 장관은 언젠가 의회 연설에서 가톨릭 당은 "제국이라는 유기체에 난 종기"라고 선언했다. 그러나 가톨릭 당은 워낙 강한 까닭에, 프로테스탄트 교회처럼 프로이센 왕을 유일한 지배자로 두고 있는 막강한 프로이센 국가를 상대로 싸우는 데에도 외부 도움을 전혀 필요로 하지 않는다. 가톨릭 당은 두 명의 지배자를, 말하자면 황제와 교황을 똑같이 인정하고 있다. 교황은 이 땅 위에서 신의 대표자이며, 그런 존재로서 세속적인 주권보다 위에 선다.

프로테스탄트 당은 가톨릭 신자들에게 굽히려는 경향을 거의 보이지 않는다. 이유는 많은 역사학자들이 가르치고 있듯이 독일이 위대성을 이루는 과정에 프로테스탄트의 정신에 힘입은 바가 크기 때문이다.

독일의 종교적 이중성은 아마 조만간 독일에게 약함의 원인으로 확인될 것이다.

5. 독일 이론가들은 국가와 법에 관한 사상을 어떤 식으로 설명하나?

독일 철학자들과 역사학자들에 익숙하지 않은 독자는 내가 그들의 의견을 과장하고 있다고 생각할 수 있지만, 헤겔부터 트라이취케와 베른하르디에 이르기까지 그들의 모든 사상은 똑같은 용어로 거듭 표현되고 있다. 이 책 다른 곳에서 이 저자들의 말을 인용할 것이며, 여기서는 베를린 대학의 라손 교수가 쓴 책의 내용 중에서 그들의 사상을 완벽하게 요약하고 있는 부분만 소개한다. 이 책은 전쟁이 발발하기 몇 년 전에 보급판으로 나왔으며, 책의 내용은 이미 인용 형식으로 '르 탕'Le Temps에 소개되었다.

> "국가는 사라지지 않기 위해서 논리적으로 국가보다 위에 서는 어떠한 법정도 인정해서는 안 된다. 국가는 법정의 결정을 받아들일 의무를 지지 않는다. 국가들 사이에는 전쟁밖에 있을 수 없다. 이유는 투쟁이 국제 관계의 핵심이고 규칙인 반면에, 우정은 단순히 하나의 우연이며 예외이기 때문이다.
>
> 자유 의지를 가진 인간들이 존재하는 한, 강압만이 법의 집행을 보장할 수 있다. … 논쟁이 벌어지고, 적의 반대가 허물어질 때, 그 결과로 나타나게 되는 상황은 그 앞에 있었던 상황만큼이나 훌륭하다.
>
> 국가들 사이에는 법이 전혀 존재하지 않는다. 이유는 단지 법이 무한히 우세한 권력이기 때문이다. 그래서 법을 인정해야 하는

국가는 약함을 고백하는 것이나 마찬가지이며, 이어서 묵인을 바탕으로 존재하는 그런 국가들의 무리 속으로 쇠퇴하고 말 것이다. 이 무리에 속하는 나라들은 힘으로 강요를 물리치는 기본적인 기능을 수행할 능력을 갖지 못한 상태에서 그저 나라라는 점만을 과시하는 괴상한 모습을 보이게 된다. 국가들 사이의 유일한 법은 강자의 법이기 때문에, 작은 나라는 저항의 힘을 근거로 존재하는 외에 별도로 존재의 권리 같은 것은 절대로 누리지 못한다.

모든 조약에도 불구하고, 보다 약한 나라는 보다 강한 나라가 권력을 행사하길 원할 때마다 강한 나라의 먹잇감이 된다. 이 같은 상황은 합리적이기 때문에 도덕적이라고 불릴 수도 있다.

만약에 우리가 지적인 존재로서 국가들을 본다면, 국가들 사이에 일어나는 분쟁은 오직 물리적인 힘에 의해서만 해결될 수 있다는 것을 알 수 있다. … 전쟁을 억제하려면, 적의 나라 자체가 억눌러져야 할 것이다.

… 전쟁에 대비하지 않는 것은 그 나라가 물리적, 도덕적 쇠퇴로 접어들었다는 사실을 보여주는 신호이다.

… 어느 국가가 지적, 도덕적, 물질적 분야에서 제아무리 큰 진보를 이루었다 하더라도, 스스로를 방어하지 못하고 다양한 분야에서 성취한 결실을 지키지 못한다면, 그 모든 노력은 물거품이 되고, 그 나라는 다른 민족들을 위한 '문명의 밑거름'이 되고 말 것이다.

전쟁이 터지면, 모든 것이 위험에 처한다. 이유는 모든 전쟁이 생사의 문제이기 때문이다. … 배려를 기대하는 것이 멸시 받을 만한 짓이듯이, 배려를 보이는 것은 약한 행동이다.

정복 전쟁은 방어 전쟁만큼 정당하다. 정복 전쟁에 대해 분개하는 것은 어리석은 짓이다. 정복 대상이 유일한 관심이다.

전쟁은 정치적 이익을 위해서도 치러질 수 있지만, 어떤 사상을 위해서는 절대로 치러질 수 없다. 이유는 사상을 위한 전쟁이 국가의 생명을 떠받치고 있는 모든 건강한 토대의 전복을 의미하기 때문이다.

민족의 문명을 가장 높은 형태로 실현하는 민족 국가는 오직 다른 국가들의 파괴에 의해서만 스스로를 구현할 수 있다.

독립국이 될 권리는 어느 나라나 당연히 누리는 권리가 아니며 땀과 고통을 통해서 쟁취해야만 하는 권리이다. … 고도로 문명화되었음에도 그 문명이 국가의 집중과 군사적 행동에 불리하게 작용하는 그런 국가는 그보다 더 발달한 정치적, 군사적 조직을 가진 야만적인 국가에 당연히 복종해야 한다.

다양한 형태의 문명 사이에는 오직 투쟁과 증오만 있을 뿐이다.

다른 국가들의 문제에 간섭하는 행위는 오직 그 다른 국가들의 힘에 의해서만 제한될 수 있는 하나의 권리이다.

약한 국가들은 자신들의 비참한 삶을 보호하는 조약은 침범 불가능하다는 식으로 곧잘 말한다. 그러나 유일하게 진정한 보장은 적절한 군사력뿐이다.

소위 국가들이 스스로 태도를 결정할 권리에 대해 말하는 사람들이 있다. 그러나 어느 국가 또는 국가의 일부가 국제적인 문제를,

> 예를 들어 그 국가가 이 나라에 속하는가 아니면 저 나라에 속하는가 하는 문제를 해결하도록 허용하는 것은 어느 가정의 아이들에게 아버지를 선택할 투표권을 주는 것이나 마찬가지이다. 그것은 프랑스인의 뇌에서 나온 터무니없는 망상이다."

힘이 수반되지 않는 권리는 정말로 이런 생각들을 신봉하는 국가들 앞에서는 허약한 방어다. 추상적인 권리의 이점을 놓고 논쟁을 벌이는 것은 학자들에게 맡기도록 하자. 또 힘의 종교를 권리의 종교로 물리치는 문제도 마찬가지로 학자들에게 넘기도록 하자. 그러나 나머지 시민들에게는 이론보다 더 신뢰할 수 있는 방어 수단을 지키라고 충고하도록 하자.

우리가 지금 겪고 있는 경험은 얄팍한 평화주의자들의 헛된 꿈에 속은 젊은이들에게 다른 사람들이 그들의 권리를 존중하도록 만드는 유일한 길은 매우 강해지는 것이라는 사실을 충분히 가르쳐줄 것이다.

자신을 뒷받침하는 권리만을 가진 사람은 힘을 극복하지 못한다. 인류 역사에서, 군사적인 힘을 전혀 갖추지 않고 있던 많은 성직자들이 강한 군주들의 소망에 맞서며 자신의 권리를 성공적으로 지킨 예가 있지만, 그런 성직자들은 군인들만 두고 있지 않았을 뿐이지 권력이 없었던 것은 절대로 아니었다. 반대로, 그런 성직자들의 힘은 매우 막강했다. 성직자들이 적들로 하여금 신이 이 땅의 신의 대리자들에게 보낼 지지를 두려워하도록 만들었기 때문이다.

독일 이론들은 틀림없이 우리 인류가 오래 전에 벗어난 문명의 시기에 속한다. 그 이론들은 우리를 먼 과거로, 모든 주권자가 조약을 경멸하며 마음대로 파기하고 오직 칼에만 의존하던 그런 시대로 되돌려놓고 있다. 보다 강한 자의 권리에 관한 사상에 빠진 어느 독일 저널리스트는 독일이 승리할 경우에 외국에 진 채무를 이행할 필요가 없다고 말했다. 물론 독일은 채무를 상환할 필요가 없겠지만, 어느 나라가 그런 원칙에 고무되는 국가와 거래를 하려 할 것인지 자못 궁금해진다. 현재 독일의 군사 조직은 독일의 산업 및 상업의 발달과 완전히 따로 놀고 있다.

루뱅을 불태우고 벨기에를 폐허로 만든 것은 독일인들이 제시한 이론들의 결과로 정확히 해석된다. 이 연결 속에서 테오도르 몸젠Theodor Mommsen[22]의 매우 진정한 발언을 소개하고 싶다.

> "군사적 강대국이고 지적 강대국인 이 나라에서 지성이 사라지지 않도록, 그리고 전적으로 군사적인 국가만 남지 않도록 신경을 써야 한다."

유럽은 대재앙을 낳는 것으로 끝난 이런 독일 이론들의 첫 번째 결과로 45년 동안 어쩔 수 없이 무장을 해 왔다. 이 대재앙은 게르만족 철학자들이 옹호한 개념들이 얼마나 그릇되었는지를 최종적으로 보여줄 것이다.

....

22 독일의 고전학자(1817-1903)로 1902년에 노벨 문학상을 수상했다.

3장

독일의 경제적 진화

1. 독일 산업 및 상업의 번영

가난한 국가가 이웃 국가들에게 피해를 입히며 스스로 부유해질 목적으로 전쟁을 일으키는 것은 역사에서 가끔 목격되는 현상이며, 프로이센 군주국도 오랫동안 그런 놀라운 예를 제공했다. 그러나 외국과의 교역을 통해 이미 부유해졌고 또 막강한 군사력에 의해 가능한 모든 공격으로부터 보호를 받는 나라가 이기든 패배하든 얻을 것이 전혀 없는 전쟁에 뛰어드는 예는 극히 드물다. 그러나 현대 독일이 꼭 그런 예이다. 독일이 번영을 누린 것은 25년 정도에 지나지 않지만, 그 짧은 기간에 독일의 인구와 무역, 상업은 꽤 증대되었다. 그럼에도 불구하고, 독일은 경제적 발달이 영국이 1세기 걸려 이룬 것을 막 넘어서려 하는 시점에 전쟁에 돌입했다.

다음에 소개하는 숫자와 문서들은 유럽 전쟁이 시작할 당시에 독일의 산업 및 상업의 확장이 어느 정도였는지를 명쾌하게 보여준다.

독일의 인구는 1888년에 4,800만 명이던 것이 1914년에는 거의 7,000만 명에 달했다. 같은 기간에 독일의 국부(國富)는 100억 파운드에서 144억8,800만 파운드로 늘어났으며, 독일의 교역은 지구 곳곳에 닿고 있었다. 독일은 식민지를 거의 두지 않았지만, 전 세계가 독일에 시장을 점점 더 많이 열고 있었다.

프로이센이 대표하는 군사적인 독일과 나란히, 산업적인 독일은 몇 년 만에 큰 발달을 이루면서 영국과 미국이 누리던 선발의 혜택을 만회했다.

독일의 산업적 발달에 기여한 다양한 요소들 중에서 가장 중요한 것은 광산의 발견이었다. 그 덕분에 독일의 석탄 생산은 1870년 2,600만 톤이던 것이 1913년에는 1억9,000만 톤으로 껑충 뛰었다. 이 해에 프랑스의 석탄 생산량은 4,100만 톤을 넘지 않았다.

옛날에 영국을 부유하게 만들었던 석탄 채굴이 독일도 번영하도록 만들었다. 독일이 채굴한 석탄 중 일부를 수출할 수 있었기 때문이다. 반면에 프랑스는 소비하는 석탄 중 일부를 수입해야 했다.

앞의 수치가 의미하는 바를 적절히 이해하려면, 그 숫자들이 나타내는 부(富)를 고려해야 한다. 세계가 지금 통과하고 있는 산업 단계에서, 국가의 부는 주로 그 나라가 사용할 수 있는 기계적인 에너지의 양의 산물이다. 이 에너지는 인간의 노동에서 끌어내거나 석탄의 연소로 생산된 노동에서 끌어낼 수 있다. 최근까지만 해도 인간의 노동이 유일한 에너지원이었다.

다양한 실험들에 따르면, 노동자 한 사람이 하루 8시간 작업하는 동안에 초당 43.2풋파운드ft-lb[23]의 일을 생산한다. 만약에 똑같은 양의 일을 증기기관이 태우는 석탄으로 얻는다면, 1.5파운드의 석탄이 필요할 것이다. 노동 일수를 1년에 300일로 본다면, 노동자 1명을 대체하는 데 450파운드, 즉 0.2톤 정도의 석탄이 필요하다는 계산이 나온다. 따라서 석탄 1톤은 노동자 5명이 1년 동안 노동을 해서 생산하는 일의 크기를 나타낸다. 그러면 100만 톤의 석탄은 500만 명의 노동자들이 생산하는 일을 나타낸다. 그렇다면 독일 광산이 매년 1억9,000만 톤의 석탄을 생산한다는 것은 곧 9억5,000만 명의 노동자들, 아니 온순한 노예들이 공급하는 기계적 노동을 생산한다는 뜻이다.

더욱이 이 온순한 석탄 노예들은 매우 경제적이다. 왜냐하면 100만 톤의 석탄이라면 1톤에 12실링씩 계산할 경우에 60만 파운드(£)가 되는 반면에, 1년 300일 노동자를 쓸 경우에 석탄 100만 톤을 대신하는 노동자 500만 명에게 지급해야 하는 돈은 3억 파운드(£)가 될 것이다. 1년에 60파운드(£) 드는 인간 노동자의 노동을 1년에 단돈 2실링 5페니만 드는 석탄 노동자의 노동으로 대체함으로써, 독일은 엄청난 수의 인구 증가 효과를 누렸다. 대량의 석탄 공급과 적은 인구가 소량의 석탄 공급과 많은 인구보다 훨씬 더 유리하다. 이유는 5,000명의 광부들이 1년 노동으로 100만 톤의 석탄을 채굴하고, 이 석탄이 노동자 500만 명의 일을 할 수 있기 때문이다.

거대한 전함에서부터 참호를 겨냥한 곡사포까지, 현대 산업의 모든 산물은 에너지로 변형된 석탄을 대표하고 있으며, 석탄을 많이 가진

....

23 1풋파운드는 1파운드의 물체를 1피트 들어올리는 데 필요한 일의 양을 말한다.

나라일수록, 공장과 철도, 전함, 군수품, 대포 등이 더 많을 수 있다.

독일의 엄청난 석탄 생산은 독일의 경제적, 국제적 삶에 다양한 효과들을 일으켰으며, 독일이 최근에 이룬 발달의 최대 요인은 틀림없이 석탄이다.

그 효과들 중 첫 번째는 공장을 선호하면서 농업을 포기하는 현상이었다. 석탄 공급 과잉과 과잉 인구 덕분에 독일은 경쟁을 불허할 만큼 제품을 싸게 생산할 수 있었다. 따라서 독일의 수출은 증대되었으며, 독일의 공장들은 시장 점유율이 엄청나게 높아질 때까지 확장되어야 했다. 크룹Krupp 같은 일부 공장들은 10만 명의 직원을 고용하고 있고, 마네스만Mannesmann은 1만5,000명, 반디쉐Bandische는 8,000명을, 바이어Bayer는 거의 8,000명을 고용하고 있다. 이 회사들 대부분은 관세를 피하기 위해 다른 나라에 지점을 세웠다. 다름슈타트의 기업 메르크Merck도 그런 전략을 택했다. 프랑스 약사들이 파는 약품 중 상당 부분을 제조하는 이 회사는 런던과, 파리와 가까운 몽트로에 지점을 열었다.

이런 다양한 회사들은 조직이 매우 잘 되어 있다. 바이어는 14명의 매니저를 두고 있으며, 이 매니저들 밑에 약사 304명과 엔지니어 67명, 의사 8명, 변호사 4명, 기계공과 전기공을 포함한 기술자 650명 이상이 일하고 있다. 작업장은 3만 개의 전구로 불을 밝히고 있으며, 완성품을 하루에 밴으로 30대 분량씩 생산하고 있다.

독일인들은 실험 도구와 카메라 렌즈 같은 제조 산업의 모든 분야에서 똑같이 탁월한 성과를 올리고 있으며, 프랑스 제조업자는 더 이상 독일 기업과 경쟁하려 하지 않는다.

독일의 성공은 생산의 끊임없는 증가를 낳았으며, 그 결과 독일은 끊임없이 새로운 시장을 찾지 않을 수 없게 되었다. 이것이 정말로 이 전쟁의 간접적인 원인 중 하나였다. 산업 세계에 새로 들어온 신인으로서, 독일은 가는 곳마다 라이벌들을 맞닥뜨린다는 사실을 발견했다. 경쟁국 중에서 가장 중요한 국가는 영국이었으며, 머지않아 독일은 경쟁국들과 일전을 벌일 것을 갈망하기에 이르렀다.

그러나 이 같은 산업적 비대함은 매우 위험한 측면을 갖고 있었다. 꽤 분명한 위험이었다. 유명한 독일 재정가인 칼 헬퍼리히Karl Helfferich는 제국의 세입이 20억 파운드가 되고, 국부가 160억 파운드에 달할 것이라고 추산하고 있다. 다소 과장되었을 수 있지만, 이 수치를 그대로 받아들이도록 하자. 그러나 이 수치는 진정으로 무엇을 나타내고 있는가? 그것은 거대한 제조업 분야에 잠겨 있는 자본을 나타낸다. 그런데 이 제조 시설들의 생산고는 국내 소비에 비해 지나치게 크며, 따라서 제품이 외국에 팔려야 한다. 외국 시장의 폐쇄는 수백 만 명의 노동자들을 절망에 빠뜨릴 수 있다. 이유는 7,000만 명에 이르는 인구 중에서 농업으로 살아가는 인구는 사실 1,500만 명에 지나지 않기 때문이다. 그러므로 제조업체들의 번영과 이 업체들이 주주들에게 배당으로 돌려줄 수익은 전적으로 제품을 파는 능력에 좌우되었다. 그렇게 하지 못하는 경우에 독일 기업들은 수입을 전혀 올리지 못하게 된다. 따라서 독일은 어쩔 수 없이 부를 계속 축적할 수 밖에 없었으며, 그렇지 않으면 그때까지 이룬 것을 잃는 수밖에 없었다.

공장들은 성공에 현혹되어 지속적으로 확장했다. 1883년에 500만 마르크의 자본으로 설립된 알게마이네 엘렉트리치태츠 게젤샤프트

Allgemeine Elektricitäts Gesellschaft[24]가 좋은 예이다. 이 회사는 지금 2억4,000만 마르크에 대한 이자를 지불해야 한다. 이런 거대한 자본에 대해 배당을 할 수 있기 위해선 생산을 조금도 늦춰서는 안 되는 것이 분명하다.

이것이 독일이 경쟁국들을 매우 두려워한 이유였으며, 또 독일이 경쟁국들 중에서 가장 위험한 영국을 그토록 증오한 이유이다.

2. 독일 번영의 다양한 원인들. 독일 산업이 채택하고 있는 방법들

방금 본 바와 같이, 최근에 이뤄진 독일의 번영은 주로 자국 영토 안에서 뜻밖에 거대한 광산을 발견한 덕분이다. 그러나 이것이 유일한 원인은 아니다. 다른 원인도 있다. 이 원인들 중 일부는 진짜이고, 나머지는 상상이다. 상상의 원인들 중에는 독일의 경제적 성공이 1870년에 거둔 군사적 성공의 결과라는 인식도 포함되어 있다. 이것은 종종 사실이 아니라는 것이 증명되었는데도 끊임없이 제기되고 있는 오류이다. 이 오류는 최근에도 다브넬D'Avenel의 논문을 통해 공격을 받았다. 다브넬은 부(富)와 영토 지배는 서로 별개의 문제라는 점을, 군사적 지배는 한 국가의 상업을 절대로 확장하지 못한다는 점을 보여주는 데 전혀 어려움을 겪지 않았다. 미합중국과 네덜란드, 스위스 같은 매우 부유한 국가들은 군사력을 갖고 있지 않다. 또 독일이 1871년에 프랑스로부터 받은 2억 파운드로 부유해졌다는 믿음도 전혀 근거가

....

24 독일 기업가이며 산업가, 엔지니어인 에밀 라테나우(Emil Rathenau:1838-1915)가 설립했다.

없다. 독일이 45년 동안 무장 평화를 유지하는 데 24억 파운드 이상을 들였기 때문이다. 이런 수치를 제외하더라도, 독일의 지위는 1870년 전쟁 후 첫 8년 또는 10년 동안 결코 좋지 않았다. 그 전쟁은 유럽 대륙 거의 모든 지역에서 이뤄지고 있던 산업 및 상업적 확장을 가속화시키기보다는 오히려 지연시켰다.

독일의 산업이 번영을 구가하도록 한 진짜 원인들 중에선 가장 먼저 독일의 우수한 기술 교육과 훈련 습관, 질서, 군사 훈련 체계에 의해 습득한 방법 등이 꼽혀야 한다. 공장과 병영은 많은 점에서 비슷하며, 독일인은 이쪽에서 저쪽으로 쉽게 넘어간다.

병영 생활의 영향은 독일인들도 강조하는 요소이다. 독일 프라이부르크 대학의 벨로브Below 교수가 어느 경제학자의 글에서 인용한 다음 글에서도 그 점이 확인되고 있다.

> "독일의 경제적 발전은 독일 군대에 팽배한 훈련 정신에 힘입은 바가 크다. 독일의 경제적 발전은 영국으로 하여금 독일에 증오심을 품도록 만들고 있다. 군사 제도는 독일의 노동자 계급을 위한 학교인 셈이다."

나도 독일인들에게만 가능한 엄격한 병영 체계가 낳은 훈련 습관과 규칙성이 그들에게 아주 유익하게 작용하고 있다는 점을 인정할 준비가 되어 있지만, 독일인들은 병영에서 얻은 자질들을 어떤 식으로 활용했으, 독일인들의 산업적, 상업적 방법들은 어떤 것인가?

이전에 발표한 몇 권의 책에서, 나는 독일인들의 산업적, 상업적 방법들에 대해 설명하면서 다양한 국가들을 상업적으로 침공하는 방식에 대해 설명했다. 저명한 경제학자인 밀리우드Millioud는 제네바에서 발행되는 '비블리오테크 위니베르셀'Bibliothèque Universelle 1915년 4월호에 이 주제를 연구한 결과를 발표했다. 그의 관찰도 나의 관찰과 비슷하지만, 그가 중립국에 속하는 학자이기 때문에 여기선 그의 주장을 요약한다.

밀리우드는 독일의 확장이 크게 증대된 것을, 특히 벨기에 같은 일부 국가들에서 일어난 독일의 확장을 보여주는 것으로 시작한다. 벨기에에서 독일의 경제적 침투는 대리인을 통하거나 회사를 하나씩 구입하는 방식으로 이뤄지고 있다. 이때 거래는 직접적으로 이뤄지기도 하고 차명으로 이뤄지기도 한다.

특정 종류의 제조에 종사하는 모든 사람들의 연합인 카르텔이라는 막강한 조직은 별도의 사무실에 의해 관리되며, 이 사무실은 제품의 가격을 결정하고, 수익을 거둬들이고, 그 수익을 회원들 사이에 배분한다. 카르텔을 이용해 독일 제조업자들은 생산 원가보다 낮은 가격으로 제품을 판매함으로써 경쟁자들을 파괴할 수 있다. 밀리우드는 독일 야금업자들을 예로 들고 있다. 독일 야금업자들은 독일에서 톤당 130마르크를 받는 강철 대들보를 스위스에서 120마르크, 이탈리아에서 75마르크에 팔고 있다. 후자의 경우는 톤당 20마르크씩 손해를 보는 거래다.

이런 식의 가격 할인과 12개월 또는 18개월에 이르는 장기 신용을 바탕으로, 독일 상인들은 모든 나라에서 고객을 확보하고 있다. 그런 식으로 시장에 접근하다가 경쟁자가 모두 나가떨어지면, 독일 상인들은 가격을 마음대로 정할 수 있다. 독일 정부는 제조업을 고객으로서도 지원하고 차등 관세라는 교묘한 제도를 통해 수출 무역을 지원하는 방법으로도 도왔다. 독일 상인들이 이런 방법을 실행하는 데는 많은 자금이 필요한데, 이 돈의 출처를 추적하는 것도 흥미롭다.

독일의 산업 및 상업 조직은 독일 은행업자들의 지원도 받았다. 독일 은행업자들은 먼저 자기 나라의 저축을 다 쓴 다음에 프랑스의 저축을 썼으며(프랑스의 저축은 독일 금융업자들이 프랑스 금융 기관으로부터 신용을 얻는 방법으로 활용되었다), 이어서 거기서 나오는 수익을 다양한 산업 분야에 투자했다. 이 돈으로도 모자라는 것이 확인되자 저축을 주권으로 대체할 필요가 있다는 사실이 드러났다. 주권은 곧 은행들의 예금이 협상이 지극히 까다로운 무담보 약속어음으로 바뀌었다는 것을 의미했다.

바로 여기서 이 제도의 결함과 위험이 확인되고 있다. 비록 신용이 틀림없이 언젠가는 자유롭게 처분 가능한 금 준비금으로 대체된다 하더라도, 일이 언제나 그런 식으로 돌아가는 것은 아니다. 이 기관들 중 일부의 완전 붕괴가 충분히 보여준 바와 같이, 위기 상황에서 특히 더 그렇지 못하다. 이것만이 유일한 위험은 아니다. 내가 말했듯이, 사업에 투자된 거대한 자본에 지급되는 배당은 생산의 지속적 증가를 요구하며, 독일에서 생산 증가는 이미 수요를 훨씬 앞지르는 수준에 이르렀다. 그래서 제품의 분배를 조절하고 가격을 통제하기 위해서 세계의 중요한 시장들을 지배할 필요가 있게 되었다. 그러나 여기서 독일인들은 다양한 경쟁자들을 맞닥뜨렸다. 최대의 경쟁자는 당연히 영국이다. 당시에 영국의 무역은 거의 독일의 성장 속도만큼 빠르게 증가하고 있었다.

바로 앞에서 인용한 글의 저자는 이렇게 결론을 내린다.

> "독일인들은 사방에서 위협을 느꼈다. 실제로는 아무도 그들을 위협하지 않았는데도 말이다. 독일인들은 자신들이 생존을 위해 싸우고 있다고 항의했다. 이 말은 완벽하게 맞는 말이다. 왜냐하면 독일 제조업자들과 재정가, 정치인들이 뒤로 물러설 수 없는 방식으로 경제적 정복에 나섰기 때문이다. 그러나 그들의 행위는 부메랑이 되어 그들에게로 되돌아왔으며, 그들은 실패했다는 소리가 들리기도 전에 먼저 승리가 자신들을 피하고 있다는 사실을 분명히 보았다. 이제 이런 질문이 제기되었다. 독일에 끔찍한 절망을 안겨주고 대중이 격노할 것이 뻔한데도 패배를, 그러니까 무역 정지와 신용 붕괴를 기다리고 있을 것인가? 독일인들은 상황이 조만간 전쟁이 불가피한 쪽으로 돌아가고 있는 것은 아닌지, 그리고 결정적인 승리를 신속하게 거둘 기회가 있는 상황에서 적대 행위를 시작하는 것이 더 낫지 않은지 자문해 보았을 것임에 틀림없다. 그 후의 문제는, 막시밀리안 하르덴Maximilian Harden이 말하듯이, 어쨌든 권리는 승자의 몫이니까."

지금까지 지적한 경제적 원인들이 독일인들로 하여금 언젠가는 전쟁을 벌이도록 강요했을 것이라고 나는 감히 말한다. 독일인 저술가들이 이런 이야기를 너무나 자주 했기 때문에, 우리는 그 점에 의문을 제기할 수 없다. 그러나 나는 전쟁의 필연성이 느껴질 때가 왔다고는 믿지 않는다. 본느퐁Bonnefon이 말하듯이, 단지 그런 때에 가까워지고 있었을 뿐이다.

> "전쟁이 발발하기 1개월 전에, 함부르크 아메리카 스팀쉽 컴퍼니의 사장이자 카이저의 개인적 조언자인 발린Ballin이 대단히 예언적인 경고의 말을 했다. 전체 프랑스 언론의 주목을 받을 만큼 중대한 발언이었다. 발린은 독일의 외국 시장이 온 곳에서 줄어들고 있거나 거의 완전히 사라지고 있다고 불쾌한 표정으로 한 마디 툭 내뱉었다. 그의 말이 맞다면, 그것은 곧 아주 많은 수의 작은 사업체들이 실패하고 수백 만 명의 실업자가 발생했다는 것을 의미한다. 한마디로 말하면, 독일이 그 결실을 감당하기 어려울 만큼 큰 노력을 성급하게 벌인 결과가 나타났다고 할 수 있다. 전쟁이 시작되기 전에, 베를린의 실업 노동자들이 10만 명이나 되었다. 제조업자들은 8%에도 돈을 빌리는 것이 어렵다는 사실을 깨달았다."

독일의 번영은 실제로 이뤄졌지만, 여기서 그 번영이 심각한 위협에 처하기 시작했다는 사실이 확인된다.

3. 프랑스를 비롯한 외국에서 이뤄진 독일의 상업적 확장

방금 설명한 온갖 위험에도 불구하고, 독일의 번영은 지속적으로 커져갔으며, 독일은 지구 위 모든 곳에서 다른 나라들과 경쟁을 벌이고 있었다.

상업적 경쟁의 결과는 금전적 이익에서 그치지 않는다. 어떤 나라가 군사적 경쟁이나 다를 바 없는 산업적 침공으로 조만간 다른 나라를 지배할 것이라고 말하는 것도 절대로 과장이 아니기 때문이다. 많은 나라들, 특히 벨기에와 러시아, 프랑스에 있는 독일인들에게는 그런 지배가 더욱더 현실이 되고 있었다. 독일인들은 일정 지역 전체를 소유하기도 했다. 예를 들어 코트 다쥐르 지역[25]을 보면, 생 라파엘부터 이탈리아 국경까지 중요한 호텔은 전부 독일인 소유가 되었다. 그것은 전반적인 침공이었다. 화학과 광학 도구, 의약, 염료 등 프랑스의 제조업 상당수가 독일인의 수중에 있었다. 독일인들은 자신들의 조직 정신과 경영 방법, 기술 교육, 끈기 있는 노동 등으로 프랑스의 주요 업종을 점진적으로 장악해 가고 있었다. 전쟁 기간에 이뤄진 압수는 프랑스에 1만2,000개의 독일 기업이 있었다는 사실을 증명하고 있다. 만약에 독일 기업들이 똑같은 속도로 20년만 더 증가한다면, 독일인이 프랑스의 진정한 소유주가 되는 데엔 전투도 전혀 필요하지 않았을 것이다.

이탈리아와 러시아에서도 비슷한 현상이 일어나고 있었다. 두 나라의 경우에 은행과 대규모 제조 시설 대부분이 독일인의 관리 하에 있었다. 영국을 침공하려는 노력도 시작되었으나, 다른 곳에 비하면 그 정도가 훨씬 약했다.

우리가 보는 바와 같이, 독일은 상업적 침공을 신속히 수행하고 있

....

25 프랑스 남동부의 지중해 해안을 말한다. 툴롱에서 이탈리아 국경과 가까운 망통까지 이어진다. 이 해안에 칸 영화제로 유명한 칸이 있다.

었으며, 전쟁이 일어나지 않았더라면 그 침공은 곧 마무리되었을 것이다. 러시아가 점점 독일인의 소유가 되고 있었다는 사실은 러시아가 패배한 뒤에 두마에서 행해진 연설에서 매우 놀라운 방식으로 드러났다. 그 연설은 1915년 9월 12일자 '주르날 드 주네브'Journal de Genève에 실린 다음 기사에 요약되어 있다.

"독일인들이 다른 나라들에서 벌인 경제적 활동에 관한 온갖 이야기는 러시아에서 일어난 일에 비하면 아무것도 아니다. 전쟁이 발발했을 때, 독일인들은 러시아를 대상으로 상업적 침공을 상당히 이룬 상태였다. 전통적으로 내려오는 러시아 정부의 게으름도 틀림없이 사태가 이런 식으로 발전하는 데 기여했을 것이다. 러시아 정부 공무원들 중에서 사례금을 루블화만 아니라 마르크화로도 받으려 드는 사람들이 많았다. 또 공적으로나 개인적으로 독일의 일을 맡았던 러시아 대리인들의 비건설적인 행태도 독일인들의 상업적 침공을 거들었을 것이다. 은행들은 대부분 독일인의 소유였고, 상가 주택도 독일인 소유였다. 광산 산업도 마찬가지였으며, 대규모 제조업체 중 많은 수도 독일인 소유였다. 한 세기 반 전에 예카테리나Catherine 여제에 의해 만들어진 독일인 거류지는 민족적 특징을 하나도 잃지 않았으며, 러시아어를 모른 채 완전히 고립된 상태에 남아 있다. 그런데 독일인 거류지는 우연히도 프랑스의 요새들이 있는 곳에, 전략적으로 중요한 프랑스의 병참선을 따라 자리 잡고 있었다. 러시아 거주 독일인들과 범(汎)게르만주의자 조직들의 연결은 지난 몇 년 동안 확대되었으며 갈수록 더 단단해지고 있다. 그들의 행동은 현재 대단히 의심스럽다. 지금 러시아 궁정과 다양한 정부 부서와 군대 안에서 독일의 영향력은 더욱 걱정스러운 상황이며, 우리의 연사들 중 많은 사람은 독일 국민과 오스트리아 국민의 상층부에 나타나고 있는, 생색 내는 듯한 태도를 비판했다."

식민지를 다른 나라에게 경제적으로 착취당하고 있는 나라로 정의한다면, 프랑스와 벨기에, 러시아는 독일의 훌륭한 식민지로 여겨져야 한다.

그러나 독일인들은 새로운 시장을 얻으려는 노력의 일환으로 유럽만을 상업적으로 침공하는 데서 만족하지 못하고 전 세계를 침공하기를 원했다. 독일인들의 상업적 침공은 대단히 빨랐으며, 그 침공은 동시에 침공자들의 언어와 문명을 확장하는 결과를 낳았다.

전쟁이 터질 당시에 일본에 머물르고 있던 벨소르[Bellesort] 교수는 이렇게 썼다.

"15년 만에 일본으로 돌아왔다. 도착하자마자 몸으로 느낀 첫 번째 변화는 나를 정말 기분 나쁘게 만들었다. 독일인들이 프랑스인들을 거의 완전히 대체한 상태였던 것이다. 일본 안에서 영국의 영향력은 비교적 안정적이었지만, 프랑스가 잃은 것은 모두 독일로 넘어가 있었다.

프랑스 군사 학교와 프랑스인 선생, 프랑스 서적, 프랑스 방법, 프랑스어가 옛날에는 아주 높이 평가받았으나, 지금은 독일인 교수와 독일 서적, 독일군, 독일어, 독일 방법, 독일 과학이 어딜 가나 눈에 띈다. 도쿄 대학 법대에서 프랑스인 교수의 강의를 듣는 학생은 100명 정도인 반면에, 프랑스인 교수의 독일인 동료의 강의에 등록한 학생은 1,000명이나 된다. 유럽의 장학금으로 여행하는 학생들 24명 중에서 19명이 베를린으로 갈 예정이고, 파리로 갈 5명도 마찬가지로 최종적으로 독일에서 거주할 예정이다. 러시아인 교수 자리가 하나 생기면, 그것은 곧 프랑스인 교수가 물러난다는 의미였다. 독일인 교수가 물러난다는 뜻은 절대로 아니었다. 유럽 약품과 유럽 음악은 완전히 독일의 독차지다."

이 저자는 독일의 성공 비결을 독일이 일본에 신문과 평론 잡지를 비롯해 온갖 종류의 매체를 뿌린 노력에서 찾고 있다. 저자는 동시에 프랑스를 지배하고 있던 광적인 민주주의 옹호자들의 심각한 실수를 비난하고 있다. 이 민주주의 옹호자들이 종교를 박해했기 때문에, 그 때까지 프랑스어를 가르치며 반(反)프랑스적인 영향에 맞섰던 프랑스 선교 단체들이 독일 예수회로 대체되었다는 뜻이다. 독일 예수회는 도쿄에 독일 대학을 설립하고, 따라서 일본 언론에게 "앞으로 극동의 가톨릭 신자들은 독일 황제의 보호를 받게 될 것"이라는 식으로 말할 기회를 주었다.

프랑스의 마리스타 교육 수사회의 수사들은 자신의 대학에 800명의 학생을 두고 있었으며, 이곳에선 프랑스어를 배우는 것이 의무였다. 그러나 프랑스에 있는 수사들의 본거지가 탄압을 받음에 따라, 그들이 학생을 모집하는 것은 불가능하게 되었으며, 늙은 교수를 대체할 새로운 교수도 더 이상 확보할 수 없게 되었다.

그러나 독일이 앞서 나아가고 프랑스가 뒤처진 곳이 일본만은 아니었다. 이 저자는 이렇게 말한다.

> "지난 20년 동안 여행한 곳마다, 유럽이든 아메리카든 극동이든, 나는 오만하고 불성실한 독일인을 만났다. 독일인은 프랑스의 실수를 이용하는 데서 만족하지 않았다. 프랑스의 실수를 이용하는 것은 어쩌면 독일인의 권리였다. 독일인은 더 나아가 프랑스 제품을 위조하듯이 프랑스 역사를 왜곡시키고 있다. 어딜 가나 나는 독일인이 프랑스의 데카당스[26] 사조를 암시하고 있다는 것을 확인하고 있다. 독일인 대학 교수들과 함부르크 상인들, 외교관들, 이주자들은 프랑스가 걸린 진실 앞에선 한결같이 무시하는 태도를 보였으며, 불공정하고 불성실한 성향을 마치 훈련을 받은 듯이 일관되게 보였다. 그러나 내가 다시 방문한 유일한 나라인 일본에서, 나는 한때 매우 명예로운 위치를 차지했던 프랑스가 15년 사이에 위신과 도덕적 권위를 상당 부분 빼앗겼다는 것을 확인할 수 있었다. 나는 독일인들이 프랑스에 불리한 방향으로 취한 조치들의 결과나 프랑스가 스스로 권리를 포기한 결과를 다른 나라에서는 평가할 기회를 갖지 못했다.
>
> 요란한 논쟁과 소음이 프랑스인의 활동에 관한 실상을 파악하지 못하게 만드는 현장인 프랑스를 벗어나자마자, 나는 세계 곳곳에서 여전히 1870년의 전쟁이 무자비하게 벌어지고 있다는 것을,

26 19세기 말에 프랑스를 중심으로 퍼진 허무적이고 탐미적인 문예 사조를 말한다.

프랑스가 여전히 후퇴하고 있다는 것을, 또 그런 상태가 계속되어서는 안 된다는 것을 알게 되었다. 서서히 해체되는 것보다 더 나쁜 것은 없으니까."

이처럼 독일이 확장하고 있는 현상은 곳곳에서 관찰되었다. 1915년 3월 1일자 '르뷔 드 파리'Revue de Paris는 독일이 페르시아의 국내 문제에 정치적으로 간섭하고 있는 사실에 주목했다. 그곳에서 독일의 외교 고문과 상인들의 음모가 끊임없이 소란을 일으키고 있었던 것이다.

독일은 세계를 상대로 무역 활동을 벌이고 지속적으로 확장 정책을 펴고 있으면서도 스스로 "유리한 위치에 서 있지 않다"고 상상하면서, 프랑스가 모로코에서 꾀하고 있었던 것처럼 식민지 소유를 확장하려고 시도하는 나라가 있으면 어떤 나라와도 싸울 것이라고 선언했다. 그럼에도 독일이 아프리카에서 겪은 경험은 독일이 피를 아무리 많이 뿌리더라도 번창하는 식민지를 건설하지는 못할 것이라는 점을 보여주었다. 이유는 독일인은 평범한 상인으로서는 전 세계에서 환영받을 만하지만, 주인으로서는 모든 사람으로부터 혐오의 대상이 될 것이기 때문이다.

4장

현대 독일의 사고방식

1. 현대 독일의 사고방식의 기원

현대 독일의 사고방식은 반세기도 채 되지 않는 기간에 다듬어진 인위적인 산물이다. 독일이 프로이센에 의해 통합되던 때에 생겨난 것이기 때문이다. 그런 사고방식이 나타났다는 사실 자체가 그 국민이 단일 민족으로 구성되어 있다는 것을 암시하지는 않으며, 단순히 몇 가지 공통적인 특성을 갖게 되었다는 것을 의미할 뿐이다. 이 특성들은 꽤 이질적인 민족 집단의 재능들 위에 포개져 있다. 실제로 보면 현대 독일은 매우 다양한 민족들로 구성되어 있다. 바이에른 사람과 작센 사람들뿐만 아니라 슬라브족과 켈트족, 몽골족, 바덴과 프로이센, 뷔르템베르크 사람들이 저마다 부분적으로 다르거나 완전히 다른 특성을 보이고 있다. 그러나 정치적 통합과 그 결과가 특이한 사고방식을 급속도로 낳았다. 이 사고방식은 현대 독일인들을 동질적인 국민으로 만들지는 않았지만 모든 독일인들의 포부에 동일한 방향성을 부여했다. 프로이센에 정복당한 독일인들은 신속히 새로운 주인과 자신을 동일시했으며, 독일인들이 언제나 정복자들에게, 심지어 나폴레옹에게도 존경심을 보여 왔기 때문에 그들의 동화는 아주 쉬웠다. 나폴레옹이 베를린에 들어섰을 때, 이젠부르크Isenburg 공과 다른 프로이센 지배자들이 몸을 바짝 낮추며 나폴레옹 군대에 자리를 간청했으며, 나폴레옹은 이들의 야비한 행태에 혐오감을 강하게 느끼며 루이 다부Louis Noclas Davout[27]에게 이렇게 썼다. "이 사람들은 번영의 기미가 조금만 보여도 거만하고 시건방지게 굴듯이, 역경에 처하니 아무 생각 없이 비굴하게 구는군."

독일의 다양한 거주자들이 보다 강한 힘에게 신앙에 가까운 존경을 표하도록 만드는 것은 바로 그들 자신의 과거이다. 그들이 가혹하게 다스리던 다양한 지배자들 밑에서 몇 세기 동안 살았기 때문에 그런 현상이 나타나게 된 것이다. 독일인들의 과거를 대충 훑어 보아도, 그들의 인격이 언제나 그렇게 모호했던 이유가 쉽게 이해된다. 독일 저술가들은 자국 국민들에게 어느 정도 동질적인 '사후(事後)' 역사를 제시하기 위해서 애국적인 열성을 쏟았으며, 그 과업은 역사를 왜곡해야만 성공할 수 있는 것이었다. 야심 찬 벼락 출세자들이 족보를 완전히 새로 만들 듯이 말이다.

이 저술가들이 시도했던 가장 독창적인 계획은 유럽을 약탈하고 유럽 문명을 파괴했던 게르만 무리들의 침공이 사실은 세계를 혁신했다

....

27 프랑스 혁명 정부와 혁명 전쟁 때 활약한 장군.

는 점을 증명하겠다는 것이었다. 문명의 흔적을 전혀 보이지 않았고 또 가르치기조차 힘들었던 이 부족들이 자신들이 포악하게 파괴한 문명의 잔해를 갖고 문명 비슷한 것을 일으키기까지 많은 세기가 필요했다는 것은 주지의 사실이다. 빅토르 뒤뤼Victor Duruy는 『로마사』Histoire romaine에서 "약탈을 일삼는 이 민족은 몇 세기 동안 세계의 재앙이었다."고 쓰고 있다. 또 투르의 그레고리우스Gregory of Tours[28]는 "게르만 부족들은 서약을 절대로 지키지 않으며, 피정복민에게 무자비하고, 여자들과 어린이, 약자들에게 고약하게 군다."고 말하고 있다.

게르만족 역사학자들은 이어서 다양한 예술적, 문학적 혁신의 공을, 창조에 대해서는 꿈도 꾸지 않았던 중세 독일로 돌리려고 노력했다. 현대의 학자들은 중세의 가장 아름다운 표현인 고딕 건축이 프랑스에서 시작되었다는 것을 증거로 뒷받침하고 있다. 봉건주의나 기사도도 독일에서 비롯된 것이 아니다. 독일은 언제나 모방을 일삼았으며 새로운 것을 창조한 예가 없었다. 오늘날까지도 독일의 영토는 독일의 작은 왕국의 군주들이 루이Louis 14세 궁정에 온 관심을 쏟으며 지내던 시대에 복사한 온갖 건물로 덮여 있다.

프로이센이 물려받은 이런 자질들을 활용해 국민의 사고방식을 어떤 식으로 그렇게 빨리 바꿔놓을 수 있었는지를 제대로 이해하려면, 독일인의 모방 정신뿐만 아니라 모호한 형태의 철학적 독립의 밑바닥에서 작용하고 있는 독일인의 순종성까지 알아야 한다.

....

28 투르의 주교이며 역사학자(538?-594).

2. 독일인의 사고방식에 나타나는 일반적인 특징들

국민의 사고방식에 대한 논의는 오직 일반적인 특징에 국한시킬 때에만 가능하다. 왜냐하면 모든 국민이 틀림없이 어느 정도의 공통적인 특성을 갖고 있을지라도, 많은 부분적인 차이가 국민들을 나누고, 심지어 지방들까지도 차이점을 뚜렷이 보이기 때문이다. 플랑드르 사람, 브르타뉴 사람, 부르고뉴 사람 또는 마르세유 사람은 서로 꽤 다른 사고방식을 갖고 있다. 직업도 특별한 흔적을 남기며, 따라서 노동자와 성직자, 행정관, 장교는 나름의 특이한 사고방식을 갖게 된다. 그러나 이런 구분은 공통적인 특성의 존재를 절대로 배제하지 않는다. 동물학에서도 마찬가지이다. 예를 들면, 다양한 종류의 개들은 서로 많이 다르지만, 그럼에도 그 개들은 모두 같은 종에 속하는 것으로 분류된다. 왜냐하면 개들의 유사성이 개들 사이의 차이를 압도하기 때문이다.

현재의 거의 모든 독일인들에게서 발견되는 일반적인 특성들을 보면, 연대감과 모든 종류의 공식적 권위에 대한 정중한 존경뿐만 아니라 집단적 우월감도 확인된다. 이 중에서 집단적 우월감은 부분적으로 독일인들이 자신들의 관점 외에 다른 관점을 상상하지 못하고, 따라서 다른 국민들의 심리에 대해 전혀 아무것도 모른다는 사실에서 기인한다. 우리는 이런 이해력 부족을 뒷받침할 증거가 곧 전쟁 발발 전의 독일 외교관들이라는 것을 잘 알고 있다.

전체 국민의 특징인 이런 집단적인 자만심 외에, 지식층은 대학의 가르침과 책에서 얻은 진부한 의견과 문구를 지나치게 많이 알고 있다. 그러나 독일 지식층의 전문화된 공부는 곧 이런 일반적인 사상들의 숫자를 제한하고, 그러면 사상들은 최종적으로 정부가 환영하고 언론에서 통용되는 것들로 줄어들게 된다.

독일인들의 예속적인 온순함은 프리드리히 대왕이 노예들을 다스리는 일에 신물이 난다는 식으로 말하도록 만들었지만, 독일인들의 지배자들은 그런 식으로 불평할 이유가 전혀 없다. 왜냐하면 그런 온순한 기질이 독일 국민으로 하여금 당국의 발표를 절대적으로 믿도록 하고 있기 때문이다. 예를 들어, 독일 국민들은 벨기에가 중립성을 위반한 데 대한 처벌로 파괴되었다는 말을 들었으며, 그래서 그들은 그 말을 곧이들었다. 마찬가지로, 독일 국민들은 독일이 프랑스에 선전포고를 한 것은 프랑스의 군용기가 독일 철도를 폭파했기 때문이라는 당국자의 말을 믿었다. 독일 정치인들의 이런 단언의 진실성에 대해 약간의 의문이라도 품어야 하는 것이 아닌가, 하고 생각한 독일인은 한 사람도 없었다.

게르만족은 자신의 통치자를 믿는 것 못지않게 자신의 교수들도 강하게 믿는다. 게르만족은 독일 민족은 푸른 눈과 장두(長頭)[29]형 두개골을 가진 것이 특징이라는 말을 수없이 들었으며, 그래서 게르만족 사람들은 같은 말을 끊임없이 되풀이한다. 이유는 장두형이 독일에서 드물고 또 프로이센이 옛날에 독일인 주민보다 슬라브인 주민을 더 많이 두었음에도 불구하고, 교수들이 인위적으로 구성해낸 게르만족의 이론적인 유형이 실제 유형을 압도하기 때문이다.

독일인의 사고방식을 지배하는 특징을 꼽는다면, 잔인성과 예의범절의 결여, 기사도 정신의 철저한 부재 등이 있으며, 이런 특성들은 평

29 머리의 폭이 길이에 비해 좁은 형을 말한다.

범한 사람들뿐만 아니라 교육을 받은 계층에서도 확인된다. 게르만 정신의 이런 근본적인 특징들은 전쟁이 시작된 이후로 모든 계층의 독일 포로로부터 압수한 노트에 분명하게 드러난다. 이 자료들은 그 주제에 대해 쓰인 어떤 책의 내용보다도 더 생생하다. 이 자료들 일부를 번역했던 어느 대령은 이렇게 말한다.

> "우리가 확보한 엄청난 양의 독일인들의 편지는 언젠가 공개될 것이다. 중산층 출신이 쓴 편지도 있고, 노동자와 상인, 교수, 예술가들의 편지도 있다. 그 편지에 온갖 계층과 직업, 사회적 환경에서 살았던 독일인들의 은밀한 생각들이 담겨 있다.
> 편지에는 잔인하게 일으킨 대화재에 대한 묘사도 있고, 전쟁에 파괴된 폐허를 보고 예술적 본능이 충족된다는 식의 표현도 있으며, 분노한 맥주 고래들의 바보스런 잔인성이 고스란히 담겨 있다. 그 편지들은 공짜로 마구잡이로 먹어대는 약탈자의 폭식과 어린이들을 범하는 지저분한 사디즘을 보여주고 있다. 우리는 냉혹하게 대량 살상을 저지르며 쓸데없는 살육에 대한 정당화를 '전쟁의 철학'에서 찾는 인간들의 뻔뻔스런 잔인성을 목격하고 있다. 우리의 두 눈은 여자들과 노인들을 고문하는 자들을, 점령한 마을을 약탈하면서 전투의 보상을 찾으려는 비열한 자들을 응시하고 있다. 이것이 군복을 입은 독일인들의 모습이고, 이것이 우리 장교와 병사들이 보는 독일 국민들의 모습이다."

'르 탕'은 '어느 독일 중위의 생각'이라는 제목으로 어떤 팸플릿을 공개했다. 이 팸플릿의 저자는 살육과 약탈, 방화, 여자들에 대한 범행을 설교하고 있다. 선택된 민족은 증식되어야 하며, 투쟁은 "산처럼 쌓인 죽은 자들의 시신을 넘고 눈물의 대양(大洋)을 건너" 계속되어야 한다는 것이 팸플릿의 요지다. 팸플릿의 저자는 이렇게 말한다.

> "문명은 산처럼 쌓인 죽은 자들의 시신 위에, 눈물의 대양 위에, 죽어가는 자의 고통 위에 신전을 세워야 하는가? 그렇다. 당연히 그래야 한다. 만약에 한 국민이 지배할 권리를 갖는다면, 그 국민의 정복할 권리가 최고의 도덕률이며, 이 도덕률 앞에 정복당한 국민은 머리를 조아려야 한다. 정복당한 자들에게 화 있어라!"

이 팸플릿의 저자는 이프르에서 포로로 잡혔으며, 그래서 그의 전력이 드러났다. 그는 그라이스발트에 있는 학교의 역사 교수였으며, 육군원수 폰 해젤러von Haeseler의 부하였다. 그는 해젤러의 이론과 자신의 이론이 똑같다고 말한다. 어쨌든, 그들은 독일 군인들과 교수들의 사고방식을 매우 선명하게 보여주고 있다.

독일 지식층의 잔인성은 전쟁 동안에 독일을 방문했던 중립적인 사람들에게 강한 인상을 남겼다. 스페인 사람인 이베로Ibanez de Ibero는 이런 글을 남겼다.

> "내가 전쟁에 대해 가장 폭력적이고 고착된 생각들을 발견한 곳은 독일 지식인들 사이에서였다. 정치인과 금융가들은 관점이 훨씬 더 온건한 것처럼 보였다. 그러나 대학 교수들은 종종 가엾다

싶을 만큼 완고하고 현재 벌어지고 있는 상황을 완전히 오해하고 있었다. 일부 예를 보면, 교수들의 정신은 정말로 심각한 상태인 것 같다. … 독일 교수의 사고방식은 절대로 복잡하지 않다. 독일 교수는 가끔 악의적이고 간교하지만 심리가 부족하다."

위의 내용을 근거로, 라틴 민족들 사이에서 매우 높이 평가받고 있는 세련된 태도와 관습이 독일인들에게는 철저히 경멸당한다는 것을 알 수 있다. 독일인들은 온화함과 관대함을 무능과 쇠약의 동의어로 본다. 독일인들은 자신들의 잔인성을, 독일은 신의 명령에 의해 자국의 의지를 다른 나라들에게 강요하도록 선택되었기 때문에 어떤 나라에도 선의나 동정을 빚진 적이 없다는 말로 정당화한다. 이 같은 태도는 앞에서 인용한 바 있는 빌헬름 황제의 말을 설명해준다. "나 개인적으로 보면, 인도적인 것은 보주 산맥 저쪽에서 끝난다."

게르만족의 잔인성에는 배려와 예의범절의 결여가 수반되는데, 이 점이 이방인들에겐 게르만족이 강자에게 보이는 아첨만큼이나 강한 인상을 남긴다. 프랑스 대사가 베를린을 떠날 때 독일 황제가 그를 다룬 혐오스런 태도는 잘 알려져 있다. 쥘 캉봉Jules Cambon은 독일을 떠날 때의 상황을 나에게 들려주었다. 그는 경찰이 지키는 기차에 26시간 동안 먹을 것이라곤 하나도 없는 상태로 갇혀 지냈으며, 그 여정에 오르기 전에 5,000프랑을 금으로 지급해야 했다. 당시에 독일에 있던 러시아의 황태후도 대단히 불쾌한 대접을 받았다. 그때 파리 주재 독일 대사는 특별 열차 편으로 국경까지 안내를 받고 있었다.

이 같은 예의범절의 결여는 독일인들 본인도 인정하는 바이다. 독일인들이 외국 여행의 영향으로 다소 세련되었으니 말이다. 괴팅겐 대학의 보이크트W. Voight 교수는 1914년 10월 31일자 '주르날 드 주네브'에 발표된 강연에서 이렇게 말했다. "교양 있는 프랑스인과 영국인이 예의범절 면에서 대체로 독일인보다 우수하다. 이유는 프랑스인과 영국인이 더 오래된 문명의 산물이기 때문이다."

독일인은 암시에 극히 약하며, 이것이 신문과 책들이 독일인에게 큰 영향을 끼치는 이유다. 독일인이 전쟁 동안에 보여준, 쉽게 믿는 성격은 악명 높으며, 독일인이 당국자의 말을 아무 거리낌 없이 받아들이는 태도는 정말 믿기 어려울 정도다. 그러나 독일 정신의 이런 피(被)암시성은 오래 전에 관찰되었다. 괴테Johann Wolfgang von Goethe와 실러Friedrich Schiller의 시대에 『젊은 베르테르의 슬픔』Die Leiden des jungen Werther이 많은 자살을 야기했고, 『도적 떼』Die Räuber는 많은 독일 학생들이 숲으로 들어가서 살도록 했다. 현대의 한 예를 제시한다면, 빌헬름 2세는 빛나는 갑옷을 걸친 중세 기사들의 환상에 끊임없이 시달렸다.

이 같은 특성은 독일인들이 이웃을 닮기를 원하고 집단적으로 생각하도록 만드는 한편, 영국인은 정반대로 홀로 생각하기를 좋아하고 이웃과 같아지기보다는 달라지기를 원한다.

독일인에게 가장 흔한 결점 한 가지는 불성실이며, 파테르쿨루스Velleius Paterculus[30]가 기독교 시대 초기에 다음과 같은 글을 남긴 것을 근거로 할 때, 독일인의 불성실은 역사가 깊은 것 같다. "게르만족의 성격은 잔인성과 악당 근성이 결합되어 있다. 그들은 거짓말을 위해 태어난 민족이다."

....

30 벨레이우스로도 알려진 고대 로마의 역사가(B.C. 19- A.D. 31).

지금까지 나는 독일인의 사고방식의 몇 가지 측면만 연구했으며, 독일인이 성공을 거두는 데 일조한 특성들에 대해서는 언급하지 않았다. 이에 대해선 다른 장에서 논할 생각이다.

3. 프로이센 군사 제도가 현대 독일의 사고방식에 미친 영향

라이프니츠Gottfried Wilhelm Leibnitz가 한 국민의 사고방식이 반세기도 안 되는 세월 동안에 교육에 의해 변화될 수 있다고 썼을 때, 그의 말은 반만 맞았다. 교육의 영향에 군사 제도의 영향까지 더했다면, 그의 말은 완전했을 것이다.

실제로 군사 제도가 게르만족의 사고방식을 근본적으로 바꿔놓았다. 이는 독일인들도 인정하는 부분이다. 어느 한 국가의 신체 건장한 모든 남자들이 처음에 2년 동안, 그 후로는 정기적으로 병영에서, 그러니까 약간의 일탈에도 채찍이 가해지는 그런 곳에서 지내야 할 때, 그 국가의 국민은 당연히 정확성과 질서, 복종의 습관을 평생 동안 지니게 되어 있다. 독일의 병영 생활은 전반적으로 공포에 바탕을 두고 있다. 하나의 심리적인 요소로서 공포의 힘은 프리드리히 대왕이 한 다음 말에서 명쾌하게 강조되고 있다.

> "당신이 지금 보고 있는 이 남자들은 한 사람씩 따로 두면 나를 증오하는 외에 다른 짓을 하지 못한다. 그러나 대열을 짓는 순간, 그들은 자신의 뒤에 상관이 채찍을 들고 서 있다는 것을 알고 내

앞에서 벌벌 떨며 나를 암살로부터 방어할 것이다.

그보다 더 놀라운 것은, 내가 그들에게 몇 마디 명령만 내리면, 그들이 뜨거운 가슴으로 자신을 포화에 노출시키고 나를 위해 주저 없이 목숨을 바칠 것이라는 점이다. 그들에게 나를 위해 죽어야 한다고 말하면 그들은 전쟁이 무엇인지 알지도 못하면서 나를 믿는다. 이런 결과를 내가 어떻게 끌어낼 수 있었느냐고? 무엇보다 먼저, 채찍의 도움이 꼽힌다."

몽둥이와 채찍을 휘두르는 것은 언제나 독일 군대의 전통이었다. 1세기 전에, 슈발리에 드 랑Chevalier de Lang은 라슈타트의 의회에 참석하는 동안에 이렇게 썼다. "매일 아침 나는 바덴 연대의 장교들이 군기를 잡기 위해 병사들에게 몽둥이를 휘두르는 소리에 잠을 깼다."

독일 신문에 불만이 수도 없이 제기되고 있음에도 불구하고, 군대 체계의 엄격성은 완화되지 않았다. 독일 통합 이후에, 그 같은 군사 제도는 프로이센의 통제 아래로 들어온 모든 군인들에게로 확대되었으며, 지금도 자주 적용되고 있다. 병영 제도를 거치는 독일 젊은이들이 가혹한 벌을 받아들이는 이유는 질서와 훈련, 규칙, 상관에 대한 존경 등이 필요하다는 인식 때문이다. 독일 젊은이들은 규칙을 약간만 위반해도 무자비하게 구타당하고 있으며, 그들은 그런 식으로 자신의 지배자에 대한 깊은 복종을 아주 일찍부터 익힌다.

전쟁 동안에, 독일인은 그때와 똑같이 잔인하게 다뤄지고 있다. 1915년 4월 23일자 '위클리 타임스'Weekly Times를 보면, 어느 목격자가 군인들이 약간의 위반에도 몇 시간 동안 나무에 묶인 채 심하게 매질을 당한 이야기를 들려주고 있다.

> "이런 방법이 독일인의 기질에 어울린다는 점을 부정하지 못한다. … 독일군 병사들이 장교들의 잔인성에 대해 적극적으로 항의하지 않는 이유를 묻는 질문에 대답하자면, 폭력이 전체 군사 제도의 불가피한 부분이라는 점이 지적되어야 한다. 병사들은 군사 제도를 바탕으로 살고 움직인다. 이 제도는 독일 젊은이들의 개성을 말살했으며, 젊은이들의 정신과 육체를 목적에 맞게 다듬었다. 정말로, 독일이라는 전쟁 기계의 힘은 이 같은 군사 제도가 몇 년 동안 묵인되고 받아들여졌다는 사실에 있다."

채찍을 동원하는 경우에 놀라운 결과가 나올 수 있다는 사실은 동물 훈련을 통해서 이미 오래 전에 알려져 있었다. 현대 독일인도 성취의 상당 부분을 그런 방법으로 이뤘다. 독일인은 평생 동안 자신의 뒤를 훔쳐보면서 몽둥이의 그림자를 본다. 독일인이 의무 이행을 태만하지 않도록 막았을 뿐만 아니라 문명국가들을 크게 놀라게 만든, 권리와 힘에 관한 사상의 발달에 크게 기여했던 그 몽둥이 말이다. 장교로부터 몽둥이를 맞은 병사는 곧 힘만이 이런 권리를 요구할 수 있다는 것을 배우고, 그 후로 병사는 권리와 힘을 동일시하게 된다.

그러나 한 국가가 이런 종류의 훈련을 통해서 성취를 이룰 수 있다는 점은 인정하지만, 그 같은 제도는 이미 몇 세기에 걸친 예속으로 인해 망가진 인간들에게는 탁월할 수 있지만 흑인과 일부 아시아인들을 제외한 다른 민족에게는 받아들여지지 않을 것이다.

독일 장교는 병영에서 휘두르는 권력 때문에 엄청난 존경을 받는다. 그래서 독일 장교는 자신이 다른 사람들보다 더 보드라운 흙으로 만들어졌다고 착각하면서 군법 외의 다른 법을 인정하지 않는다. 독일 장교의 사고방식을 보여주는 대표적인 예가 차베른Zabern에서 일어났던 그 유명한 사건이다. 어느 대령이 1913년 말에 단지 자신에게 존경을 적절히 표현하지 않는다는 이유로 행정관을 포함한 민간인 30여명을 지하실에 24시간 동안 감금한 사건을 말한다. 이 대령은 군사법정에 섰으나 만장일치로 무죄 선고를 받았을 뿐만 아니라 왕세자의 축하까지 받았다. 이와 비슷한 법 위반이 영국에서 일어났다면, 그 군인은 교도소에 갇히거나 교수형에 처해졌을 것이다.

독일 장교는 자신의 직업 외에 다른 것에는 철저히 무식하며, 도박과 술 외에 다른 오락은 전혀 모른다. 독일 장교의 사고방식은 중세에 술에 취해 오만하게 굴며 약탈을 일삼던 흑기병들의 사고방식을 떠올리게 한다.

4. 교육이 현대 독일의 사고방식에 미친 영향

병영의 영향 외에, 그보다 훨씬 더 약하긴 하지만 학교의 영향이 있다. 초등학교부터 최고 교육 기관까지, 독일의 학교는 현대의 산업적 필요에 놀랄 정도로 잘 적응되어 있다. 기술 교육이 특히 잘 발달되어 있으며, 요리를 포함해 산업의 모든 분야를 위한 학교가 있다. 가르치는 주제가 기술적이든 학문적이든, 확립된 원칙 한 가지는 극단적인 분업이다. 대략적인 생각을 철저히 배제하고 작은 사실들까지 세심하게 점검한다는 이 원칙은 연구실의 연구뿐만 아니라 순수한 학문 연구에도 적용된다.

크루아제Croiset는 독일 학계에 대해 이렇게 말한다. "그들은 원고들을 서로 비교하고, 출처를 분류하고, 참고 문헌을 정리하고, 세부 사항을 밝히는 일에 충실하다. 이런 태도는 보다 훌륭하고 덜 집요한 정신에는 혐오스럽게 다가온다."

그러나 이런 발언을 비판으로 여겨서는 안 된다. 왜냐하면 한 나라가 전성기에 아주 형편없는 두뇌까지 이용할 수 있게 하는 방법이야말로 그 나라엔 대단히 소중하기 때문이다.

과학 연구소와 산업 연구소에도 똑같이 분업이 적용되고 있으며, 이것이 기술 분야에서 실질적인 결과를 낳고 있다. 아주 유능한 화학자들과 그들의 제자들은 활동을 좁은 범위로 제한한다. 그 유명한 파울 에를리히Paul Ehrlich의 치료법이 이를 잘 보여주는 예이다. "에를리히는 명확한 공식을 확정하기 전에 다수의 화학자들에게 비산염(砒酸鹽)으로 처리한 화합물을 아주 많이 준비하도록 했다. 그 일은 한 사람으로는 절대로 만족스럽게 처리할 수 없는 것이었다. 얻어진 화합물마다 화학 분석 과정을 거쳐야 했기 때문에, 그 작업은 지루하고 힘든 일이었다."

현대 산업에는 세세하게 나눠진 조직에 바탕을 둔 그런 시스템이 필요하다. 그러나 독일인들만이 그런 조직을 만들 수 있다고 생각한 오스트발트의 판단은 실수였다. 독일이 영국이나 미국과 벌이고 있는 경쟁 자체가 다른 방법들도 똑같이 좋은 결과를 낳고 있다는 점을 증명하고 있는 것이다. 나는 조직화 능력이 진보의 한 요소라는 그의 말에 동의할 준비가 되어 있다. 그것이 자명한 이치이기 때문이다. 고대 로마인들도 조직화 능력의 덕을 톡톡히 보았으며, 터키 사람들처럼 조직화 능력을 조금도 얻지 못한 민족들은 지속적인 결과를 낳지 못하고 폐허만 남겼으며 유럽인들의 도움이 없었더라면 도로와 철도도 건설하지 못했을지도 모른다.

그러나 독일의 실수는 조직화가 국가에 의해서만 이뤄질 수 있다고 믿은 데에 있다. 엄격한 형태의 국가 사회주의는 독일의 경우에 성공했다. 이유는 독일 시민들이 대단히 세밀한 규율까지도 따를 준비가 되어 있을 만큼 독일이 군국화되어 있기 때문이다. 그러나 이 시스템이 최고라고 말하는 것은 오류다. 왜냐하면 내가 거듭 말하는 바와 같이 정부의 간섭을 최대한 줄이는 한편으로 민간의 주도권을 최대한으로 키우고 있는 영국과 미국도 마찬가지로 좋은 결과를 거두고 있기 때문이다.

국가 사회주의와 민간의 진취 정신은 양립 불가능한 개념들이다. 따라서 이것을 저것으로 바꾸는 것은 불가능하다. 둘 중 어느 것을 선택할 것인가 하는 문제는 민족의 특성과 다양한 국민들의 정신적 조건에 좌우된다. 국민들의 기질이 국민들이 국가로부터 자유로워질 것인지, 아니면 국가에 예속될 것인지를 결정하게 되는 것이다.

5. 종교가 독일의 사고방식의 형성에 미친 영향

종교가 현대 독일의 사고방식에 미친 영향은 프로이센 군대 조직이 미친 영향에 비하면 언급하지 않아도 괜찮을 만큼 아주 약하다. 그래도 나는 앞의 여러 책에서 제시한 어떤 이론을 새롭게 뒷받침할 목적으로 이 문제를 언급하려 한다. 그 이론은 바로 종교적 믿음들의 통합이라는 개념은 논리적으로 맞지 않는 개념이라는 것이다. 왜냐하면 어떤 나라도 자국의 사고방식에 맞게 변형시키지 않고는 종교를 받아들이지 않기 때문이다.

동일한 종교가, 더 구체적으로 똑같은 경전이 민족의 정신적 성향에 따라 크게 다른 영향력을 발휘한다는 사실은 매우 흥미롭다. 예를 들어, 프로테스탄트 신앙의 영향은 영국에서는 매우 컸지만 독일에서는 오히려 약했다. 영국에서 프로테스탄트 신앙은 반드시 필요한 책인 '성경'을 읽으려는 노력에 의해 전파되었다. 종교개혁의 토대가 바로 성경의 가르침에 대한 절대적 복종이기 때문이다. 그리고 성경 읽기는 영국인에게 중요한 영향을 끼쳤다. 성경에 대한 자유로운 해석이 영국인의 독립적인 정신과 완벽하게 맞아떨어지고 또 영국적인 종교의 발흥을 초래했기 때문이다. 이 종교에서 영국인의 정서가 활짝 꽃을 피울 수 있었다. 성경 속의 여호와는 영국으로 옮겨지면서 영국의 신이 되었다. 이는 옛날의 부처처럼, 여호와가 중국으로 옮겨지면 중국의 신이 될 수 있는 것과 똑같다. 한편, 독일이 이 땅의 미천한 존재에게 너무나 자비롭고 다정한 기독교 신을 채택했을 때, 그 신은 약한 자들을 경멸하고 강한 자에게만 보호를 제공하는 그런 잔인한 신이 되었다. 이런 식의 변형은 철학자를 놀라게 만들지 못한다. 왜냐하면 철학자는 신들이 민족의 영혼을 변화시키는 것이 아니라 거꾸로 신들이 그 신들을 채택하는 민족들의 이미지에 따라 다듬어진다는 것을 잘 알고 있기 때문이다.

내가 다른 곳에서 제시한 이런 일반적인 법칙은 현대 독일에서 기독교가 진화하는 과정에 매우 선명하게 나타난다. 심리학적 관점에서 본다면, 독일은 억압당하는 자들을 위한 보호와 자비, 온화함 같은 복음적인 이상(理想), 말하자면 니체에 의해 노예 도덕으로 낙인이 찍힌 이상과, 기독교의 가르침과 너무나 동떨어진 힘과 잔인성, 정복의 이상을 서로 조화시켰을 때 정말 놀라운 일을 해냈다. 그러나 신비주의적인 논리는 절대로 모순을 모르며, 그래서 독일의 종교적, 정치적 이상은 완전히 대립적인 관계에 있음에도 불구하고 서로 잘 섞였다.

두 가지 이상을 이런 식으로 동일시한 덕분에, 독일은 신학자들의 지지를 얻고 있는 반면에, 프랑스 정부는 신학자들과 대립적인 관계에 있다. 어떤 나라가 번영을 구가하고 있는 상황에서 언제든 적대적으로 대립할 수 있는 권위들에게 맡겨져 있다는 사실은 곧 허약의 원인일 수 있다.

독일의 프로테스탄트 신학자들은 어떻든 가슴이 따뜻한 사람들의 집단은 아니다. 그들은 스스로를 방어할 수 있을 만큼 많은 독일 가톨릭 신자들을 해치지 못하지만, 현재의 전쟁 동안에 프로테스탄트 신자들은 자신이 싫어하는 종교에 대한 야만적 증오를, 터무니없는 구실을 내세워 다수의 가톨릭 성직자들을 살해하고 가톨릭교회들을 파괴하는 것으로 표출하고 있다.

6. 현대 독일 정신의 통합.
그 정신의 인격 결여와 집단적인 요소들

지금까지 설명한 영향들, 그러니까 프로이센의 고압적인 태도 아래에서도 그대로 지속되었던 영향들은 게르만족의 사고방식의 모든 표현에도 비슷한 변화를 낳았으며, 독일인의 개인적인 정신을 점진적으로 파괴하면서 개인적인 정신을 집단적인 정신으로 바꿔놓았다.

한 국민의 정신적 통일이 그 정도로까지 이뤄진 예는 지금까지 한 번도 없었다. 이미 강조한 바와 같이, 독일인의 정신적 통일은 이 전쟁 동안에 온갖 사회 계층 출신의 독일군 포로들을 조사한 사람들에게 강렬한 인상을 남겼다. 전쟁 동안에 포로를 개인적으로 접할 기회를 가진 사람들은 모두 내가 '가제트 드 로잔'Gazette de Lausanne의 한 특파원의 글에서 인용한 부분에 동의할 것이다.

> "대중의 심리적 통일이 이 정도로까지 완벽하게 이뤄질 수 있다는 것을 나는 지금까지 절대로 믿지 않았다. 그 통일엔 그것을 경탄할 만한 것으로 받아들여 할 것인지 개탄할 말한 것으로 받아들여야 할 것인지를 묻게 만드는 무엇인가가 있다. 수 천 개의 머리 안에서 단 하나의 뇌가 생각하고 있는 것 같다. 나는 그것이 정신적 전염 현상인지, 아니면 전적으로 전쟁 목적을 위해 엄격한 교육을 실시한 결과인지 확실히 모르겠다. 그러나 독일인들은 감수성도 다 다르고 지력도 다 다르고 표현 방법도 다양할 것이지만, 그들의 인격은 사라져 버린 것 같다. 독일에는 더 이상 개

인은 존재하지 않는다. 거기엔 하나의 국민만, 하나의 사회적 유기체만 있으며, 이 유기체의 뇌는 곧 전능한 국가이다."

오늘날 독일인의 내면에서 용기와 진취적 기상, 의지는 모두 집단적이다. 독일인은 노조든, 회사든, 공동체든 불문하고 어떤 집단에 포함되지 않으면 행동하지 못한다. 따로 떨어져 있을 때조차도 독일인은 집단적인 존재로 남으며, 아주 고차원적인 과학의 영역에서도 독일인의 작업은 전적으로 집단적이다. 안과학의 논문처럼 고도로 전문화된 영역의 논문에도 저자 이름이 10여 개가 달린다는 사실에서도 그 같은 집단성이 잘 드러난다.

저명한 게르만족 학자 93명이 서명한 그 악명 높은 선언 같은 문서를 이해하려면, 독일인들의 정신이 가진 이런 집단적인 성격에 대한 이해가 선행되어야 한다. 앞으로 유명해질, 심리학적 가르침으로 가득한 이 선언은 집단적인 정신의 지적 가치가 낮다는 점을 극명하게 보여준다. 이 선언은 또 내가 다른 책에서 오래 전에 지적한 사실, 즉 대단히 영리한 지성도 집단적인 영향에 노출되면 판단력을 잃고 만다는 사실을 뒷받침한다. 의심의 여지가 없는 사실들과 논란의 여지가 없는 증거들은 집단적인 관찰의 힘에는 전혀 아무런 호소력을 발휘하지 못한다.

그 선언의 목적은 독일인들에게 쏟아지던, 살육과 약탈, 도시와 기념물의 방화 등에 따른 비난 앞에서 독일인을 옹호하는 것이었다. 다음 글은 그 선언에서 발췌한 내용이다.

"독일인이 벨기에의 중립을 깨뜨리는 죄를 저질렀다는 것은 사실이 아니다. 프랑스와 영국이 벨기에의 중립을 위반하기로 결정한 것이 증명되었다. 벨기에가 이 나라들과 협약을 맺었다는 것이 확인되었으며, 그런 상황에서 독일이 선수를 치지 않는 것은 자살 행위나 다름없었다.

독일 군인들이 벨기에 시민의 생명을 공격하고 재산을 파괴했다는 것도 사실이 아니다. 절실한 필요에 의한 것을 제외하고는 그런 일은 전혀 없었다.

독일 군대가 루뱅에 분풀이를 했다는 것은 사실이 아니다. 독일 군대는 폭동을 일으키며 무고한 사람들을 공격한 어떤 집단에 대한 보복으로 도시의 일부를 폭격하는 수밖에 없었다."

지금 여기서 이런 부인(否認)의 진실을 놓고 왈가왈부할 필요는 전혀 없다. 그 문제는 오래 전에 공식적인 문서에 의해 말끔히 정리되었기 때문이다. 이 선언의 저자들은 아마 지금쯤 각자 판단했을 것이고, 틀림없이 그들 대부분은 거기에 서명했다는 사실에 대해 크게 후회하고 있을 것이다. 그러나 그들 중에서 다음과 같은 글을 쓰려고 나서는 사람은 아마 없을 것이라고 나는 감히 말한다. 이 글은 독일의 유명한 선동가 막시밀리안 하르덴이 쓴 것이다.

"독일이 한 행위에 대해 구차하게 변명하려는 노력을 그만두도록 하자. 또 적을 경멸하고 모욕하는 일도 그만두도록 하자. 우리는 우리의 의지에 반하면서 이런 대규모 모험에 뛰어들지도 않았으며, 그 모험이 갑자기 우리에게 강요된 것도 아니었다. 우리는 그 모험을 원했으며, 그 모험을 원해야 했다. 우리는 유럽의 법정에 나가지 않는다. 이유는 이 경우에 그런 법정의 사법권을 인정하지 않기 때문이다. 우리의 힘이 유럽에서 새로운 법을 만들 것이다. 공격하는 것은 독일이다. … 독일은 이 전쟁을 계속하고 있다. 왜냐하면 독일은 세계에서 더 넓은 공간을 원하고 제품을 팔 더 큰 시장을 원하고 있기 때문이다."

7. 독일의 사고방식이 현대의 산업 혁명에 재빨리 적응한 이유

역사 속에서 지속적으로 발전을 구가한 국가는 절대로 없었다. 왜냐하면 어느 정도의 발전과 위대한 기간을 넘기고 나면, 나라들이 쇠퇴하고 사라지게 되기 때문이다. 이 쇠퇴가 너무나 완벽하게 일어나는 까닭에, 어떤 나라들의 경우에 수도마저도 현대 고고학에 의해 발견될 때까지 알려지지 않은 상태로 남아 있었다. 트로이와 니네베, 바빌론의 유물도 최근에야 발굴되었다.

위대함과 쇠퇴의 단계들은 다양한 원인 때문에 일어난다. 그 원인들 중에서 내가 가장 중요하게 여기는 것은 적응의 법칙이다. 적응의 법칙은 동물의 세계 못지않게 인간 사회의 발달에도 영향을 강하게 미치며, 환경에 변화가 일어날 때 모든 생명체들이 거기에 맞게 스스로를 바꿔나가도록 강제한다. 이때 적응을 잘 하는 개체는 발달할 것이지만, 적응을 제대로 하지 못하는 개체는 사라질 것이다.

기후의 다양한 변화가 동식물에 깊은 변화를 야기하듯이, 모든 경제적, 정치적, 종교적 또는 사회적 변화는 그 변화를 겪는 국민의 사고방식에 특별한 적응을 요구한다. 그러나 적응을 가능케 하는 자질들은 환경에 따라 다르며, 정말로 한 시기에 대단히 유리했던 자질이 다른 시기에는 더 이상 유리하지 않을 수 있다.

지금 산업의 과학적 발전에 의해 조성된 새로운 존재의 조건은 한때 오히려 열등한 것으로 여겨졌던 능력들을 요구하고 있으며, 이 능력을 독일인들은 매우 많이 갖고 있다. 현대의 삶은 엄격히 실용적인 성취를 요구하고 있으며, 그러다 보니 과도할 만큼 세세한 분업이 필요하게 되었다. 이런 조건에 적응하려면 민족은 인내와 질서, 주의력 등을 갖춰야 한다. 이런 자질들은 상상력이 지나친 사람에게는 어렵지만, 독일인들에게는 가혹한 군사 제도뿐만 아니라 천성적인 성향 때문에 쉽다.

현대의 기계 시대가 요구하는 이런 자질들은 19세기가 시작되기 전까지는 거의 쓰이지 않았다. 그때까지 산업은 유아기에 있었으며, 과학은 서서히 창조되었다. 그 토대를 닦는 데엔 갈릴레오Galileo Galilei와 데카르트René Descartes, 뉴턴Isaac Newton 같은 인물이 필요했지만, 이런 지적 거장들은 지금은 더 이상 필요하지 않으며, 오늘날 그들의 자리는 수백만 명의 개미 같은 존재들로 채워지고 있다. 이 존재들은 물리적인 세계를 무한히 많은 작은 파편으로 나누고 있다. 독일의 연구실들은 수천 명의 전문가들이 시장에 내다팔 결과물을 내놓는 일에만 헌신하는 그런 거대한 개미탑과 비슷하다. 폰 뷜로브가 자신의 동포들에 대해 매우 적절하게 표현했듯이, 그들은 1870년 이후로 상인들의 나라가 되었다.

산업에 매우 소중한 이 모든 전문가들은 일반적인 원리에 관한 지식은 거의 갖고 있지 않다. 독일에서는 다윈Charles Darwin과 파스퇴르Louis Pasteur, 베르나르Claude Bernard, 텐Hippolyte Taine 같은, 철학적 정신을 타고난 학자도 나오지 못하고, 전화와 비행기, 자동차, 무선 전신, 방부제 같은 현대의 위대한 발명도 나오지 못한다. 그러나 이런 열등에도 불구하고 게르만 족의 자만심은 도를 넘었으며, 일부 독일 학자들은 역사를 매우 기이하게 해석하고 있다. 체임벌린Houston Stewart Chamberlain[31]은 단테Dante와 렘브란트Rembrandt van Rijn, 파스칼Blaise Pascal, 라신Jean Racine 등이 독일인이라고 선언하는 한편, 유명한 교수들은 화학과 박테리아 관련 논문을 쓰면서 라부아지에Antoine Lavoisier나 파스퇴르를 언급조차 하지 않는다.

독일의 연구실들은 새로운 아이디어를 거의 낳지 않음에도 불구하고 세상의 주인 정신들이 내놓은 아이디어들을 체계화하고 이용하는 능력을 충분히 발휘하고 있다. 바로 여기에 독일인들이 과학 영역뿐만 아니라 철학 영역에서도 놀라운 힘을 발휘하는 비결이 있다. 위대한 독일 철학자와 사상가들은 모두 독일 통일 이전 시대에, 프로이센에 의해 군국화되지 않은 작은 국가의 가부장적인 체제 아래에서 산 사람들이었다. 그때 이후로 뚜렷한 영향을 발휘한 인물은 한 사람도 없다. 가장 널리 읽힌 저자인 니체도 단순히 힘의 옹호를, 독일 역사학자들이 이미 다져 놓은 원칙을 대중화한 데 지나지 않는다.

어떻든, 내가 거듭 반복해야 하듯이, 독일인들은 현대의 기술 발전

....

31 영국계 독일 작가로 작곡가 리하르트 바그너의 사위이다. 그의 저서 '19세기의 기반'은 범게르만주의 운동에 큰 영향을 미쳤다.

에 놀랄 만큼 잘 적응하고 있다. 어제 그들은 아무것도 아니었지만, 오늘 그들은 세계 지배라는 야망을 품고 있다.

독일이 군사적, 산업적, 상업적 우위를 다지는 데 중요한 역할을 한 능력을 최고로 여기는 것은 너무나 당연한 일이다. 어느 나라 할 것 없이 사회적 가치들을 상하 계급적으로 분류할 것이기 때문이다. 제조와 무역, 파괴의 재능이 독일인들의 위대한 특징이기 때문에, 독일인들은 그런 특징을 가장 중요한 요소로 선언하고 있다.

독일인들이 스스로 높이 평가하고 있는 많은 것들을 보면, 다른 국민들이 가치의 기준으로 받아들이기 어려운 것이 3가지 있다. 첫 번째는 군사적 노예제도이고, 두 번째가 자신과 같은 종(種)을 끊임없이 재생산하는 동물적 본능이고, 세 번째가 국가가 강요하는 모든 의견을 무조건적으로 받아들이도록 만드는 군집적인 정신이다.

미래가 국가들을 게르만족의 평가에 따라 분류할 것인지는 두고 봐야 한다. 소금에 절인 양배추와 소시지, 철기류, 맥주, 그리고 다양한 종류의 싸구려 잡동사니를 최대한 많이 생산하여 세상을 온통 그런 것들로 가득 채우고 대포를 앞세우면서 경쟁을 전혀 허용하지 않는 것이 인류의 이상이 될 수 있을까?

미래의 국가들에게 예정되어 있는 운명이 어떨지 아는 바는 없지만, 만약에 프로이센의 군국주의가 지배하게 된다면, 인류의 꽃은 사라지는 운명을 맞을 것이고, 자유는 망각 속에 묻혀 숭배되지 않고 있는 신들의 집단에 합류할 것이고, 인간들과 자연, 신들이 강요한 예속과 노예 생활로부터 자유로워지기 위해 몇 세기 동안 노력해 왔던 인류는 앞으로 오랫동안 다시 그런 것들에게 종속되고 말 것이다.

BOOK III

전쟁의 간접적 원인들

1장

전쟁의 경제적, 정치적 원인들

1. 전쟁의 진정한 원인들과 가상의 원인들

전쟁 같은 중대한 사건들은 직접적인 원인뿐만 아니라 간접적 원인에서도 비롯되지만, 이 장과 다음 여러 장에서 분석하는 것은 간접적인 원인이다.

이 전쟁의 간접적 원인들 중에서 일부는 진짜이고 일부는 가상적이다. 그러나 대단히 가상적인 원인이라고 해서 효과를 발휘하지 않는 것은 절대로 아니다. 내가 종종 말하는 바와 같이, 인간을 움직이게 만드는 동기의 합리적인 가치를 조사하는 것은 철학자의 일이 아니다. 그 동기가 행사하는 영향력을 조사하는 것이 철학자의 일이다. 왜냐하면 합리적인 가치가 전혀 없는 망상에서 비롯된 전쟁을 역사에서 지워버린다면, 역사에 남을 전쟁이 거의 없을 것이기 때문이다.

반세기 동안의 예비적 원인들과 일주일 사이의 직접적인 원인들이 유럽 전쟁으로 이어졌으며, 우리가 이 전쟁과 관련해서 던져야 할 질문은 두 가지다. 하나는 50년 동안 이 전쟁을 준비하도록 한 원인들은 무엇이었는가라는 것이고, 다른 하나는 외교적 대화가 진행되고 있던 그 주에 누가 전쟁을 원했는가라는 것이다.

이 문제에 대한 대답은 어느 것도 쉽지 않다. 왜냐하면 둘로 나뉘는 교전국들이 완전히 반대되는 대답을 내놓을 것이기 때문이다. 모든 독일인들은 프랑스인들과 영국인들이 오래 전부터 결투를 희망해 왔다고 확신하고 있고, 프랑스인들도 똑같이 독일인들이 원해 왔던 전쟁을 선포할 구실이 나타나는 순간에 그것을 이용했다는 주장에 설득당하고 있다. 이 문제는 당분간 옆으로 밀쳐놓고, 이런 무서운 대재앙으로 다가가는 길을 닦은 간접적인 원인들을 연구할 것이다.

2. 독일 인구 과잉설

독일의 인구 과잉이 전쟁의 한 원인이었다는 이론은 꽤 부정확함에도 불구하고 독일뿐만 아니라 프랑스에서도 널리 받아들여지고 있다. 이 이론은 생물학적 법칙을 인간 사회에 적용하는 데서 비롯되고 있으며, 이런 적용을 게르만족 저자들은 종종 이용한다. 특히 베른하르디는 맬서스Thomas Robert Malthus와 다윈의 이론을 자신의 이론의 바탕으로 삼고 있다. 그러나 베른하르디의 결론 중 많은 것은 그가 상상하는 것만큼 증명 불가능한 것이 절대로 아니다. 왜냐하면 동물의 세계는 자연의 힘의 지배를 엄격히 받고 있고 그 힘에 맞서지 못하지만, 반대로 인간은 노력을 통해 자연의 힘에 맞서 싸울 수 있기 때문이다.

모두가 잘 알고 있는 바와 같이, 맬서스의 이론은 이렇다. 인간을 포함한 살아 있는 모든 존재들은 자신의 종을 지나치게 많이 낳게 되어 있지만, 인구 수와 그 인구의 생존에 필요한 수단 사이에 밀접한 관계가 있기 때문에 과잉이 어느 수준에 이르기만 하면 전쟁이나 전염병에 의해 저지되면서 적절한 균형을 되찾게 된다는 것이다.

어떤 지역이 산업과 농업의 발달로 인해 점진적으로 더 많은 주민을 부양할 수 있게 된다는 데는 의문의 여지가 없지만, 그럼에도 불구하고 이 균형이 무너지는 날은 언젠가는 오게 되어 있다. 그러면 인구의 일부가 생계를 유지하는 데 어려움을 겪을 것이며, 그 사람들은 당연히 이주를 하거나 인구가 덜 조밀한 나라를 상대로 전쟁을 벌여야 한다. 인류 역사를 보면 이런 현상이 다양한 민족들에 의해 확인되고 있다. 그 예를 든다면, 이전 시대에 독일인들이 있고 오늘날엔 일본인들이 있다.

쉽게 증명할 수 있듯이, 현대 독일은 절대로 그런 상황이 아니었다. 독일의 저자들 일부가 전쟁의 필요성과 관련해서 인구 과잉을 제시하지만, 실제로 보면 그렇지 않다. 프리드리히 폰 베른하르디의 책 『오늘의 전쟁으로부터』Vom heutigen Kriege에서 끌어낸 다음 글에서 확인되듯이, 그런 것이 베른하르디의 견해다.

"현재의 세계 상황을 고려한다면, 전쟁은 독일의 미래 발전을 위해 필연적인 것으로 여겨져야 한다.

독일은 지금 프랑스와 비슷한 크기의 영토에서 6,700만 명의 인구를 부양하고 있는 반면에, 프랑스의 인구는 겨우 4,000만 명에 불과하다. 이 거대한 인구 증가폭은 매년 약 100만 명이며, 독일의 농업과 산업은 최종적으로 그런 거대한 수의 인구에게 생계에 충분한 노동을 제공하지 못할 것이다. 따라서 우리가 이웃 국가들과 경쟁 국가들이 옛날처럼 독일인 이민자들 덕분에 권력과 번영을 증대시키길 원하지 않는다면, 독일은 식민지 소유를 늘림으로써 과잉 인구의 노동과 생존 수단을 확보해야 한다.

현재의 정치적 분열 때문에, 독일은 그런 영토를 오직 다른 나라들에게 피해를 입히거나 다른 나라들과 동맹을 맺음으로써만 획득할 수 있지만, 이 해결책 중 어느 것도 독일이 먼저 중부 유럽에서 권력을 더욱 높은 바탕 위에 올려놓지 않고는 불가능하다. 왜냐하면 독일의 외교 정책은 유럽 전쟁을 직면하지 않고는 앞으로 한 발짝도 더 나아가지 못하기 때문이다. 이 유럽 전쟁은 우리보다 더 강한 적들을 상대로 치러질 것이다."

프리드리히 폰 베른하르디의 의견은 많은 독일 저자들 사이에 공유되고 있는 것 같다.

"독일은 급속도로 증가하고 있는 인구에 비해 국토가 너무 좁다. 독일은 다른 영토를 필요로 하고 있으며, 독일은 그 영토를 인구가 줄어들고 있는 나라들로부터, 그러니까 영토 중 아주 많은 부분을 제대로 활용하지 못하게 될 나라들로부터 얻을 수 있다. 프랑스인들은 우리의 공격에 노출되어 있다."

만약에 이 같은 생각이 옳다면, 그때 독일 이주자들이 증가하고 있었을 것이다. 그러나 사실은 독일 이주자들이 크게 줄었으며, 독일 이주자들의 숫자는 지금 영국 이주자들의 숫자보다도 적다. 독일에 인구 과잉 현상은 전혀 없다. 오히려 독일은 산업 국가로 변화하고 있기 때문에 비숙련 노동력의 부족을 겪고 있으며, 계절에 따라 농업과 광산 노동을 위해서 이탈리아인과 크로아티아인을 비롯한 외국인들을 수천 명 수입하고 있는 상황이다.

독일 제국의 인구는 1년에 80만 명 늘어나면서 지금 거의 7,000만 명에 달하지만, 이 수치는 과잉을 의미하지 않는다. 다음 도표에서 확인되듯이, 독일은 세계에서 인구 밀도가 가장 높은 나라에 포함되지도 않는다.

	1㎢ 당 인구 수
프랑스	74
독일	120
이탈리아	121
일본	139
영국	144
네덜란드	182
벨기에	254

여기서 잠시 우리가 독일 저자들의 입장이 되어서, 비록 통계가 다른 이야기를 하고 있을지라도 인구가 지나치게 많은 독일이 잉여 인

구의 배출구로 다른 나라를 필요로 하고 있다는 점을 인정하도록 하자. 그렇다 하더라도, 이 나라들이 자국 영토로부터 독일을 배척하지 않았다면 독일에겐 전쟁을 벌이는 것이 유리하지 않았을 것이다. 사실은 그와 정반대다. 독일인들이 지구 곳곳을 아주 자유롭게 침투하면서 이미 많은 나라에 퍼져 있었기 때문이다. 독일 제품의 가격이 싼 덕분에, 독일인들은 세계의 모든 중요한 시장의 지배자가 되어 있었다. 독일이 이 전쟁에서 승리를 거둔다 하더라도, 독일인들이 자신들이 황폐화시킨 나라로부터 그 전보다 더 진정한 마음으로 받아들여질 것인지는 의문으로 남는다. 따라서 독일이 과잉 인구를 이유로 전쟁을 일으켰다는 분석은 완전히 엉터리이다.

인구 증가가 한 나라의 힘을 이룬다는 이론에 대해서도 나는 똑같이 거짓이라고 여긴다. 이런 이론이 프랑스에 매우 널리 퍼져 있을지라도 말이다. 선한 베르티옹Bertillon 박사가 들으면 화를 낼 일이지만, 나는 종종 그 이론에 반대한다. 만약에 한 나라의 힘이 많은 인구에 있다면, 중국과 러시아가 맨 앞자리를 차지할 것이다. 그러나 사실은 러시아인들은 일본과의 전쟁에서 패했으며 지금의 전쟁에서도 많은 패배를 경험하고 있다.

근본적으로, 성공의 요소들 중에서 가장 중요한 것은 숫자가 아니라 철도와 군수품, 금이다. 군수품을 무한히 많이 가진 상태에서 철도를 통해 이 지점에서 다른 지점으로 옮길 수 있는 50만 명의 병력은 철도 시설이 떨어지고 군수품이 부족한 상태에 있는, 그보다 훨씬 더 많은 수의 병력을 물리칠 것이다. 이 글을 쓰고 있는 지금 러시아인들이 힘들어 하고 있는 이유도 바로 거기에 있다.

그러나 이런 종류의 주제를 놓고 분석하고 있어 봐야 별 이득이 없다. 이유는 프랑스가 온갖 조치에도 불구하고 인구를 조금도 더 늘리지 못했기 때문이다. 프랑스는 인구를 늘리는 일에 무력하기 때문에 인구의 질을 향상시키는 데 전력투구해야 한다. 개인적으로 나는 크세르크세스Xerxes의 페르시아 군대보다는 그 지력이 지금도 세상을 비추고 있는 그리스 같은 작은 나라에 속하는 것이 훨씬 더 바람직하다고 생각한다. 어느 무리의 일부를 이루는 것보다 선택된 소수의 일부를 이루는 것이 인간의 이상이 되어야 한다. 당연히, 선택된 소수는 무리가 증가하는 것을 막지 못한다. 그러다 보면 무리는 세계의 나머지에게 위험이 된다. 그럼에도 불구하고, 현재의 전쟁이 보여주듯이, 그런 일이 일어날 때, 수적으로 열세인 국가들이 연합하여 침략자의 공격에 저항할 것이다.

단순히 숫자를 숭배하는 사람들은 이런 공상을 품고 있는 것 같다. 한쪽에서 일련의 거대한 공장들이 상품을 제조하고, 다른 한쪽에서 또 다른 일련의 거대한 공장들이 그 상품을 판매하는 사람들을 보호할 대포를 만들고 있는 그런 광경이 인류의 유일한 목표라고 말이다. 유감스럽게도 프랑스 경제학자 중에서 최고로 꼽히는 콜송Colson도 이 부류에 포함된다. 그러나 만약에 인간이 공장에서 노예처럼 일만 하고 무서운 무기의 소유자에게 복종하는 것 외에 다른 것을 전혀 예상하지 못하는 상황에 처하게 된다면, 인간은 곧 삶 자체를 포기하고 말 것이다.

3. 확장 욕망과 상업적 판로

군사력을 증강시키고 있는 나라가 확장과 지배에 대한 욕망을 품는 것은 심리적으로 정상적이다. 이는 권력의 증대가 그 나라로 하여금 단순히 상인으로 대접받던 나라들에서 주인 행세를 하고 싶다는 마음을 품도록 만들기 때문이다. 그러나 이 같은 욕망이 그들의 자만심에 고무되고 있다는 점을 인정하기가 아무래도 불편하기 때문에, 군사력 증강을 이룬 나라들은 자연히 그 욕구를 정당화할 구체적인 근거를 찾는다. 게르만족 저술가들이 제시하고 있는 것은 자신들의 조국이 상업적 시장을 창조할 필요성을 강하게 느끼고 있다는 것이다. 그러나 이것은 그 나라의 인구 과잉이 전쟁의 한 요인이라는 주장만큼이나 틀린 동기이다. 왜냐하면 내가 이전에 보여주었듯이 독일인들은 이미 날로 번창하면서 모든 나라에서 그런 시장을 충분히 확보하고 있었기 때문이다. 이 같은 사실에도 불구하고, 독일인들뿐만 아니라 프랑스인들도 전쟁 원인 중 하나가 바로 독일이 자국 제품을 팔 시장을 확장하는 것이었다는 확신을 강하게 품고 있다. 프랑스 역사학자들 중에서 가장 탁월한 인물로 꼽히는 아노토[Gabriel Hanotaux]의 글에서 뽑은 다음 인용에서도 그런 관점이 보인다.

> "현재 벌어지고 있는 전쟁의 근본적인 원인은 독일 제국이 독일의 노동과 그 산물을 위한 시장을 전 세계적으로 확보함으로써 자국 국민의 식량과 행복을 보장하기로 결정한 데 있다. 이것은 내가 위(胃)의 정책이라고 부른 정책이며, 이 정책은 독일 민족

> 이 굶주린 늑대처럼 세상을 향해 몸을 내던지도록 만들었다."

이와 비슷한 의견은 소르본 대학의 레비 브륄 교수가 전쟁의 경제적 원인에 대해 쓴 글에도 나타난다.

> "만약에 독일이 크고 부유한 식민지들을 가졌다면, 이 식민지들이 틀림없이 독일에 안정적이고 영원한 시장의 역할을 했을 것이며, 따라서 독일은 영국과 프랑스, 네덜란드처럼 그 식민지들과 안정적이고 규칙적인 상거래를 할 수 있었을 것이다. … 독일은 식민지 부족으로 고통을 겪었고, 독일은 그런 상황을 마치 자국이 부당하게 대접받는 것처럼 여겼다. 그에 따른 분개가 아마도 독일이 육군과 해군을 증강시키도록 간접적으로 자극했을 것이다. … 독일은 스스로에게 이렇게 물었다. 군사력 우위란 것이 자국의 교역에 반드시 필요한 시장을 확보해주지 못한다면 도대체 무슨 소용이란 말인가?"

위의 인용문들에 담겨 있는 견해, 즉 상업적 시장을 창조하려는 욕망이 전쟁의 원인이 되었다는 견해는 현대의 가장 불행한 오류 중 하나이며, 지금도 여전히 그런 의견을 표현하는 사람이 발견된다는 사실은 참으로 이상한 일이 아닐 수 없다. 왜냐하면 상업적 교류에 관한 통계를 슬쩍 훑어보기만 해도 그 같은 의견이 터무니없다는 사실이 확인되기 때문이다. 프랑스와 영국의 최고 고객은 틀림없이 그 나라들의 식민지가 아니라 그 나라들이 점령하려는 마음을 품은 적이 절대로 없는 큰 나라들이었다. 독일이 다른 나라들이 가진 식민지들을 모두 다 점령한다 하더라도 독일의 상업적 이익은 독일이 프랑스와 영국, 러시아와의 교역을 통해 얻는 이익에 절대로 미치지 못한다. 이 같은 압도적인 증거 앞에서, 독일이 자국의 상품을 팔 수 있는 먼 곳의 시장을 필요로 했다는 주장을 어떻게 뒷받침할 수 있는가? 전쟁이 발발하기 전에, 독일 제품은 어떠한 반대에도 봉착하지 않고 모든 나라를 침공하고 있었다. 그렇다면 독일이 단 한 사람의 인명 피해도 보지 않고 이미 확보하고 있던 시장들을 창조하기 위해서 군사력을 이용하는 이유가 무엇인가?

나의 책 『정치 심리학』Psychologie politique 중 '새로운 형태의 식민지화'라는 장에서, 나는 독일인들이 지금까지 다른 나라들을 관리하는 데 따르는 어려움과 비용을 어떤 식으로 다른 강대국들에게 떠넘기고 자국은 그곳을 이용하기만 했는지를 보여주었다. 그런 한 예가 코트 다쥐르이며, 이 해안 중 125마일 정도가 독일 식민지가 되다시피 했다. 이 대목에서 앞에 제시된 가설에 따라, 프랑스와 영국이 독일인들에게 점령당한다고 가정해 보자. 그런 경우에 독일인들이 프랑스와 영국과 교역을 더 많이 하게 될까? 독일인들이 이 국가들을 상대로 하는 교역 규모는 훨씬 줄어들 것이다. 정복 자체가 정복당한 국가를 가난하게 만들기 때문이다.

따라서 시장을 창조하려는 욕망은 전쟁의 진정한 이유가 될 수 없다. 또 다시 되풀이하지만, 이 시장들이 이미 오래 전에 독일인들에게 넘어간 상태였기 때문이다. 만약에 이 가설이 일반 사람들에게 받아들여지지 않고 그야말로 학자들의 오류로만 남는다면, 내가 이 장에서 이런 가상적인 원인에 대해 언급할 필요가 없을 것이다. 그러나 사람들은 그런 주장을 맹목적으로 받아들이면서 그런 것을 놓고 엄격히 조사하려는 태도를 보이지 않는다. 그런 까닭에 나는 여기서 그런 가상적인 원인에 대해 언급하지 않을 수 없다.

4. 식민 경쟁

방금 언급한 원인보다 훨씬 더 심각한 전쟁의 원인은 독일이 식민지를 얻고 싶어 하는 욕망이었다. 독일이 원한 것은 상업적 시장으로서의 식민지가 아니라, 독일이 증강시킨 함대가 보급품을 공급받을 수 있는 해군 기지로서의 식민지였다. 이건 매우 다른 문제이다.

거의 전쟁까지 갈 뻔 했던 모로코 위기는 독일 정부의 새로운 야심을 세상에 널리 알렸다. 이 위기는 또한 유럽 강대국들이 외국인들이 자국 식민지를 무력으로 침공하는 것을 절대로 가만히 보고만 있지는 않을 것이라는 점을 독일인들에게 분명히 가르쳐주었다. 지금 세계에서 군사적으로 가장 중요한 지역은 이미 점령당한 상태이며, 따라서 독일이 그런 지역을 원하는 경우에 무력으로 빼앗을 수밖에 없는 상황이다. 그러나 독일이 막강한 해군을 건설함으로써 상선을 크게 증대시켰기 때문에, 무력으로 다른 강대국의 식민지를 탈취하는 것이 쉬운 일처럼 보였다.

아가디르 사건[32]이 일어났을 당시에, 독일인들은 영국의 지지를 받

....

32 1911년에 모로코에서 주민들이 반란을 일으키자 프랑스군이 개입했다. 그러자 독일이 자국민 보호를 구실로 모로코의 아가디르 항에 전함을 파견한 사건을 말한다.

던 프랑스의 저항에 크게 분노했다. 왜냐하면 독일인들이 약한 나라로 생각해 왔던 프랑스가 당당하게 일어나서 자신의 입장을 주장하고 나섰기 때문이다. 그런 현실 앞에서, 독일인들은 새로운 게르만족의 포부에 방해가 되는 벽이 평화적으로는 허물어지지 않겠구나라고 생각했다. 식민 경쟁의 장에 너무 늦게 뛰어든 독일은 비스마르크가 드물게 저지른 통찰의 실수 때문에 피해를 입은 상태였다. 비스마르크 자신이 프랑스가 식민 정책을 추구하도록 촉구한 것이 사실이기 때문이다. 비스마르크가 당시에 프랑스가 그런 정책을 추구하도록 유도한 이유는 프랑스가 영국과 갈등을 빚으면서 독일을 상대로 보복 전쟁에 나서지 않도록 하기 위해서였다. 그러면서 비스마르크는 독일에서 그와 정반대의 길을 택했다. 이유는 그가 식민지 소유에 따를 이점을 제대로 이해하지 못하고 있었기 때문이다.

비스마르크는 분명히 실수를 저질렀다. 왜냐하면 영국과 프랑스가 서로 라이벌이 되지 않고, 오히려 정반대로 프랑스의 이해관계가 독일의 이해관계와 충돌을 빚기 시작했기 때문이다. 그러나 자기 시대의 사상에 따라 주장을 폈던 비스마르크로서는 프랑스가 식민 정책을 발달시키도록 촉구하는 것이 당시에 이렇다 할 함대를 소유하지 않았던 독일 제국의 이해관계와 정면으로 충돌할 것이라고 의심할 근거는 전혀 없었다.

그러나 나는 독일이 모로코 때문에 전쟁을 벌였을 것이라고 믿지 않는다. 왜냐하면 독일의 야망은 그보다 훨씬 더 높고 그보다 덜 먼 목표들로 향하고 있었기 때문이다. 독일이 노리는 목표물이 무엇인지에 대해서 나는 다른 책에서 언급한 바 있다. 거기서 나는 독일이 자국 해군에 필요한 앤트워프를 점령하기 위해 조만간 전쟁을 벌일 것이라고 지적했다.

벨기에의 앤트워프를 소유하는 것이 현재 벌어지고 있는 전쟁의 첫 번째 원인이라고 말할 수는 없지만, 그것이 독일의 주요 목표 중 하나인 것만은 확실하다. 독일이 앤트워프를 필요로 한다는 점에 대해 의심하는 사람은 다음 편지를 읽어보기만 하면 된다. 독일 정부가 미국 여론을 게르만족의 명분에 유리한 방향으로 돌려놓을 목적으로 미국에 파견한 베른하르트 데른부르크[Bernhard Dernburg] 전(前) 식민지 장관이 1915년 4월 17일자로 독일계 미국 평론 잡지에 보낸 편지이다.

> "벨기에가 독일 상업에 중요한 서쪽 출구를 지배하고 있으며, 독일 제국은 당연히 그 쪽으로 확장해야 한다. 독일 상업이 안전하게 확보할 수 있는 바닷길이 바로 그곳이기 때문이다. 그 지역의 정치적 지위는 영국에 의해 확립되고, 유지되고, 방어되고 있다. 거기서 영국은 독일로부터 자연적 이점을 박탈하는 것을 목표로 잡고 있다. 따라서 우리는 벨기에를 포기하지 못한다."

아마 독일인들은 앤트워프보다 알자스를 포기하려 들 것이며, 이런 이유 때문에 그 벨기에 도시가 함락된 이후로 전쟁이 매우 긴 전쟁이 될 것이라고 나는 언제나 말해 왔다.

5. 정치적 실수

현재의 전쟁의 기원에 직접적으로나 간접적으로 기여한 정치적 사건들을 목록으로 만든다면, 아마 그 자체로 한 권의 책이 될 것이다. 적어도 프로이센이 덴마크 공국들을 점령한 시점으로까지 거슬러 올라갈 필요가 있기 때문이다. 당시에 프랑스는 이 점령을 막으려는 노력을 전혀 펴지 않았다. 또 프로이센이 사도바에서 오스트리아를 패배시키는 것을 허용하면서, 당시의 정치인들이 매우 심각한 실수를 저질렀다는 점을 보여줄 필요도 있기 때문이다. 이 실수에 대해 당시의 정치인들에게 두드러졌던 정치적 무지를 내세우는 것은 구차한 변명에 지나지 않는다.

나는 이 역사를 여기서 건드리고 있을 수 없으며, 1870년에 영국과 러시아 외교관들이 저지른 실수 몇 가지에 대해 언급하는 것으로 끝낼 것이다. 이 실수들은 현재 벌어지고 있는 투쟁의 먼 원인들로 여겨질 수 있다. 그 실수 중에서 가장 심각한 것은 영국 내각의 이해력 부족에 따른 것이었다. 당시에 영국 내각은 프로이센에 의한 병합을 틀림없이 막았을 회의를 승인하지 않았다. 나는 이 전쟁이 발발하기 오래 전에 발표한 책에서 이 같은 조치의 결과에 대해 이미 지적한 바 있다. 여기선 그 내용을 간단히 소개할 것이다.

"만약에 영국이 지금 독일의 위협적인 우위에 적절히 대응하기 위해 함대를 증강시키는 데 필요한 증세(增稅) 문제로 힘들어하고 있다면, 그것은 영국의 통치자들이 40년 전에 이런 일들을 예측하지 못했기 때문이다. 프랑스와 프로이센의 전쟁 후에 진정한 정치인이라면 절대로 품을 수 없었던 사적인 감정 때문에, 영국은 틀림없이 독일의 요구를 제한하고 미래를 다르게 만들어 놓았을 회의를 열기를 거부했다. 그런 회의가 소집될 수 있다는 데 대한 두려움이 비스마르크에게 악몽이었는데도 말이다. 비스마르크는 회고록에서 말한 바와 같이 밤낮으로 영국 의회의 움직임에 대해 생각하고 있었다."

영국과 러시아 정치인들은 지금 똑같이 통렬히 후회하고 있을 것이 분명하며, 러시아 정치인들은 프랑스 역사학자 아노토가 예전에 한 말을 잊지 못할 것이다. 아노토는 "1870년에 러시아는 오스트리아가 그 전쟁에 참여하지 못하도록 압력을 가함으로써 독일이 프랑스를 정복하는 것을 도왔다."고 말했다.

부분적으로 현재 상황을 초래한 이런 과거에다가 베를린 회의[33]의 오류들을 더해야 한다. 왜냐하면 이 오류들이 발칸 반도의 분규를 낳고, 이 분규가 최종적으로 전쟁의 원인이 되었기 때문이다. 그러나 나는 정치적 심리의 오류들로 인해 생긴 결과들을 연구할 때 이 문제들을 다룰 기회가 있기 때문에 여기서는 다루지 않을 것이다.

....

33 러시아-터키 전쟁(1877-1878) 후에 발칸 반도의 여러 나라들의 영토를 결정하기 위해 모인 회의(1878년 6월 13일-7월 13일)를 말한다. 당시 6강인 러시아와 영국, 프랑스, 오스트리아-헝가리, 이탈리아, 독일 외에 오스만 제국과 발칸 반도의 국가들이 참가했다.

2장

민족 간의 증오

1. 정신적 기질의 차이로 야기되는 민족 간의 증오

현재의 전쟁의 밑바닥에는 발칸 국가들이 옛날부터 느끼고 있는 민족 간 증오가 작용하고 있다. 이 증오는 고대에 일어난 많은 전쟁들에 작용했던 증오만큼이나 강하다. 그러나 민족 간 증오의 결과를 강조하기 전에, 민족 간 증오를 야기한 원인들에 대해 조심스럽게 언급하는 과정이 필요하다.

곧 보게 되겠지만, 그런 증오는 이해관계의 차이 때문에 더욱 치열해질 수 있지만, 증오를 낳는 원인들은 그 뿌리가 아주 깊다. 증오는 주로 서로 다른 사고방식을 물려받은 사람들이 똑같은 현상 앞에서 서로 다른 인상을 받고, 따라서 똑같은 자극에도 서로 다르게 반응한다는 사실에서 비롯된다. 왜냐하면 그들이 서로 다르게 느끼고 행동하는 탓에 똑같은 감정을 공유하지 못하거나 똑같은 증거를 인정하지 못하고, 따라서 서로를 이해하지 못하기 때문이다.

물론, 모든 국가들의 사람들이 이해력의 범위 안에 있는 과학적, 기술적 문제들에 대해 동의하기는 쉽다. 그러나 각국의 사람들은 일상적인 삶의 일들 대부분뿐만 아니라 정치적, 종교적 또는 사회적 문제들을 고려할 때에도 정서적, 신비주의적, 집단적 충동의 영향을 받게 된다. 이때 아무리 높은 지적 수준에 이른 사람일지라도 서로를 쉽게 이해하지 못한다. 이 같은 상호 이해의 결여는 주로 사람들의 의견 대부분이 유전적으로 내려오는 무의식적 요소들에 작용하고 있는 환경의 암시에서 비롯된다는 사실 때문에 생긴다. 바로 이 무의식적인 유전적 요소들이 민족의 성격을 구성하고 있다. 다양한 민족의 사람들은 서로를 이해하지 못하는 데서 그치지 않는다. 그들은 다른 사람들은 자신의 관점과 다른 관점을 가질 수 있다는 인식 자체를 이해하는 데에도 큰 어려움을 겪는다. 그러나 이런 현상은 전혀 놀라운 것이 아니다. 왜냐하면 우리가 다른 사람을 완벽하게 이해하기를 원하는 경우에 그 사람의 사고방식을 우리의 사고방식으로 완전히 대체할 수 있어야 하기 때문이다.

공통의 언어를 사용하는 것도 인간들을 가르고 있는 감정의 차이를 부분적으로 가려주는 역할밖에 하지 못한다. 이유는 사람들이 똑같은 언어를 사용할지라도 똑같은 단어가 그들의 마음에 동일한 이미지를 떠올리지 않기 때문이다. 단어들의 의미는 그것을 사용하는 사람의 사고방식에 따라 달라진다. 객관적이고 보편적이고 불변하는 의미를 갖는 단어들은 구체적인 단어들, 말하자면 의미가 잘 정의된 어떤 대상을 가리키는 단어들뿐이다. 영혼이나 자유, 본성 같은 추상적인 단어들은 모두 의미의 측면에서 보면 그야말로 개별적이다. 이 단어들은 주관적인 단어들이다. 말하자면, 그 단어를 쓰는 사람들의 의지에 따라 설명될 수 있는 단어들이라는 뜻이다.

다양한 국가들의 교류에 절대적으로 중요한 상호 이해가 결여되어 있다고 해서 국가들이 서로 정중한 관계를 유지하지 못하거나, 각국의 이해관계를 조정할 조약을 체결하지 못하는 것은 아니다. 그러나 우호적인 관계가 오래 지속되기를 원한다면, 국가들은 정서적 차이가 충돌하는 것을 피하기 위해 서로 지나치게 친밀해지지 말아야 한다. 이유는 이성은 국제적일 수 있어도 감정은 결코 그렇지 못하기 때문이다.

2. 종교와 물질적 이해관계의 차이에 따른 민족 간 증오

종교와 물질적 이해관계의 차이는 서로 다른 민족들 사이에 자연스럽게 나타나는 증오를 더욱 강화한다. 왜냐하면 그런 차이는 같은 나라 사람들 사이에도 폭력적인 반감을 불러일으킬 수 있기 때문이다.

종교적 차이에 따른 증오에 대해서는 새삼 설명할 필요성을 느끼지 않는다. 종교적 차이에 따른 증오야말로 프랑스의 역사를 가득 채우고 있는 종교 전쟁이나 박해에 의해 충분히 증명되기 때문이다. 따라서 나는 그런 증오에 대한 설명은 배제하고 여기선 오직 경제적 이해관계의 차이와 연결되는 반감에 대해서만 말할 것이다.

이 반감을 보여주는 예로, 나는 독일인들이 영국인들에게 느끼는 증오를 제시한다. 독일과 영국은 민족적으로 서로 그리 멀지 않은 나라들이지만, 세계의 다양한 지역에서 벌어지는 상업적 경쟁이 두 나라를 원수지간으로 만들었다. 독일은 영국에 맞서기 위해 막대한 예산을 들여 막강한 함대를 갖추었다. 많은 게르만족 신문들은 영국을 어떠한 대가를 치르더라도 파괴해야 할 적으로 표현했다. 영국에 대한 이런 증오는 학식이 높은 사람들 사이에서도 평범한 사람들 사이에서만큼 강하게 느껴졌다. 베를린 대학의 에두아르트 마이어 교수가 한 다음 말에서도 그런 증오가 강하게 느껴진다.

> "다음 세기의 두드러진 특징은 영국과 독일 사이의 화해 불가능한 반대와 증오가 될 것이다. 영국이 불구대천의 적이고 우리 민족의 존립과 독립적인 문명을 파괴하길 희망하고 있다는 것을 우리 모두는 느끼고 있으며 또 잘 알고 있다. 영국과 독일 사이에 외적 평화는 가능하지만, 우리는 발밑에서 입을 쩍 벌리고 있는 심연을 건너지 못하며, 화해라는 생각이 떠오르려면 아마 수많은 세대가 지나가야 할 것이다."('Scientia', 1915년 3월 1일)

독일이 영국을 증오하는 것은 두 경쟁 국가들 사이의 미움일 뿐만 아니라 감정이 서로 정반대인 인간들 사이의 미움이기도 하다. 독일인은 스스로 우월한 민족에 속한다고 확신하면서 지구 곳곳에서 영국이 우월을 유지하고 있는 데 대해 분노하고, 영국의 부와 권력의 증대를 명백한 불공정으로 보고 있다. 독일 철학자들과 저술가들은 지속적으로 영국을 인간 종의 적이라는 식으로 공격하고, 영국의 권력을 독일과의 첫 접촉에서 깨어져야 할 껍데기로 보았다.

지식인들의 호소문에 이름을 올린 하이델베르크 대학의 레나르트 Lenard 박사는 다음과 같은 내용을 담은 팸플릿을 썼다. 이 내용은 오벨라크Hovelaque가 인용한 부분이다.

> "우리는 템스 강변에 서 있는, 세상의 온갖 위선의 은밀한 본거지를 파괴해야 한다. 셰익스피어와 뉴턴 또는 패러데이Michael Faraday의 무덤에 존경의 뜻을 절대로 표해서는 안 된다. … 터무니없는 이익을 취하는 강도와는 그 강도가 사라지거나 파괴될 때까지 진정한 평화가 불가능하다. 이 도적에 맞서는 투쟁은 조국의 생명과 명예를 위하는 투쟁보다 훨씬 더 중요하다. 이 투쟁은 이 땅 위에서 정직의 존재를 지키는 일종의 십자군 운동이다."('Revue de Paris', 1915년 3월 4일)

두 학자의 발언을 근거로, 평범한 저술가들이 느끼고 있는 분노가 어느 정도인지 충분히 상상할 수 있다. 평범한 저술가들의 분노는 영국에서 멈추지 않는다. 다른 모든 나라들이 분노의 대상이며, 그 분노는 독실한 신자가 신앙심 없는 사람에게 느끼는 증오를, 신앙에 귀의한 사람이 신을 경멸하는 사람들에게 느끼는 증오를 상기시킨다. 미국에서 발행되는 어느 독일 신문에서 발췌한 다음 내용도 앞에 소개한 문서들의 감정을 그대로 느끼게 한다.

> "우리가 적들을 꺾고 그들의 땅들을 몰수할 때, 그 땅의 옛 주인이 영국인이든 프랑스인이든 이탈리아인이든 미국인이든 아니

면 다른 열등한 민족의 사람이든, 그들이 목소리를 한숨 그 이상으로 크게 내지 못하도록 하라. 우리의 말을 따르지 않는 자는 땅에 처박아 박살을 내도록 하라.

그리고 우리는 그들의 케케묵은 성당들을 비롯한 끔찍한 구조물들을, 인도를 포함한 이교도 나라들의 신전들과 함께 없앤 뒤에, 그보다 훨씬 더 큰 성당과 장엄한 신전을 건설함으로써 세계의 썩은 종족들의 파괴자인 우리의 고귀한 카이저와 그의 국민들의 위대한 업적을 기릴 것이다.

오! 비교를 불허할 만큼 위대한 우리의 카이저와 그의 국민들을 이 위대한 임무의 완수를 위해 선택해 준 신에게 깊이 감사드린다. 다윈이 적자만 생존한다고 말하지 않았는가(틀림없이 그는 이 사상을 위대한 독일 교수들로부터 차용했다)? 독일인들이야말로 모든 일에서 최고의 적자(適者)가 아닌가? 그러므로 우리 독일인들은 이렇게 말해야 한다. 썩은 고기들아, 사라지거라! 독일인들만이 고귀한 인간이니."('Le Temps', 1915년 6월 29일)

독일인들이 다른 민족들에 대해 품고 있었던 관점은 그렇게 기이했다. 교육 수준이 그처럼 높은 국가의 학자들과 대중이 똑같이 이웃 국가들의 사람들에 대해 너무나 무지하다는 사실은 그저 놀랍기만 하다. 독일인들은 자기 나라 교수들의 이론에 지배당한 상태에서 오직 교수들의 가르침을 통해서만 세상을 보고 있다. 틀림없이, 독일인 외교관들이 전쟁 전에 놀라울 만큼 근시안적인 태도를 보였던 것도 바로 이런 이해력의 결여 때문이었을 것이다.

3. 정치사상의 차이에 따른 민족 간 증오

민족의 사고방식은 그 민족의 정치 제도를 어느 정도 결정한다. 아무튼 어느 민족이 어떤 제도를 받아들이는가 하는 문제는 그 민족의 사고방식과 깊은 관계가 깊다. 독일인의 사고방식이 프로이센의 국가 사회주의를 아주 쉽게 받아들였다는 사실은 이미 확인되었다. 독일 국민들은 현재 이 제도에 너무나 익숙해졌기 때문에 이제는 국가 사회주의가 아닌 다른 것에 대해서는 생각도 하지 못할 뿐만 아니라 나머지 국가들에도 그 제도를 강제하려 들고 있다.

독일인의 양심은 국가의 지배를 받는 집단적인 양심인 반면에, 영국인이나 미국인의 양심은 양심 중에서 아주 작은 부분만 집단성에 양보하는 개인적인 양심이다.

독일의 승리는 유럽에서 자유의 종말을 의미할 것이며, 자유의 최종적 쇠퇴는 군사 독재의 지배로 시작될 것이다. 나는 이 대목에서 에드워드 그레이Edward Grey 경[34]의 말을 그대로 옮기고 싶다. "나는 모두가 다 비슷한 조건에서 사느니 차라리 죽거나 대륙을 영원히 떠나겠다."

앞에서도 본 바가 있지만, 여기서도 우리는 독일의 정치사상과 다른 국가들의 정치사상이 양립 불가능하다는 것을 다시 확인하고 있다. 이 한 가지 사실만으로도 독일과 다른 국가들 사이에 화해 불가능한 증오가 충분히 생길 수 있다.

....

34 '뉴 리버럴리즘'의 신봉자로 제1차 세계대전 동안에 영국 외무장관을 지냈다.

4. 민족 간 증오가 정치적 갈등에 끼치는 영향

민족의 문제는 국가들의 정치적 삶에 대단히 중요한 역할을 해 왔으며, 앞으로도 오랫동안 그런 역할을 계속할 것이다. 그러나 "국적"이라는 단어가 민족적 정체성에 대해 아무것도 암시하지 않을지라도, 우리는 "민족"이라는 용어를 "국적"이라는 용어로 대체해야 한다.

우리가 정치인들의 변덕스런 사상들을 이해하고 있는 범위 안에서 본다면, 정치인들은 국적이라는 단어를, 민족과 종교, 관습, 언어 등 다양한 원인들로 인해 어느 정도의 유대감을 획득한 개인들의 집단을 지칭할 때 사용한다.

국적이라는 개념은 그 힘이 약함에도 불구하고 현대의 정치 집단의 형성에서 주도적인 원칙으로 자리 잡으면서 균형이라는 옛 원칙을 대체하는 경향을 보이고 있다. 균형 원칙은 덜 위험할 수는 있어도 그다지 믿을 만한 것이 못되는 것으로 여겨졌다.

미래의 유럽의 정치적 기반을 확립하는 것은 매우 어려운 문제일 것이다. 왜냐하면 현재 하나의 군주제 아래에 통합되어 있는 국적들이 서로 너무나 다르기 때문에, 국적들은 군주제에서 분리되는 순간 틀림없이 서로 싸우게 될 것이다.

특히 오스트리아 제국은 어떤 경우에는 기원에 의해 구분되는 국가들로, 또 다른 경우에는 종교나 언어로 구분되는 국가들로, 또 다시 태도와 관습에 의해 구분되는 국가들로 구성되어 있으며, 이 국가들이 서로 뒤섞였던 적은 한 번도 없었다. 오스트리아 제국은 독일인 1,200만 명, 마자르인 1,000만 명, 체코인 650만 명, 폴란드인 500만 명, 루테니아인 350만 명, 라틴계 혼혈(루마니아인과 이탈리아인) 400만 명 등으로 구성되어 있다. 독일인과 헝가리인은 오랫동안 사이가 나빴지만, 그들은 지금 서로 뜻이 통하고 있으며, 이를 바탕으로 두 민족은 제국의 다른 민족들에게 지배권을 행사하고 있다.

만약에 오스트리아가 정복당한다면, 이 모든 국적들은 당연히 해체될 것이다. 트란실바니아, 달마티아, 갈리치아, 헤르체고비나, 헝가리, 그리고 나머지는 제국으로부터 떨어져 나와서 작은 나라를 세우려고 노력할 것이지만, 이들조차도 동질성을 완전히 결여하고 있다. 왜냐하면 그들 자체가 서로 동족 관계가 전혀 없는, 민족들의 집합체이기 때문이다.

발칸의 모든 국가들에서도 이와 비슷하게 잡다한 모습이 보인다. 발칸 반도의 국가들은 종교와 언어, 포부 등 온갖 요소에 의해 분리된 민족들로 이뤄져 있다. '르뷔'Revue가 발표한 통계에 따르면, 루마니아가 요구하고 있는 트란실바니아와 부코비나는 다음과 같은 국적의 사람들을 포함하고 있다.

> "트란실바니아에는 루마니아인 154만 명이 있는 한편, 헝가리인은 38만 명, 체코인 56만 명, 독일인 23만4,000명, 그 외의 다양한 국적을 가진 사람 5만4,000명이 살고 있다. 부코비나의 인구는 루마니아인 20만8,000명, 루테니아인 26만8,000명, 러시아인 9만1,000명, 독일인 5만 명, 폴란드인 2만5,000명, 헝가리인 8,000명 등이다."

이런 식으로 혼합된 인구의 위험은 그들이 내가 앞에서 설명한 심리적 이유들 때문에 서로 강하게 증오한다는 사실에 있다. 만약에 이 인구가 강압적으로 다스려지지 않는다면, 제2차 발칸 전쟁이 분명히 증명했듯이, 그들은 무서운 대량학살을 벌일 것이다.

발칸의 소국들은 터키의 영향권 아래에 있는 동안에 서로 어쩔 수 없이 평화롭게 살았다. 그러나 이 소국들이 일시적 동맹을 형성함으로써 이슬람 지배에서 해방되는 데 성공하게 되자마자, 그 나라들은 승리의 기쁨이 채 가시기도 전에 서로에게 맹렬하게 달려들었다. 세르비아와 그리스는 동맹을 파기했으며, 지금은 불가리아가 복수를 할 적절한 기회를 기다리고 있다.

이들 나라들의 포부라고 불리는 것은 단순히 이웃 국가들의 영토를 점령하고, 정당한 소유자들을 가능한 한 많이 학살하려는 욕망에 지나지 않는다. 불가리아는 마케도니아와 세르비아의 일부를 탐내고 있다. 세르비아는 불가리아의 일부와 보스니아 전부를 병합하기를 희망하고 있다. 루마니아는 트란실바니아와 베사라비아를 소유하기를 원하고, 그리스는 마케도니아 전부와 알바니아, 소아시아 해안 밖의 섬들을 지배하길 원하고 있다. 이를 두고 스위스의 한 신문은 이렇게 전하고 있다.

> "이 나라들의 불행은 다양한 국적들이 똑같은 영토를 차지해야 한다는 데에 있다. 이 국적들은 고대로부터 내려오는 뿌리 깊은 상호 증오를 버리지도 못하고, 서로에게 각자의 언어를 말하고 각자의 방식대로 아이들을 키우면서 각자의 태도와 관습에 따라

살 권리를 줄 수도 없는 상황인데도 말이다. 부쿠레슈티 조약[35]에 의해 그리스인과 세르비아인에게 할당된 마케도니아 지역에서 확인되듯이, 강자는 약자를 핍박하는 것을 결코 멈추지 못한다."

오스트리아-헝가리 제국의 헝가리 영토 안에 있는 300만 명의 루마니아인과 관련해서도 이와 똑같은 말이 나왔다.

"루마니아인은 국가적 위험으로 여겨지고 있고, 또 그런 존재로 다뤄지고 있다. 왜냐하면 그들이 대단히 가혹한 폭력과 독재 체제 하에서 살고 있기 때문이다. 헌법이 정한, 시민권과 정치적 권리의 평등은 그들에게는 전혀 아무런 의미를 지니지 않는 표현이다. 법원은 그들에게 보호를 제공하길 체계적으로 거부하고 있으며, 집회와 결사 조직의 권리도 그들에겐 사실상 부정되고 있다. 그들의 신문은 검열제도에 의해 억압당하고 있으며, 약간의 구실만 있어도 편집인이 벌금형에 처해지거나 한 달 씩 수감된다."

발칸 반도의 국가들은 주인을 바꾸기 위해 싸웠으나, 그 투쟁을 통해 얻은 것은 하나도 없다. 이유는 개화된 지배자도 사회생활의 세세한 것까지 간섭할 권리를 주장하면서 대단히 악랄한 통치자가 되기 때문이다. 발칸 국가들의 국민들은 이미 터키의 지배를 받지 않게 된 것을 후회하고 있다.

....

35 1913년 제2차 발칸전쟁이 끝난 뒤에 루마니아의 수도 부쿠레슈티에서 루마니아 왕국과 세르비아 왕국, 그리스 왕국, 몬테네그로 왕국, 불가리아 왕국이 체결한 조약이다.

민족 문제는 갈수록 더 어려워질 문제다. 예전의 외교는 그 문제에 간섭하지 않으려 노력하면서, 근동[36]에서 마침내 확립된 균형에 가능한 한 변화를 주지 않음으로써 지혜를 보여주었다. 그러나 이 모든 것은 유럽 전쟁에 의해 해체될 것이며, 시간과 전통, 그리고 온갖 종류의 필요조건이 절제시켰던 포부들이 다시 세상으로 풀려 나올 것이다.

서로 적대적인 모든 증오와 야망들 사이에 새로운 균형이 확립될 때까지, 무서운 투쟁이 많이 벌어질 것이다. 왜냐하면 서로 마주보는 적대적인 민족들에게 지나치게 많은 자유가 주어질 경우에 그 민족들이 서로를 찢어놓는 반면에, 그들을 제한할 경우에 반란을 일으킬 것이기 때문이다.

....

36 대체로 아프리카 북동부 지역과 서남아시아, 발칸 반도를 포함하는 지중해 동쪽 지역을 가리킨다.

3장

독일의 공격적 태도 - 보복 이론

1. 독일의 공격적인 태도

독일의 경제적 발전이 어떤 식으로 이뤄졌는지, 또 독일이 어떤 식으로 경쟁 국가들 중에서 앞서 나가다가 세계 곳곳에서 라이벌 국가들과 경쟁을 벌이게 되었는지는 앞에서 이미 살폈다. 이처럼 지속적으로 이뤄진 물질적 발달은 독일 국민의 성격에 심리적으로 중요한 영향을 끼쳤다. 왜냐하면 독일 국민들이 전반적으로 상업적 우위를 누리고 있을 뿐만 아니라 자국의 육군과 해군의 성장도 지속적으로 이뤄지고 있다는 사실을 자각하게 되자마자 스스로 지적으로 대적할 만한 상대가 없는 민족이라는 생각을 품게 되었기 때문이다.

독일 교수들과 선동가들에 의해 더욱 부풀려진 게르만족의 자만심은 마침내 모든 방향으로 범위를 벗어나게 되었다. 이유는 집단 자만심이란 것이 급속도로 성장하는 열정이기 때문이다. 곧 독일 국민 전체가 자신들은 세계를 지배하도록 신에 의해 선택된 민족이라는 확신을 품기에 이르렀다.

베를린 대학의 라손 교수의 말은 앞에서 이미 인용한 바가 있다. 그는 그런 생각을 이런 선언으로 요약하고 있다.

> "이방인은 적이 아니라는 것이 증명될 때까지 적이다. … 도덕적으로나 지적으로, 독일인은 다른 모든 사람들보다 우월하다. 우리는 유례가 없는 민족이다. … 신은 우리와 함께하고 있다."

그런 내리받이에서는 멈추는 것이 불가능하며, 세계 패권이라는 개념은 날이 갈수록 더 중요해지고 있었다. 그러다가 지금은 체임벌린 같은 저술가가 이런 선언까지 발표하는 지경에 이르렀다.

> "현재로선 독일어를 세계에 강요하는 것보다 더 중요하고 더 시급한 의무는 없다. 이 일이 지금 당장 이뤄지는가 아니면 미래에 이뤄지는가 하는 것은 별로 중요하지 않지만, 모든 독일인의 의무는 어딜 가든 외국인들이 독일어로 말을 하도록 강제하는 것이다. 그러면 독일어는 독일의 군대가 지금 무력을 통해 이루고 있는 것처럼 보편적 승리를 거두게 될 것이다. … 독일어를 모르는 사람은 누구나 천민이라고 사람들에게 가르쳐야 한다. 독일어가 세계 공용어가 되어야 한다."

전쟁이 발발하기 전 몇 년 동안에, 독일인들의 집단 자만심은 이 정도는 아니었지만 이 수준으로 빠르게 다가서고 있었다. 독일의 야망이 점점 더 커지고 있었기 때문에, 독일의 외교도 더욱 거만해지고 도발적인 어조로 바뀌었다. 프랑스의 평화주의자들까지도 스스로를 방어하기로 결정해야 한다는 것을, 그렇게 하지 않을 경우에 프랑스가 아주 낮은 등급으로 떨어질 수 있겠다는 것을 분명히 느꼈다. 전쟁이 선포되었을 때, 프랑스에서는 이런 상황을 더 이상 참아주지 못하겠다는 외침이 전반적으로 팽배했다.

독일의 거만한 태도가 외교적인 언어에서 허용되는 범위를 절대로 넘어서지 않은 것은 꽤 사실이지만, 그럼에도 불구하고 모든 프랑스인은 그런 태도가 무슨 뜻인지를 알고 굴욕감을 예리하게 느끼고 있었다. 독일 정치인들과 카이저의 연설에서 지속적으로 나오는 위협은 더욱 호전적으로 변해갔다. 이들은 "만일의 사태에 대비하라."거나 "칼을 늘 예리하게 갈아놓으라."는 식의 발언을 서슴지 않았다. 프랑스는 모든 예에서 양보했지만, 그것도 독일의 태도가 호전적으로 바뀌지 않도록 막지 못했다. 발칸 반도에서뿐만 아니라 모로코에서 일어난 몇 차례의 사건에서도 그랬고, 오스트리아가 헤르체고비나를 병합하는 것과 관련해서도 그랬다. 그러나 이와 관련한 프랑스인의 의견은 당연히 의심의 대상이 되며, 그래서 나는 다음과 같은 중립적인 견해를 제시하는 쪽을 택한다.

> "독일의 행동은 더욱더 위협적인 방향으로 변하고 있고, 독일의 요구는 더욱 늘어나고 있으며, 모든 결정에 목소리를 내려는 독

일의 의지는 더욱 대담해지고 있다. 반면에 프랑스는 유보적이고 사려 깊은 태도를 더욱 강하게 보이고 있다. 아울러 프랑스는 자국의 권력을 최대한 양보하려는 태도를 보이고 경쟁국에 대한 간섭을 최소한으로 줄이려는 의지를 보이고 있다. 프랑스는 자국의 권리를 지키려 노력했을 뿐만 아니라, 엄격히 말하면 자국의 권리에 미치지 못하는 것을 스스로 받아들이는 것을 원칙으로 삼은 것 같다. 정말로, 프랑스는 자국이 야망을 품고 있다거나 정복을 꿈꾸고 있다는 의심을 조금이라도 불러일으키는 것을 피하기 위해서 객관적인 목격자의 눈에 분명히 프랑스의 합법적인 이익으로 보이는 것까지 희생시켰다.

프랑스의 지나친 인내가 우방국들을 곤란하게 만들었으며, 이 나라들은 프랑스의 영향력이 축소되는 것을 슬픈 눈으로 바라보았다. 프랑스의 인내는 평화를 사랑하던 나라들을 불안해하게 만들었다. 왜냐하면 그런 식의 양보가 독일을 절대로 진정시키지 못하고 오히려 독일이 불합리한 것을 무한정 요구하는 정책을 채택하도록 고무할 것이며, 그런 정책의 끝은 불가피하게 전쟁이라는 것을 이 나라들이 잘 알고 있었기 때문이다. 프랑스의 인내는 작은 나라들을, 그러니까 자국의 독립을 걱정하면서 독일이 자국을 어느 정도 잠식해 들어올까 하고 스스로 묻고 있던 나라들을 놀라게 만들었다. 독일의 권력에 맞서는 평형추의 역할을 해 줄 것이 이제 아무것도 남지 않게 되었으니 말이다.

우리는 독일이 심각한 민족주의와 호전적인 오만을 노골적으로 드러냈던 푀르스트너(Förstner) 문제[37]를 잊지 않았다. 그 문제에서 독일은 자국의 입장을 단호하게 내세웠다. 그 문제와 연결된 모든 상황은 프랑스에게 너무나 불쾌했으며, 그 일과 무관한 사람들도 그 사건이 독일이 종종 저지르는 그런 힘의 테스트 중 하나가 아닌지, 전쟁을 일으키거나 적에게 굴욕감을 안겨주려는 것이 아닌지 자문하기에 이르렀다. 1913년에 독일은 알자스를 짓밟았으며, 그러는 사이에 프랑스는 분개하면서도 침묵을 지키며 방관했다. 프랑스는 그 테스트를 견뎌냈다. 프랑스 언론은 존경스러울 만큼 차분했으며, 프랑스 공화국의 대통령은 푀르스트너 문제가 최고조에 이른 동안에도 독일 대사와 만찬을 하러 갔다."
('Gazette de Lausanne', 1915년 3월 24일.)

이 인용문 속의 세부사항은 모두 사실이다. 지난 몇 년 사이에 프랑스와 독일 관계의 역사는 모든 사람의 마음에 프랑스가 문명국가들 중에서 맨 아래의 지위까지도 감수하겠다고 체념하지 않은 이상 싸우기를 거부할 수 없었을 것이라는 인상을 분명하게 심어주었다. 전쟁의 발발이 미뤄질 수 있었다 하더라도, 그 연기는 오직 짧은 시간에 불과했을 것이다. 왜냐하면 독일 황제가 제아무리 평화를 사랑하는 인물이라 하더라도 그가 의지를 마음대로 관철시킬 수 있을 만큼 강해져 버린 군대에 대한 지배권을 계속 유지하기 위해선 전쟁을 선포하지 않을 수 없었을 것이기 때문이다.

37 1913년 10월 당시 21세이던 독일군 소위 귄터 폰 푀르스트너가 알자스 로렌의 차베른(현재 사벤느)에서 알자스 주민에게 모욕적인 말을 하면서 촉발된 소요 사태를 말한다.

'옐로우 북'Yellow Book을 보면, 독일인들이 얼마나 거들먹거렸는지를 보여주는 구절들이 아주 많이 보인다. 프랑스가 독일의 군사적 준비에 쫓기며 3년 병역 제도를 재개했을 때, 독일 의회의 한 구성원은 이렇게 외쳤다. "이것은 절대로 용납할 수 없는 도발이다." 그리고 독일 민간인뿐만 아니라 독일 군인들까지도 프랑스는 인구가 겨우 4,000만 명에 지나지 않기 때문에 독일과 경쟁할 권리를 전혀 누리지 못한다고 공개적으로 선언했다. 정말로, 모로코 위기가 시작된 이후로 독일 제국은 프랑스를 자기 마음대로 다룰 수 있다고 믿었으며, 프랑스는 그 모든 것을 참아냈다.

2. 보복 이론

프랑스가 1870년 전쟁에 대해 복수하길 원했다는 생각은 현재의 투쟁의 간접적인 원인 중 하나이다. 독일 안에서 그 같은 생각이 언제나 두려움을 불러일으켰으니까.

비스마르크가 알자스-로렌의 병합에 반대하며 우리가 듣고 있는 바와 같이 군부의 압력 때문에 그것을 요구하는 데에만 동의했을 때, 그는 미래를 정확히 예측한 것처럼 보인다. 알자스-로렌의 병합이 낳은 군사적 준비가 독일이 그 지역으로 인해 얻은 이익보다 훨씬 더 많은 비용을 안겼기 때문이다. 보다 덜 거친 행동과 더 친절한 형태의 행정은 틀림없이 최종적으로 알자스 주민들의 마음을 얻었을 것이며, 프랑스는 그런 식으로 독일화한 지방을 돌려달라고 주장할 생각을 전혀 하지 않았을 것이다. 그러나 독일에겐 그런 식의 사건 전개가 명백히 불가능했으며, 언제나 독립을 원했던 알자스 주민들은 독일인들이야 게르만 민족의 군사 제도에 반대하지 않을지 몰라도 자신들은 그 제도를 견뎌낼 수 없다는 사실을 확인했다.

이런 사건들에도 불구하고, 프랑스의 현재 세대는 틀림없이 보복이라는 생각을 꽤 망각하고 있다. 비록 독일 언론이 종종 그런 이론을 제기했을지라도, 그것은 어디까지나 독일 정부가 군 예산을 끊임없이 요구하는 것을 정당화하기 위한 노력의 일환이었을 뿐이다. 보복설을 지속적으로 제기함으로써, 독일 지도자들은 최종적으로 국민들에게 프랑스가 전쟁을 선포할 구실을 찾고 있다는 식으로 설득시킬 수 있었다. 그런 프랑스가 지금 독일 국민들과 싸울 수 있는 첫 번째 기회를 재빨리 낚아챘다는 것이 독일 국민들의 확신이며, 이 확신은 오랫동안 이어질 것이다.

프랑스 정치인들은 실지 회복이라는 개념을 거의 포기했지만, 그럼에도 알자스-로렌 문제는 여전히 두 나라 사이의 관계에 상당한 냉기를 야기했다. 독일 주재 프랑스 대사는 카이저가 종종 프랑스와 우호적인 관계 속에서 살고 싶은 욕망을 표현한다는 얘기를 나에게 했지만, 카이저에게 고무 받는 독일 외교의 어조는 모로코와 다른 여러 지역에서 언제나 거칠고 공격적이었다.

알자스-로렌 문제는 이 전쟁과 간접적으로만 연결됨에도 불구하고 분명히 이 전쟁의 중요한 먼 원인 중 하나이다. 어쨌든 알자스 로렌 문제는 독일 국민들이 프랑스 국민들에게 반감을 품도록 하고 독일의 군사력을 엄청나게 증대시키는 수단으로 지속적으로 이용되었다. 이 구실이 없었다면, 독일의 호전적인 준비는 아마 조만간 전쟁을 불가피하게 만드는 수준에는 절대로 이르지 못했을 것이다.

4장

신비주의적 영향들이 전쟁의 기원에 끼친 영향. 헤게모니라는 이상

1. 유럽 전쟁에 작용한 신비주의적인 힘들

모든 국민은, 야만적인 국민이든 문명화된 국민이든, 신비주의적인 이상들의 영향을 받고 있으며, 그 영향력은 이성의 영향력보다 훨씬 더 크다.

신비주의적 충동의 예는 역사적으로 아주 많다. 카르타고 사람들이 신성한 의식으로 자기 아이들을 몰록 신에게 바친 것도, 아메리카 대륙의 인디언들이 부족의 신을 숭배하기 위해 포로들의 머리 가죽을 벗긴 것도, 이슬람 신자들이 알라 신의 영광을 널리 퍼뜨리기 위해 거대한 제국을 정복한 것도, 우리 시대에 독일인들이 자기 민족의 탁월성을 지킨다는 사상을 바탕으로 다른 나라의 번창하던 도시들을 황폐화시킨 것도 신비주의적인 충동의 예에 속한다.

그런 신비주의적 충동의 강력한 힘은 바로 그 충동이 합리적인 근거를 전혀 갖고 있지 않다는 사실에 있다. 만약에 신비주의적 충동이 끌어내는 이상이 합리적이라면, 인간들은 그것을 위해서 목숨을 바치려 들지 않을 것이다. 이유는 연구실에서 일하는 학자를 지배하고 있는 이성이 아직 대중을 일으킬 만한 힘을 획득하지 못했기 때문이다.

하나의 이상은 서서히 신비주의적인 어떤 형태를 갖출 때까지 연속적인 단계들을 거쳐야 한다. 세계 패권(霸權)이라는 신비주의적인 이상이 독일에서 형성되어 가는 과정을 분석할 때, 그 단계들을 보게 될 것이다. 우리의 연구는 처음부터 세계 패권이라는 이상을 둘러싸고 있었던 요소들이 어떤 것이었는지를 보여줄 것이다. 역사에서 단 하나의 원인은 절대로 있을 수 없으며, 각 원인은 일련의 부차적인 영향들을 수반하기 마련이다. 그런데 이 영향들은 처음에 결과였다가 나중에는 원인으로 변한다.

독일이 세계에 풀어놓은 투쟁의 결정적인 원인인 신비주의는 독일 내에서 오랫동안 아주 작은 집단을 제외하곤 전혀 영향력을 행사하지 못했다. 독일 안에서 신비주의는 전쟁을 선포하는 때에 이르러서야 사회의 모든 계층에 영향력을 행사하는 단계까지 발달했으며, 이로써 몇 사람의 꿈에서 비롯된 신비주의가 하나의 보편적인 이상이 되었다.

2. 패권이라는 이상의 민족적 기원

자신들이 나머지 인류에 비해 우수하다는 믿음을 갖지 않은 국민은 거의 없다. 심지어 중국인들과 터키인들까지도 이런 관점을 공유하고 있다. 이런 관점이야말로 정말로 집단적인 자만심의 한 형식일 뿐이다. 물론, 그 같은 자만심도 유용한 자극으로 작용할 수 있지만, 불행하게도 그 자만심은 헛된 우월성을 믿고 있는 사람들로 하여금 무력을 통해 이웃들에게 자신의 뜻을 강요하도록 만든다.

엄청나게 많은 책들은 독일인들이 자신들의 우월성에 대해 역사 속의 그 어떤 국민보다 더 강하게 믿었다는 점을 보여주고 있다. 이 책들 대부분은 지난 30년 동안에 출간된 것들이다. 독일인들의 헛된 믿음과 비교할 만한 예외가 있다면, 아마 성경 시대의 유대인들과 무함마드 시대의 아랍인들 정도다. 이 같은 사상은 주로 독일 민족이 신에 의해 세계를 정복하고 개척하는 과제를 떠안도록 선택되었다는 망상에 근거하고 있다. 그런데 독일 민족은 실제로 보면 대단히 이질적인 요소들로 이뤄져 있다.

이 학설을 주입시키기 위해 백방으로 노력한 역사학자들은 트라이취케와 람프레히트[Lamprecht]였으며, 그들의 예를 요란한 체임블린 같은 이류 팸플릿 저자들의 무리가 따랐다. 그들의 글에 담긴 산만한 내용은 집단적인 정신병의 특징인 균형의 붕괴를 보여주는 탁월한 예들을 정신과 의사에게 제공하고 있다. 균형이 깨어진 정도를 보면, 과대망상증이 지금까지 결코 경험해 보지 못했을 만큼 심각한 수준에 이른 것으로 확인된다.

트라이취케의 눈에 역사는 단순히 신이 정해 놓은 대로 펼쳐지는 것일 뿐이며, 역사의 목적은 프로테스탄트 신앙의 승리를 보장하는 것이다. 따라서 트라이취케는 신이 세계의 정복을, 루터[Martin Luther]를 통해 그 위대성을 드러낸 독일 민족을 위해 별도의 과제로 남겨뒀다고 생각하고 있다. 이 종교 개혁가를 통해서 인간의 진보가 시작되었다는 판단이다.

트라이취케의 진술 중 일부는 이런 식의 유치한 오만을 보이지 않으며, 다음과 같은 글처럼 다소 이치에 맞는 내용도 보인다.

> "국민의 운명을 결정하는 것은 생각이 아니라 행동이다. 그러나 행동이 따르지 않는 국민은 아무짝에도 쓸모없다 할지라도, 그럼에도 행동은 주도적인 사상이 없는 경우에 아무런 소용이 없다. 국민의 운명은 새로 세상에 소개되는 종교적 사상이나 정치적 사상에 의해서도 변할 수 있다."

트라이취케는 독일 정신의 포부를 해석함으로써 큰 성공을 거두었다. 그러나 독일 정신의 방향은 그가 믿은 것과 달리 프로테스탄티즘의 영향을 받고 있었던 것이 아니라 확고한 프로이센 군사 제도의 영향을 받고 있었다.

그는 독일의 우월성에 대한 주장을 신의 간섭이라는 이론에 근거를 두고 있는 반면에, 람프레흐트는 보다 물질적인 견해를 취하고 있다. 람프레흐트의 주된 목표도 트라이취케와 마찬가지로 독일 민족이 세계를 쇄신하는 일을 하라는 명령을 받았다는 것을 보여주는 것이지만, 그는 존재 자체가 의문스런 신의 섭리 같은 불가사의한 설계에 호소하지 않는다. 람프레흐트의 견해는 인간은 모든 것에 대해 스스로 책임을 져야 하고, 프로테스탄티즘뿐만 아니라 가톨릭도 케케묵은 종교가 되었기 때문에 반드시 새로운 신앙으로 교체되게 되어 있다는 것이었다.

람프레흐트는 한 국민의 경제적 발전을 그 국민의 역사에서 가장 위대한 요소로 보고 독일의 산업적 발달에 대해 격찬하지만, 그는 국가들 사이의 평화로운 경쟁은 경쟁 국가들 중 어느 하나가 자국의 의지를 강제할 권력을 확보하는 순간에 필히 전쟁으로 이어진다고 선언하고 있다. 이것이 독일에서 가장 광범위하게 받아들여졌던 사상 중 하나이다.

그의 모든 동료들과 마찬가지로, 람프레흐트도 국가 사회주의자라는 사실은 언급할 필요도 없다. 그는 정부가 모든 일에 개입할 것을 요구할 뿐만 아니라 전쟁을 포함한 모든 종류의 활동을 정부에 기대고 있다. 그의 윤리 체계는 감당하기 어려운 니체의 체계와 매우 비슷하며, 기독교의 낡은 도덕을 쓸모없는 과잉으로 보고 있다.

람프레흐트의 정복 계획은 대학의 가르침들이 독일인의 정신에 불러일으킨 야망을 노골적으로 드러내고 있다. 그의 사상은 독일이 스위스와 네덜란드, 벨기에를 합병해야 하고, 칠레와 브라질 같이 정복이 어려운 나라들은 학교를 설립하고 은행과 공장을 지음으로써 독일화해야 한다는 것이다. 또 복종시키기 어려운 러시아와 이탈리아 같은 나라들은 훗날 똑같은 방식으로 독일화해야 한다는 것이다. 한마디로 말해, 독일이 최종적으로 유럽과 세계의 나머지를 지배해야 한다는 것이다.

이와 비슷한 내용의 글은 무수히 많다. 왜냐하면 서로 아주 다른 저자들의 내면에도 똑같은 감정이 존재하고 있기 때문이다. 기세브레흐트Giesebrecht의 다음 글에서 보듯, 그 감정이 빈정대듯 매우 노골적으로 표현되는 경우도 가끔 있다.

“지배하는 것은 독일의 특권이다. 이유는 독일이 고귀한 나라이고 독일 국민은 선택된 민족이기 때문이다. 따라서 탁월한 힘이나 두뇌를 타고난 모든 사람이 힘이나 두뇌를 덜 타고난 주변 사람들에게 무도하게 굴 권리와 의무를 누리듯이, 독일은 이웃 국가들에게 그와 똑같이 행동해야 한다.”

유명한 블룬트슐리는 여기서 한 발 더 나가면서 이렇게 선언한다.

“독일은 발을 들여놓는 모든 지점에서 양도할 수 없는 권리를 누리며, 독일은 어떤 조약도 고려할 의무를 지지 않는다.”

대중적인 저자들은 이런 글들을 적극 활용했다. 대표적인 예가 그런 부류 중에서 가장 유명한 체임벌린의 글 모음집인 『19세기의 토대』Die Grundlagen des neunzehnten Jahrhunderts라는 책이다. 체임벌린은 이 책 제작을 위해 황제로부터 거액을 받았다는 소문도 있다. 이 책은 관점이 전혀 독창적이지 않았음에도 불구하고 독일의 자만심을 충족시키면서 큰 성공을 거뒀다. 체임벌린은 온갖 아첨을 떨며 독일이 국가들 중에서 최고라는 주장을 되풀이하면서 예전에 벌였던 침공들에 대해 다음과 같은 사항을 깊이 후회하고 있다.

“게르만족은 정복하는 곳마다 적의 뿌리를 뽑거나 가지를 잘라서 근절시키는 것을 삼갔으며, 그 같은 인내심을 발휘한 결과, 민족적 혼란과 뒤섞임을 의미하는 라틴화가 일어났고 따라서 그 넓은 영토가 혁신을 꾀할 수 있는 유일한 영향의 혜택을 받을 기회를 박탈당하고 말았다."

만약에 우리가 이 저자처럼 주장을 편다면, 고대 로마인들이 간혹 독일의 부족들을 공격해 그들 중 몇 십 만 명만을 죽일 것이 아니라 아예 그들 모두를 물에 빠뜨려 죽이거나 숲에서 불에 태워 죽이지 않은 것도 유감스런 일이 될 것이다. 고대 로마인들이 독일의 부족들을 그런 식으로 다뤘다면, 세계 문명도 지금과 많이 달라졌을 것이고 아마 중세는 없었을 것이다.

앞에 인용한 여러 글들은 독일인들의 정신이 독일이 나머지 유럽을 상대로 전쟁을 벌일 수밖에 없는 방향으로 전개되고 있었다는 점을 충분히 보여주고 있다. 아울러 이 글들은 유럽 전쟁이 이 황제 또는 저 황제에 의해 야기되었는지를 논하는 것 자체가 터무니없는 짓이라는 점을 보여주고 있다. 그 기원이 내가 지금까지 설명한 그런 것들인 전쟁의 경우에 발발을 지연시키는 것은 가능할지 몰라도 전쟁 자체를 막는 것은 불가능하다.

3. 패권이라는 이상의 경제적, 군사적 기원

독일 민족이 우수하다는 점을 단순히 이론적으로 주장하는 것만으로는 독일인들로 하여금 자신들이 세계를 지배할 수 있다고 믿도록 만들지 못했을 것이며, 따라서 그런 주장은 처음에 단순히 한 이상주의자의 꿈에 지나지 않았다. 그러나 군사력의 엄청난 증강과 산업 발달이 이 꿈도 실현 가능한 것처럼 보이도록 만들었다.

독일 육군은 1871년 평화 시에 40만1,000명이던 것이 그 후 점점 늘어 81만5,000명에 이르렀으며, 무장을 잘 갖춘 함대도 지금 영국 함대와 대등한 수준이다.

군사력의 급증이 패권 사상의 바탕을 제공하고 있고, 따라서 이 사상은 독일 전역으로 급속도로 퍼지기 시작했으며, 게르만족의 뇌 안에 야망을 불러일으켰다. 이 야망은 전쟁 발발 이후에 독일 외교관과 선동가들에 의해 겉으로 드러나고 있다.

'모니스티쉐 야르훈데르트'Monistische Jahrhundert가 명망 있는 독일 학자들을 대상으로 실시한 매우 전형적인 조사의 바탕에는 그런 야망이 깔려 있다. 1914년 11월 16일 발행된 이 잡지에서, 그 유명한 에른스트 해켈Ernst Haeckel은 벨기에의 분할을 요구하고, 영국 식민지들과 콩고, 프랑스의 국경 주(州)들, 발트해 동부 연안 지역을 강탈할 것을 요구하고 있다. 그는 이탈리아와 스페인의 합병에 대해서는 아무 말을 하지 않고 있는데, 이유는 아마 그가 이 나라들에 대해선 잊고 있었기 때문일 것이다.

이 잡지의 다양한 투고자들은 다양한 포부를 품었지만, 그들 모두는 자신들의 판단에 존재할 권리를 전혀 갖지 못하는 작은 나라들을 독일이 빼앗아야 한다는 데 동의하고 있다.

정복을 계획하고 조직하는 전통적인 방법들은 다소 느리다. 그래서 피어로트Vierordt라는 이름의 꽤 많은 교수는 정복한 영토를 황폐화시킨 다음에 도덕적인 독일인들을 거주시키기 위해서 적들을 백만 명씩 죽일 필요가 있다는 점을 강조하는 글을 '바다쉐 란데스차이퉁'Badische Landeszeitung에 썼다.

이런 출판물들은 당시의 저자들의 사고방식을 엿보게 하는 흥미로운 단서를 많이 제공하고 있다. 이 저자들은 유럽의 완전한 파괴를, 아틸라Attila [38]의 시대에나 있었던 그런 파괴를 바랐다. 오스트발트의 추종자들은 틀림없이 유럽 대륙 중 강탈하지 않은 부분을 거대한 공장으로 조직할 것이다. 그런 공장들에선, 프로이센 하사의 무자비한 채찍 아래에서 수백 만 명의 농노들이 일반적으로 독일인들을, 구체적으로 게르만족 교수들을 부유하게 하기 위해 땀을 흘릴 것이다.

4. 독일 신비주의의 최종적 형태

독일 안에서 어떤 영향들이 패권이라는 신비주의적인 사상을 창조해냈는지, 그리고 그 사상이 어떤 물질적인 요소들로부터 나왔는지를 살펴보았다.

많은 사람들은 독일이 품고 있는 야망의 신비주의적인 측면을 이해하지 못한다. 이유는 독일의 기괴한 꿈들이 어떤 실용적인 바탕을 갖고 있기 때문이다. 예를 들어, 가장 신비주의적인 편에 속하는 코스틸레프Kostyleff는 어느 중요한 리뷰에서 자신은 현대 독일인의 사고방식에서 신비주의의 영향을 전혀 볼 수 없다고 말하며, 더 나아가서 그는 오

....

38 훈족 최후의 왕으로, 5세기 경에 동유럽 북쪽에 대제국을 건설하면서 유럽의 모든 국가들을 공포에 떨게 했다.

늘날 신비주의적인 믿음이 일반적으로 지켜질 수 있는지에 대해 의문을 제기한다.

나는 코스틸레프는 물론이고 그의 견해에 동의하는 많은 사람들이 신비주의라는 용어를 제대로 이해하고 있는지 매우 우려스럽다. 나는 신비주의라는 단어의 의미에 대해 이 책 시작 부분에서 설명했으며, 나의 책들을 읽은 독자들은 신비주의가 역사의 중대한 사건들에서, 특히 프랑스 혁명에서 중요한 역할을 했다는 사실을 잘 알고 있다. 신비주의가 지금의 전쟁에도 영향력을 행사하고 있다는 것이 슈브리용Chevrillon을 비롯한 많은 저자들에 의해 분명히 강조되고 있음에도 불구하고, 신비주의적 영향의 중요성은 여전히 제대로 평가를 받지 못하고 있다. 슈브리용이 독일 신비주의에 관해 쓴 책에서 몇 구절을 옮긴다.

> "선민(選民)이라는 표현의 의미가 무엇인가? 그것은 오만하고 신비주의적인 집단 사상이다. 이 사상은 오늘날 세계의 나머지에게 큰 위협이 되고 있다. 과거 자만과 신비주의의 충동적인 힘들의 위협에 못지 않다. 어쩌면 지금이 훨씬 더 위험할 수 있다. 왜냐하면 그 사상이 독일의 힘과 욕망의 증대와, 그리고 독일의 최고 권리를 단언하는 원칙과 함께 확산되고 있기 때문이다.
>
> 독일인들은 자신들이 신의 도구이고, 불변하는 신의 에너지를 최고로 구현하는 존재들이라고 생각한다. 독일인들은 지상에서 활동하는 신이며, 그런 존재로서 그들은 낡은 형태들에 새로운 생명을 불어넣기 위해 그것들을 깨부수고 있다는 것이다.
>
> 이것은 독일이 강하게 집착하고 있는 사상이며, 독일에 자만심을

안겨 주고 있는 사상이다. 독일의 타고난 성향들을 신격화하고, 여전히 독일의 발걸음을 방해하고 있는 고대 기독교 도덕의 미덕을 결점과 약점으로 바꿔놓고, 자국의 욕망을 시급한 책무로 바꾸고, 독일의 본능들을 숭고한 완벽으로 제시하는 것도 바로 이 사상이다.

독일의 눈에는 하나의 법밖에 없다. 그 법은 바로 현세의 법이며, 법의 기능은 선(善)과 진리를 갈망하는 것이 아니라, 성장하고 확장하고 심지어 자기 자신까지 능가하는 것이다. 이를 위해서 이질적이고 약한 생명체를 증오하고 그것들을 상대로 전쟁을 벌이고 파괴하거나 삼킬 힘을 키우도록 하는 것이 곧 법이다."

바로 이것이 신비주의적 사상이 사람을 이끌고 가는 곳이다. 문명의 발전 전체가 인간의 원시적인 본능을 약화시키는 것에 초점을 맞추고 있는 것 같은데도, 독일 철학은 인간의 원시적인 본능들을 다시 복구시키고 있을 뿐만 아니라 그것들에게 신비주의적인 숭배라는 옷까지 입히고 있다. 독일의 눈으로 보면 힘이 왕이며, 관대함과 동정이 차지할 자리는 전혀 없다. 우월한 민족은 다른 국가들을 지배하고 있는 원칙들에 얽매어서는 안 된다. 선택된 민족에 맞서는 투쟁은 곧 신의 의지에 맞서는 투쟁이며, 어떠한 처벌로도 갚을 수 없는 그런 극악무도한 죄를 저지르는 것이다.

이 원칙들은 오랫동안 단순한 이론에 그쳤으나, 일단의 교수들이 그것들을 서서히 독일인의 정신 속으로 주입시켰으며, 이어 그것들은 문명 세계를 경악시킨 그 학살과 유린을 낳았다. 파레티Pareti라는 이탈리아인은 이렇게 말한다.

> "독일인들이 자신들의 문화에 대해 품고 있는 믿음과 그들이 과거와 현재, 미래의 모든 사람들보다 더 우수한 선민으로서 세계를 지배해야 한다는 과제에 대한 믿음은 확실히 전쟁에서 힘의 원천이 될 수 있지만, 그런 믿음은 동시에 잔인성의 원인이 된다. 그 믿음은 신학적이거나 형이상학적인 형태를 띠게 될 때 특히 더 위험해진다. 투쟁에 종교 전쟁의 성격을 부여하게 되기 때문이다. 그런 경우에 상대는 적일 뿐만 아니라 파문당한 이단자가 되고, 신성한 문화를 모독하는 자가 되어 대반역죄를 저지르게 된다. 그런 적은 정복하는 것만으로 충분하지 않다. 완전히 파괴되어야 한다. 벨기에 사람들은 신성한 문화의 수호자들이 자국 영토를 통과하는 것을 감히 거부하는 신성모독죄를 저질렀다. 따라서 그들은 신을 거역하는 대반역죄를 저질렀으며, 그래서 그들은 오늘 적절히 처벌받고 있다. 벨기에 사람들이 옛날에 알바 공작에게 이와 비슷한 죄로 혼난 것처럼 말이다."

5. 전쟁을 야기한 심리적 요인들의 역할을 요약하면

전쟁의 먼 원인들에 관한 장들을 읽은 독자는 아마 생물학적, 정서적, 신비주의적인 동기들에 관한 언급밖에 없다는 사실을 눈치 챘을 것이다. 나는 거기서 합리적인 요소에 대해서는 전혀 언급하지 않았다. 이유는 단지 현재의 전쟁은 이성과 거의 아무런 관계가 없기 때문이다. 역사 속의 전쟁들 대부분도 마찬가지이다. 물론, 전투는 이성의 도움으로 치러진다. 그러나 이성이 전쟁을 일으키는 경우는 절대로 없다. 왜냐하면 이성은 단순히 신비주의적, 정서적 충동에서 비롯된 필연을 보완하는 역할을 하기 때문이다. 여기서 이성은 주인이 아니고 노예이다.

나의 독자들 중에서 학교 교육의 합리주의에 너무 깊이 물들어 있어서 내가 말한 내용의 진리를 당장 파악하지 못하는 사람이 있다면, 그들에게 나는 전쟁의 원인들을 상기해 볼 것을 권한다. 그렇게 하다 보면, 독자는 아마 다음 요약과 비슷한 결론에 이를 것이다. 이 요약에서 나는 경제적인 요인들을 언급하지 않고 다양한 나라들의 군대가 행동하도록 만드는 심리적인 요인들을 포함시켰다. 그 요인들 중에서 정서적, 집단적, 신비주의적 동기가 발견될 것이지만, 합리적인 동기는 거의 발견되지 않거나 전혀 발견되지 않는다.

1. **오스트리아:** 이 나라가 전쟁을 일으키도록 강요한 정서적인 영향은 주로 세르비아인들에 대한 폭력적인 민족적 증오였다. 세르비아인들은 제2차 발칸 전쟁 동안에 유럽의 평화 노력을 이용하면서 강력한 이웃 국가를 화나게 만들었으며, 오스트리아 황위 계승자였던 프란츠 페르디난트Franz Ferdinand의 암살로 이어진 음모를 꾸민 것도 그들의 영토 안에서였다. 따라서 이 작은 나라(세르비아)에 대한 오스트리아의 증오는 극에 달했으며, 여론은 전쟁을 요구하는 강력한 집단적 영향이 되었다.
2. **러시아:** 이 나라에선 정서적 영향들이 상처 입은 자존심의 형

태로 작용하고 있었다. 오스트리아가 보스니아를 차지한 일 때문에 적의가 쌓여 있었으며, 세르비아에 대한 공격이 허용될 경우에 슬라브인들 사이에서 체면을 완전히 구길 수 있다는 두려움이 작용했다.

3. 프랑스: 프랑스 내에 팽배했던 정서적 영향은 명예의 감정이었다. 이 감정이 프랑스로 하여금 동맹국들의 명분이 자국에 조금의 이익도 안기지 않음에도 불구하고 그 나라들을 지지하도록 만들었다. 프랑스를 좌우한 집단적인 영향은 독일의 오만을 더 이상 참아주지 않겠다는 전반적인 욕망으로 나타났다.

4. 영국: 영국에서 느껴진 영향력은 처음에 정서적인 영향이었으며, 벨기에를 보호해야 한다는 도덕적 의무감에 의해 표현되었다. 당시에 영국은 조약을 통해서 벨기에의 중립을 보장하고 있었다. 이런 고결한 감정에다가 경쟁 관계에 있는 강대국이 앤트워프를 점령함으로써 영국의 상업을 마비키실 수 있다는 두려움이 더해졌다.

5. 독일: 이 나라에서 처음에 작동했던 유일한 영향은 정서적인 것이었다. 이 영향은 유럽에 패권의 힘을 보여주려는 욕망으로 나타났다. 그 방법은 러시아에 다시 치욕을 안기고, 몇 년 전에 보스니아가 오스트리아에 합병될 때 그랬던 것처럼 러시아가 전투를 벌이지 않고 복종하도록 강제하는 것이었다. 그러나 전쟁이 선포되자마자, 신비주의적 영향들의 폭발이 일어났으며, 이 신비주의적 영향들은 전쟁이 나아갈 길을 닦았으며 세계 지배라는 이상과 결합되었다.

이 요약은 전쟁이 시작되는 시점에 합리적인 요소들이 끼친 영향이 아주 작았음을 보여주고 있다. 독일의 경우에 그 점이 특별히 더 두드러진다. 왜냐하면 합리적인 논리가 독일 지배자들의 의지에 조금이라도 역할을 했다면, 내가 이미 보여준 바와 같이 그들이 어떤 수를 써서라도 전쟁을 피하려 들었을 것이기 때문이다. 독일의 산업과 상업이 발전을 구가하고 있고, 독일 시민들이 세계 곳곳에 두루 침투함에 따라, 독일은 무력으로는 절대로 획득할 수 없는 것을 곧 평화롭게 소유할 수 있는 단계에 이르렀다. 독일이 50년 동안 전쟁을 벌여 유럽을 정복한다 하더라도 절대로 얻지 못할 그런 소유였다. 합리적인 관점에서 보면, 독일은 전쟁을 예방하는 일에 관심을 둬야 했지만, 신비주의적인 요인이 독일을 완전히 지배했으며, 독일의 예는 내가 신비주의적인 요소가 합리적인 요소를 능가한다는 점을 보여준 책에서 제시한 예들에 더해질 수 있다. 모든 것은 신비주의적인 요소에 종속된다.

* * *

이 전쟁의 먼 원인들에 대한 조사는 이것으로 끝났으며, 이 조사에서 끌어낸 결론들은 너무나 명쾌하기 때문에 직접적인 원인들을 다루는 장들이 독자들에겐 불필요해 보일 수 있다.

그러나 독일인들이 그렇게 오랫동안 불가피하다고 외쳐왔던 이 전쟁이 다른 때에 일어나지 않고 지금 일어난 이유를 묻는 것이 실용적으로는 별로 소득이 없어 보일지라도, 그럼에도 불구하고 심리학적 관점에서 점진적으로 강해지는 열정과 감정의 작동을 연구하는 것은 대단히 흥미로운 작업이다. 열정과 감정이 서로 결합하면 어느 한 순간에 재앙이 발발할 수 있다. 평화를 사랑하는 외교관들이 끔찍한 전쟁 쪽으로 몰아붙이고 있는 무서운 힘들에 맞서 싸우는 장면보다 더 감동적인 것은 없다. 인간들의 행동이 간혹 무의식적 영향에 지배당하는 것을 볼 수 있는 기회로 지금보다 더 적절한 때는 역사에 없었다. 무의식적 영향의 압박은 워낙 크기 때문에, 어느 누구도 거기에 맞서지 못할 것이다.

BOOK IV

전쟁의 직접적 원인들

1장

오스트리아의 최후통첩과 일주일의 외교적 대화

1. 외교 문서가 가르치는 심리학적 교훈

이 전쟁의 기원을 다루는 공식 문서로 현재 유일하게 알려진 것은 강대국들의 대사들이 각국 정부에 보낸 보고서다. 이 보고서들은 '블루 북' '옐로우 북' '화이트 북'[39] 등으로 불리는 몇몇 간행물의 주요 내용을 이루고 있으며 심리학적으로 아주 중요하다. 특히 정서적, 신비주의적 충동이 합리적인 충동을 어떤 식으로 능가하게 되는지, 그리고 각국 정부가 자국의 희망과 정반대 방향으로 얼마나 쉽게 행동하게 되는지를 잘 보여주고 있다.

독일과 오스트리아는 일련의 심리학적 오류 때문에 전쟁으로 끌려

39 '블루 북'은 해외에 나가 있는 영국 대사들과 영국 외무부 사이에 오간 통신이 주를 이루며, '옐로우 북'은 프랑스 정부가 수집한 다양한 문서를 담고 있다. '그레이 북'은 벨기에가, '화이트 북'은 독일이, '오렌지 북'은 러시아가 각각 발행했다.

들어갔다. 그 오류 중 하나가 바로 프랑스와 영국, 러시아가 개입하지 않을 것이라는 확신이었다. 그런데 러시아는 독일이 예상한 것과 달리 독일의 위협에 굴하지 않았을 뿐만 아니라 동원령까지 내리고 있다는 사실이 확인되었다. 그러자 독일은 적국들이 군사적 준비를 하도록 내버려둠으로써 기선을 빼앗기게 될까 두려워했으며, 영국이 중립을 지킬 것이라는 확신과 군부의 제안에 따라 러시아에 동원령을 해제할 것을 요구했다. 이어 러시아가 독일의 제안을 거부하자, 독일은 러시아에 전쟁을 선포했다.

내가 몇 줄로 요약했지만, 사건은 절대로 그렇게 간단히 일어나지 않았다. 이유는 인간의 결심이 절대로 하루아침에 이뤄지는 것이 아니고, 곧 보게 되겠지만 윤곽을 금방 확실히 드러내는 것도 아니기 때문이다. 이 장과 다음 장은 영국이 처음에 거리를 두고자 했던 전쟁에 개입하기로 결정하기까지 얼마나 당황하며 망설였는지를 보여줄 것이다. 또한 독일 황제가 어떤 과정을 거치며 자신의 이익과 정반대로 전쟁을 벌이게 되었는지도 보여줄 것이다.

공식 문서의 행간에서 이런 것들을 읽는 데는 그다지 많은 주의도 필요하지 않다. 그러나 공식 문서가 너무나 혼란스럽고 또 많은 경우에 이슈가 되는 문제를 중요하지 않은 것으로 숨기고 있기 때문에, 나는 근본적으로 중요한 것들을 선택해서 심리학적 관점에서 분류할 필요가 있다고 느꼈다. 이 목적을 위해서 나는 영국인의 망설임, 오스트리아의 비타협적 태도, 러시아의 중립에 관한 독일의 엉터리 판단 등 같은 종류에 속하는 현상들을 함께 모았다.

외교적 대화가 일어났던 그 한 주의 힘든 과정을 요약하는 문서들은 전쟁의 먼 원인들에 대해서는 고려할 필요가 전혀 없었다. 그렇기 때문에, 다른 증거를 조사하지 않은 가운데 공식 문서를 보는 사람은 투쟁의 진정한 기원에 대해서 절대로 잘 알 수 없다. 그런 문서들은 조만간 유리잔을 넘치게 만들 마지막 한 방울의 물이 떨어지지 않도록 막으려는 노력에 관한 이야기일 뿐이다. 그러나 진정으로 중요한 문제는 누가 마지막 물 한 방울을 유리잔에 부었는지를 찾아내는 것이 아니라 누가 그 유리잔을 서서히 채우고 있었는지를 찾아내는 것이다.

평화를 논한 시간은 매우 짧았다. 그래도 일주일이라는 짧은 시간도 세계의 역사를 바꿔놓기에 충분했다.

만약에 어떤 저술가가 그 전의 문서를 전혀 갖고 있지 않은 상태에서 이 외교 문서만을 본다면, 그 사람은 '누가 전쟁을 원했는가?'라는 질문에 아무도 원하지 않았다는 식으로 대답하고 싶은 유혹을 느낄 것이다. 그리고 실제로 아무도 전쟁을 원하지 않았으며, 모두가 전쟁을 두려워하고 있었지만, 그럼에도 불구하고 전쟁은 발발했으며, 따라서 이 전쟁은 정부 수반들이 인간들의 열정과 감정을 불러일으키는 결정적인 문제 앞에서 얼마나 무력한지를 보여주는 놀라운 예를 제공하고 있다.

선전 포고에 서명한 4명의 통치자들 중에서 3명은 육지와 바다에 대해 전권을 행사하고 있던 독재자였으나, 그들의 독재 권력은 그들에게 조금도 도움이 되지 않았다. 이유는 왕들의 의지가 또 다시 고대인들이 신들과 인간들의 지배자라고 불렀던 그 운명의 신의 조롱거리가 되었기 때문이다.

그러나 현대의 과학은 고대의 지혜보다 분별력이 더 뛰어나며, 적어도 운명을 여러 요소들로 세분할 수 있다. 이 요소들의 총합의 힘이 어느 시점에 이르면 모든 인간의 의지를 앞서게 된다.

외교적 서신이 우리에게 제시할 수 있는 정보를 모으려 노력하기 전에, 나는 외교적 대화가 이뤄지던 일주일 동안에 연속적으로 일어난 사건들을 간단히 리스트로 만들 것이다.

2. 일주일의 외교적 대화

1914년 7월 23일부터 8월 1일 사이의 일주일은 세계 역사에서 가장 극적인 기간으로 기록될 것이다. 그 일주일이 유럽의 얼굴을 바꿔놓게 될 전쟁으로 끝났기 때문이다. 그 짧은 기간에 일어난 사건들을 날짜별로 요약하면 다음과 같다.

7월 23일 목요일: 사라예보에서 오스트리아의 황위 계승자 프란츠 페르디난트 대공이 암살당한 데 이어 오스트리아가 세르비아에 최후통첩을 보냈다는 소식이 강대국들에게 전해진다. 오스트리아의 주요 요구 사항은 "오스트리아-헝가리 군주국의 영토 보전을 위협하는 운동을 진압하기 위해" 세르비아가 오스트리아-헝가리 정부 대표들과의 공동 조사를 받아들여야 한다는 것이었다.

7월 24일 금요일: 러시아가 오스트리아 측에 세르비아에게 보낸 최후통첩에 정한 시간을 연장시켜줄 것을 요구한다. 파리 주재 독일 대사는 그 갈등이 오스트리아와 세르비아로 국한되기를 바란다는 독일의 뜻을 밝힌다.

7월 25일 토요일: 오스트리아가 세르비아에게 정해준 시한을 연장하길 거부한다.

영국은 독일과 이탈리아와 함께 오스트리아와 러시아 사이에 중재를 맡겠다고 제안한다.

독일은 영국 정부의 성명을 근거로 영국이 중립을 지킬 것이라고 확신한다.

7월 26일 일요일; 러시아가 세르비아 편을 들며 오스트리아를 간섭하고, 독일에 협력을 구한다. 오스트리아는 부분적 동원령을 내린다.

7월 27일 월요일: '블루 북'(46호)에 따르면, 독일은 4강이 오스트리아와 러시아 사이에 중재를 맡는 것을 원칙적으로 받아들인다. 그러나 '오렌지 북'(34호)에 따르면, 파리 주재 독일 대사는 "어떤 중재나 회의도 배제되어야 한다."고 고집했다.

7월 28일 화요일: 독일은 오스트리아의 비타협적인 태도를 묵인하고, 오스트리아는 총동원령을 내리고 세르비아를 상대로 전쟁을 선포한다. 이어서 러시아가 영국에 중재를 요청한다.

7월 29일 수요일: 독일은 일시적으로 평화적 해결을 선호하는 것처럼 행동하며, 러시아와 오스트리아 측에 대화를 재개할 것을 권한다. 오스트리아가 외교적 대화에도 불구하고 동원령을 내렸다는 사실 때문에, 러시아는 오스트리아와 국경을 접하고 있는 지역에 부분적 동원령을 내린다.

독일은 러시아가 군사적 준비를 중단하지 않으면 동원령을 내리겠다고 위협한다. 러시아는 오스트리아의 비타협적인 태도가 계속되고 있기 때문에 독일의 요구를 받아들일 수 없다고 밝힌다.

7월 30일 목요일: 러시아는 오스트리아가 세르비아와의 갈등이 유럽의 이해관계가 걸린 문제라는 점을 인정한다면 군사적 준비를 중단하겠다고 약속한다.

상트 페테르부르크 주재 독일 대사는 사태가 전쟁이 불가피한 쪽으로 흘러가고 있는 것을 보면서 마음이 달았던 것 같으며, 마지막 희망으로 러시아 외무장관에게 본국 정부에 전보를 칠 만한 제안을 내놓을 것을 간청했다.

7월 31일 금요일: 러시아와 오스트리아 사이에 대화가 재개되고, 오스트리아는 영국의 제안을 중재의 바탕으로 받아들인다. 그러나 독일은 러시아의 군사적 준비 때문에 자국도 그와 비슷한 조치를 취하지 않을 수 없다고 선언한다.

8월 1일 토요일: 독일은 러시아에 최후통첩을 보내고 12시간 안에 동원령을 해제할 것을 요구한다. 오스트리아는 이전의 성명들을 재고하며, 유럽이 자국의 갈등에 개입할 이해관계를 갖는다는 점을 인정할 뜻이 있다고 선언한다.

러시아는 세르비아의 독립과 영토 보존에 대한 보장만으로 만족할 것이라고 선언함으로써 전쟁을 피하려는 노력을 한 번 더 한다. 그러나 때는 이미 늦어 있었다. 오후 7시 정각에 독일은 러시아에 전쟁을 선포한다.

8월 3일 월요일: 독일은 프랑스에 전쟁을 선포한다.

나는 이 리스트에 간단히 요약한 사건들에 관한 연구에 일련의 인용문을 제시하면서 그 사건들의 바탕에 깔려 있는 심리적인 요소들에 특별히 관심을 기울일 것이다.

3. 오스트리아가 세르비아에 품었던 불만과 세르비아를 상대로 전쟁을 벌여야 한다는 고정 관념. 오스트리아가 외교적 대화 동안에 보인 비타협적 태도

오스트리아 황위 계승자인 페르디난트 대공의 암살에 이어서, 세르비아에 오랫동안 불만을 품고 있었던 오스트리아-헝가리 제국은 그 살해를 세르비아의 음모로 돌리며 세르비아에 최후통첩을 보냈다. 받아들이지 않을 것이 확실한 조건이었다. 중요한 항목은 이렇다.

> "세르비아는 오스트리아-헝가리 군주국의 영토 보존에 반대하며 벌어지고 있는 전복 운동을 진압하기 위해 세르비아 내에서 오스트리아-헝가리 정부 대표단의 조사를 받아들여야 한다."

강대국들은 이 최후통첩에 대한 소식을 듣자마자 그것은 단지 오스트리아가 세르비아를 침공하기 위한 구실에 불과하다고 판단했다.

1914년 7월 23일, 프랑스 외무 장관은 이런 내용의 보고를 받았다.

> "빈 주재 프랑스 대사가 수집한 정보에 따르면, 오스트리아-헝가리 정부의 첫 번째 의도는 8개 군단을 출동시킬 준비를 갖춘 상

태에서 세르비아를 최대한 엄하게 다스리는 것이다."

7월 24일, 러시아 주재 프랑스 대사는 이런 사실에 주목할 것을 요구했다.

"최후통첩에 의해 주어진 유예 기간이 너무 짧기 때문에 3국 협상의 강대국들이 오스트리아에 영향력을 행사하기가 어렵다."

그러나 어쨌든 외교관들은 오스트리아의 의도에 대해 착각을 전혀 하지 않았다. 빈 주재 영국 대사도 7월 24일 이렇게 썼으니까.

"빈 주재 러시아 대리 공사는 오늘 아침에 오스트리아 외무장관을 만나 오스트리아의 통첩은 그대로 받아들이기 불가능한 방향으로 작성되었으며, 조건도 특이하고 독단적이라는 식으로 개인적 의견을 밝혔다. 이에 오스트리아 외무장관은 세르비아 주재 오스트리아 공사는 오스트리아의 요구가 내일 오후 4시까지 완전히 받아들여지지 않을 경우에 베오그라드를 떠나라는 지시를 받은 상태라고 대답했다."

세르비아 정부는 겁을 먹고 오스트리아의 조건을 거의 모두 받아들일 뜻을 발표했지만, 베를린 주재 영국 대리 공사가 7월 25일 자국 정부에 보낸 보고서를 통해 알 수 있듯이, 세르비아의 양보는 아무 소용이 없었다. 베를린 주재 영국 대리 공사는 독일 국무 장관과 가진 대화의 결과에 대해 이런 식으로 보고했다.

"독일 국무 장관은 오스트리아-헝가리가 당장 어떤 준비를 하고 있는지에 대해서는 모르고 있지만, 오스트리아-헝가리 정부가 세르비아에게 가르침을 주기를 원하고 군사적 행동을 취할 뜻을 갖고 있는 것은 꽤 분명하다는 점을 인정했다."

빈 주재 프랑스 대사는 7월 25일 자국 정부에 이렇게 보고했다.

"오스트리아 정부는 세르비아에 굴욕감을 안겨주기로 결정했으며, 세르비아의 얼굴에 주먹을 정통으로 날릴 때까지는 어떤 강대국의 개입도 받아들이지 않을 것이다."

빈에 주재하던 모든 대사들이 오스트리아의 의도와 관련해 똑같은 인상을 받았다. 7월 27일에 빈 주재 영국 대사는 이렇게 썼다.

"나는 강대국들을 대표하는 동료들 모두와 대화를 했다. 나의 머리에 남은 인상은 오스트리아-헝가리의 최후통첩이 전쟁을 불가피하게 만드는 쪽으로 작성되었다는 것이다."

오스트리아는 비타협적인 태도를 정당화하기 위해 다음과 같은 내용의 성명을 발표했다.

"세르비아는 남부 슬라브인들을 큰 세르비아 국가로 통합시키기 위해서 그들을 오스트리아-헝가리 제국에서 분리시키려고 오랫동안 선동해왔다. 세르비아 영토에서 벌어지고 있는 이 같은 선전 운동은 다양한 수단을 동원할지라도 언제나 똑같은 목표를 추구했으며 사건에 따라 다소 폭력적이었다. 그 선동은 병합 위기 때 정점에 달했다."

세르비아는 갈수록 더욱 불안해졌으며, 마침내 오스트리아의 모든 요구를 수용했다. 로마 주재 영국 대사는 7월 28일 이렇게 썼다.

"오늘 오전에 긴 대화 중에 세르비아 대리공사는 오스트리아의 대표들이 5조와 6조에 따라 개입하게 될 방식에 대한서만 설명해준다면, 세르비아는 오스트리아의 최후통첩을 전부 받아들일 것이라고 말했다."

그러나 오스트리아 정부는 비타협적인 태도로 일관했으며, 7월 28일 빈 주재 영국 대사는 자국 정부에 전보를 쳤다.

"러시아 대사로부터 러시아 정부의 제안이 오스트리아-헝가리 정부로부터 거절당했다는 정보를 들었다. 러시아 정부의 제안은 오스트리아와 세르비아 사이의 갈등을 해결하는 수단을 러시아 외무장관과 상트 페테르부르크 주재 오스트리아 대사가 직접 논의하자는 것이었다."

오스트리아는 마음을 바꾸지 않았다. 영국 외무장관도 7월 29일 다음과 같은 메모에서 그 점을 인정해야 했다.

> "내가 빈과 베를린으로부터 들은 정보를 종합하면, 오스트리아가 세르비아와의 사이에 강대국의 어떤 중재도 받아들이지 않을 것이라는 결론이 나온다."

오스트리아는 7월 28일에 외교적 대화의 결과를 기다리지 않고 자국의 계획을 공개하는 방식으로 세르비아에 전쟁을 선포했다. 콘스탄티노플 주재 영국 대리공사가 7월 29일 보낸 문서를 근거로 한다면, 오스트리아는 정복 욕망을 크게 품었던 것 같았다.

> "나는 오스트리아의 계획이 세르비아 영토의 징벌적 점령을 꽤 넘어설 수 있다고 생각한다. 나는 이곳의 오스트리아 대사가 한 말을 근거로 그렇게 판단하고 있다. 이 대사는 그리스의 관리 하에서 살로니카[40]가 겪는 경제적 비참에 대해 말하고, 오스트리아 군대가 세르비아의 통치에 불만을 품고 있는 이슬람 인구로부터 지원을 기대할 수 있다는 점에 대해 말했다."

세르비아의 힘에 비하면 오스트리아의 힘이 엄청나다는 사실을 고려한다면, 오스트리아는 현역 병사들만으로도 작은 나라 세르비아를 충분히 점령할 수 있었을 것이다. 그러나 오스트리아의 행태를 보면,

....

40 현재 그리스 마케도니아 주의 주도이며 그리스 제2의 도시이다.

분규를 예측했던 것 같다. 왜냐하면 오스트리아가 엄청난 비용이 드는데도 불구하고 자국의 남자들을 전부 소집했기 때문이다. 이는 7월 31일자로 되어 있는, 빈 주재 프랑스 대사의 전보에서 확인된다. "오늘 아침에 19세에서 42세 사이의 남자들은 모두 오스트리아-헝가리 정부로부터 동원 명령을 받았다."

4. 러시아와 프랑스가 군사적으로 너무 약해서 개입하지 못할 것이라는 오스트리아와 독일의 확신

오스트리아가 동맹국 독일의 지원을 받으며 그렇게 비타협적이었던 이유는 무엇이었으며, 오스트리아가 아주 하찮은 목표를 위해서 자국의 파멸을 부를 수도 있는 대재앙에 스스로를 노출시킨 이유는 무엇이었는가?

오스트리아의 결정은 매우 단순한 심리적 이유에 좌우되었다. 오스트리아와 독일은 그 문제에 이해관계가 걸린 유일한 강대국인 러시아가 개입하지 않을 것이라고 확신했다. 오스트리아와 독일이 그렇게 믿을 근거는 분명히 있었다. 오스트리아가 몇 년 전에 보스니아를 점령한 적이 있기 때문이다. 보스니아가 세르비아보다 더 중요했음에도 불구하고, 당시에 러시아는 오스트리아의 행위에 항의하는 외에는 어떤 반대도 꿈꾸지 못했다.

이것은 이 전쟁의 직접적 원인들이라는 문제에서 아주 중요한 사항이다. 왜냐하면 오스트리아가 어떤 강대국도 세르비아를 지켜주지 않을 것이라고 판단하지 않았다면 아마 비타협적인 태도를 포기했을 것이기 때문이다.

당시에 다양한 국가의 지도자들이 강대국들의 중립에 대해 품었던 견해를 보여주는 공식 문서들이 다음에 제시되고 있다.

빈 주재 프랑스 대사는 1914년 7월 15일 이렇게 썼다.

"빈의 언론 중 일부는 프랑스와 러시아의 군사 조직에 대해 논하면서 이 두 나라가 유럽의 문제에 발언할 상황이 아니라고 설명하고 있다. 이런 상황은 오스트리아-헝가리 제국이 독일의 지원을 끌어낼 경우에 세르비아를 어떤 식으로든 종속시킬 수 있도록 만든다."

7월 25일, 베를린 주재 프랑스 대사도 똑같은 생각을 전했다.

"벨기에 공사는 사태가 전개되는 방식에 대해 매우 걱정하는 것 같다. 그는 오스트리아와 독일이 여러 상황들이 결합되고 있는 현실을 최대한 이용하길 원한다고 생각하고 있다. 오스트리아와 독일이 볼 때, 지금 러시아와 영국은 국내 문제로 힘겨워하는 반면에 프랑스는 군사 제도를 둘러싸고 논쟁을 벌이고 있는 것처럼 보인다."

빈 주재 영국 대사도 7월 26일자로 자국 정부에 이런 뜻을 전했다.

"러시아 정부가 여론 때문에 '형제' 나라를 위해 어쩔 수 없이 개입하게 되지 않을까라는 나의 질문에, 그(독일 대사)는 모든 것이 러시아 외무장관의 인격에 달려 있다고 대답했다. … 러시아 외무장관은 아마 러시아의 이해관계가 걸린 많은 국경 문제를 낳을 조치를 취할 만큼 무분별하지 않을 것이다. 그의 판단에 따라서 자칫하면 스웨덴 문제와 폴란드 문제, 루테니아 문제, 루마니아 문제, 페르시아 문제 등이 다시 용광로 속으로 던져지게 될 것이다. 프랑스도 마찬가지로 전쟁을 벌일 상황이 전혀 아니다."

에드워드 그레이는 7월 27일에 상트 페테르부르크 주재 영국 대사에게 전보를 보냈다가 똑같은 정보를 받았다.

"독일과 오스트리아 정보원들로부터, 두 나라는 오스트리아가 세르비아 영토를 빼앗지 않기로 약속하는 한 러시아가 어떤 행동도 취하지 않을 것이라고 믿고 있다는 소리를 들었다."

베를린 주재 영국 대사는 7월 28일 자국 정부에 이렇게 썼다.

"베를린 주재 오스트리아 대사가 오늘 나에게 전면전이 일어날 가능성은 거의 없다고 말했다. 이유는 러시아가 전쟁을 원하지도 않고 전쟁을 벌일 입장도 아니기 때문이라는 것이었다. 나는 이곳의 많은 사람들이 그 같은 의견을 공유하고 있다고 생각한다."

로마 주재 영국 대사는 7월 29일에 이렇게 썼다.

"그(이탈리아 외무장관)는 독일이 러시아가 정직하다는 점을 믿도록 만드는 데 어려움이 있는 것 같다고 덧붙였다. 그러나 독일이 영국과 좋은 관계를 갖기를 진정으로 갈망하고 있기 때문에, 만약에 영국이 러시아와 프랑스와 행동을 함께 할 것이라고 독일이 믿게 된다면, 그것이 큰 영향을 끼치게 될 것이라는 것이 그의 판단이다."

로마 주재 프랑스 대사도 7월 29일에 비슷한 내용의 글을 썼다.

"이탈리아 외무 장관 산 줄리아노Marquis di San Giuliano는 불행하게도 이 문제 전체에 관한 오스트리아와 독일의 의견은 러시아가 전쟁을 벌이지 않을 것이라는 쪽이라고 말했다."

빈 주재 영국 대사도 똑같은 글을 썼다.

"독일 대사가 7월 24일 러시아는 이 갈등에서 비켜서 있을 것이라는 확신을 표현했다."

5. 전쟁이 일어날 경우에 영국이 중립을 지킬 것이라는 독일과 오스트리아의 확신

방금 본 바와 같이, 오스트리아와 독일은 러시아와 프랑스가 오스트리아와 세르비아의 싸움에 개입하지 않을 것이라고 믿었으며, 또 영국의 중립에 대해서도 확신했다. 상트 페테르부르크 주재 영국 대사가 7월 25일 보낸 전보에 따르면, 정말로 독일은 영국의 중립을 절대적으로 믿고 있었다. "불행히도 독일 대사는 영국의 중립을 확신한다고 말했다."

영국 외무장관은 7월 27일 보낸 또 다른 전문에서 자신의 의견을 이런 식으로 전했다.

> "영국 주재 러시아 대사로부터 독일과 오스트리아인들 사이에 어떤 일이 있어도 영국은 가만 있을 것이라는 인상이 지배적이라는 소리를 들었다."

런던에 있던 프랑스 대리공사도 같은 날 똑같은 의견을 보였다.

> "독일과 오스트리아 대사는 전쟁이 발발할 경우에 영국은 중립을 지킬 것으로 이해하고 있다."

영국은 단지 벨기에 영토를 침범하는 일이 벌어짐에 따라 그 투쟁에 참여하는 쪽으로 기울고 있었지만, 독일은 심지어 영국이 간섭하고 나섰을 때조차도 여전히 영국의 중립을 믿고 있었다.

2장

영국이 처음에 이 전쟁에 대해 품었던 반감

1. 전쟁에 연루 될 수 있다는 생각에 대한 영국의 강한 반감. 영국은 프랑스가 독일과 갈등을 빚을 경우에 프랑스에 도움을 주겠다는 약속을 처음에 거부한다

사려 깊은 사람들은 성급하게 결정을 내리지 않는다. 정반대의 의견 앞에서 자신의 확고한 믿음을 꺾어야 하는 상황이라면 특히 더 신중해진다. 따라서 심리학자들은 영국 외무장관이 겨우 며칠 사이에 전쟁에 대한 강한 반감을 던져버리고 많이 주저한 끝에 전쟁 선포를 옹호하는 쪽으로 돌아서면서 연속적으로 거쳤을 정신 상태들을 관심을 갖고 연구할 것이다.

외교 문서는 이런 전개 중에서 굵직한 것만을 분명하게 보여주지만, 영국 외무 장관의 의견이 이 단계에서 다른 단계로 발전해가는 과정을 짐작하는 것은 어렵지 않다. 왕과 의회, 국민들의 의견 변화도 마찬가지다. 독일 제국의 수상을 지낸 폰 뷜로브는 독일인들이 정치적 또는 심리학적 감각을 완전히 결여하고 있다고 비판했다. 이 경우도 그런 예에 속한다. 독일인들이 심리학적 감각을 갖추고 있었다면 영국인의 감정에 그런 식으로 어설프게 상처를 입히지 않았을 것이다.

먼저 공식 문서에 어떤 내용이 담겼는지부터 보도록 하자.

영국 외무장관 에드워드 그레이 경이 세르비아 문제로 전쟁을 벌이는 행위에 대해 품었던 의견은 7월 20일자로 된 그의 급송 공문서에 명확히 드러나고 있다.

> "나는 강대국들 사이에 전쟁이 일어날 수 있다는 생각 자체를 싫어하며, 어떤 강대국이든 세르비아 때문에 벌어지는 전쟁에 끌려 들어가야 한다는 생각도 혐오스럽긴 마찬가지다."

통념과 정반대로, 영국은 프랑스와 조약으로 묶여 있지 않았다는 점을 잊어서는 안 된다. 심지어 영국은 구두 합의로도 프랑스와 묶여 있지 않았다. 왜냐하면 프랑스 대사가 1912년에 온갖 수단을 다 동원했음에도 불구하고 영국 외무장관으로부터 편지 한 통을 받는 것 외에 다른 어떤 것도 끌어낼 수 없었기 때문이다. 이 편지는 영국은 어떠한 개입도 하지 않을 것이라는 점을 명백히 보여주었다.

전쟁이라는 생각 자체가 에드워드 그레이에게는 아주 불쾌하게 다가왔다. 그는 7월 23일에 이렇게 썼다.

"만약에 유럽의 네 강대국, 말하자면 오스트리아와 프랑스, 러시아, 독일이 전쟁을 벌이게 된다면, 내가 볼 때 그 전쟁은 엄청난 비용을 요구하고 무역에 엄청난 지장을 초래할 것이기 때문에 유럽의 신용과 산업의 완전 붕괴를 야기할 것이 뻔하다. 오늘날 산업화된 강대국에서, 그것은 곧 상황이 1848년보다 더 나빠진다는 것을 의미한다. 전쟁에서 누가 승자가 되느냐 하는 문제를 떠나서, 많은 것이 완전히 사라지고 말 것이다."

모든 영국 외교관들은 유보적인 태도를 취하라는 지시를 받고 있었음에 틀림없다. 상트 페테르부르크 주재 영국 대사가 7월 24일 에드워드 그레이 경에게 러시아 주재 프랑스 대사와 한 대화와 관련해 이런 글을 보냈으니 말이다.

"개인적으로 나는 프랑스 정부로부터 연대 선언을, 영국이 러시아와 프랑스를 무력으로 지원하면서 무조건적으로 개입할 것을 요구하는 그런 선언을 예상할 이유를 전혀 보지 못했다. 세르비아에 대한 영국의 직접적 이해관계는 전무하며, 세르비아를 위한 전쟁은 영국 여론의 지지를 절대로 받지 못할 것이다."

이 전문에 대해, 영국 외무장관은 7월 25일에 이런 답장을 보냈다.

"이곳 여론이 영국이 세르비아 문제로 참전하는 것을 허락하거나 허락해야 한다고 나는 생각하지 않는다."

그리고 유사시에 프랑스를 지원하겠다는 약속을 해달라는 프랑스 대사의 간청에, 영국 외무장관은 7월 29일자로 이런 답장을 보냈다.

> "오스트리아와 세르비아의 분쟁은 우리가 개입할 성격의 분쟁이 아니다. 그 문제가 오스트리아와 러시아의 문제가 된다 하더라도, 우리는 개입해서는 안 된다. 그런 경우에 그 문제는 게르만족이나 슬라브족의 패권과 관계있는 문제가 될 것이다. 말하자면 발칸 반도에서 우위를 노린 투쟁이라는 뜻이다. 우리의 생각은 언제나 발칸 반도의 문제로 일어나는 전쟁에 끌려들어가는 것을 피해야 한다는 쪽이다."

프랑스 공화국의 대통령까지 개입하고 나섰음에도 불구하고, 영국 정부는 여전히 지원에 대한 약속을 거부했다. 파리에 있던 영국 대사는 7월 30일에 이렇게 썼다.

> "프랑스 대통령은 이 조건들이 오스트리아에게 받아들여지지 않을 것이라고 생각하고 있다. 그는 강대국들 사이의 평화는 영국의 손에 달려 있다고 확신하고 있다. 만약에 현재 오스트리아와 세르비아 사이에 벌어지고 있는 갈등의 결과로 프랑스와 독일 사이에 충돌이 일어날 경우에 영국이 프랑스를 도울 것이라고 프랑스 정부가 선언할 수 있게 된다면, 독일이 당장 태도를 누그러뜨릴 것이기 때문에 전쟁은 절대로 일어나지 않을 것이라는 뜻이다. 나는 프랑스 대통령에게 프랑스 정부가 그런 선언을 하는 것

이 얼마나 어려운지에 대해 설명했지만, 그는 그것이 평화를 위하는 길이라는 생각을 놓지 않았다."

영국이 전쟁을 불쾌하게 여겼다는 사실은 프랑스 공화국의 대통령과 영국 왕 사이에 오간 서신에 의해서도 뒷받침된다. 미래의 학자들은 독일이 영국 쪽에서 충돌을 원한다고 믿게 된 이유를 이해하는 데 어려움을 겪을 것이다. 영국 왕이 정중하게 거절하는 내용의 답장은 8월 1일자로 되어 있으며, 바로 이날 독일은 러시아를 상대로 전쟁을 선포했으며, 그 전날 독일은 벨기에에 최후통첩을 보냈다. 영국 왕의 답장에 담긴 주요 내용은 다음과 같다.

"나는 개인적으로 러시아와 독일의 황제들과 함께 어쨌든 군사적 행동이 지연될 수 있는 방향으로 해결책을 찾기 위해 최선의 노력을 기울이고 있다. 그리고 강대국들 사이에 차분한 논의가 이뤄질 시간이 주어지고 있다. … 나의 나라의 태도에 대해 말하자면, 사건들이 워낙 빠르게 변하고 있기 때문에 미래의 전개를 예측하는 것이 어렵다. 그러나 당신은 나의 정부가 두 나라의 이해관계가 걸린 모든 문제를 놓고 캉봉과 논의를 자유롭고 솔직하게 계속할 것이라는 점을 확신해도 좋다."

2. 영국이 충돌을 막기 위해 유럽 대륙에서 벌인 노력

에드워드 그레이 경은 어떠한 수를 써서라도 전쟁을 막기를 바랐으며, 강대국들 간의 다툼을 종식시키기 위해 직접 또는 대사들을 통해서 최선의 노력을 기울였다. 그가 볼 때, 처음에는 세르비아가 오스트리아의 최후통첩을 받아들이도록 조언하는 것이 최선인 것처럼 보였다. 그는 7월 24일에 이렇게 썼다.

> "시한이 끝날 때, 오스트리아의 요구를 무조건 수용하는 외에 다른 방법으로 오스트리아의 군사적 행동을 막을 수 있을 것인지 여부를 말하는 것은 불가능하다. 전적인 거부를 피하면서 시한이 허용하는 범위 안에서 최대한 유리한 방향으로 대답하는 경우에 오스트리아의 군사적 행동을 피할 가능성은 그야말로 운이다.
> 나는 독일 대사에게 오스트리아가 군사적 행동을 서두르지 않도록 해 달라고 부탁했다."

영국의 모든 대사들도 강대국들에게, 특히 독일에게 이와 비슷한 뜻을 표현했다. 상트 페테르부르크 주재 영국 대사는 7월 29일에 이렇게 썼다.

> "나는 영국 외무 장관에게 온건한 내용의 조언을 해줄 것을 부탁하는 독일 대사에게 처음부터 그런 식의 조언을 중단한 적이 없었다고 대답하면서, 이제는 빈 주재 독일 대사가 전쟁을 자제하

는 쪽으로 영향력을 행사할 차례라고 말했다. 나는 독일 대사에게 러시아는 아주 정직하게 나오고 있기 때문에 세르비아가 오스트리아의 공격을 받게 되면, 전면전은 피할 수 없다는 점을 분명히 전했다."

회의를 개최하자는 영국 정부의 제안은 이해 당사국들에게 받아들여지지 않았으며, 7월 29일에 에드워드 그레이 경은 자신은 어떤 제안이든 받아들일 준비가 되어 있다고 선언했다. "나는 독일 정부에 4강이 힘을 합쳐 오스트리아와 러시아 사이의 전쟁을 막을 수 있는 방법을 제시할 것을 촉구했다. 프랑스도 동의하고, 이탈리아도 동의했다."

오스트리아가 세르비아를 상대로 전쟁을 선포했을 때에도, 에드워드 그레이는 희망을 잃지 않았으며 8월 1일에 이렇게 썼다.

"어떤 강대국이라도 전쟁을 시작하기 전에 약간의 시간적 여유만 준다면, 그래도 평화를 확보하는 것이 가능하다고 나는 여전히 믿고 있다.

러시아 정부는 오스트리아가 러시아와 논의할 준비가 되어 있다는 점을, 또 오스트리아가 러시아가 원래 제안했던 방식을 협상의 바탕으로 받아들일 준비가 되어 있다는 점을 알려왔다."

그러나 때는 이미 너무 늦었다.

3. 영국이 전쟁 야기와 관련해서 져야 할 책임에 대한 독일의 생각

앞의 문서들은 영국이 전쟁 가능성에 대한 생각 자체를 대단히 싫어했다는 점을 논란의 여지없이 보여주고 있지만, 그 문서들은 독일의 어떤 영혼이 그 점을 믿도록 만들지는 못했다. 정서적이고 신비주의적인 요소들이 현실을 제대로 보는 기능을 아주 효과적으로 마비시킨다는 점을 증명하기 위해서라면, 독일 수상이 영국이 전쟁을 선동했다는 점을 보여줄 목적으로 의회에서 행한 연설 중 일부만을 제시하는 것으로도 충분하다. 독일 수상이 1915년 8월 말에 한 연설은 이 관점에서 보면 아주 신기하며, 그 연설은 정부가 하는 말이면 무엇이든 믿는 독일 국민들이 공유하고 있던 의견을 표현하고 있다. 그러나 독일 제국의 수상이 보인 맹목성은 내가 방금 언급한 심리학적 이유들을 배제한다면 설명이 되지 않는다. 악의 운운하는 것은 소용없다. 왜냐하면 그가 자신의 연설을 역사가 기록하고 있다는 사실을 잘 알고 있었기 때문이다. 그는 진실을 왜곡시킬 뜻을 전혀 품지 않았지만, 모든 경건한 신자들처럼, 그도 틀림없이 자신의 단언이 완벽하게 정확하다고 확신하고 있었을 것이다.

그의 연설은 전적으로 단언으로만 이뤄져 있다. 예를 들면 이런 식이다. "호전적인 야망을 우리의 탓으로 돌리고 평화에 대한 사랑을 자신의 미덕으로 돌리려는 적의 모든 시도는 증거가 공개되면서 실패했다." "만약에 우리가 영국과 평화를 지키기로 정직하게 동의할 수 있었다면, 지금 세계를 황폐화시키고 있는 대재앙은 피할 수 있었을 것이라는 것이 분명히 증명되고 있다." 그리고 전쟁 계획을 영국으로 돌리는 것을 정당화하기 위해, 그는 이렇게 덧붙인다. "영국은 모로코 문제를 둘러싸고 우리와 프랑스 사이에 벌어지던 논의에 간섭함으로써, 세계 지배를 목표로 잡고 있는 자국의 정책이 세계 평화를 위협하고 있다는 점을 만방에 보여주었다."

만약에 그 수상이 그처럼 맹목적이지 않았다면, 그는 "세계 평화를 위협하는 것은 세계 패권을 목표로 잡고 있는 독일의 정책"이라는 식으로 말할 수 있었을 것이다. 왜냐하면 실제로 프랑스가 전쟁을 막는 것이 불가능하다는 사실을 깨달은 것이 바로 그때였기 때문이다.

3장

영국 내의 감정 변화

1. 영국 정부의 감정 변화

앞에서, 영국 정부가 세르비아 문제 때문에 충돌에 말려들 수 있다는 생각에 아주 강하게 맞섰다는 것을 보았다. 또 영국인들이 유럽의 평화를 위해서 아주 집요하게 개입했다는 사실도 확인했다. 이제는 평화를 사랑하던 영국이 겨우 일주일 사이에 전쟁을 생각하는 쪽으로 기울게 만든 원인들을 돌아볼 차례이다.

이 같은 변화는 독일 측의 심리적 오류로 인해 일어났다. 당시에 독일은 영국이 아일랜드에서 대단히 어려운 상황에 처해 있기 때문에 어떤 경우든 얻을 것이 전혀 없는 전쟁을 바라지 않는다고 판단한 외교관들에게 설득 당한 상태였다. 그런 상황에서 독일은 파리까지 보다 신속하게 쳐들어가기 위해서 벨기에의 중립을 위반하는 것도 가능하다고 생각했다. 이런 통찰력 부족 때문에 독일은 무서운 적을 하나 떠안게 되었다.

영국의 의견 전개를 논하는 출발점으로는 에드워드 그레이 경이 7월 31일 망설임 끝에 보낸 전문이 적절하다.

> "우리는 전쟁에 개입하겠다는 단호한 약속을 할 수 없다. 나는 영국 정부에 이 결정을 재고해 달라고 촉구하는 프랑스 대사에게 그렇게 말했다. 나는 현 상태에서 우리가 어떤 약속을 하는 것은 정당화될 수 없지만, 사태가 새로운 방향으로 전개되는 경우에 상황을 다시 직접적으로 고려할 것이라는 뜻을 프랑스 대사에게 전했다."

당시에 프랑스 대사는 영국의 결정이 독일의 결정에 미칠 수 있는 영향을 보여주려고 노력했으며, 영국 외무 장관은 조금 더 분명해졌지만 여전히 7월 31일에 쓴 것처럼 어떠한 확약도 주기를 거부했다.

> "캉봉[41]이 오늘 베를린 주재 프랑스 대사가 오늘 아침에 니콜슨Arthur Nicholson[42]에게 보낸 전보에 대해 언급했다. 전보는 베를린에서 독일 지도자들을 고무하고 있는 요소가 바로 영국이 개입할 것인지 여부를 둘러싼 불확실성이라고 말했다. 또 만약에 영국이

....

41 런던 주재 프랑스 대사인 폴 캉봉을 가리키며, 전쟁 발발 당시에 독일 주재 프랑스 대사였던 쥘 캉봉의 형이다.

42 영국 외무부의 정무차관

러시아와 프랑스 편에 서겠다는 점을 명확히 선언한다면, 독일의 태도가 평화를 택하는 쪽으로 바뀔 것이라는 내용도 있었다.

나는 캉봉에게 오늘 열린 각료회의에서 현재로선 어떤 확약도 할 수 없다는 결론이 나왔다고 말했다. 우리의 정책을 의회에 제시해야 했지만, 우리는 사전에 의회에 어떤 약속도 할 수 없었다. 현재까지, 우리는 이 나라의 어떤 조약이나 의무가 걸려 있다고 느끼지 않고 있으며, 여론도 그렇게 느끼지 않고 있다. 추가적인 전개가 상황을 바꿔놓을 수 있고, 따라서 정부와 의회가 간섭이 정당하다는 견해를 가질 수도 있다. 벨기에의 중립을 지키는 것이 우리의 태도를 결정하는 데 결정적이지는 않아도 중요한 요소가 될 수 있다. …

캉봉은 독일이 프랑스를 공격할 경우에 영국이 프랑스를 도울 것인지에 대해 거듭 물었다. 그래서 나는 사태가 현재처럼 돌아가는 한 우리는 어떤 개입도 할 수 없다는 대답을 고수할 수밖에 없다고 대답했다."

독일 대사가 벨기에의 중립과 관련해 어떤 확답도 주기를 거부했기 때문에, 에드워드 그레이는 8월 1일에 이렇게 썼다.

"오늘 나는 독일 대사에게 벨기에의 중립이 이 나라의 감정에 영향을 미치기 때문에 벨기에의 중립에 관한 독일 정부의 답변은 매우 유감스런 일이라고 밝혔다. 만약에 독일이 그 문제와 관련해서 프랑스만큼 확실한 대답을 내놓을 수 있다면, 그것이 이곳의 불안과 긴장을 누그러뜨리는 데 실질적으로 크게 기여할 것이다. 한편, 당사자 중 어느 한 쪽이 벨기에의 중립을 존중하는데 다른 한 쪽이 위반한다면, 이 나라의 대중의 감정을 자제시키기가 극히 힘들어질 것이다."

영국 외무장관은 분명히 흔들리기 시작하고 있었으며, 어떤 수단을 써서라도 평화를 지켜야 한다는 그의 감정이 변화를 겪고 있었다. 8월 2일자 전문에서, 런던 주재 프랑스 대사는 자국 정부에 이렇게 말할 수 있었다.

"오늘 아침 각료회의를 끝낸 뒤, 에드워드 그레이 경은 나에게 다음과 같은 내용의 메모를 주었다. '독일 함대가 프랑스 해안이나 프랑스의 상선에 적대적인 행위를 하기 위해 영국 해협으로 들어오거나 북해를 통과한다면, 영국 함대는 전력을 다해서 보호에 나설 것이다. 물론 이 같은 확언은 의회의 지지를 받아야 하는 영국 정부의 정책을 따라야 하며, 독일 함대에 의해서 앞에 말한 행동이 일어나지 않는 한, 이 확언은 영국 정부에 어떠한 행동의 의무도 안기지 않는다.'"

그러나 이것은 단지 시작에 불과할 뿐이었다. 왜냐하면 그것은 영국이 독일을 상대로 전쟁을 선포한 것이 아니었으며, 오직 프랑스 상선이 영국 함대의 보호를 받을 것이란 약속에 지나지 않았기 때문이다. 만약에 영국이 여기서 더 나아가지 않았다면, 독일은 영국의 보복에 노출되지 않기 위해서 프랑스 해안과 선박에 대한 공격을 자제했을 것이다. 그러나 영국 외무장관의 감정은 지속적인 변화를 겪고 있었으며, 8월 4일에는 브뤼셀의 영국 공사가 본국의 지시에 따라 벨기에 정부에 이렇게 썼다.

"나는 상부의 지시에 따라 벨기에 정부에 이런 사실을 알린다. 만약에 독일이 벨기에가 중립에서 벗어나도록 압박을 가한다면, 영국 정부는 벨기에 국민이 온갖 수단을 다 동원해서 버틸 것으로 기대하며, 벨기에 국민이 그런 저항을 할 때 영국 정부는 그들을 지원할 것이며, 그런 경우에 영국 정부는 러시아와 프랑스 편에 합류할 준비가 되어 있다."

주사위는 던져졌다. 영국은 이후로 더 이상 뒤로 물러설 수 없었다. 8월 4일, 런던 주재 프랑스 대사는 그렇게 오랫동안 기다렸던 내용의 전문을 만족스런 마음으로 보낼 수 있었다.

"에드워드 그레이 경이 방금 수상이 오늘 하원에서 독일에 벨기에에 보낸 최후통첩을 철회할 것을 요구함과 동시에 오늘 밤 자정까지 그 답을 달라고 발표할 것이라는 뜻을 전해왔다."

영국의 중립을 확신하고 있었던 독일은 이 결정으로 경악에 빠졌다. 왜냐하면 독일의 병사들이 이미 벨기에를 침공한 상태였으며, 걸음을 되돌리는 것이 거의 불가능했기 때문이다. 독일 수상의 한탄과 당혹감

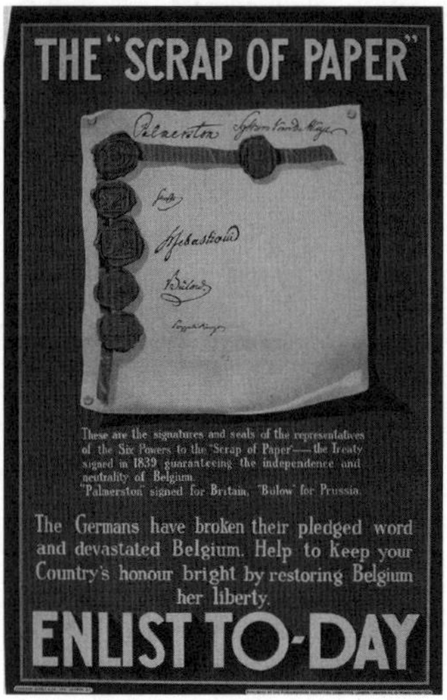

은 베를린 주재 영국 대사의 보고에 고스란히 담겨 있다.

"나는 독일 수상이 매우 흥분했다는 것을 알 수 있었다. 그는 20여 분 동안 장광설을 늘어놓았다. 그는 영국 정부가 취한 조치는 상당히 끔찍하다고 말했다. 단 하나의 단어를 위해서, 말하자면 전시에는 종종 무시당하는 단어인 '중립'을 위해서, 그리고 단순히 종이 쪼가리에 불과한 것을 위해서 영국이 자국과 친구 관계를 맺고 싶어 하는 외에 다른 것을 원하지 않는 '친척' 국가를 상대로 전쟁을 벌이려 한다는 것이었다. 이쪽 방향으로 벌인 그의 모든 노력은 마지막 이 조치로 인해 물거품이 되어 버렸으며, 내가 알고 있는 바와 같이 그가 그 자리에 오른 이후로 꾸준히 추구했던 정책은 카드로 만든 집처럼 허무하게 무너져 내렸다. 영국이 취한 조치는 독일로서는 생각할 수 없는 일이었다. 그것은 어떤 사람이 두 명의 공격자를 상대로 자신의 생명을 지키기 위해 싸우고 있는 데 등 뒤에서 그 사람을 치는 것이나 마찬가지였다. 독일 수상은 앞으로 일어날 수 있는 끔찍한 모든 일에 대한 책임을 영국으로 돌렸다. 나는 그 말에 강력히 항의하면서 이런 식으로 말했다. 그와 고트리브 폰 야고브Gottlieb von Jagow[43]가 독일이 벨기에의 중립을 위반하면서 벨기에를 통해 진군하는 것이 전략적인 이유로 독일의 생사가 걸린 문제라는 점을 나에게 이해시키려고 노력하고 있듯이, 벨기에의 중립이 공격을 받는다면 벨기에의 중립을 지키기 위해 최선을 다해 약속을 지키는 것이 영국의 명예에 '생사'가 걸린 문제라는 점을 이해해 주길 바란다고. 경건한 협약은 무조건 지켜져야 한다. 그렇지 않으면 미래에 영국이 하는 약속을 누가 믿으려 하겠는가? … 내가 그 자리를 떠날 때, 그는 영국이 독일의 적에 합류하는 데 따르는 타격은 그와 그의 정부가 마지막 순간까지 오스트리아와 러시아 사이에 평화가 지켜지도록 하려는 영국의 노력을 지지했던 만큼 더욱더 뼈아프다고 말했다. 그래서 나는 이것은 두 나라의 관계가 과거 어느 때보다 더 친밀하고 진솔한 때에 갈라서는 것을 지켜보는 비극의 일부라고 말했다."

독일인들과 영국인들을 그렇게 완전히 갈라놓고 있는, 권리에 대한 인식 차이는 일부만을 인용한 이 문서에 고스란히 드러나고 있다. 두 명의 화자(話者)는 서로를 전혀 이해하지 못하고 있다. 그 "종이 쪼가리(scrap of paper)"가 한 사람에게는 대단히 중요한 반면에 다른 한 사람에겐 전혀 아무런 의미를 지니지 않기 때문이다.

....

43 독일 국무장관.

2. 전쟁 발발 당시에 영국 내에서 일어난 여론의 변화

영국 외무 장관의 평화주의적 태도가 며칠 사이에 어떤 식으로 급변하게 되었는지 앞에서 보았다. 물론 그의 새로운 관점은 왕과 의회에 받아들여졌으며, 그들의 동의 없이는 전쟁이 선포될 수 없었다.

사건들이 외무 장관의 마음을 신속히 바꿔놓았지만, 영국 국민들이 평화를 사랑하고 외교적인 회의에 낯설다는 점을 고려할 경우에 영국 국민들의 행동은 어떻게 될 것인가? 이것이 대단히 중요한 사항이었다. 왜냐하면 영국에서는 여론이 아주 막강하고, 따라서 여론을 이길 수 있어야 하기 때문이다. 내각의 장관들이 일련의 연설을 통해 설득 작업에 나섰으며, 언론도 대담하게 그들의 노력을 지지했다.

영국 국민이 이름도 들어보지 못한 발칸 반도의 작은 국가 때문에 일어난 유럽 전쟁에 개입하는 것을 찬성하도록 설득시키는 작업이 매우 어려운 과제처럼 보이는 것은 당연하다. 당연히, 그런 일을 설명 없이 국민에게 강요하는 것은 불가능하다. 어쨌든 그 일은 영국 국민의 정신에 대한 깊은 지식이 있어야만 성공할 수 있는 과업이었다.

영국 정부는 이 목적을 성취했다. 그 방법은 국민에게 물질적 이해관계를 말하는 것이 아니라, 영국 국민의 존엄과 명예를 상기시키는 것이었다. 말하자면, 협정을 통해 지게 된 의무를 다하는 것이 위대한 국가의 존엄이라는 식으로 접근한 것이다.

14세기 이후로, 네덜란드와 관련한 영국의 정책은 영국 제도(諸島)와 유럽 중앙의 강대국들 사이에 자리 잡고 있는 작은 우방국들을 지키는 것에 한정되었다. 이 정책을 수행하면서 영국은 벨기에의 중립을 보장하는 조약에 서명했다. 로이드 조지Lloyd George는 "영국이 벨기에의 중립을 훼손하는 폭력을 묵인한다면, 영국의 수치가 자손 대대로 내려갈 것"이라는 점을 강조했다.

영국 내각 구성원들이 공적인 모임에서 이 주제에 관해 한 연설 중 일부를 소개한다. 1914년 9월 4일에 허버트 헨리 애스퀴스Herbert Henry Asquith 총리는 이렇게 역설했다.

> "여러분에게 묻고 싶다. 만약에 우리가 소심해서거나 이기심 때문이거나 명예감과 의무감의 마비로 인해 야비하게 군다면, 또 만약에 우리가 자신이 한 말도 지키지 않고 친구들에게 불성실할 만큼 야비하게 군다면, 오늘날 하나의 국가로서 우리의 체면이 어떻게 되겠는가?
> 만약에 우리가 맹약으로 떠안은 경건한 의무들이 있음에도 불구하고 참아서는 안 될 무도한 행위를 견뎌낸다면, 그리고 만약에 우리가 그런 무도한 행위를 예방하는 일에 최선을 다하지 않는다면, 이 나라의 정부와 국민은 민족적 양심과 명예라는 법정 앞에서 어떤 식으로 설명할 것인가?
> 나로서는, 폭력이 법을 이기고 잔학한 행위가 자유를 이기는 이 비극적인 승리를 말없이 지켜보는 침묵의 목격자가 되느니, 차라리 그런 사람들이 사는 이 나라가 역사의 장에서 지워지는 것을 보는 것이 더 낫겠다. 침묵의 목격자는 적극적인 공범이나 다를 바가 없다."

다음은 로이드 조지가 1914년 9월 19일에 한 연설에서 발췌한 내용이다.

"이 방 안에 있는 사람 중에서 나 자신이 정치 인생 전반을 통해 고민한 그 이상으로, 중대한 전쟁에 개입할 가능성을 놓고 망설이며 주저한 사람은 아무도 없을 것이다. 이 방 안이나 이 방 밖에서, 우리가 민족적 불명예를 안지 않고는 도저히 그 전쟁을 피할 수 없다는 사실을 나보다 더 강하게 확신하고 있는 사람도 없을 것이다. …

민족의 명예는 하나의 실체이며, 그것을 무시하는 민족은 예외 없이 불행을 맞는다. 먼저, 우리는 평화롭게 살았던 한 작은 이웃 국가의 독립과 자유, 고결을 지켜줘야 하는 명예로운 의무를 지고 있다. 그 국가는 우리에게 강요하지 못했을 것이다. 그 나라는 약했다."

이어서 프로이센이 서명했다가 순전히 이기심 때문에 파기한 조약에 대해 언급하면서, 그는 국가들의 생명은 "종이 쪼가리"에 대한 존경에 좌우된다는 점을 보여주었다.

"어음 같은 종이 쪼가리들이 수천 톤의 짐을 실은 대형 선박들을 세계의 이쪽 끝에서 저쪽 끝으로 움직이도록 하고 있다.

그 종이 쪼가리들 뒤에서 작용하고 있는 힘은 무엇인가? 상인들의 명예이다. 조약은 국제 정치의 현금이다."

독일인과 영국인의 관점 사이에 차이가 존재하는 곳은 바로 명예에 대한 이해이다. 로이드 조지의 말을 더 들어보자.

"독일인들은 복수를 이해하고, 패권을 노린 싸움을 이해하고, 영토 야욕을 위한 싸움을 이해할 수 있다. 그러나 그들은 어느 위대한 제국이 자국 방어를 추구하는 한 작은 국가를 보호하기 위해서 제국의 자원과 힘과 제국의 자식들의 생명과 제국 자체의 존립을 거는 것은 절대로 이해하지 못한다."

3. 벨기에 침공과 황폐화가 영국의 여론과 지원병 등록에 미친 영향

합리적인 주장은 군중에게 거의 아무런 영향을 미치지 못한다. 군중은 언제나 감정적이거나 신비주의적인 호소에 강한 인상을 받는다. 영국의 여론이 거의 전적으로 전쟁을 옹호하는 쪽으로 급선회한 것은 벨기에가 침공 당했기 때문이 아니라, 벨기에의 도시들이 야만적으로 황폐화되고 기념물이 불타고 주민들이 학살당했기 때문이다. 말하자면 독일이 벨기에 영토를 무자비하게 공격한 것이 배신행위로 여겨졌으며, 이것이 영국인의 기질에 깊은 충격을 안겼다.

독일이 공약을 위반할 준비를 하고 있던 바로 그날 아침에, 브뤼셀 주재 독일 공사는 여전히 자국이 벨기에의 중립을 존중할 것이라고 확언하고 있었다. 벨기에 외무 장관은 8월 2일 브뤼셀 주재 독일 공사를 만난 자리에서 오간 말을 이렇게 전했다.

"그는 우리에게 공식적으로 전할 어떤 내용도 아직 지시 받은 것이 없다고 말했다. 그러면서 그는 우리가 동쪽의 이웃 국가들을 확신할 권리에 관한 그의 개인적 의견을 이미 잘 알고 있지 않느냐고 했다.
그래서 나는 즉시 우리가 이전에 오간 많은 대화를 통해 알게 된 이웃 국가들의 의도는 우리가 그 국가들이 벨기에를 정당하게 대할 것이라는 점에 대해 의심을 품는 것을 허용하지 않는다고 말했다. 이어서 나는 그럼에도 불구하고 벨기에가 감사하는 마음으로 받아들일 수 있는 형식적인 진술에 무한한 가치를 부여한다는 말을 덧붙였다."

그날 저녁 7시 정각에, 바로 그 독일 공사가 벨기에에 최후통첩을 전달했다. 독일 군인들에게 벨기에 영토를 자유롭게 통과하는 것이 허용되어야 한다는 것이었다.

그런 깊은 배신행위가 있은 뒤에, 외교관들이 서로의 말을 깊이 의심하는 것은 쉽게 이해되며, 사적인 개인들이 상호 관계에서 다소 솔직하게 대할 수 있다는 것이 대단히 감사한 일로 여겨진다. 다양한 정부들이 서로의 확약에 대해 극도로 의심한 것이 이 전쟁의 가장 직접적인 원인 중 하나라는 사실이 곧 확인될 것이다.

독일이 벨기에를 얼마나 야만적으로 짓밟았는지, 그리고 독일이 벨기에 주민들을 얼마나 무자비하게 학살했는지에 대해 우리는 이미 잘 알고 있다.

독일의 목적은 독일군 참모본부가 마련한 원칙에 따라서 벨기에 주민들을 공포에 떨게 해서 저항을 사전에 막는 것이었지만, 여기서 다시 독일은 너무나 자주 저지르는 심리학적 오류를 저질렀다. 독일은 계산을 잘못했다. 저항을 분쇄한 것이 결코 아니었기 때문이다. 이런 온갖 폭력의 유일한 결과는 영국의 분노에 불을 지르고, 500만 명에 이르는 영국인이 군에 지원하게 한 것이었다. 등록할 의무가 전혀 없었는데도 당시에 전쟁에 참전하겠다고 나선 영국인의 숫자는 실로 엄청났다.

독일 제국의 수상이 의회에서 벨기에 침공에 대해 제시한 설명이 얼마나 비열했는지 기억할 것이다. 당시 독일 역사학자들이 지지하던 그런 이론에 기대고 있었으니 말이다. 국가는 방해가 되는 조약에 대해서는 고려할 필요조차 없다는 이론이 독일 의회에서 공개적으로 제시된 것이다.

독일의 태도는 "필요 앞에는 법도 없다."는 식이었다.

4장

외교적 대화가 진행되는 동안에 독일과 오스트리아, 러시아, 프랑스가 한 역할

1. 러시아와 프랑스가 전쟁을 막기 위해 펼친 노력들

프랑스도 전쟁 준비가 전혀 되어 있지 않았으며, 러시아도 마찬가지였다. 러시아는 부적절한 철도망을 확장하려고 노력하고 있었지만, 이 목적을 이루기까지 아직 요원한 상태였다. 따라서 이 국가들 중 어느 국가도 갈등을 바랄 수 없는 상황이었다. 여기서 나는 오스트리아가 그렇게 완강한 입장을 취하도록 만든 것이 이 나라들이 적대 행위에 관여하지 않을 것이라는 확신이었다는 점을 다시 강조해야 한다.

오스트리아의 비타협적인 태도는 처음부터 러시아를 매우 당황하게 만들었다. 몇 해 전에 러시아는 전쟁을 피하기 위해 오스트리아가 보스니아를 병합하는 것을 허락한 바 있다. 그래서 지금 러시아는 오스트리아-헝가리 제국이 세르비아의 슬라브인들을 짓밟는 것까지 허용하는 경우에 발칸 반도의 여러 나라들에서 체면을 완전히 잃을 위험에 처해 있었다. 그럼에도 불구하고 러시아는 양보에 양보를 거듭했다. 그러다 급기야 독일이 최종적으로 러시아에 양보할 수 없는 요구까지 제시하기에 이르렀다.

협상이 시작되던 때부터, 러시아의 태도는 대단히 유화적이었다. 상트 페테르부르크 주재 영국 대사는 7월 25일에 "만약 세르비아가 강대국들에 호소를 해야 한다면, 러시아는 옆으로 비켜서서 그 문제를 영국과 프랑스, 독일, 이탈리아에 넘길 준비가 꽤 되어 있다."라고 썼다. 이 대사는 그 문제에 대해 매우 명쾌하고, 심지어 예언적이기도 한 견해를 가졌던 것 같다. 그는 이렇게 덧붙이고 있다.

> "오스트리아의 행위는 실제로 러시아를 표적으로 삼았다. 오스트리아는 발칸 반도의 여러 나라들 사이에 현 상황을 뒤엎고 거기에 오스트리아만의 지배권을 확립하는 것을 목표로 잡았다. 세르게이 사조노프Sergey Sazonoff 44는 독일이 진정으로 전쟁을 원한다고 믿지 않았으며, 독일의 태도는 영국의 태도에 달려 있었다. 만약 영국이 프랑스와 러시아와 함께할 것이라는 입장을 확실히 밝히면, 전쟁은 절대로 없을 것이다. 그러나 만약에 영국이 지금 프랑스와 러시아에 도움이 되지 않는다면, 피의 강이 흐를 것이고, 영국도 결국엔 전쟁 속으로 끌려 들어갈 것이다."

이 마지막 문장의 정확성에 유의하라. 실질적 지원에 대한 명확한

44 러시아 정치인이자 외교관이며, 1910년부터 1916년까지 외무장관을 지냈다.

약속을 거부함으로써, 영국은 독일로 하여금 영국이 중립을 지킬 것이라고 믿도록 만들었으며, 영국의 그런 태도가 전쟁을 초래하는 데 기여하지 않았는지 물어봐야 할 것이다. 러시아의 의도에 대한 명쾌한 설명은 같은 문서의 다른 단락에 제시되고 있다.

"사조노프 러시아 외무장관은 러시아는 오스트리아가 세르비아를 짓밟고 발칸 반도의 국가들을 지배하는 강대국이 되도록 가만 내버려둘 수 없다고, 또 러시아는 프랑스의 지지를 확신하는 경우에 전쟁의 위험을 감수할 것이라고 대답했다. 사조노프는 자신은 전쟁을 일으키길 원하지 않는다고 나에게 다시 확신시켰지만, 독일이 오스트리아를 자제시키지 못한다면 상황을 절망적으로 봐도 괜찮다고 말했다."

그러나 러시아는 그런 확실한 언어를 계속 사용하지 않고, 곧 매우 유화적인 양보의 길로 돌아갔다. 7월 25일에 상트 페테르부르크 주재 프랑스 대사는 자국 정부에 이런 내용의 전보를 쳤다.

"내일 황제 주재 하에 각료 회의가 열릴 예정이다. 사조노프는 대단한 자제를 보이고 있다. 그는 나에게 이렇게 말했다. '위기를 촉발시킬 수 있는 일은 모두 피해야 한다. 오스트리아 정부가 세르비아를 상대로 군사적 행동을 취하더라도, 우리는 협상을 깨뜨리지 말아야 한다고 나는 믿는다.'"

러시아의 공손한 태도는 7월 26일자로 로마 주재 프랑스 대사가 보낸 공문에서도 다시 두드러지고 있다.

> "사조노프는 어제 상트 페테르부르크 주재 이탈리아 대사에게 러시아는 갈등을 피하기 위해 모든 외교적 수단을 다 동원하고 있고 또 오스트리아가 중재를 통해서 덜 강경한 태도를 택하게 될 것이라는 희망을 버리지 않고 있지만, 세르비아가 짓밟히도록 내버려두라는 요구는 받아들일 수 없다고 말했다."

똑같이 유화적인 태도는 상트 페테르부르크 주재 프랑스 대사가 7월 26일 보낸 문서에서도 드러나고 있다.

> "러시아 외무장관은 평화적인 해결책을 끌어내려는 노력을 갸륵할 만큼 열심히 펼치고 있다. 그는 나에게 '마지막 순간까지 협상을 벌일 준비가 되어 있다.'고 말했다."

러시아 정부는 전쟁을 막지 못할까 극도로 걱정했으며, 어떤 종류의 타협이든 받아들일 뜻을 보였다. 러시아 외무장관이 7월 27일에 쓴 글에도 그런 태도가 보인다.

> "만약에 오스트리아 내각에 직접 해명하는 것이 불가능한 것으로 드러난다면, 나는 영국의 제안을 받아들일 준비가 되어 있으며 갈등을 우호적으로 해결할 수 있는 제안이면 무엇이든 받아들

일 것이다."

불행하게도, 오스트리아는 이런 양보를 보면서 러시아가 중립을 지킬 것이라고 확신했으며, 따라서 세르비아를 상대로 전쟁을 선포해도 어떤 위험도 따르지 않겠다고 판단했다. 그러나 오스트리아의 이런 결정에, 러시아는 부분적 동원으로 대응했으며, 러시아는 그 뜻을 7월 28일 베를린의 러시아 대사에게 전달했다.

"오스트리아가 세르비아를 상대로 전쟁을 선포함에 따라, 제국 정부는 내일(29일) 오데사와 키예프, 모스크바, 카잔의 군관구에 동원령을 내릴 것이다. 독일 정부에 러시아엔 독일을 공격할 의도가 전혀 없다는 점을 확인시켜 주길 바란다."

러시아 외무 장관이 같은 날 친 전보에서 확인되듯이, 그때도 러시아는 평화에 대한 희망을 버리지 않았다.

"오스트리아의 선전 포고는 분명히 오스트리아와 러시아 사이의 직접 소통이라는 아이디어에 종지부를 찍었다. 지금 가장 긴급히 요구되는 것은 영국 내각이 세르비아를 상대로 한 오스트리아의 군사 작전을 중지시킬 목적으로 중재에 나서는 것이다.
만약에 군사 작전이 중단되지 않는다면, 중재는 단지 일을 질질 끌면서 오스트리아에 세르비아를 짓밟을 시간만 줄 것이다."

빈 주재 러시아 대사는 이 지시를 받고 오스트리아 정부에 다시 접근을 시도했지만, 그가 7월 28일자로 보낸 문서에 따르면 성공하지 못한 것으로 확인된다.

"본의 아니게 세르비아에 강경한 조치를 취하기로 결정한 오스트리아-헝가리 정부는 더 이상 물러설 수도 없었으며, 최후통첩의 조건들을 놓고 협상을 벌일 수도 없었다.
베르히톨트Leopold Berchtold[45]는 위기가 너무 팽팽해졌고, 여론이 너무나 흥분한 상태이기 때문에 정부가 협상을 원할지라도 더 이상 동의할 수 없는 지경에 이르렀다고 덧붙였다. 세르비아의 답변 자체가 미래에 대한 세르비아의 약속이 진정성을 결여했다는 점을 뒷받침했기 때문에, 협상은 더욱더 불가능해졌다."

이런 상황에서도 러시아 정부는 희망을 포기하지 않았으며, 상트 페테르부르크 주재 프랑스 대사는 29일에 파리로 전문을 보냈다.

"지금 러시아 정부는 프랑스와 영국이 평화를 지킬 목적으로 러시아에 제안하는 조치라면 어떤 것이든 받아들일 태세가 되어 있다. 상트 페테르부르크 주재 영국 대사도 런던으로 똑같은 내용의 전보를 보내고 있다."

오스트리아-헝가리 제국의 내각은 불행하게도 점점 더 강경해지고

45 오스트리아-헝가리 제국의 외무장관.

있었으며, 러시아 외무장관은 상황이 시시각각 더욱 악화되고 있다는 사실을 파악하고는 영국의 간섭에 마지막 희망을 걸면서 29일 런던 주재 러시아 대사에게 전보를 보냈다.

> "이제 우리에겐 영국 정부에 의존하는 외에 아무 것도 남지 않았다. 우리는 영국 정부가 바람직하다고 여기는 어떤 조치든 취해주길 바라고 있다."

처음에 아주 주저하는 모습을 보였던 독일은 이제 전쟁을 결정한 것처럼 보였으며, 상트 페테르부르크 주재 프랑스 대사는 7월 30일 자국 정부에 이런 전보를 보냈다.

> "사조노프는 오늘 오후에 푸르탈레스Friedrich von Pourtalès[46]와의 면담을 통해서 독일이 오스트리아에 평화를 지키도록 할 결정적인 말을 하지 않을 것이라는 점을 확신하게 되었다. 니콜라이Nicholas 황제도 빌헬름 2세 황제와 개인적으로 주고받은 전보를 통해서 같은 인상을 받고 있다. 한편, 러시아군 참모본부와 해군본부는 독일 육군과 해군의 준비와 관련해서 불안스런 소식을 들었다.
>
> 사조노프는 이런 정보를 주면서 러시아 정부는 그럼에도 불구하고 유화적인 노력을 계속할 것이라고 덧붙였다. 그는 나에게 다

....

46 제네바 출생의 독일 외교관으로 1907년부터 1914년까지 러시아 주재 독일 대사를 지냈다.

시 '마지막까지 협상을 벌일 것이다.'라고 말했다."

차르도 비슷한 노력을 폈다. 프랑스 대사가 7월 30일 전보로 보낸, 러시아 외무장관과 나눈 대화에 그런 모습이 보인다.

> "니콜라이 황제가 전쟁을 예방하는 일에 신경을 너무나 많이 쓰고 있기 때문에, 나는 당신에게 황제의 이름으로 새로운 제안을 하려 한다. '만약 오스트리아가 세르비아와의 갈등이 유럽의 이해관계가 걸린 문제라는 점을 인식하고 최후통첩에서 세르비아의 주권 원칙을 위반하는 조항을 배제한다면, 러시아는 모든 군사적 준비를 중단할 것을 약속한다.'"

불행하게도 때는 이미 늦어 있었다. 오스트리아는 양보하지 않았으며, 7월 31일에 러시아 주재 영국 대사는 자국 정부에 전보를 쳤다.

> "러시아는 총동원령을 내리기로 결정했다. 이 결정은 빈 주재 러시아 대사로부터 오스트리아가 강대국들의 간섭에 굴복하지 않기로 결정하고 군대를 세르비아뿐만 아니라 러시아로도 이동시키고 있다는 내용의 보고가 있은 뒤에 내려졌다.
> 러시아는 독일도 군사적 준비를 적극적으로 하고 있다고 믿을 만한 근거를 갖고 있으며, 러시아는 독일이 먼저 선수를 치도록 내버려둘 수 없는 상황이었다."

독일이 먼저 선수를 치도록 내버려둘 수 없었다고? 이런 표현이 드러내는 의심의 감정에 유념해야 한다. 그런 의심이 전쟁을 피할 수 없도록 만들기 때문이다.

러시아 외무장관 세르게이 사조노프는 최종적으로 모든 평화의 희망을 포기해야 했으며, 러시아 주재 프랑스 대사가 8월 1일자로 파리로 보낸 전보에 담긴 대화를 보면 그의 무력감이 강하게 느껴진다.

> "사조노프는 전쟁을 피하기 위해 쉴 새 없이 노력하느라 완전히 지쳤다고 말했다. 그에게 제시된 제안 중에서 거부당한 것은 하나도 없었다. 그는 4개국 회의를 열자는 제안도 받아들였고, 영국과 이탈리아에 의한 중재도 받아들였으며, 오스트리아와 러시아의 직접 대화도 받아들였다. 그러나 독일과 오스트리아-헝가리는 회피적인 답변으로 이런 평화 노력을 무력하게 만들거나 아예 거부했다."

물론, 러시아가 오스트리아와 세르비아의 문제에 간섭하려는 시도를 전혀 하지 않았다면 전쟁을 피할 수 있었다는 주장도 가능하다. 러시아는 이미 오스트리아가 보스니아를 정복하는 것을 참아주었다. 그런 러시아가 오스트리아의 세르비아 침공을 참아주지 못할 이유가 무엇인가? 여기서 우리는 감정과 체면의 문제를 건드리고 있다. 말하자면, 거기에 직접 관련이 없는 사람은 논의하기가 어려운 문제라는 뜻이다. 그러나 우리는 오스트리아의 세르비아 침공이 러시아의 이해관계에 대단히 불리하다고 믿을 수 있다. 러시아의 관점은 다음 말에 솔직하게 제시되고 있다. 상트 페테르부르크 주재 영국 대사가 8월 1일 자로 자국 정부에 보낸 전보에 담긴 내용이다.

> "오스트리아가 세르비아를 지배하는 것이 러시아에게는 견디기 힘든 일이었음에 틀림없다. 아마 네덜란드가 독일에 의존하는 것이 영국에게 참아줄 수 없는 것과 비슷했을 것이다."

2. 갈등을 국지화하려는 독일의 욕망. 독일은 마지막 순간까지 전면전을 일으키길 망설였다

인간 행동의 진정한 원인을 정확히 파악하는 것은 간혹 매우 어려운 일이다. 이유는 행동을 하고 있는 인간 본인조차도 자신이 왜 그런 행동을 하는지 이유를 언제나 알고 있지는 않기 때문이다. 그래서 단순히 가능성만을 찾는 것으로 만족해야 하는 경우가 종종 있다.

지금까지 발표된 문서들을 바탕으로 할 때, 독일은 실제로 전쟁을 원하지 않았다가 마지막 순간에야 다른 장에서 설명할 여러 가지 이유로 전쟁을 벌이기로 결정한 것 같다. 독일이 오스트리아의 비타협적인 태도를 누그러뜨리려고 노력하지 않은 것은 틀림없이 3국 협상의 강대국들이 그 문제에 개입하지 않을 것이라는 확신이, 또 3국 협상의 강대국들의 불개입이 독일에게 아무런 위험을 안지 않고 러시아에게 굴욕을 안길 새로운 기회라는 확신이 섰기 때문이다. 이전에 오스트리아가 보스니아를 점령할 때 러시아가 굴욕을 느끼면서도 아무런 조치를 취하지 못했던 것처럼 말이다. 독일이 이런 계산을 했을 것이라고 보면, 독일이 강대국들에 나가 있는 자국 대사들에게 오스트리아와 세르비아의 갈등을 국지화하는 데 주력하라고 지시한 이유가 쉽게 이해된다.

베를린 주재 영국 대리공사는 7월 22일에 이렇게 썼다.

> "지난밤에 독일 외무장관을 만났다. … 그는 현재 이슈가 되고 있는 문제는 세르비아와 오스트리아가 해결할 문제라는 점을, 두 나라 사이의 논의에 외부 간섭이 없어야 한다는 점을 강조했다."

이와 똑같은 해석은 파리에서도 나왔다. 프랑스 외무장관은 7월 24일 이런 글을 쓰고 있다.

> "독일 대사는 자신이 전한 문서 중에서 마지막 두 단락에 특별히 관심을 기울여 줄 것을 요청했다. 거기에 요점이 담겨 있다는 것이었다. 그 부분을 그대로 옮기면 이렇다. '독일 제국 정부는 현재의 사건은 전적으로 오스트리아-헝가리와 세르비아 사이에 해결되어야 할 문제라는 점을, 그리고 강대국들은 당사국이 그 문제를 해결할 수 있도록 하기 위해 간섭하지 말아야 한다는 점을 강조하고 싶다. 독일 제국 정부는 그 갈등을 국지화할 것을 긴급히 바라고 있다. 이유는 다른 강대국들의 간섭은 어떤 형태든 조약상의 다양한 의무 때문에 예상할 수 없는 결과들을 낳을 수 있기 때문이다."

그 당시에 독일 정부는 그 갈등의 국지화를 진정으로 바랐던 것 같으며, 베를린 주재 영국 대리공사는 독일 국무장관과 한 대화에 대해 이렇게 썼다.

"그는 독일이 원하지 않는 것이 전면전이라는 뜻을 러시아 정부가 이해하도록 했다고 말했다. 또 그는 그런 재앙을 막기 위해 모든 노력을 기울일 것이라고 말했다. 만약 오스트리아와 러시아의 관계가 위협적으로 변한다면, 그는 4강이 빈과 상트 페테르부르크를 누그러뜨리는 방향으로 노력하자는 당신의 제안을 받아들일 것이다."

독일은 러시아가 개입하지 않기를 간절히 바랐던 것 같다. 프랑스 외무장관이 7월 27일자로 자국 대사들에게 보낸 문서에도 그런 뜻이 암시되어 있다.

"오늘 오후에 독일 대사가 나를 찾아와 프랑스가 평화를 지키는 방향으로 러시아에 개입해 줄 것을 바란다는 뜻을 밝혔다. 그는 오스트리아가 영토 확장을 꾀할 뜻이 전혀 없을 뿐만 아니라 세르비아 왕국의 보전을 해칠 뜻도 없다는 뜻을 러시아에 전했다고 말했다. 오스트리아의 유일한 목표는 자국의 평온을 확보하고 질서를 지키는 것이라는 뜻이었다.

전쟁이 막아질 것인지 여부는 러시아에 달려 있다. 독일은 평화가 유지되어야 한다는 바람을 프랑스와 공유하고 있으며, 프랑스가 상트 페테르부르크의 불안을 누그러뜨리는 쪽으로 영향력을 행사해주길 바라고 있다."

런던에서도 똑같은 조치가 취해졌다. 에드워드 그레이는 7월 27일에 이렇게 썼다.

"독일 정부는 원칙적으로 네 강대국이 오스트리아와 러시아 사이를 중재한다는 안을 받아들인다고 독일 대사가 나에게 알려주었다. 물론 독일은 오스트리아가 공격을 당하면 동맹국으로서 오스트리아를 도울 권리를 갖는다는 점도 빠뜨리지 않았다. 독일 대사는 또 그 전쟁을 국지화하여 유럽의 평화를 지킬 수 있도록 상트 페테르부르크에 영향력을 행사해달라고 나에게 부탁하라는 지시까지 받은 상태였다."

그러나 독일은 프랑스와 영국에게 러시아에 간섭해 줄 것을 요청하면서도 여전히 오스트리아와 세르비아의 문제를 일종의 외국 법정으로 넘겨서는 안 된다는 견해를 보였다. 베를린 주재 영국 대사가 7월 27일 보낸 전문에 독일의 그런 견해가 들어 있다.

"독일 국무장관은 당신이 제안한 회의가 실질적으로 일종의 중재 법원이나 마찬가지라면서 오스트리아와 러시아의 요구가 있는 경우를 제외하곤 소집될 수 없다는 것이 자신의 의견이라고 말하고 있다. 따라서 그는 평화를 유지하기 위해서 공동 노력을 퍼기를 바라면서도 당신의 제안을 수용할 수 없었다."

어쨌든 오스트리아는 외부 영향에 흔들리지 않았다. 빈 주재 영국 대사는 7월 28일 이런 전보를 보냈다.

"오스트리아 외무장관이 세르비아에 대한 최후통첩과 관련해서는 어떠한 논의도 받아들일 수 없다고 차분하면서도 단호하게 말했다. 아울러 그는 오늘 전쟁이 선포될 것이며, 황제(프란츠 요제프 1세)의 널리 잘 알려진 온화한 성격이 이 전쟁은 정당하고 불가피하다는 점을 보장하는 것으로 받아들여질 것이라고 덧붙였다. 이것은 두 당사국 사이에 직접적으로 해결해야 할 문제라는 것이 그의 기본적인 판단이었다."

이런 상황에서도 독일 정부는 여전히 평화를 유지하길 바랐던 것 같다. 베를린 주재 영국 대사가 7월 28일 보낸 전보를 보자.

"독일 수상의 초대로 나는 오늘밤 그를 방문했다. 지난번 유럽 위기 때 독일과 영국 두 나라가 함께 성공적으로 대처했듯이, 그는 독일이 전반적인 평화를 유지하기 위해 영국과 함께 노력하고 있다는 점을 내가 당신에게 알려주기를 바랐다. 그는 강대국 대표들의 회의를 갖자는 당신의 제안을 받아들일 수 없었다. 이유는 그런 회의가 효과적이라는 생각도 들지 않고 또 테이블 양쪽에 두 강대국이 각각 앉는 '최고재판소' 같은 분위기를 풍기기 때문이라고 했다. 그러면서 그는 회의를 개최하자는 제안을 받아들이지 못하는 것이 효과적인 협력에 대한 자신의 강한 열망을 훼손시키지 않기를 바랐다. 당신은 그가 빈과 상트 페테르부르크에서 두 정부가 우호적인 분위기에서 상황을 직접 논의하도록 유도하기 위해 최선의 노력을 기울이고 있다는 점을 믿어도 좋다."

불행하게도 이런 선한 의도는 오래 지속되지 않았다. 독일의 끔찍한 결정이 임박하고 있었다. 상트 페테르부르크 주재 프랑스 대사는 7월 29일에 이런 전문을 본국에 보냈다.

"러시아 주재 독일 대사 푸르탈레스가 러시아 외무장관 사조노프에게 러시아가 군사적 준비를 중단하지 않는다면 독일도 군에 동원령을 내릴 것이라고 말했다. 이에 사조노프는 러시아의 준비는 한편으로 오스트리아의 비타협적인 태도 때문이고, 다른 한편으로는 오스트리아-헝가리 제국이 이미 8개 군단에 대해 동원령을 내렸기 때문이라고 대답했다.
푸르탈레스가 이 메시지를 전하면서 보인 태도를 근거로, 러시아 정부는 오스트리아를 상대할 13개 군단에 대해 오늘밤 동원령을 내리기로 결정했다."

그럼에도 불구하고, 독일은 여전히 망설이고 있었다. 빈 주재 영국 대사는 7월 30일 이렇게 썼다.

"빈 주재 프랑스 대사는 베를린으로부터 빈 주재 독일 대사가 오스트리아-헝가리 정부에 유럽 전쟁을 유발할 수 있는 방향으로 행동하는 것에 반대한다는 뜻을 진지하게 전하라는 지시를 받았다는 소식을 들었다.
빈 주재 독일 대사 본인이 빈에 팽배한 극단적인 반(反)러시아와 반(反)세르비아 분위기에 강하게 동조하고 있기 때문에, 불행하게도 그가 평화를 진심으로 호소할 가능성은 낮다."

독일이 오스트리아의 방향을 바꾸려고 노력했음을 보여주는 흐릿한 흔적이 외교 문서에서 발견되며, 독일 수상은 전쟁이 일어나고 1년 뒤인 1915년 8월에야 의회에 다음과 같은 정보를 전한다.

"나는 빈의 하인리히 폰 치르스키Heinrich von Tschirscky[47]에게 전문을 보냈다. 내용은 이랬다. '우리는 오스트리아가 전쟁 상태에 있는 세르비아와 협상하도록 요구할 수 없지만, 오스트리아가 페트로그라드(상트 페테르부르크)와 의견 교환을 완전히 거부한 것은 심각한 실수일 것이다. 우리는 물론 동맹국으로서의 의무를 충실히 수행할 준비가 되어 있지만, 오스트리아-헝가리가 우리의 조언을 무시함에 따라 벌어진 전면적인 투쟁에 우리가 끌려들어가는 것은 거부해야 한다.' … 전쟁은 바로 러시아의 동원령 때문에 불가피해졌다."

47 독일 정치인이자 외교관이며, 외무장관을 거쳐 사망한 1916년까지 오스트리아 주재 대사를 지냈다.

이 설명은 매우 늦게 등장했으며, 틀림없이 진실을 별로 담고 있지 않을 것이다. 이런 말이 있지 않은가. "정부들이 진실만을 말한다면, 외교도 더 이상 없을 것이고 전쟁도 더 이상 없을 것이다."

외교적 대화가 오가던 동안에 나온 독일의 모든 진술의 목적은 단순히 시간을 버는 것이 아니었을까? 영국 대사가 상트 페테르부르크에서 7월 30일에 보낸 다음 전문은 그 독일 대사가 그렇게 생각하지 않았다는 점을 분명히 보여주는 것 같다.

> "독일 대사는 새벽 2시에 러시아 외무장관과 두 번째 면담을 가졌다. 이 자리에서 독일 대사는 전쟁이 불가피해졌다는 것을 확인하고는 완전히 좌절했다. 그는 사조노프에게 자신이 마지막 희망으로 독일 정부에 전보를 보낼 수 있는 제안을 하나 내놓으라고 간청했다. 따라서 사조노프는 다음과 같은 방식을 독일 대사에게 건넸다.
> '만약에 오스트리아가 세르비아와의 투쟁을 유럽의 이해관계가 걸린 문제의 성격을 띠고 있다는 점을 인정하면서 최후통첩에서 세르비아의 주권 원칙을 위반하는 조항을 제거할 준비가 되어 있다고 선언한다면, 러시아는 모든 군사적 준비를 중단할 것을 약속한다.'"

그러나 사건들은 외교관들의 바람보다 훨씬 더 빠른 속도로 전개되고 있었다. 이제 막 신문을 통해 독일의 동원령이 선언되었다. 그럼에도 베를린 주재 프랑스 대사가 7월 30일 보낸 전보를 고려한다면, 이

때도 독일은 여전히 망설이고 있었다고 보지 않을 수 없다.

> "지난밤에 포츠담에서 황제의 주재 하에 군 당국자들과 함께 열었던 비상 회의는 동원령을 결정한 것 같다. 이것은 '로칼 안차이거'Lokal Anzeiger가 호외를 발행한 이유를 설명해 주는 사실이다. 그러나 다양한 영향들(자국은 완전한 행동의 자유를 누린다는 영국의 성명, 차르와 빌헬름 2세 사이의 전보 교환 등) 때문에 이미 결정된 중대한 조치들이 중단된 상태에 있었다."

그 조치들은 그리 오랫동안 중단 상태에 있지 않았다. 운명의 시간이 왔기 때문이다. 8월 2일에 상트 페테르부르크 주재 프랑스 대사는 자국 정부에 이런 전보를 보냈다.

> "독일 대사가 어제 오후 7시 10분에 사조노프에게 자국 정부의 선전 포고를 전달했다. 독일 대사는 오늘 상트 페테르부르크를 떠난다."

8월 3일에 독일 대사는 프랑스 외무장관에게 다음과 같은 성명을 전달했다.

> "독일 민간 당국과 군 당국은 독일 영토 안에서 프랑스 군 조종사들이 적대적인 행위를 공개적으로 다수 저질렀다는 사실을 확인했다. 본국의 지시에 따라, 나는 독일 제국이 이런 공격 때문에,

프랑스의 잘못으로 인해서 프랑스와 전쟁 상태에 놓이게 되었다는 점을 통보한다."

물론, 이것은 완전히 허구적인 핑계일 뿐이다. 그러나 러시아가 준비를 갖추기 전에 프랑스가 먼저 점령당해야 했으며, 그래서 독일은 지체 없이 전쟁을 선포할 필요가 있었다.

5장

대중의 감정이 전쟁의 기원에 끼친 영향

1. 여론의 중요성

현대 사회에서 여론은 군주들조차도 저항하지 못하는 힘이다. 여론은 서서히 형성되면서 보통 권력자들의 의식적인 의지보다 앞에 나타나는 무의식적 의지를 준비시킨다.

여론이 현재의 전쟁의 기원에 두드러진 역할을 했다고 말할 수는 없지만, 그럼에도 불구하고 여론의 영향은 매우 진정한 영향이었다. 왜냐하면 여론이 모든 국가들의 외교관들이 크게 고려한 사항이기 때문이다. 특히 오스트리아 외교관들이 여론을 많이 의식했다. 또 평화를 사랑하던, 그리고 세르비아에 걸린 이해관계가 거의 없던 영국에서는 여론이 정부에 의해 노골적으로 창조되기도 했다.

정치의 근본적인 바탕 중 하나가 감정을 창조하여 그것을 집단적인 감정이 되도록 퍼뜨리는 것이라는 사실에 대해서는 이미 충분히 강조한 바 있다. 독일인들은 현재 적들을 아주 잔인하게 증오하고 있다. 이유는 단순하다. 독일 통치자들이 국민들에게 영국과 러시아가 독일을 상대로 은밀히 음모를 꾸미며 자신들을 배신하고 있다는 식으로 설득하는 데 성공했기 때문이다. 7,000만 명에 이르는 독일 국민들 중에서, 이 같은 확신을 품고 있지 않은 사람은 아마 단 한 사람도 없을 것이다. 이 문제에 관한 진실이 확립되기까지는 적어도 50년 또는 현 세대가 사라지는 데 필요한 시간이 걸릴 것이다.

독일인들 사이에 영국과 프랑스에 적대적인 집단적인 편향을 창조해내기 위해선, 그 자체로도 강할 뿐만 아니라 어떤 선전을 전달하는 능력까지 갖춘 개인적 의지들이 필요했다. 바랐던 결과를 실제로 확보하기까지, 독일 언론과 애국단체, 서적, 대학들 사이에 오랜 기간의 협력이 필요했다. 신문들은 언제나 유력한 지도자이다. 왜냐하면 신문들이 늘 준비하고 있는 무기가 단언과 반복, 암시, 명성인데, 이것들이 바로 군중의 의견에 진정으로 영향을 미치는 정서적인 요소들이기 때문이다.

독일 제국 정부도 철저히 화해적인 태도를 보이는 한편으로 그런 운동을 묵인했으며, 이 운동은 제국 정부 의회 내에 공포를 불러일으키면서 군사력 증강에 필요한 과세를 끌어낼 구실을 많이 제공했다. 제국 정부의 목적은 군대를 최대한 가공(可恐)할 조직으로 만드는 것이었다. 그래야만 어느 강대국도 독일에 맞서려 하지 않을 것이고, 그러면 독일은 전쟁을 벌일 필요도 없이 유럽에서 패권을 확보할 수 있을 것이기 때문이다. 그것은 옹호하기엔 위험한 길이다. 왜냐하면 경험이 보여주는 바와 같이 집단적인 의견은 너무나 빨리 아주 강한 힘이 되고, 그렇게 되면 그 힘을 창조한 사람들마저도 더 이상 그것을 통제할 수 없게 되기 때문이다.

여론 형성에 가장 큰 영향을 미친 것은 정부와 대형 군수 공장으로부터 보조를 받은 언론일 것이다. 정부가 육군이나 해군의 증강을 위해 세금을 올리길 원할 때마다, 언론은 대중에게 프랑스가 독일을 보복 공격할 시기가 임박했다는 뜻을 전하는 기사를 실었다.

물론 언제나 현실로 반영되는 것은 아니지만, 여론은 왕들의 의지보다 더 강하다. 여론이 뚜렷하게 드러날 때, 그 어떤 사람도 거기에 반대하고 나설 만큼 강하지 못하다.

전쟁이 시작되는 단계에서, 독일인들은 중립국들의 감정에 관심을 거의 기울이지 않았으나, 벨기에를 황폐화시킨 것이 세계적으로 여론을 악화시키면서 자신들에게 불리하게 작용하자, 독일은 여론의 힘을 두려워하며 스페인과 이탈리아, 터키, 미국 등 대부분의 나라에서 신문사를 구입하거나 설립함으로써 여론을 주도하려고 노력했다. 이 계획은 게르만족이 모든 과제에 적용하는 방법과 인내를 바탕으로 실행되었다. 그러나 독일인들은 심리학 지식을 완전히 결여하고 있고 인간들의 다양한 감정들을 이해하는 능력이 부족한 탓에 과장된 성명을 발표하는 일에만 몰두했으며, 그 결과 독자들은 그들에 대한 신뢰를 완전히 버리게 되었다.

2. 독일의 주전파들

독일인들은 프랑스인들을 절대로 좋아하지 않았다. 프랑스인들에 대한 그들의 시기는 정말로 뿌리 깊고 역사도 깊다. 독일인들의 반감은 최근에 다양한 상황에 의해, 특히 모로코 문제에 의해 증대되었다. 이 모로코 위기[48]는 독일 언론에 교묘하게 악용되었으며, 프랑스에 반대하는 여론을 부추기는 데 큰 도움을 주었다.

게르만족의 정신 상태는 '옐로우 북'에 공개된 다음 문서에 드러나고 있다.

> "우리(프랑스 사람들)는 지난해의 사건들에 의해 촉발된 독일의 상처 입은 자존심과 우리에 대한 원한이 얼마나 깊고 얼마나 오래 지속되고 있는지를 매일 확인하고 있다. 1911년 11월 4일 체결된 조약[49]이 독일에 깊은 실망을 안겨주고 있다.
>
> 독일의 모든 지역에서 느껴지는 분노는 동일하다. 모든 독일인들, 심지어 사회주의자들까지도 우리가 모로코에서 자신들의 몫을 차지하고 있다고 분개하고 있다.
>
> 1, 2년 전에 독일인들은 마치 세계를 정복하기 시작한 것처럼 보였다. 그들은 자신들을 아주 강한 존재로 여겼으며, 어느 누구도 자신들에게 반대하고 나서지 못할 것이라고 생각했다. 독일 산업

....

48 모로코를 지배하려는 프랑스와 프랑스의 권력을 모로코에서 몰아내려는 독일 사이의 갈등에서 빚어진 두 차례(1905-06, 1911)의 국제적 위기를 말한다.

49 베를린에서 프랑스와 독일 사이에 체결된 모로코-콩고 조약을 말한다. 독일은 모로코에 대한 프랑스의 지배를 인정하고, 프랑스는 콩고 일부와 프랑스령 적도 아프리카 일부를 독일에 넘긴다는 내용이었다.

과 독일 무역, 독일 확장에 무한한 가능성이 활짝 열렸다. …
그들은 인구 4,000만 명인 우리를 이류 국가로 보고 있다."

'옐로우 북'에 발표된 또 다른 문서에 따르면, 독일 주전파도 많은 추종자를 거느렸지만, 그 못지않게 많은 사람들이 평화를 원했다.

"가까운 미래에 있을지 모르는 전쟁의 가능성에 대해, 독일 여론은 둘로 나눠지고 있다.
독일에도 평화에 기여하고 있는 세력들이 있지만, 그 세력들은 조직되지 않았고 대중적인 지도자를 전혀 갖고 있지 않다. 그들은 전쟁이 독일에 사회적 재앙이 될 것이고 주로 영국에 이롭게 작용할 것이라고 생각하고 있다.
전쟁을 옹호하는 파들은 몇 개의 범주로 나눠진다. 각 범주의 구성원들은 신분과 계급, 지적 및 도덕적 성향, 개인적 이해관계와 원한, 여론을 형성하는 특별한 주장 등을 바탕으로 서로 결합하고 있다. 이 주전파들은 호전적인 흐름에 그 강도와 속도를 더하고 있다.
어떤 사람들은 기존 상황이 전쟁을 불가피하게 만들고 있고, 또 훗날 치르는 것보다 조금이라도 빨리 치르는 것이 독일에 유리하다고 생각하면서 전쟁을 원하고 있다.
다른 사람들은 과잉 인구, 과잉 생산, 무역을 위한 시장의 필요성 등 경제적 이유나 사회적 이유로 전쟁이 필요하다고 생각한다.
여기서 말하는 사회적 이유의 구체적인 예를 든다면, 해외로 관심을 돌리는 길만이 민주주의 집단이나 사회주의 집단이 권력을 잡는 것을 막거나 지연시킬 수 있는 방법이라는 이론이 있다.
또 제국의 미래에 대한 확신을 강하게 품지 못하는 상태에서 상황이 프랑스에 유리하게 돌아가고 있다고 믿는 사람들은 전쟁이 빨리 터져야 한다고 생각하고 있다.
또 다른 사람들은, 이런 표현도 가능한지 모르지만, '비스마르키즘'Bismarckism에 의해서 호전적으로 변했다. 그들은 독일이 보다 강력한 힘을 갖고 있는 상황에서 자신들이 쉽게 지배하지 못하는 협상이나 회의에서 프랑스인들과 머리를 맞대고 문제를 논의하며 권리와 근거에 대해 이야기해야 한다는 것 자체에 굴욕감을 느끼고 있다.
다른 사람들은 혁명적인 프랑스에 묘한 증오를 품고 있는 까닭에 전쟁을 원하고 있다.
그리고 마지막으로, 총기와 전차 등 무기를 제조하는 업자들과 시장 확장을 주장하는 상인들, 황금시대와 미래의 전쟁 배상금을 예상하는 은행가들은 전쟁을 훌륭한 비즈니스로 생각하고 있다.
탁월한 정신의 소유자 몇 명을 제외하고, 대학들은 호전적인 이데올로기를 개발하고, 경제학자들은 통계를 빌려서 독일이 산업의 생산물에 상응하는 식민 상업 제국을 필요로 한다는 점을 증명하고 있다.
역사학자들과 철학자들, 정치 선동가들, 다른 독일 문화의 옹호자들은 특별히 독일적인 유형의 사상과 감정을 세계에 강요하고, 프랑스가 누리는 지적 우월을 능가하기를 갈망하고 있다.

독일 국민들의 정신은 다가오는 전쟁이 프랑스와 독일의 대결이 될 것이라는 생각에 점점 더 친숙해지고 있다."

이 보고서에 담긴 정보는 모두 매우 정확한 것 같지만, 나는 "독일 국민들의 정신이 다가오는 전쟁은 프랑스와 독일의 대결이 될 것이라는 생각에 점점 더 친숙해지고 있다"는 점을 인정할 수 없다. 왜냐하면 사실은 영국이 프랑스보다 훨씬 더 무섭고 가증스런 적으로 독일과 대치하고 있었기 때문이다. 그리고 언젠가는 영국을 상대로 전쟁을 벌이는 것이 독일의 이익에 부합했다. 반대로, 독일은 프랑스와의 싸움에서 어떠한 목표도 제시할 수 없었다. 사람들은 경쟁자는 파괴하려 들지만 고객에겐 최대한 깍듯이 대한다. 프랑스와 러시아는 독일의 상업적 침공을 더욱더 깊이 당하고 있었으며, 두 나라는 독일의 최고 고객이 되고 독일 제조업자들과 상인들의 부의 원천이 되고 있다.

만약 프랑스와의 전쟁이 진정으로 독일 정부의 이익과 부합했다면, 그 목적을 이룰 구실을 잡을 수 있는 탁월한 기회가 많았다. 특히 러시아가 일본에 패한 뒤 혁명 때문에 완전히 무력한 상태에 있었던 시기가 분명히 그런 기회였을 것이다.

독일인들이 두려워한 유일한 경쟁국은 영국이었으며, 영국의 경쟁은 세계 곳곳에서 독일의 노력을 저지하고 있었다. 그래서 이 막강한 적을 향한 독일인들의 증오는 날로 악화되었다. 그러나 그들은 자신들이 아직 영국보다 약하다고 느끼면서 평화를 지키고 있었다. 그러면서 독일인들은 영국의 막강한 함대에 충분히 맞설 수 있는 함대를 건설하는 일에 매진하고 있었다. 이유는 세계의 주요 교역로를 지배하려는 독일인들의 욕망이 앤트워프를 점령해야만 성취될 수 있고, 그러기 위해선 먼저 영국이 점령되어야 했기 때문이다.

그러나 어이없게도 전쟁이 독일의 이익을 고려하기에는 지나치게 빨리 선포되었을 때, 이런 운명을 실현하는 과제를 짊어질 독일 함대는 아직 완성되지 않았다. 따라서 다양한 상황들이 함께 작용하면서 전쟁을 일으키게 된 시점에 독일이 적대적 행위를 원했다고 믿을 만한 근거는 전혀 없다.

3. 외교적 대화가 진행되는 동안과 전쟁이 선언되던 때, 여러 교전군들이 느낀 감정

프랑스와 영국은 전쟁 위협과 그에 이은 전쟁 선포를 견뎌내야 할 불가피한 악으로 여겼지만, 외교 문서들은 다른 국가들, 특히 그 문제에 다소 직접적으로 관계있는 국가들의 경우에는 그렇지 않았다는 점을 보여줄 것이다.

전쟁 가능성은 독일에게, 적어도 독일 언론에겐 호의적으로 받아들여진 것 같다. 바이에른에 있던 프랑스 외교관이 7월 10일 작성한 전보에 그런 분위기가 엿보인다.

> "현재 독일 제국 정부는 충돌의 위험이 있는 강경 정책을 취해도 여론의 지지를 받을 것이다. 이유는 지난 2년 동안 근동에서 일어난 사건들 때문에 대중에게 익숙하게 된 전쟁 상태가 더 이상 먼 재앙처럼 들리지 않고, 갈수록 심각해지고 있는 정치적, 경제

적 어려움의 해결책처럼 들리기 때문이다."

프랑스 외무장관은 수집한 정보를 바탕으로 7월 26일 자국 대사들에게 전문을 보냈다.

> "베를린에서 쇼비니즘(광신적 애국주의)이 폭발하고 있다. 황제는 킬에서 곧바로 돌아왔다. 쥘 캉봉(독일 주재 프랑스 대사)은 독일이 러시아가 취한 첫 군사 조치에 즉각 반응할 것이라고, 아마 우리를 공격하는 일에서는 구실조차 찾지 않을 것이라고 생각하고 있다."

물론 그때 일어난 일이 정확히 이랬지만, 그럼에도 불구하고 전쟁 선포는 환희보다는 분노의 폭발을 낳았던 것 같다. 내가 베를린 주재 프랑스 대사 캉봉으로부터 개인적으로 들어 알고 있는 바와 같이, 캉봉을 비롯한 일행이 고국으로 돌아오는 길에 많은 역을 거치면서 모든 사회 계층의 독일 여행객들로부터 모욕의 소리를 심하게 들었기 때문이다.

외교적 대화가 이뤄지던 동안이나 후에, 오스트리아의 여론은, 적어도 오스트리아-헝가리 제국 내의 독일계 사람들의 여론은 전쟁에 매우 호의적이었던 것 같다. 이는 오스트리아인과 세르비아인 사이에 피의 강물조차 씻어내지 못할 민족적 증오가 존재하기 때문이다.

외교관들의 논평은 다음과 같다. 빈 주재 영국 대사는 이렇게 썼다.

"오스트리아의 명분이 너무나 정당한 것으로 여겨지고 있기 때문에, 오스트리아 국민들에게는 다른 나라가 자국이 나아가는 길을 방해할 수 있다는 생각이 절대로 떠오르지 않았던 것 같다. 혹은 단순한 정책 또는 위신의 문제가 사라예보의 범죄에 대한 보복의 필요성보다 더 중요한 것으로 고려될 수 있다는 사실이 그들에겐 상상조차 되지 않는 것 같았다."

프랑스 외무장관은 자국 대사들에게 전보를 쳤다.

"현 시점에서 가장 적절한 추측은 오스트리아 내각이 그 문제가 언론과 군부에 의해 너무 멀리 나가게 되었다는 것을 느끼면서 직접적이거나 간접적인 협박을 통해서 세르비아로부터 최대한의 양보를 받아내려고 노력하고 있으며, 오스트리아가 이 목적을 달성하기 위해 독일의 지원에 기대하고 있다는 것이다."

내가 인용하는 몇 개의 급송 공문서에서, 빈 주재 영국 대사는 오스트리아의 대중이 세르비아와의 전쟁이라는 생각에 열정을 보이고 있다는 점을 지적하고 있다.

"이 나라는 세르비아와의 전쟁 가능성에 환호를 질렀으며, 전쟁을 지연시키거나 막는 것은 틀림없이 엄청난 실망이 될 것이다. …밤 늦은 시간에, 세르비아의 답변이 거부당했으며 발디미르 기슬Waldimir Giesl[50]이 세르비아의 베오그라드에서 관계를 단절했다는 소식이 알려지자마자, 빈은 광란의 도가니에 빠졌으며, 거대한 군중이 새벽까지 거리를 행진하고 국가를 불렀다.
… 이 나라는 세르비아를 종속시키거나 조만간 세르비아의 사지를 절단하는 길밖에 없다고 확실히 믿었다."

여론의 이 같은 경향은 오스트리아가 세르비아에게 보였던 비타협적인 태도를 명쾌하게 설명해준다. 빈 주재 영국 대사가 보낸 전문에 다음과 같은 내용이 포함되어 있다.

"오스트리아-헝가리 정부는 세르비아와 전쟁을 하기로 마음을 정했다. 그들은 강대국으로서 자국의 위신이 걸려 있다고 생각하고 있다. 세르비아에 대한 처벌을 집행하기 전까지, 그들이 중재 제안에 귀를 기울일 가능성은 거의 없다."

러시아의 여론에 관한 정보를 얻기는 매우 어렵다. 그곳의 신문들이 정부가 허락하는 기사만을 싣기 때문이다. 어쨌든 러시아 국민들은 오스트리아 국민들에 대해 아는 것이 거의 없으며, 그들에 대한 이야기도 거의 듣지 못하고 있다. 그래서 러시아에서 소위 여론은 고위 공무원들과 교수들, 문인들의 의견일 뿐이다. 다음에 소개하는 내용이 내가 외교 문서에서 얻을 수 있었던 자료의 전부인데, 그 부분에 대한 이야기는 별로 없다.

....

50 베오그라드 주재 오스트리아-헝가리 제국 공사

1. 에드워드 그레이가 7월 23일 보낸 전문은 "러시아 내의 의견을 자극할 수 있는" 시한이 포함되어 있다는 것을 암시한다.

2. 프랑스 외무장관이 7월 26일 보낸 전문엔 이런 내용이 있다. "러시아의 여론은 러시아가 세르비아가 짓밟히도록 내버려두는 것은 정치적으로나 도덕적으로 불가능하다는 쪽이다."

3. 베를린 주재 프랑스 대사가 7월 27일 보낸 전문은 이렇게 말하고 있다. "모든 것을 휩쓸어버릴 의견이 러시아에서 형성되지 않도록 하는 것이 중요했다."

그러나 이런 것들은 단순히 추측에 불과하다. 왜냐하면 지금 논하고 있는 러시아에서 멀리 떨어진 곳에서 나온 이런 막연한 진술들은 전쟁에 관한 러시아의 여론에 대해 진정한 정보를 제공하지 못한다.

우리는 전쟁이 시작된 뒤에 일어난 일에 대해 더 잘 알고 있다. 전쟁터에서 죽어가야 하는 이유를 모르고 있는 국민들이 대체로 전쟁이 선언될 때 가장 열정적인 모습을 보인다. 위즈와Wizewa가 인용한 어느 목격자에 따르면, 러시아 농민들이 바로 그런 예였다.

"농민들은 놀라운 열정을 품은 채 전선으로 떠나며, 얼마 전까지 급진주의자와 보수주의자였던 상류 계층의 응원을 받고 부러움을 사고 있다. …

러시아에서 전쟁은 민족혼의 깊은 곳으로부터 갑자기 온갖 소중한 힘들과 미덕들을 풀어놓았다. 이런 적절한 기회가 일어나지 않았다면, 아마 이 힘과 미덕들은 영원히 잠자고 있었을 것이다.

농민들은 대체로 자신들이 살면서 유일하게 하는 일이 술을 마시는 것이라고 느끼지만, 이제 더 이상 그렇지 않다. 전쟁이 그들에게 삶의 진정한 이유를 준 것처럼 보이고, 그들의 진정한 목적이 죽음에서 발견된 것처럼 보인다. 러시아인에게 전쟁터로 나간다는 것은 자신의 육체를 제단에 제물로 바친다는 뜻이다.

그리고 러시아 군인이 적을 향해 돌진할 때 보이는 그 장엄한 열정에서, 사람들은 희열을 진정으로 느낀다. 그 옛날에 순교자들이 영광에 흠뻑 빠진 상태에서 죽음을 끌어안을 때 가슴 벅차게 만들던 그런 희열이다."

6장

3국 황제의 의지가 한 역할

1. 오스트리아 황제의 의지. 오스트리아 정책의 심리적 요소들

지금까지 인용한 건조한 공식 문서들은 우리를 전쟁 선포까지 안내했지만, 전쟁의 직접적인 원인에 대한 설명을 만족스럽게 제시하지는 못했다. 이젠 이 거대한 드라마의 작가들의 마음 속으로 더 깊이 파고들어가야 한다.

전쟁 같은 중대한 사건에서, 국가의 수반들이 종종 영향력을 행사하는 것으로 여겨지는데, 실제로 보면 그들은 영향력을 전혀 발휘하지 못하거나 제한적으로만 발휘할 뿐이다. 물론 국가수반들의 의지가 결정을 내리지만, 그들도 많은 집단적인 영향들이 창조하는 무의식적 의지에 자기도 모르게 복종하고 있다는 뜻이다. 이 집단 무의식적 의지

가 암시하는 것들의 무게가 어느 시점에 이르면 너무나 무거워지며, 따라서 그 무게가 내가 '동기들의 저울'이라고 부르는 저울의 한쪽 접시를 세게 누르게 된다.

천국에는 독재자가 있을 수 있어도, 이 땅에는 절대로 있을 수 없다. 왜냐하면 모두가 똑같이 자신의 의지보다 상위에 있는 요소들의 지배를 받고 있기 때문이다. 나폴레옹도 이런 뜻의 말을 몇 번 했다. 역사는 정말로 주권자들이 자신의 개인적 또는 의식적 의지와 반대로 행동하지 않을 수 없게 되는 경우가 종종 있다는 사실을 보여주고 있다. 예를 들면, 1870년에 프랑스 황제도, 프로이센 왕도 전쟁을 원하지 않았으며, 둘 다 전쟁을 막기 위해 할 수 있는 조치를 다 취했으나, 그들은 전쟁을 받아들여야만 했다.

지금 전쟁을 벌이고 있는 국가들의 수반들 중에서 가장 먼저 오스트리아 황제(프란츠 요제프(Franz Joseph) 1세 · 사진)는 오랜 통치 기간에 지속적으로 정복당했으면서도 언제나 평화를 선호했던 주권자이다. 오스트리아 황제는 고령인 탓에 이 전쟁으로 치달은 외교적 협상에 깊이 관여하지 못했다. 그가 세르비아와 오스트리아 사이에 국한될 것이라고 들은 무력 충돌에 동의한 것은 그의 국가가 세르비아에 대해 느끼는 깊은 반감뿐만 아니라 아마도 평범한 장관들과 그들보다 결코 덜 평범하지 않은 그의 후계자 때문이었을 것이다.

한편, 오스트리아 황제의 평화 사랑은 친절이라는 자연스런 감정에서 생겨난 것이 아니라 오직 분규에 대한 공포감 때문에 생겨난 것이었다. 그렇게 보는 이유는 그가 통치 초기에 극도의 가혹함을 더러 보였기 때문이다. 예를 들면, 그가 권좌에 오르고 얼마 지나지 않아 헝가리에서 반란이 일어난 뒤에, 그는 그 나라의 가장 탁월한 주민들을 교수형이나 참수형에 처하고 그들의 재산을 몰수했으며, 죽음을 면한 위대한 인물들의 아내들을 공개적으로 태형에 처했다. 그에게 희생된 사람 중에는 헝가리 대법원장이자 상원 의장이었던 80세 노인도 포함되었다.

오스트리아 정치인들이 세르비아에 전쟁을 야기한 최후통첩을 보내도록 자극한 심리적인 요소들에 대해 말하자면, 사태가 시작될 당시에는 위신에 대한 욕망이 가장 중요했고 마지막엔 러시아에 대한 의심이 가장 중요했다. 세르비아에 대한 최후통첩은 위신에 대한 욕망에서 비롯되었으며, 러시아에 대한 의심은 오스트리아의 총동원령을, 결과적으로 다른 강대국들의 총동원령을 불렀다.

정말로, 대사들의 보고는 내가 방금 말한 위신이 오스트리아에겐 숙명이었다는 점을 강조하고 있다. 로마 주재 영국 대사가 7월 23일에 쓴 다음 진술에서도 그 점이 엿보인다.

> "사태의 심각성은 발칸 반도의 국가들 사이에 일어난 사건들이 큰 실망을 낳았던 터라 오스트리아-헝가리 정부가 국민들에게 성공을 보여주는 것이 절대적으로 필요하다고 확신하고 있다는 사실에 있다."

빈 주재 영국 대사가 7월 28일 보낸 전문에서도 똑같은 관찰이 확인되고 있다.

> "오늘 아침에 오스트리아 외무장관을 만났다. 그는 오스트리아-헝가리 제국은 세르비아를 상대로 군사적 절차를 늦출 수 없으며 세르비아의 답변을 바탕으로 한 협상 제안은 어떤 것도 거부한다고 선언했다.
> 오스트리아-헝가리 제국의 위신이 걸린 문제이며, 따라서 그 어떤 것도 지금 투쟁을 막지 못한다."

세르비아의 보호자로 여겨지던 러시아를 강하게 의심했던 오스트리아 정치인들은 다른 강대국들도 크게 두려워하고 있었고, 그래서 독일의 지원을 업고 세르비아에 대한 전쟁 선포를 서둘렀다. 그런 식으로 서두를 경우에 유럽 법정 같은 곳의 저지를 피할 수 있을 것이라는 희망이 작용하고 있었다. 그런 자리가 마련되는 경우에 오스트리아-헝가리가 자국의 행동에 대해 설명을 해야 했을 테니까. 그러나 오스트리아는 세르비아를 처벌하길 원했던 것이지 유럽 전쟁을 원하지는 않았다. 이런 이유 때문에 오스트리아는 자국 군대가 이미 세르비아 영토로 들어간 상황에서도 강대국 사이의 전면적 충돌이 임박한 것처럼 보이자 훨씬 더 화해적인 태도를 보였다.

이 같은 사실은 대사들이 보낸 전문에서도 확인된다. 프랑스 외무장관은 8월 1일 자국 외교관들에게 이렇게 썼다.

"오스트리아 대사가 상트 페테르부르크의 사조노프를 방문해서 자국 정부는 세르비아에 대한 최후통첩의 내용을 놓고 논의할 준비가 되어 있다고 선언했다. 이에 사조노프는 만족을 표하면서 논의는 강대국들이 참여한 가운데 런던에서 열리는 것이 바람직하겠다고 말했다."

영국 외무장관은 8월 1일에 이렇게 썼다.

"아주 신뢰할 만한 소식통으로부터, 오스트리아 정부가 러시아의 동원령으로 인해 상황이 변했음에도 불구하고 평화를 지키려는 영국의 노력을 높이 평가하면서 오스트리아와 세르비아 사이를 중재하겠다는 나의 제안을 호의적으로 고려할 준비가 되어 있다는 뜻을 독일 정부에 통보했다는 정보가 들어왔다. 이 제안을 받아들인다는 것은 당연히 세르비아를 상대로 한 오스트리아의 군사적 행위는 당분간 계속되고, 영국 정부는 러시아 정부에 오스트리아를 목표로 한 군 동원을 중지할 것을 촉구할 것이라는 뜻이다."

불행하게도 독일이 마지막 순간에, 내가 앞으로 설명할 이유들 때문에 개입하고 나섰으며, 빈의 영국 대사는 자국 정부에 이런 전문을 보냈다.

"상트 페테르부르크와 빈에서 이뤄지던 대화는 논쟁이 독일과 러시아의 직접적 충돌이라는 보다 위험스런 문제로 옮겨가면서 돌연 중단되었다. 독일은 7월 31일 상트 페테르부르크와 파리에 대한 동시에 최후통첩을 보내는 것으로 이 문제에 개입하고 나섰다. 그 최후통첩은 오직 한 가지 대답만 가능한 그런 종류였으며, 독일은 8월 1일 러시아에 대해, 이어 8월 3일 프랑스에 대해 전쟁을 선포했다. 이것이 며칠만 늦춰졌어도 유럽이 역사에서 가장 참혹한 재앙으로부터 구원을 받을 수 있었을지 모른다."

2. 러시아 황제의 의지. 러시아 정책에 영향을 미친 심리적인 요소들

러시아 황제(니콜라이 2세 · 사진)는 분명히 우리 시대의 독재자들 중에서 가장 막강하다. 그럼에도 러시아 황제는 보편적으로 관찰되는 역사적인 사실, 즉 주권자는 자신의 의지와 정반대로 행동하도록 강요받는다는 사실을 보여주는 놀라운 예이다. 그가 통치 내내 언제나 자신의 희망과 반대로 행동하지 않을 수 없었기 때문이다.

차르는 이상주의적인 평화주의자로서 권좌에 오를 때 보편적인 평화의 시대를 이끌기를 갈망했지만, 그럼에도 불구하고 러시아는 그의 통치 아래에서만큼 전쟁을 자주, 길게, 잔혹하게 치렀던 적이 없었다.

러시아는 일본과 전쟁을 벌였고, 국경 안에서 내전을 겪었으며, 이번에는 오스트리아와 독일을 상대로 전쟁을 벌이고 있다.

방금 말한 바와 같이, 현재의 주권자는 주권자 자신의 의지보다 위에 있는 의지들의 전체이다. 주권자의 권력은 전적으로 이 의지들을 통제하는 데에 있다. 그래야만 이 의지들이 새로운 입장을 취할 때에도 주권자에게서 벗어나지 않을 것이며 무엇보다 주권자에게 반대하고 나서지 않을 것이다. 바로 여기에, 사건들을 안내하긴 하지만 사건들을 창조하지는 못하는 현대 정치의 정교한 기술이 자리 잡고 있다.

외교 문서들은 차르가 전쟁을 얼마나 혐오했는지, 그가 전쟁을 막기 위해 어떤 노력을 펼쳤는지를 분명히 보여주고 있다. 그렇다면 그가 최종적으로 전쟁에 동의한 이유는 무엇인가?

그의 행동이 같은 시기에 오스트리아의 정책을 지배했던 심리적 요인들과 너무나 비슷한 심리적 요인들의 영향을 받고 있었기 때문에, 러시아와 오스트리아 사이에 충돌은 불가피했다. 이 요인들은 위신에 대한 욕구와 이웃 강대국에 대한 의심이었다.

어떤 측면에서 보면 옛날에 터키의 지배를 받던 발칸 소국들의 건설자로서, 러시아는 발칸 소국들을 오스트리아의 야심찬 계획으로부터 보호하는 것을 스스로 의무로 여기고 있었다. 러시아가 오스트리아-헝가리 제국이 발칸 소국들을 흡수하도록 허용함으로써 실제로 많은 것을 잃게 될 것인지는 의문스럽지만, 내가 이전에 말한 바와 같이, 이런 것들은 민족적 자존심이 걸린 문제이기 때문에 이방인은 거기에 대해 절대로 대답하지 못한다. 그러므로 우리는 러시아와 오스트리아에 이런 감정이 존재했고, 오스트리아의 동원령은 세르비아 같은 작은 나라와의 연결에서는 불필요했으며 분명히 오스트리아가 의심하던 러시아를 상대로 한 것이었을 수 있다는 정도의 진술로 만족해야 한다. 오스트리아의 입장에서는 러시아의 기습 공격에 대비하지 않을 수 없었을 것이다.

오스트리아의 성급한 동원령이 러시아의 성급한 동원령을 야기하며 재앙을 불렀다. 외교관들의 보고는 차르의 정부가 꽤 성급한 조치들을 취하도록 한 원인들을 보여주고 있다.

상트 페테르부르크에 있던 영국 대사는 7월 29일에 이런 내용의 전문을 썼다.

> "러시아가 동원령을 내리지 않음으로써 솔직하다는 점을 보여주었다면, 오스트리아는 러시아가 평화를 바라는 상황을 기회로 삼으며 자국이 끝까지 가도 되겠구나 하고 믿었을 것이다."

상트 페테르부르크의 프랑스 대사는 7월 29일 이렇게 말했다.

> "러시아군 참모본부는 오스트리아가 러시아를 상대로 군사적 준비를 서두르면서 갈리치아의 국경 지역을 시작으로 동원에 박차를 가하고 있다는 것을 확인했다. 따라서 동원을 위한 명령이 오늘 밤에 최종적으로 오스트리아를 상대로 작전을 펴게 될 13개 군단에 내려질 것이다."

주로 불신에 의해 일어난 이런 동원령에도 불구하고, 러시아는 공격적으로 나오지 않았다. 평화를 다짐하기 위해, 러시아는 마지막 순간에 세르비아의 독립을 존중하겠다는 약속으로도 만족할 것이라고 선언했다. 빈 주재 영국 대사는 8월 1일 이런 전문을 보냈다.

> "오스트리아 주재 러시아 대사에 따르면, 러시아는 지금도 세르비아의 보존과 독립을 존중하는 약속만으로 만족할 것이라고 한다. 러시아 대사는 러시아는 오스트리아를 공격할 의도가 전혀 없다고 말한다. 그는 오늘 다시 오스트리아 외무장관에게 이런 약간의 양보조차 거부하면 끔찍한 결과를 초래할 것이라는 점을 강조할 계획이다. 이번에는 러시아는 악착같이 싸울 것이다."

3. 독일 황제의 의지와 그의 결정에 영향을 미친 요소들

독일 황제(빌헬름 2세)의 심리를 묘사하려는 시도가 몇 차례 있었지만, 여기서는 단지 그가 마지막 순간에 전쟁을 선포하도록 유도했을 수 있는 요소들만을 연구할 것이다.

그가 강대국들이 독일을 공격하지 못하도록 막기 위해 군사적인 준비를 하고 있었음에도 불구하고, 그는 의심할 바 없이 평화를 사랑하는 사람이었다. 그가 25년에 걸친 통치 기간에 자기 나라를 전쟁으로 몰아붙일 수 있었던 많은 위기를 해결했다는 사실로도 그 점은 분명히 증명된다. 베를린 주재 프랑스 대사는 거기에 이의를 제기하지 않으며, 그의 보고서 중 하나에는 이런 내용이 있다.

> “지금 황제는 예전에 불쾌하게 여겼던 생각들과 많이 익숙해지고 있다. 그가 즐겨 사용하는 비유적인 표현을 한 가지 제시하면, ‘화약은 언제나 잘 말려 둬야 한다.’는 말이 있다.”

빌헬름 2세는 매우 충동적이고, 매우 이기적이고, 매우 경건하고, 언제나 자신을 신이 선택한 그릇으로 진정으로 믿었으며 또 그런 식으로 자주 말했다. 전쟁을 선포할 때, 그는 군인들에게 이렇게 말했다.

> “독일인은 신의 선택을 받은 민족이라는 점을 기억하라. 독일 황제인 나에게 신의 정신이 강림했다. 나는 신의 무기이고, 신의 칼이고, 신의 대리자다. 나에게 복종하지 않는 자에게 화 있을진저! 겁쟁이와 불신자에게 죽음을!”

로이드 조지는 이 연설에 대해 이렇게 말했다.

> “무함마드 시대 이후로 그런 연설은 절대로 없었다. 광기는 언제나 정신을 괴롭힌다. 그러나 간혹 광기는 위험하다. 그리고 광기가 한 나라의 지도자에게 나타나고, 그것이 어느 큰 제국의 정책이 될 때, 그때는 광기를 냉혹하게 제거해야 한다.”

그것은 광기는 아니지만, 신비주의 정신의 발작인 것만은 틀림없다.

전쟁이라는 생각이 독일 황제의 머리에서 일어나게 된 과정을 제대로 이해하려면, 그가 평화를 아주 사랑했으면서도 언제나 협박할 준비가 되어 있었다는 점에 주목해야 한다. 그는 칼을 예리하게 갈아 놓아야 한다거나, 화약을 잘 말려둬야 한다는 식의 말을 끊임없이 했으며, 모로코와 콘스탄티노플, 성지를 여행할 때에는 개별적으로 보호를 제안하고 가는 곳마다 위협적인 말을 서슴지 않았다. 그는 자신을 두려움의 대상으로 만들기를 원했다. 이유는 그가 자신의 막강한 군대가 당연히 유럽 무대에서 주도적인 역할을 할 권리를 자신에게 안겨 준다고 생각했기 때문이다. 그런 역할을 놓고 싸울 필요도 없다는 판단이었다.

그의 체제는 절대로 나쁘지 않았다. 그 체제가 그에게 몇 년 동안 원했던 것을 모두 안겨주었으며, 프랑스가 모로코에서 양보하도록 만들고, 오스트리아가 독일의 위협을 업고 조약을 파기하고 보스니아와 헤르체고비나를 병합할 때 러시아가 침묵을 지키도록 만들었다.

그의 위협적인 태도는 지금까지 매우 성공적이었기 때문에, 그는 그 같은 태도가 세르비아 사건에도 그대로 먹힐 것이라고 생각했다. 내가 인용한 바 있는 독일 외교관들의 보고서들은 독일 황제에게 프랑스와 러시아는 절대로 전쟁을 일으키지 못하는 한편, 영국은 아일랜드에서 내전의 위협에 처해 있기 때문에 프랑스와 러시아보다도 전쟁 준비가 덜 되어 있다는 인식을 심어 주었다.

이런 상황들을 두루 고려한다면, 독일 황제가 회의 같은 것을 여는 데 동의해야 할 이유가 있었을까? 어느 누구도 만족시키지 못하면서, 오스트리아가 세르비아를 상대로 프란츠 페르디난트의 암살에 대해 보복하지 못하도록 막을 게 뻔한 그런 형편없는 해결책을 내놓을 회의를?

황제는 평화를 사랑하는 사람이었고 전쟁을 벌이는 일에는 관심이 없었다. 그렇다면, 어떤 동기들이 그가 전쟁을 벌이도록 했을까?

지금 설명할 군사적 원인들이 최종적으로 그가 전쟁을 결정하도록 한 것 같다. 군사적 동기들의 중요성을 확인하기 위해선 먼저 동원령을 내리는 날짜가 차르뿐만 아니라 카이저에게도 얼마나 중요했는지를 살펴보아야 한다. 왜냐하면 동원령 날짜가 막강한 독일 제국과 러시아 제국을 최종적으로 죽음의 길로 밀어 넣은 결정적인 요소들이기 때문이다. 프랑스 대사와 영국 대사들이 보낸 전문들은 동원령을 내릴 가능성이 불러일으킨 공포를 분명히 보여주고 있다. 이 문서들은 또 마지막 순간에 두 제국은 모두 불신하는 적이 선수를 치지 못하게 막으려고 노력했다는 점을 증명하고 있다.

오스트리아는 군사 행동을 개시했으며, 상트 페테르부르크 주재 프랑스 대사가 7월 31일에 선언한 바와 같이, 러시아도 즉시 오스트리아의 뒤를 따랐다.

> "오스트리아에서 총동원령이 내려지고, 독일이 지난 6일 동안 비밀리에 지속적으로 동원을 준비했기 때문에, 러시아도 군에 총동원령을 내렸다. 러시아로서는 오스트리아가 선수를 칠 경우에 중대한 위험을 감수하지 않을 수 없기 때문이다."

베를린 주재 영국 대사는 독일 제국의 수상을 면담한 뒤인 7월 31일 이런 전문을 보냈다.

> "독일 수상은 빈에서 평화와 자제를 권하던 자신의 노력이 러시

아가 오스트리아를 상대로 동원령을 내림에 따라 심각한 방해를 받았다고 말했다. … 그러나 그는 다른 강대국이 시간을 벌고 있는 사이에 자국을 무방비 상태로 내버려둘 수 없었다. 만약에 그가 알고 있는 대로 지금 러시아가 독일을 상대로 군사적 조치를 취하고 있다면, 그가 조용히 침묵을 지키는 것은 불가능할 것이다. 그는 매우 짧은 시간 안에, 아마 오늘 안에도 독일 정부가 매우 심각한 조치를 취할 수도 있다는 점을 나에게 알려주고 싶어 했다. 실제로 그는 곧 황제를 알현할 예정이었다.

수상은 또 차르가 황제에게 옛날의 우정을 내세우며 호소하고 있는 시점에, 그리고 황제가 실제로 그 요구에 부응하고 있는 바로 그 시점에, 러시아와 독일 국경 지역에서 동원 준비가 적극적으로 이뤄지고 있다는 소식이 황제의 귀에 들어갔다고 덧붙였다."

파리 주재 영국 대사가 8월 1일에 썼듯이, 러시아는 동원령을 서두르는 것이 정당한 조치였다고 생각했다.

"파리 주재 러시아 대사는 다음과 같은 통보를 받았다. 러시아 황제가 총동원령을 내린 것은 오스트리아가 총동원령에 관한 칙령을 내린 뒤의 일이고, 또 러시아 정부는 모든 강대국들이 같은 조치를 취한다면 동원령을 해제할 것이라는 내용이었다."

독일은 러시아의 동원령을 아주 두려워하고 있었다. 그래서 독일은 7월 31일 러시아를 향해 받아들여지지 않을 게 틀림없는 그런 내용의 최후통첩을 보냈다. 조건이 12시간 안에 동원 해제였으니 말이다. 독일은 8월 1일 전쟁을 선포했다.

사태가 이 지경에 이르기 전에, 독일 황제는 개인적으로 차르에게 동원령을 중단할 것을 긴급하게 호소했다. 그것은 러시아의 동원령에 대한 독일 황제의 두려움을 증명하는 것일 뿐만 아니라 독일 황제가 평화를 지키기를 진정으로 소망했다는 점을 뒷받침한다. 독일 황제가 7월 28일자로 자기 사촌[51]에게 보낸 전문으로 시작하는 이 서신 중 일부를 소개한다. 가장 중요한 단락은 이 부분이다.

> "나는 오스트리아가 세르비아로 진격한 것이 당신의 제국 안에 불러일으킨 인상에 대해 깊은 관심을 갖고 들었다. 세르비아 내에서 몇 년 동안 계속된 비양심적인 선동이 프란츠 페르디난트 대공의 희생을 부른 기괴한 폭력 행위로까지 발전했다.
> 나는 솔직히 당신과 당신의 정부가 여론의 압력을 견뎌내는 것이 얼마나 어려운지를 잘 알고 있다. 나는 우리 두 나라 사이에 오랫동안 이어져온 진솔한 우정을 기억하면서 오스트리아-헝가리와 러시아가 진정으로 서로를 이해하도록 하기 위해 최대한 노력하고 있다. 나는 당신이 앞으로 일어날 수 있는 어려움을 제거하려는 나의 노력을 지지해 줄 것이라고 믿고 있다."

차르는 카이저의 중재 노력에 감사를 표하는 답장을 보냈고, 카이저

51 독일 황제 빌헬름 2세와 러시아의 니콜라이 2세의 부인 알렉산드라 표도로브나는 이종 사촌 사이이다.

는 다시 7월 29일에 전보를 보냈다.

"오스트리아가 위협적인 것으로 여기고 있는 러시아의 군사적 조치는 어떤 것이든 당신과 내가 피하고자 노력하고 있는 재앙을 재촉할 것이며, 마찬가지로 중재자로서의 나의 임무를 불가능하게 만들 것이다."

7월 30일 새벽 1시에, 독일 황제로부터 또 다시 전보가 왔다.

"나의 대사에게 당신 정부에 동원령의 위험과 심각한 결과에 대해 관심을 기울여 달라고 부탁하라는 지시를 내려놓았다. 이것은 내가 지난번 전보에서 말한 내용 그대로다. 오스트리아-헝가리는 오직 세르비아를 상대로만, 자국 군대의 일부에만 동원령을 내렸다. 만약에 당신의 전보와 당신 정부의 발표가 암시하는 바와 같이 러시아가 오스트리아-헝가리를 상대로 동원을 하고 있다면, 당신이 나에게 우호적으로 맡겼고 또 나도 우호적으로 받아들인 중재 임무의 성공은 위태로워지거나 불가능해질 것이다. 지금 끌어내야 하는 결정은 모두 당신의 어깨에 걸려 있으며, 당신의 어깨는 전쟁 또는 평화에 대한 책임을 짊어져야 할 것이다."

이에 차르는 7월 30일 오후 1시 20분에 답장을 보냈다.

"지금 취해진 군사 조치는 5일 전에 오스트리아의 준비에 대한 예방 조치로 결정되었다.

이 조치들이 내가 대단히 소중하게 여기는 당신의 중재를 어떤 식으로도 방해하지 않기를 진정으로 바란다."

7월 31일 오후 2시에, 독일 황제는 마지막 노력을 기울였다.

"나는 당신의 정부와 오스트리아-헝가리 정부 사이에 중재 역할을 맡았다. 이 협상이 여전히 진행되고 있는 동안에, 당신의 병력은 나의 동맹국인 오스트리아-헝가리를 상대로 동원되었으며, 그 결과, 이미 당신에게 알려준 바와 같이, 나의 개입은 거의 물거품이 되었다. 그럼에도 불구하고 나는 중재 노력을 계속했다.
방금 나는 동쪽 국경에서 호전적인 중대한 준비가 이뤄지고 있다는, 믿을 만한 정보를 받았다. 나는 나의 제국의 안전에 대한 책임을 져야 하기 때문에 그와 비슷한 방어 조치를 취하지 않을 수 없다.
나는 평화를 지키기 위해 최대한 노력했으며, 현재 전체 문명 세계를 위협하고 있는 무서운 재앙의 책임을 질 사람은 내가 아니다. 지금이라도 재앙을 막는 것은 전적으로 당신에게 달려 있다.
어느 누구도 러시아의 명예와 권위를 위협하지 않고 있으며, 러시아는 나의 중재의 결과를 기다렸어야 했다."

이 전문에 대한 대답은 없었으며, 러시아는 7월 31일에 12시간 이내에 동원을 해제하라는 요구를 받았다. 이것은 곧 전쟁을 의미했다.

전쟁이 선포된 뒤, 독일 황제의 태도는, 그가 프랑스 대사를 터무니없이 대한 데서 확인되듯이, 고심해 고안한 계획이 성공하기를 진정으로 바랐던 사람의 태도가 절대로 아니었다. 당시에 프랑스 외교관이 국경까지 가면서 당한 수모에 대해서는 이미 말한 바 있다. 그 외교관은 26시간 동안 물 한 방울 빵 한 조각 없이 밀폐된 기차 객차 안에 갇혀 있어야 했으며, 그 여행에 대해 금으로 5,000 프랑을 지급해야 했다. 이 무례한 행위에 책임을 진 사람은 그 같은 사실을 너무나 수치스럽게 생각한 나머지 결국 그 돈을 돌려주었다.

평화를 사랑하던 카이저는 자신이 원하지 않은 전쟁을 막는 것이 불가능하다는 사실을 깨닫고는 크게 분노했다. 이 같은 사실 하나만으로도, 우호적인 전보가 몇 차례 오간 뒤에 러시아에 고압적인 최후통첩이 날아간 사실이 충분히 설명된다. 그러나 평화를 확실히 원했던 주권자가 전쟁 쪽으로 급히 선회하게 만든 동기들을 우리는 어디서 찾아야 하는가? 어떤 긴박한 필요가 있었기에 그가 마지막 순간에 전쟁을 선포하게 되었을까?

분명히, 카이저는 미래의 적들에게 전쟁을 준비할 시간을 주는 것을 두려워했지만, 이 말의 뜻은 충돌이 일어나는 경우에 신속한 동원이 독일에게 안겨줄 엄청난 이점을 이해할 수 있을 때에만 분명하게 드러난다. 독일군 참모본부는 프랑스가 병력을 동원하려면 20일 정도가 필요하고 러시아의 경우에는 2개월이 필요하다는 것을 알고 있었으며, 따라서 독일의 병력 동원이 빨리 이뤄질 경우에 먼저 모든 병력을 프랑스에 투입해 프랑스부터 점령한 다음에 러시아를 공격할 수 있을 것이라고 판단했다. 그러나 만약에 러시아가 질질 끌고 있는 외교적 대화를 이용해 동원을 완료한다면, 이 계획은 완전히 실패로 끝날 것이다. 그런 식으로 진행될 경우에 카이저는 적을 하나가 아니라 둘을 두게 될 것이다. 그가 최후통첩을 보냄으로써 피하기를 원했던 것이 바로 이런 상황이었다.

4. 독일 황제의 무의식적 의지에 영향을 미쳤을 다양한 요소들

방금 설명한, 전략적인 성격을 띤 합리적인 동기들 외에, 다른 요소들도 독일 황제(빌헬름 2세 · 사진)의 무의식적 의지에 작용하면서 그의 의식적 결정을 그 쪽 방향으로 끌었을 것이다. 평화를 사랑하는 카이저의 인기가 군부에서 시들해지고 있었던 반면에, 호전적인 그의 아들의 인기가 커지고 있었다는 사실을 고려해야 한다. 서너 건의 사건에서, 특히 모로코와의 연결 속에서, 독일 군대는 전쟁을 치러야 하는 시점에 이르렀다고 생각했지만, 그때마다 독일은 뒤로 물러났다. 범(汎)게르만주의자들은 충돌을 자극하고 있었으며, 마침내 세계 지배라는 욕망이 쉽게 실현될 것처럼 보였다. 그러나 문제는 몇 년 더 지나면 세계 지배가 더 어려워질 수 있다는 점이었다. 그러니까 러시아가 아직 완성하려면 한참 남은 철도망을 완성하게 되는 때 말이다. 이런 모든 원인들이 함께 작용하면서,

틀림없이 독일 황제의 결정에 영향을 미쳤을 것이다.

이 장을 끝내면서, 나는 독일이 오스트리아에게 격려를 보내고 오스트리아-헝가리 제국이 비타협적인 태도를 취한 것은 주로 독일 정치인들이 품고 있던 그릇된 생각 때문이었다는 점을 다시 강조해야 한다. 이 생각이 운명의 일주일 동안에 벌어진 모든 외교적 협상 위를 맴돌고 있었던 것이다. 바로 러시아도, 프랑스도, 영국도 전쟁에 나서지 않을 것이라는 생각이었다. 분별력이 별로 없는 지도자들이 저지른 이런 판단 착오 때문에 수백 만 명의 인간들이 목숨을 버려야 했고 번영을 구가하던 많은 유럽 도시들이 황폐화되어야 했던 것이다.

7장

누가 전쟁을 원했는가?

1. 전쟁을 야기한 사건들을 요약하면

전쟁에 앞서 일어난 사건들은 별도로 요약할 필요가 없을 만큼 충분히 설명되었지만, 그럼에도 나는 여기서 사실들을 훑어보기 위해 요약한다. 이유는 공식 문서들을 바탕으로 사건들을 살피는 것이 다소 지루한 일이기 때문이다.

끔찍한 재앙으로 이어졌던 일련의 먼 원인들은 옆으로 제쳐두도록 하자. 그러면 세르비아에서 비롯된 음모에 의해 일어난 오스트리아 대공의 암살이 출발점이 될 것이다.

오스트리아는 황위 계승자의 죽음에 복수를 하고, 그와 동시에 발칸에서 자국의 지위를 다소 끌어올리기로 작정했다. 왜냐하면 오스트리아가 발칸 전쟁 동안에 후퇴하는 모습을 여러 차례 보이면서 타격을 입었기 때문이다. 따라서 오스트리아는 세르비아에 그 나라가 받아들일 수 없는 조건의 최후통첩을 보냈으며, 세르비아가 최후통첩을 받아들이기를 거부하면 오스트리아는 전쟁을 선포할 수 있을 것이다. 이 과정에 오스트리아는 독일의 지원을 확보하고 있었기 때문에 거기에 수반될 위험을 보지 못했다. 중요한 것은 오스트리아의 외교관들이 쓴 보고들이 러시아와 프랑스가 약한데다가 국내 문제로 힘들어하고 있는 탓에 부득이 중립을 지킬 수밖에 없을 것이라고 확신했다는 점이다. 러시아는 이미 보스니아의 예에서 양보했듯이 틀림없이 한 번 더 양보할 것이고, 영국은 아일랜드에서 내전 위험에 처해 있기 때문에 자국과 별로 관계가 없는 문제에 간섭하지 않을 것으로 짐작되었다.

오스트리아는 갈망하던 대로 이런 조치를 취함으로써, 새로운 영토를 얻고 슬라브인들의 눈에 사라지고 있던 위신을 다시 세울 수 있을 터였다. 독일은 물론 물질적인 방향으로 얻을 것이 없었다. 그러나 독일이 거기서 얻을 수 있는 정신적 이점은 상당히 중요하다. 이유는 독일이 자신의 의지를 유럽에 한 번 더 강요하게 될 것이고, 독일의 지배력이 급성장하고 있다는 인상을 더욱 깊이 심을 수 있기 때문이다. 특히 독일은 태도만 단호하게 취하기만 해도 다른 강대국들이 오스트리아와 세르비아의 갈등에 개입하지 못하게 할 수 있다고 판단했다.

실제로 시도된 것은 정확히 바로 그런 것이었다. 그러나 중부 유럽 제국들의 외교관들은 빈틈없는 계획을 고안하면서 불행하게도 그만 정서적, 신비주의적, 집단적인 요소들을 고려하는 것을 망각해 버렸다. 역사의 어떤 사건도 이런 요소들의 영향에서 벗어날 수 없는데도 말이다. 이 요소들은 이성의 논리와 완전히 다른 논리를 따른다. 외교관들의 예상이나 주장에 어떠한 결함도 발견되지 않는데도 불구하고, 결과는 그 예상과 주장이 완전히 잘못되었음을 보여주고 있다. 러시아도 마찬가지로 위신의 필요성을 강하게 느끼고 있었으며, 이전에 비슷한 상황에서 이미 굴욕감을 느낀 바가 있었기 때문에 그런 굴욕을 다시 참아줄 수는 없었다.

전쟁은 정말로 러시아의 불개입에 관한 심리적 오류에서 기원했다. 왜냐하면 그 비극의 모든 사건들은 그릇된 전제에서, 다시 말해 러시아가 양보할 것이고 다른 강대국들도 간섭하지 않을 것이라는 전제에서 시작해 꼬리에 꼬리를 물고 일어났기 때문이다. 오스트리아와 독일은 러시아에 겁을 주려는 생각에서 거만한 태도를 취한 반면에, 전쟁을 피하길 원했던 러시아는 협상을 제안했다. 그러나 러시아의 제안은 단지 러시아의 적들로 하여금 전면전을 두려워할 필요가 없다는 확신을 품게 만들고 말았다. 따라서 오스트리아와 독일의 태도는 더욱 비타협적으로 변했고, 마침내 오스트리아는 세르비아를 상대로 전쟁을 선포해도 안전하겠구나 하는 생각을 품기에 이르렀다. 오스트리아의 결정은 오스트리아 외교관들에게 매우 영리한 것으로 받아들여졌지만 정반대로 극도로 어리석었다. 왜냐하면 마지막 순간에 실제로 벌어졌던 것처럼 강대국들이 개입하기로 결정하는 경우에 오스트리아가 빠져나갈 구멍을 전혀 남겨놓지 않았기 때문이다.

독일과 오스트리아, 특히 오스트리아가 자국의 비타협적인 태도가 유럽 전쟁을 야기하고 있다는 사실을 깨달았을 때, 독일과 오스트리아는 유화적인 태도를 취하면서 대재앙을 막으려고 온갖 노력을 기울였지만, 이미 때는 늦어 있었다. 독일 황제가 러시아의 차르에게 급히 전문을 보낸 것도 허사였다. 왜냐하면 그 시점까지 사건들에 영향을 미쳤던 사람들이 그때부턴 사건들에게 지배당하게 되었기 때문이다.

막판에, 그러니까 전쟁이 선언되기 직전에, 그때까지 행동의 결정적인 동인이었던 자존감과 위신을 지키려는 욕망은 다 사라져 버리고, 이젠 새로운 감정이 현장에 나타났다. 그것이 바로 갈등을 불가피하게 만들게 되어 있는 불신이었다.

양측이 적에게 기습 공격을 당하지 않기 위해 군사적 준비에 박차를 가하도록 만든 것은 정말로 불신이었다. 전쟁이 발발하는 경우에 신속함이 성공의 필요조건처럼 보였기 때문이다.

오스트리아는 각오가 충분히 되어 있다는 점을 보여주고, 또 러시아에게 겁을 주기 위해 세르비아를 상대로 병력을 동원했다. 이유는 오스트리아가 자국의 상비군으로도 세르비아 같은 소국을 충분히 다룰 수 있다는 것을 잘 알고 있었기 때문이다. 게다가 세르비아는 최근 두 차례의 전쟁으로 인해 이미 소진한 상태였다.

러시아는 오스트리아의 동원령이 러시아를 겨냥한 것이라고 짐작했으며, 따라서 가만히 앉아 졸다가 당하는 사태를 피하기 위해 동원령을 내렸다.

독일은 그 경쟁에서 어느 나라도 자국을 도외시하도록 내버려둘 생각이 없었으며, 그래서 러시아에 당장 동원령을 해제하라는 오만한 요구를 보냈다. 러시아가 진정한 의도를 드러내도록 하려는 목적이었다. 러시아의 동원령이 다소 성급한 조치였던 것은 분명하다. 그러나 차르는 카이저의 야만적인 명령에 복종할 수 없었다. 이 문제에 걸린 감정이 워낙 강했기 때문에, 양쪽 모두 양보할 수 없었으며, 그들이 고집을 부린 결과가 곧 전쟁이었다.

프랑스는 평화를 간절히 바라고 있었음에도 불구하고 동맹국을 따를 의무가 있었다.

영국은 투쟁에 절대로 간섭하지 않겠다고 다짐했지만, 새로운 심리적 오류가 영국을 전쟁에 끌어들이게 되어 있었다. 독일군 참모본부는 영국이 벨기에의 침범에 무관심할 것이라고 확신했으며, 전시에는 조약의 신성함에 대한 존경이 거의 사라지는 터라, 독일군은 조금도 주저하지 않고 벨기에로 진군했다. 전략적 측면에서 이미 폰 몰트케Helmuth von Moltke[52]로부터 비난을 들은 이 실수는 영국을 독일의 적으로 만들었으며, 게르만족의 명분에 조금의 이익도 되지 않았다. 왜냐하면 카이저의 군대가 그냥 룩셈부르크를 통과했더라면 리에주 앞에서 2주일을 허비하지 않고 파리에 훨씬 더 빨리 접근할 수 있었을 것이기 때문이다.

협상을 조금 더 인내심을 갖고 진행했더라면, 이 전쟁이 예방될 수 있었을 것이라는 말도 있다. 그랬더라면 틀림없이 그런 결과가 나왔을 것처럼 보이지만, 대재앙을 낳은 먼 원인들을 근거로 판단한다면, 단순히 전쟁이 연기되는 데서 그쳤을 것이다. 왜냐하면 독일과 다른 강대국들 사이에 문제의 소지가 너무나 많았던 탓에, 유럽이 지금까지 어쩔 수 없이 감당해야 했던, 비용이 많이 드는 무장 평화가 오랫동안 지속될 수는 없었기 때문이다.

52 카이저와 돈독한 관계를 유지한 것으로 유명한 독일 장군(1848-1916)으로 제1차 세계대전 발발 당시에 참모총장을 맡았다.

2. 누가 전쟁을 원했는가?

앞 장에서, 누가 전쟁을 원했는가라는 질문에 아무도 원하지 않았다고 대답해도 과장이 아니라는 것을 보았다. 실제로 아무도 전쟁을 원하지 않았기 때문이다. 그럼에도 불구하고 전쟁은 독일 황제에 의해 선포되었고, 따라서 전쟁에 대한 책임은 그에게 있다. 우리가 독일 황제가 전쟁을 원하지 않았다는 점을 보여주는 데 관심을 두는 것은 오직 심리학적인 관점에서다.

나도 문서들을 면밀히 검토하기 전까지는 프랑스 내에서 대부분의 사람들이 품었던 믿음, 즉 독일이 프랑스를 상대로 전쟁을 벌일 구실을 찾던 중에 제일 먼저 나타난 기회를 이용했다는 믿음을 품고 있었다. 이것은 어느 탁월한 학자가 '옐로우 북의 가르침'에 관한 책에서 제시한 의견이며, 소르본의 다른 학식 높은 교수 2명도 역사적 연구 방법의 모든 원칙들에 맞춰 공 들여 쓴 '누가 전쟁을 원했는가?'라는 제목의 논문에서도 그와 똑같은 의견을 제시했다.

그러나 나는 처음에는 널리 알려진 이 의견에 동의했음에도 불구하고, 나를 망설이게 만든, 반대할 근거들이 있었다. 영국과 독일 사이의 전쟁은 틀림없이 다소 먼 미래에 불가피한 것처럼 보였지만, 나는 스스로에게 묻지 않을 수 없었다. 독일 제국이 현 시점에서 프랑스와 러시아를 상대로 전쟁을 벌여 추구할 수 있는 이점이 무엇인가? 프랑스와 러시아가 상업적으로 독일의 최대 고객이며, 독일이 매일 제품과 대리자들을 내세워 이 나라들을 더욱 깊이 침투하고 있는 상황에서 말이다. 공격을 벌이기에 더욱 적절한 기회가 틀림없이 있었다. 특히 러시아가 일본에 패배하고 혁명의 고통을 겪고 있을 때가 아주 적절한 기회였을 것이다. 내가 이미 언급한 바와 같이, 당시에 러시아는 어떤 방법으로도 스스로를 방어할 수 없는 상황이었다.

내가 그 문서들을 보다 세심하게 연구함에 따라, 어떤 불빛이 나의 정신을 비추기 시작했다. 나는 독일이 군사력의 지속적 증강과 외교적 오만으로 전쟁을 불가피하게 만들었을지라도, 그럼에도 불구하고 독일은 전쟁이 발발한 그 시점에 전쟁을 벌일 욕망을 전혀 품지 않았다고 결론을 내렸다. 그리고 내가 인용한 문서들이 없었다 하더라도, 나의 의견엔 이 이론을 충분히 뒷받침할 수 있는, 심리적인 성격을 띤 사실들이 몇 가지 있다.

가장 먼저, 독일 황제가 마지막 순간에 차르에게 군사적 조치를 중단해 달라고 간청하는 전보들이 있다. 독일 황제가 말한 바와 같이, 러시아의 군사적 조치가 그로 하여금 불시에 당하지 않기 위해선 동원령을 내리도록 강요했을 것이다. 독일 황제는 죽어가던 할아버지에게 러시아에 대한 우정을 약속했다는 점까지 자기 사촌에게 상기시켰다. 만약에 카이저가 이미 전쟁을 선포하기로 결정했다면, 이런 위선은 아무런 소용이 없을 것이다. 그렇다면 그의 전보는 아마 꽤 정직했을 것이며, 첫 번째 전보가 전쟁 개시 3일 전에야 쓰였기 때문에, 마지막 순간에도 그가 전쟁을 벌일 결정을 내리지 않고 전쟁을 막기 위해 모든 노력을 기울이고 있었다는 점은 의심의 여지가 없는 것 같다.

나는 이 같은 주장이 정확하다고 믿고 있으며, 상트 페테르부르크 주재 독일 대사가 크게 낙담했다는 말도 꽤 설득력 있게 들린다. 내가 앞에서 인용한 문서에서 영국 대사가 그런 이야기를 전하고 있다. "독일 대사는 전쟁이 불가해졌다는 것을 보고는 완전히 좌절했다. 그는 사조노프에게 자신이 마지막 희망으로 독일 정부에 전보를 칠 수 있는 제안을 하나 내놓으라고 간청했다."

분명히, 이것은 본국 정부의 지시 하에 전쟁을 일으키려고 노력하고 있던 대사의 태도는 아니다. 그의 감정은 실제로 베를린의 외무장관이 내가 다른 곳에서 인용한 대화에서 영국 대사에게 내비친 감정과 비교할 만하다.

고위직에 있는 두 사람이 서로 멀리 떨어진 상태에서 똑같이 절망을 위선적으로 꾸며 보이는 것은 거의 있을 수 없는 일이다. 이 경우에도 위선은 너무나 불필요한 일이라서 그럴 가능성이 크게 떨어진다.

이 3가지 종류의 증거에다가 어느 프랑스 해군 제독이 '르뷔 드 파리'에 제공한 정보를 더할 수 있다. 독일 함대 전체가 1914년 7월 26일에 기지에서 멀리 떨어진 곳을 이동하고 있었으며, 그래서 만약에 영국 함대가 간섭하고 나섰다면 독일 함대는 석탄도 공급받지 못하고 승무원도 충분히 태우지 못했을 것이다.

그러므로 우리는 독일 황제가 전쟁을 갈망했다는 이론을 배제해야 한다. 그러나 그가 전쟁을 선포했다는 사실은 그래도 그대로 남는다. 그는 왜 전쟁을 선포했을까?

이 질문에 대해 나는 앞 장에서 의심들이 복잡하게 뒤얽히면서 그가 계속 앞으로 나아가도록 만들었다는 식으로 대답했다. 당시에 그를 지배했던 감정은 성공을 거두지도 못할 협상에 질질 끌려다니다가 러시아에 동원을 마무리할 시간적 여유를 주고, 따라서 독일군 참모본부가 구상하고 있던 신속한 공격 계획을 망쳐놓고 마는 것은 아닌가 하는 두려움이었다. 오스트리아가 양보하기 시작했기 때문에, 다소 누그러진 불신이 그가 인내심을 조금 더 발휘하도록 했을 수도 있지만, 아마 그의 측근들이 마지막 순간에 그에게 영향을 미쳤을 것이다. 사태가 이런 식으로 전개되었을지라도, 카이저와 차르는 전면전을 막기를 바란다는 데 의견의 합의를 보았으며, 그런 투쟁은 오스트리아 황제가 바랐던 것도 아니었다. 그러나 이 세 사람들의 상호 의심이 불가피하게 전쟁을 불렀다.

이것이 '누가 전쟁을 원했는가?'라는 질문에 '아무도 원하지 않았다.'고 대답할 수 있는 이유이다. 그러나 다른 질문, 즉 '충돌의 직접적 원인은 무엇인가?'라는 질문에 대한 대답은 '세 황제들의 상호 불신'이 되어야 한다. 셋 중에서 독일 황제의 의심이 가장 컸으며, 이것이 그가 전쟁에 책임을 져야 하는 이유이다. 전쟁을 선포하기로 최종 결정한 것은 어디까지나 독일 황제였으니까.

독일 황제는 또 루뱅과 랭스, 이프르 등 여러 도시에서 일어난 대량 살상과 파괴에 대한 책임도 져야 한다. 왜냐하면 어느 장군도 그의 허락 없이는 감히 그런 명령을 내리지 못했을 것이기 때문이다. 이것은 독일 황제의 영원한 수치일 것이다.

* * *

몇 개의 장에서 논하고 있는 문제는 심리학적으로 지대한 관심을 끄는 문제이다. 그것이 인간들의 행동을 자극하는 감정들의 충돌을 잘 보여주고, 또 이 감정들이 어떤 식으로 일어나서 깊어지는지를 잘 보여주기 때문이다. 그러나 전쟁의 기원이라는 문제는 교수들과 학자들에게 강한 인상을 줄지 몰라도 실용적으로 따지면 전혀 아무런 중요성을 지니지 않는다. 다양하고 먼 상황들이 그 충돌을 불가피하게 만들었으며, 따라서 마지막 순간에 누가 전쟁의 발발을 야기했는지를 아는 것은 그다지 중요하지 않다.

그 문제를 정확히 이런 식으로 고려하는 대중의 마음이 오히려 학자들보다 문제의 본질을 더 잘 파악하고 있다. 왜냐하면 대중의 마음은 독일이나 러시아, 오스트리아가 전쟁을 원했는지 여부를 밝히려고 시도하지도 않고 또 다양하게 해석될 수 있는 외교 문서들을 분석하다가 길을 잃을 일도 없기 때문이다. 그럼에도 불구하고 대중의 마음은 독일이 탕헤르와 알헤시라스, 카사블랑카, 아가디르 등에서 이미 채택했던 협박적인 계략을 되풀이하고 있었다는 감정을 매우 적절히 품고 있다. 프랑스 내 어디를 가나 "계속 이런 식으로 살 수는 없어!"라는 외침이 똑같이 들리고, 사람들은 피할 수 없는 것이 너무나 분명해 보였던 투쟁을 받아들였다. 이런 상황에서, 독일이 마지막 순간에 전쟁을 벌이기로 결정했는지 여부는 그다지 중요하지 않다. 왜냐하면 독일이 반복되는 협박을 통해서 조만간 틀림없이 전쟁을 야기했을 것이기 때문이다. 독일은 점점 커지고 있는 힘을 믿고 협박을 남발해도 안전하다고 생각하고 있었다. 그러므로 프랑스가 불가피한 해결의 날을 조금 더 연기하기 위해서 굴욕을 다시 참지 않는 것이 더 바람직했다.

8장

독일을 비롯한 다양한 나라에서 제시된, 전쟁 원인에 관한 의견

1. 전쟁에 관한 의견들의 심리적 바탕

일부 독일 저자들이 제시하는, 전쟁의 원인들에 관한 이상한 의견들과 그들이 드러내는 폭력성은 중립적인 사람들에게 대체로 놀라움으로 다가왔다.

이 장에서 나는 그 의견들 중에서 가장 중요한 것을, 말하자면 유명한 학자들이 표현한 의견들에 대해 언급할 것이다. 이 의견들의 기원을 제대로 이해하기 위해서, 나는 독자들에게 나의 책 『의견과 신앙』Les Opinions et Les Croyances에 제시된 원칙들을 참고할 것을 권한다. 거길 보면 집단적, 정서적, 신비주의적 원천에서 비롯된 믿음들은 논쟁의 영향을 받지 않는다는 사실이 확인될 것이다. 또 개인적인 정신이 집단적인 정신과 어떤 식으로 혼합되는지, 설득의 중요한 요소들은 어떤 것인지, 마지막으로, 정해진 어떤 시점에 국민을 이끄는 의견을 형성하는 메커니즘은 어떤지도 확인될 것이다.

이 현상들은 저마다 법칙을 갖고 있으며, 나는 이 법칙을 규명하려고 시도했다. 그러나 내가 이 현상들을 다루는 책을 썼을 때, 당연히 나는 유럽 전쟁이 그렇게 빨리 터지면서 내가 제시한 원리들을 뒷받침할 것이라고는 상상도 하지 못했다.

전쟁의 원인과 관련해서 독일에서 전반적으로 받아들여지는 의견들은 어떤 믿음, 말하자면 암시에 의해 확립되고 정신적 전염에 의해 전파되는 믿음은 논쟁의 영향을 전혀 받지 않는다는 점을 보여주고 있다. 그 의견들은 또 아무리 고매한 지성을 가진 사람도 그런 압도적인 믿음의 노예가 되지 않을 수 없다는 점을 보여주고 있다.

내가 저자들의 말을 그대로 인용하면서 제시할 의견들은 대부분 새로운 신앙의 탄생에 두드러지는 특징인 분노와 폭력성의 표현을 수반하고 있으며, 그 의견들은 아주 소중한 가치를 지니는 심리학적 문서들이다. 정말이지, 독일의 유명한 학자 중 한 사람으로 존경할 만한 인물인 분트Wilhelm Wundt가 강대국들을 강도나 암살자로 부르며 독설을 퍼붓는 모습을 보는 것은 너무나 인상적이다.

독일 지식인들이 이런 식으로 분노를 야만적으로 폭발시키는 현상은 나뿐만 아니라 다른 사람들에게도 강한 인상을 주었다. 예를 들면, 크리스티아니아 대학의 그라우Grau 교수가 있다. 이 저자는 중립국에 속하지만, 어느 강의('르뷔 뒤 무아'Revue du Mois에 번역 소개되었다)에서 탁월한 사상가들의 양식(良識)이 전쟁의 결과로 심각하게 훼손된다는 사실에 놀라움을 나타냈다. 그라우 교수는 지적으로 대단히 우수한 사람도 집단적인 정신에 둘러싸이는 경우에 비판 기능을 상실한다는 점을 보여주기 위해, 내가 여러 해 전에 제시한 집단 심리의 원리들을 이용했다. 그는 한 예로 유명한 철학 교수 루돌프 오이켄Rudolf Christoph Eucken 같은 사람의 망상을 제시하고 있다. 오이켄은 독일인들이 벌이는 전쟁은 인간 종(種)을 혁신시키는 독일의 임무라고 말하고 있다. 그는 "우리는 우리 자신을 위해서 싸우고 있는 것이 아니라 인류의 선(善)을 위해서 싸우고 있다."고 말한다.

내가 이미 인용한 바 있는 유명한 심리학자인 분트는 이보다 더 노골적이다.

> "독일이 적들을 상대로 벌이고 있는 전쟁은 진정한 전쟁이고, 전쟁이라는 단어의 본래의 의미에서 말하는 전쟁이며, 정의롭고 성스러운 전쟁이다. 그러나 프랑스인과 러시아인, 영국인이 벌이고 있는 전쟁은 이와 꽤 다른 전쟁이다.
> 우리의 적들이 벌이고 있는 전쟁은 절대로 진정한 전쟁이 아니다. 그것은 전쟁도 아니다. 왜냐하면 전쟁은 나름의 권리와 법칙을 갖고 있기 때문이다. 그것은 암살과 약탈, 해적질의 도움을 받는 강도들의 악랄한 공격일 뿐이다. 그것은 명예로운 무기를 갖고 싸우는 공개적인 투쟁이 아니다."

그라우 교수는 이런 집단 광기를 피할 수 있었던 독일 학자들은 거의 없다고 믿고 있다.

2. 독일 외교관들의 의견

적대적 행위가 시작된 이후, 독일 외교관들은 자국 정부가 전쟁을 선언한 책임은 있을지라도 전쟁을 진정으로 야기하지는 않았다는 것을 보여주려고 노력했다.

나는 독일 제국의 수상이 한 연설의 일부를 이미 인용한 바 있다. 그가 1914년 12월 2일 의회에서 행한 연설 중 일부를 소개한다.

> "결국 영국 내각이 괴물 같은 이 전쟁을 일으킨 것이나 다름없다. 왜냐하면 영국이 이 전쟁에서 3국 협상의 다른 국가들의 지원을 받을 경우에 세계 시장에서 자국의 최대 경쟁국에게 치명타를 안길 기회를 발견할 수 있을 것이라고 믿었기 때문이다.
> 따라서 신과 인간 앞에서 영국과 러시아는 유럽과 세계를 덮친 재앙에 대해 책임을 져야 한다."

독일 수상은 영국이 세계 곳곳에서 자국과 경쟁을 벌이던 국가를 처벌하기를 원했다고 언급하면서 틀림없이 자신의 믿음이 진실이라고 고려했겠지만, 내가 다른 장들에서 인용한 문서들을 근거로 하면, 정반대로 영국은 전쟁이라는 생각 자체를 끔찍하게 여기면서 전쟁을 가급적 멀리했으며, 갈등을 막기 위해 최대한 노력을 기울였다.

독일 정치에 관한 책에서, 현 독일 수상의 전임자인 폰 뷜로브는 극히 비공격적인 영국 정책의 성격에 대해 호의적으로 묘사했다.

> "독일의 해군법이 통과되고 선박 건조 활동이 본격화되기 시작한 후 10년 동안에, 영국이 굳게 지키기로 한 정책은 틀림없이 독일의 해상 발달을 중단시키고, 그렇게 함으로써 독일을 무해한 존재로 만들 수 있었을 것이다. 그러나 영국이 전쟁을 벌이기를 꺼림에 따라, 독일이 바다를 지배할 수 있게 되었다."

독일 제국의 수상은 전쟁의 기원이라는 문제와 벨기에의 중립을 위반한 이유에 대해 몇 차례 언급하면서, 자신의 명분을 정당화하기 위해 문서들을 조작하는 것도 서슴지 않았다. 벨기에를 약탈하는 동안에, 그의 몇몇 대표자들이 1906년과 1912년에 영국 무관과 벨기에 무관 사이에 있었던 대화를 언급한 문서들을 발견했다. 벨기에가 공격을 받을 경우에 벨기에를 보호하는 수단에 관한 대화였다. 이 대화에 관한 수상의 보고는 영국 무관과 벨기에 무관이 벨기에의 중립이 훼손되는 경우만을 고려하고 있다고 언급한 부분을 숨겼으며, '노르트도이체 알게마이네 차이퉁'Norddeutsche Allgemeine Zeitung은 대화라는 단어를 합의로 번역했다. 벨기에 공사는 당연히 이런 끔찍한 위조에 주의를 기울일 것을 요구했다.

그런 행동은 언제나 위험하다. 이유는 한 가지 허위 진술은 다른 많은 허위 진술의 뒷받침을 필요로 하기 때문이다. 당연히 그런 행동은 그 사람의 명성에 심각한 피해를 안기게 되어 있다.

3. 영향력 있는 독일 언론과 교수들의 의견

독일 외교관들의 진술도 아마 아주 정확하지는 않았겠지만, 그래도 그들의 말에는 적어도 게르만족 교수들의 경우와 달리 어느 정도의 개연성은 있었다. 그러나 게르만족 교수들의 사고방식은 분명히 차원이 그보다 훨씬 더 낮았다. 이 전문가들은 갑자기 연구실 밖으로 나와서 자신들에게 꽤 새로운 문제들을 직면하면서 추론 능력이 이상할 정도로 약하다는 점을 보여주었을 뿐만 아니라 다른 나라 국민들의 사고방식에 대해 철저히 무지하다는 점도 보여주었다. 당연히 이 전문가들 중에는 아주 유명한 사람도 포함되어 있다.

코스틸레프는 게르만족 교수들의 희한한 진술 일부를 다음과 같이 지적하고 있다.

> "처음에 그들은 파리 주재 러시아 대사를 공격했다. 이 대사가 전쟁이 일어날 길을 닦았고 전쟁 발발을 야기했다는 것이었다. 그런 다음에 그들은 에드워드Edward 영국 국왕, 에드워드 그레이 경, 윈스턴 처칠Winston Churchill, 니콜라이 대공[53] 등을 비난하고 심지어 푸앵카레Raymond Poincaré까지 비난했다. 이를 뒷받침하는 문서들을 보기를 원하는 사람은 10월 2일자 '노이에 프라이에 프레스'Neue Freie Press와 10월 3일자 프랑크푸르트 차이퉁Frankfurter Zeitung의 기사를 참고하길 바란다. 프랑크푸르트 차이퉁의 어느 기사는 '3국

....

53 제1차 세계대전 당시에 러시아 제국의 육군 총사령관(1856-1929)으로 니콜라이 1세의 손자였다.

협상의 음모'라는 제목을 달고 있고 기이한 추론의 예가 되고 있지만, 이 기사는 불가리아의 신문 '캄바나'Kambana에 실린 비슷한 성격의 기사에 비하면 아무것도 아니다. 불가리아 신문의 기사는 사건 전체가 이미 발칸 전쟁 때 영국과 프랑스, 러시아 정부 사이에 계획되었다고 주장한다."(Scientia)

뮌헨 대학의 브렌타노Brentano 교수는 아주 별난 발언을 하고 있다. 그는 프랑스인들이 1870년의 굴욕에 보복하고 군주제를 다시 확립하기 위해 전쟁을 벌이고 있다고 말한다. 다음 인용문은 그의 논문 중 일부이다.

"프랑스 반동주의자들은 복수심을 조금도 누그러뜨리지 않았다. … 파리의 시민들은 군주제를 부활시킨다는 사상을 좋아하기 시작했으며, 그들 중 많은 이들은 전쟁이 자신들이 원하는 주권 형태를 안겨다줄 것이라고 믿었다. 지난 몇 년 동안에 모리스 바레스Maurice Barrès[54]의 기사뿐만 아니라 '피가로'Figaro와 '골루아'Gaulois의 지도자들과 파리의 카바레에서 들리는 노래도 프랑스, 적어도 파리는 군주제를 일으킬 준비가 되어 있었고 전쟁을 갈망했다는 것을 보여주었다."

베를린 대학의 에두아르트 마이어 교수는 덜 독창적인 아이디어를 내놓았다. 그는 자기 나라 사람들 대부분과 마찬가지로 단순히 탓을

....

54 프랑스의 작가이자 시사평론가(1862-1923).

영국인에게 돌리고 있다.

> "가장 높은 곳에서 가장 낮은 곳까지, 독일에는 영국이 우리의 불구대천의 적이라는 사실을 모르는 사람이 없다. 독일인이 목숨을 걸고 싸우도록 강요한 것도 영국이고, 자국의 이익을 위해서, 그리고 독일이라는 나라를 폐허로 만들고 하나의 국가로서 독일의 독립적인 존재를 파괴하기 위해서 다른 나라 국민들을 전쟁터로 끌어들이고 있는 당사자도 바로 영국이다. 영국에 의해 강제로 전쟁에 말려든 나라들은 우리와 싸울 병사들을 보내고 있다. … 영국 정부가 교묘하게 이 전쟁을 부추겼다는 것은 의심의 여지가 없는 사실이다.
> … 영국인들은 전쟁 발발을 한동안 연기하는 것을 반겼을 것이며, 그것이 에드워드 그레이가 소집하려 했던 회의의 목표였다. 그런 경우에 연합국은 전쟁 준비를 마무리할 시간을 벌었을 것이며, 오스트리아와 독일은 똑같이 엄청난 수모를 겪어야 했을 것이다. … 이 계획은 러시아가 군대를 동원하기 시작한 뒤에 전달된 독일의 최후통첩에 의해 좌절되었다. 독일은 불시에 공격을 당하지 않고, 불가피한 전쟁을 더욱 불리한 상황에서 벌이지 않기 위해 먼저 칼을 뽑았다."

이 저자는 자국의 역사에도 그리 밝지 않은 것 같다. 왜냐하면 그가 동료들에게 다음과 같은 확신을 품게 하는 것으로 결론을 내리고 있기 때문이다.

"냉철한 양심으로 말하건대, 독일은 정복 정책을 추구하길 원했던 적이 결코 없었으며, 국가들의 법을 무시하고 다른 나라 사람들을 공격했던 적도 결코 없었다."

감히 말하건대, 그는 틀림없이 벨기에를 공격한 적도 없다고 말했을 것이다.

영국이 호전적인 의도를 품었다는 식의 의견을, 중요한 산업 시설의 경영자인 슈로터Shrodter 같은 거물 제조업자들도 품고 있었다. 1915년 1월 31일에 독일 엔지니어들의 모임에서 행한 연설에서, 슈로터는 "전쟁이 영국 정부의 끔찍한 음모라는 것을 뒷받침하는 증거들이 점점 증가하고 있다."고 말했다.

독일인들이 확실한 증거도 없는 상황에서 영국을 줄기차게 비난하는 태도는 중립국들에게 강한 인상을 주었다. 1915년 3월 26일자 '주르날 드 주네브'에 실린 이 구절에서도 그런 인상이 읽힌다.

"독일 언론이 영국을 전쟁을 선동한 국가로 묘사할 때, 그것은 독일 언론이 자신의 독자들에 대해 생각도 하지 못하고 기억도 하지 못하는 존재로 상상하고 있다는 뜻이다. 1914년 8월에 영국을 통치했던 정부보다 더 꿋꿋하게 평화를 지지했던 정부는, 말하자면 영국 정부보다 더 평화를 사랑했던 정부는 세상 어디에도 없었다. 영국 정부는 해군 군사력의 동시 감축을 끌어내기 위해 끊임없이 노력하고 있었다."

4. 독일 군인들의 의견

자기 의견을 밝힌 독일군들 대부분은 독일 내에 팽배했던 생각을 공유하고 있다. 전쟁은 영국의 선동으로 일어났다는 것이다. 그러나 일부 군인들은 전쟁을 단순히 러시아의 성급한 동원령으로 돌린다.

다음은 독일군 참모총장인 에리히 폰 팔켄하인Erich von Falkenhayn의 인터뷰 중 일부이다. 이 인터뷰는 1915년 1월 25일자 '주르날 드 주네브'에 실렸다.

> "이 전쟁은 우리 측에서 벌인 공격 전쟁이 아니며, 어떤 계층이나 군부도 이 전쟁을 유발하지 않았다. 이 전쟁은 러시아의 동원령이 우리에게 강요한 방어 전쟁이다. 러시아의 동원령 앞에서, 우리도 준비를 하는 외에 다른 선택이 있을 수 없다. 러시아는 우리 황제와 상트 페테르부르크 주재 독일 대사의 조언도 받고 주의도 받았다. 러시아는 자국이 동원령을 내리는 경우에 독일도 방어를 위해 총동원령을 내리고 하나의 국가로서 우리의 존재를 보호하기 위해 필요한 모든 조치를 취해야 한다는 것을 잘 알고 있었다. 그럼에도 불구하고, 러시아는 협상을 벌이는 동안에도 동원 준비를 계속하고 있었다."

독일군 참모총장 폰 몰트케 장군은 그 탓을 대부분의 독일인들과 마찬가지로 영국으로 돌린다. 1915년 1월 23일자 '더 타임스'는 독일 신문이 그와 한 인터뷰를 실었다. 그는 독일의 어느 누구도 전쟁을 원하지 않았다고 말한 뒤에 이렇게 덧붙였다.

> "만약에 독일이 전쟁을 벌이기를 그렇게 간절히 열망했다면, 러시아가 러일 전쟁 동안에 무방비 상태에 있을 때에나 영국이 보어 전쟁에 빠져 있을 때에 전쟁을 일으키지 않은 이유가 뭔가? … 영국이 전쟁을 야기하는 것이 자국의 정책에 유리하기 때문에 우리를 상대로 전쟁을 벌이지 않을 것이라고 생각한 적은 한 순간도 없었다. 영국은 오랫동안 준비해 왔으며, 벨기에 문제는 단순히 하나의 핑계에 불과하다. … 당신도 틀림없이 이 전쟁이 독일 황제에게 끔찍한 타격이라고 생각할 것이다."

5. 독일 여론

중산층을 포함한 독일 국민들의 절대 다수는 그들에게 제시되는 의견을 제외하고는 전혀 아무런 의견을 갖고 있지 않다. 왜냐하면 게르만족은 통제가 너무나 잘 되고 당국에 깊은 존경심을 품고 있는 까닭에 정부의 생각 외에 개인적 생각을 드러내지 못하기 때문이다. 따라서 독일 정부의 생각과 다른 여론을 찾아봐야 헛수고가 될 것이다.

정말로, 7,000만 명에 이르는 독일인들 중에서 전쟁이 영국이 독일의 권력을 파괴할 목적으로 꾸민 사악한 음모의 결과라고 믿지 않는 사람은 거의 없다. 이 같은 믿음은 독일 국민이 전쟁 선포를 열광적으로 받아들이도록 했으며, 이 열광은 언론이 세심하게 부추긴 것이었다. 많은 전보가 승전보를 전했지만, 패배를 인정한 예는 전혀 없었다.

마른강 전투도 그다지 언급되지 않았으며, 독일군이 파리로 진격하지 않는 것은 전략적 이유 때문이라는 식이었다. 12월 상반기에 독일을 방문했던 한 스위스인은 전시 독일 국민들의 사고방식을 이렇게 묘사하고 있다.

"독일 국민 전체가 승리를, 군대의 불패를, 그리고 군이 추구하는 대의의 순수성과 신성을 확신하고 있다. 이유는 간단하다. 자유가 모든 민주 국가에서 개성의 감각을 발달시키고 이 개성이 독창력을 고무하고 사적인 개인들의 에너지를 끌어내는 반면에, 독일 병정의 습관이 게르만족에게 집단적인 정신을 안겨주었고 이 정신은 높은 지위의 영향에 의해서만 일깨워질 수 있기 때문이다. 유명한 화학자 오스트발트는 이 점을 라틴 문명은 이해하지도 못하고 견뎌내지도 못하는 어떤 우월을 입증하는 증거로 여기고 있다.

독일의 특이한 사고방식을 고려한다면, 독일 국민이 자신을 통치하는 사람들의 생각을 맹목적으로 신뢰하며 통치자들의 관점을 공유하는 것이 쉽게 이해된다. 또 독일 국민이 카이저와 그의 장관들이 지배하고 있는, 세속을 초월한 영역에서 나오는 모든 것을 절대적 진리로 받아들이는 것도 쉽게 이해가 된다. 그렇기 때문에 독일인이 참모총장만이 진리를 말할 수 있고 연합국은 허위 사실만을 발표한다고 말할 때, 그 사람은 아주 정직하게 말하고 있다. 독일인이 사실들에 대해 진정으로 정확히 설명해주는 곳은 볼프 통신사Wolff Bureau뿐이고 적의 신문들은 거짓말 공장이라고 믿을 때, 또 이 독일인이 독일은 벨기에가 영국과 비밀 조약을 체결했기 때문에 벨기에의 중립성을 침범할 권리를 갖는다고 주장할 때에도 마찬가지이다. 논쟁을 통해서 이 독일인이 그와 반대되는 의견을 품도록 만드는 것은 불가능하다. 그가 자기만이 옳고, 다른 모든 국가들은 거짓말을 한다고 알고 있기 때문이다."

(Le Temps)

여기서 광신자들에게 나타나는 심리적 특징들이 확인되고 있다.

자주 언급되는 볼프 통신사는 독일 여론에 지속적으로 영향력을 행사하라는 지시를 받은 몇몇 통신사 중 가장 중요한 곳이었다. 여기서 만들어내는 엉터리 기사들은 종교적인 존경심으로 받아들여졌으며, 어느 격분한 독일인은 이 통신사를 통해서 젊은 벨기에 소녀들이 독일 군인들의 눈을 후벼냈으며, 부상당한 병사들은 성직자들에게 죽음을 당했다는 소리를 들었다.

이 통신사는 세계에 놀라운 뉴스를 많이 뿌렸다. 1914년 10월 18일자 '라 프랑스'La France는 이 통신사가 남미의 작은 공화국들의 신문사로 보낸 전보 하나를 게재했다. 이런 내용이었다.

"매우 큰 비행선대(飛行船隊)가 지난밤에 런던에 도착하는 데 성공했다. 독일 군인들은 왕궁으로 들어가서 조지 왕을 체포했으며, 왕은 자신이 전쟁 포로가 되었다는 사실을 알게 되자마자 금으로 1억 마르크를 내는 조건으로 풀려났다."

이런 종류의 기사는 물론 주민들의 사고방식이 단순하고 쉽게 속는 그런 원시적인 나라들만을 노린 것이었다. 그런 경우에 이런 전보를 쓰는 작가들은 상상력을 마음대로 발휘한다. 콘스탄티노플의 독일 신문국이 터키 신문들에 발표한 이런 선언도 마찬가지로 작가들의 상상력의 산물이다.

> "암스테르담에서 온 무선 메시지에 따르면, 영국 정부는 터키의 이슬람 주권자에게 막강한 함대로 런던을 공격하지 않는다는 조건으로 금을 잔뜩 실은 당나귀를 2,000마리 제공했다."

6. 중립국들의 의견

전쟁의 원인에 관한 의견은 저자들의 국적에 따라 다르다.

독일 군부의 영향, 3국 협상의 음모, 독일 황태자의 과대망상증, 프랑스의 보복 욕망, 러시아의 범(汎)슬라브주의, 오스트리아의 야망 등이 전쟁의 원인으로 언급되었다. 그러나 많은 저자들은 한 가지 의견만을 표현하는 데 망설이면서 유명한 역사학자 구글리에모 페레로 Gulielmo Ferrero와 다소 비슷한 결론을 내렸다. 페레로는 이렇게 말한다.

> "오늘날 문명 세계의 양심을 너무나 무겁게 짓누르고 있는 책임의 문제는 당장에는 풀릴 수 없다."

이 저자는 "게르만족의 선전과 주전파가 국내 상황을 정부가 무한정 버틸 수 없는 방향으로 끌고 갔다."는 의견은 단지 하나의 개연성에 불과하다고 생각한다.

대체로 말하면, 전쟁의 원인들에 관한 중립적인 의견은 사실들의 관찰이나 합리적인 검증의 결과가 아니었으며 정서적이거나 신비주의적인 경향에 좌우되었다. 가톨릭 신자들, 적어도 스페인과 이탈리아의 가톨릭 신자들은 처음에 독일편을 들었으며, 이 같은 감정은 꽤 널리 퍼져 있었다. 1015년 1월의 '레제튀드'Les Etudes의 종교 리뷰에 실린 뒤동Dudon의 기사에서 그런 분위기를 볼 수 있다.

> "총성이 처음 들렸을 때, 가톨릭 신자들은 솔직히 독일이 이기길 원했다. 신이 독일에게 눈부신 군사적 성공을 안길 뜻을 품었다는 이유에서였다. 독일은 카이저의 신앙심과 백성들의 정직성, 독일 가톨릭 신자들의 선행, 오스트리아의 정통성과 충성 등에 대한 보상을 누릴 자격이 충분했다. 만약에 독일인들이 패한다면, 유럽은 어떻게 될 것인가? 만약에 프로테스탄트 영국과 분리적인 러시아, 혁명적인 프랑스의 영향력에 복종해야 한다면, 가톨릭을 기다리고 있는 것은 무엇일까?
> 만약에 신이 서양을, 결과적으로 세상 전체를 세속적인 사악함 속에 완전히 빠뜨릴 작정이 아니라면, 독일이 승리를 거두어야 한다. 왜냐하면 독일이 승리할 경우에 사회적, 정치적, 종교적 질서의 승리가 함께 올 것이기 때문이다."

그러나 전쟁은 많은 것을 바꿔놓았고, 지금은 이 투쟁을 신의 처벌로 보았던 사람들의 사고방식까지 마침내 변화시켰다. 이와 비슷한 설명을 내놓고 싶은 유혹을 느꼈던 소수의 프랑스 가톨릭 신자들은 곧 그 같은 생각을 포기하고 전쟁터에서 가장 용감하게 싸우는 축에 속하게 되었다.

BOOK V

전투에 작용하는 심리적 힘들

1장

전쟁 방식의 변화

1. 현대 전쟁의 새로운 요소들

여기서 새롭고 가끔은 매우 뜻밖이기도 한 현대전의 형태들에 대해 깊이 파고들 뜻은 없지만, 심리적 요인들이 현대전에서 하는 역할을 강조하기를 원하기 때문에 현재의 유럽 전쟁이 수행되고 있는 조건에 대해 간단히 설명하지 않을 수 없다.

전쟁은 개인적, 정치적, 사회적 발달의 막강한 한 요소라는 것이 증명될 것이다. 이유는 전쟁이 무기와 전략, 인도주의적 개념들, 권리 개념, 태도와 관습을, 한 마디로 말해 거의 모든 것을 변화시키고 인류의 삶에 프랑스 혁명 만큼이나 깊은 영향을 끼칠 것이기 때문이다.

이런 변화들 중 일부를 개별적으로 검토하기 전에, 나는 그 변화들을 전체적으로 요약함으로써 그 변화들이 땅 밑과 땅 위에서 벌어지는 전투와 바다 밑과 바다 위에서 벌어지는 전투, 공중에서 벌어지는 전투에 어떤 식으로 영향을 미치는지를 보여줄 것이다.

현대의 지상전은 우선 병력 규모가 어마어마한 것이 특징으로 꼽힌다. 전투원이 옛날에는 기껏 수십 만 명이었으나 지금은 수백 만 명에 이른다. 또 다른 특징은 전쟁터의 범위가 어마어마하게 넓다는 점이다. 옛날에는 전쟁이 제한된 공간에서 벌어졌으나 지금은 전선이 수백 마일에 이른다.

길고긴 전선을 따라서, 병사들은 땅을 파서 만든 참호 안에서 싸우며, 지휘관은 공격을 하라거나 적의 위협에 노출된 특정 지점의 전선을 강화하라는 등의 명령을 전화로 내리는 역할밖에 하지 않는다.

초기의 대포는 정확히 맞힐 수 있는 거리가 겨우 몇 백 야드에 지나지 않았고 피해도 크지 않았으나 지금은 완전히 달라졌다. 현재의 전쟁에 쓰이고 있는 대포는 6마일 내지 12.5마일까지 날아가며 위력도 대단하다. 옛날에 난공불락으로 여겨졌던 성벽도 지금은 며칠이면 완전히 파괴할 수 있으며, 대포에 노출된 부대는 즉시 전멸된다.

해전의 변화도 그만큼 크다. 300만 파운드를 들인 거대한 전함을 단 몇 분 만에 침몰시킬 수 있는 잠수함이 활용됨에 따라, 전함은 전쟁 시작 때부터 항구에서 피난처를 찾고 거기에 머물지 않을 수 없었다.

땅 밑에서의 전투와 잠수함 전투 외에, 비행선과 비행기가 있다. 비행선과 비행기는 아직까지 매우 파괴적인 것으로 증명되지 않았음에도 군용기 수천 대가 어느 한 나라 위를 날 수 있는 상황이 될 때엔 아마 매우 중요한 역할을 할 것이다.

한니발Hannibal과 카이사르Caesar 시대부터 나폴레옹의 시대까지, 장군

개인의 노력이었던 옛날식 전투는 완전히 사라졌다. 옛날에는 원정의 성공은 지도자의 작전에 좌우되었다. 장군은 모든 것을 보고, 모든 것을 조직하고, 모든 것을 명령했다. 루이 14세나 나폴레옹의 시대에, 화가는 전쟁터를 한 장의 그림으로 묘사할 수 있었다. 그 그림을 보면 서로 가까운 거리에서 대포를 갖고 전투를 벌이는 연대가 보이고, 장군은 근처의 언덕에서 작전을 지시하는 것이 보인다.

지금은 수십 만 명의 군인들이 작전을 수행하고 있는 전선을 둘러본다 하더라도 군인이나 총은 구경도 못할 것이다. 왜냐하면 군인과 말, 대포, 참호가 모두 시야에서 숨겨져 있기 때문이다. 공중을 날아가는 곡사포만 없다면, 전선을 둘러보고 있는 사람은 자신이 평원에 홀로 서 있는 것이 아닌가 하는 착각에 빠질 것이다. 그러나 만약에 그 사람이 전선에 오랫동안 눈길을 준다면, 가끔 사람들이 땅과 거의 구분되지 않는 상태로 흐릿하게 보일 것이다. 땅 밖으로 올라와서 들판을 서서히 기어서 몸을 일으켰다가 참호 속으로 내려가는 군인들이다.

만약 전선을 둘러보는 이 사람이 눈에 보이지 않는 군인을 지휘하고 있는 장군을 만나길 원한다면, 지휘관은 작고 비밀스런 은신처 같은 곳으로 물러나 있다는 사실이 확인될 것이다. 거기서 장군은 전신이나 전화로 받은 정보에 따라서 자기 휘하의 다양한 부대들에게 지시 사항을 내리고 있을 것이다. 장군의 작전은 공격하거나 방어하기를 원하는 지점으로 철도를 통해 병력을 수송하는 것으로 한정되고 있다.

마지막으로, 이 사람이 모든 병력을 지휘하고 있는 최고 사령관을 만나길 원한다면, 그는 먼 길을 여행해야 할 것이다. 1915년 9월 18일자 '릴뤼스트라시옹'L'Illustration은 1914년 9월 5일부터 25일까지, 즉 마른강 전투가 벌어지던 동안과 그 전후에 총사령관과 그의 참모들은 전쟁터에서 120마일 떨어진 샤티용-쉬르-센느에 있었다고 전했다.

결정적인 전투들이 벌어진 이후로 수 백 건의 작은 교전들이 몇 개월 동안 이어지고 있다. 아주 짧은 거리의 진격을 이루기 위해서 엄청난 수의 병력이 희생되고 있지만, 폴란드와 러시아를 제외하곤 대규모 작전이 벌어진 곳은 전혀 없었다.

내가 방금 제시한 변화들 외에, 이 전쟁은 놀라운 것들을 많이 드러내고 있다. 예를 들면, 장교들을 배출하는 학교들은 모두 똑같이 보병은 대규모 병력 손실을 막기 위해 산개 대형으로 전진해야 한다고 가르쳤지만, 독일은 전쟁 초반부터 정반대로 밀집 대형으로 공격했다. 예상 밖으로 대규모 병력이 눈사태처럼 샤를루아[55]를 공격해 거둔 승리는 독일군의 사기를 엄청나게 높였지만, 여기서 상대방이 예상하지 못했던 덕분에 성공을 거둘 수 있었던 똑같은 방법이 이제르 강[56] 전투에서는 실패로 끝났다. 이 전투에서 프랑스군과 영국군은 자신들을 향해 밀려오던 대규모 집단을 그냥 표적으로 삼으며 쏘기만 하면 되었으며, 총을 쏠 때마다 독일군이 맞았다. 그 결과, 며칠 사이에 15만 명에 이르는 독일군아 죽었다.

대략적으로 말하면, 독일 주재 프랑스 대사관에 근무하던 육군 무관들이 독일군의 대규모 훈련을 보면서 쉽게 관찰할 수 있었을 텐데도, 프랑스 장군들은 독일의 전쟁 방식에 대해 아무것도 모르고 있었다.

....

55 벨기에의 도시.

56 프랑스 북부에서 발원하여 벨기에 서북부를 거쳐 북해로 흘러들어가는 강. 길이는 약 89km이다.

프랑스의 전반적인 군사적 준비에 대해, 지금 복무 중인 말레테르 장군은 1915년 8월 9일자 '르 탕'에 다음과 같이 쓰고 있다.

"프랑스가 평화주의 때문에 점점 깊이 빠져들게 되었던 무기력 상태에서 벗어나면서 마침내 독일의 위험을 분명하게 볼 수 있었던 지난 몇 년 동안에도, 독일군의 공격이 동쪽 국경과 알자스 로렌을 통해 신속하게 이뤄질 것이라는 추정이 여전히 프랑스 군 당국자들을 지배하고 있었다.

독일은 1914년 8월에도 1870년 8월에 보여준 능력을, 말하자면 계획하고 조직하고 실행하는 능력을 똑같이 보여주었다.

이것은 프랑스 군대가 적군을 처음 접촉했을 때 경험한 특별한 놀라움을 설명해준다. 당시에 프랑스 군대는 눈에 보이지 않는 지점에서 날아오는 무기에 꼼짝없이 당하면서도 그 지점까지 대포를 쏠 수 없는 상황이었다. 독일의 공격에 관한 놀라운 사실 한 가지는 보병의 전진이 있기 전에 온갖 종류의 화기와 곡사포들이 선봉 부대의 역할을 했다는 점이다. 이 화력이 프랑스군의 대열을 무너뜨리고 무질서하게 후퇴하도록 만들었다. 내가 알고 있는 모든 것은 내가 직접 보았거나 다른 사람들에게서 직접 들은 것이지만, 나는 프랑스 병사들이 비 오듯 쏟아지는 곡사포들을 뚫고 진격하던 날들을 잊지 못할 것이다. 곡사포는 프랑스 군이 진지를 지키고 있을 때나 후퇴할 때나 똑같이 프랑스 군인들을 포위했다. 나는 프랑스 군인을 독일군 보병들로부터 떼어놓고 있는 공간을 가로지를 수 없는 현실 앞에서 느낀 분노도 절대로 잊지 못할 것이다.

1870년과 1914년의 독일군 공격의 특징은 전략과 숫자, 군수품 등에서 똑같이 우수했다는 점이다.”

독일인들은 지금도 군사 학교들이 모르고 있는 심리적 요인들의 영향을 제외하곤 정말로 모든 것을 예견했다.

이제 나는 현대전이 바꿔놓은 가장 중요한 기술적 사항 몇 가지를 구체적으로 제시한다.

2. 현대적 전술. 전선 확장. 공격과 방어

보급의 어려움 때문에 엄청나게 복잡해진 현대전은 전술적인 관점에서 보면 이상할 정도로 단순해졌다. 예전의 복잡한 전투 계획들이 지금 정면 공격과 적을 포위하기 위한 대규모 군사 이동으로 단순화되고 있으니 말이다. 군사 작전의 어려움은 거대한 병력을 동원해 작전을 실행하는 데에만 있는 것이 아니라 병력을 이곳에서 저곳으로 이동시키고 병사들에게 탄약과 식량을 공급하는 일에도 있다. 철도가 그렇게 중요한 이유가 바로 거기에 있다. 적보다 철도망이 우수한 나라의 군대는 그 한 가지 사실만으로도 적보다 아주 유리한 입장에 놓였다. 병력의 숫자가 적더라도 철도망이 우수한 경우에 적을 패주시킬 수 있다. 러시아가 패배한 것이 바로 그런 이유였다. 독일 병사들은 철도망 덕분에 사전에 선택한 지점으로 신속히 보내질 수 있었으며, 따라서 적을 물리칠 수 있었다. 독일군의 매우 단순한 전술은 변함없이

1차 세계대전에서는 교전국의 병력 수송 능력이 대단히 중요했다. 사진은 기차를 탄 독일군 장병들.

성공적이었다. 독일군은 다수의 군단을 적의 어느 한 측면으로 보내서 그곳을 포위함으로써 많은 대포를 노획하고 포로를 잡았다. 프리드리히 대왕은 오래 전에 "10만 명의 군대도 측면 공격을 받으면 3만 명의 병사들에게 패할 수 있다."고 말했다.

이런 명백한 사실에도 불구하고, 프랑스 참모본부는 전쟁 초기에 독일이 러시아를 공격하는 것이 아니라 러시아의 공격을 받을 것이라고 생각하고 있었다. 그러나 실제론 이와 정반대의 일이 벌어졌으며, 러시아 군인들은 승리를 거두었다 하더라도 자신들의 근거지에서 먼 곳까지 절대로 이동할 수 없었을 것이다. 러시아가 수송 체계를 충분히 갖추지 못하고 있었기 때문이다. 만약 독일인들이 후퇴를 해야 하는 상황에 처한다면, 그들은 자기 영토로 접근할 수 있게 하는 철도를 파괴했을 것이다. 따라서 러시아 군인들은 독일을 침공했다 하더라도 독일 영토 안으로 그다지 깊이 들어가지 못했을 것이다.

전선이 지금처럼 거대하게 확장된 것은 어느 한 지점에 군대를 집중시키는 옛날의 원칙과 정반대이며, 따라서 결정적인 전투가 나오기 어렵다. 현대의 전투는 엄청나게 넓은 공간에 걸쳐서 전개되는 일련의 작은 교전들이며, 그래서 좀처럼 결정적인 결과를 낳지 못한다.

참호의 활용이 공격과 방어에 관한 옛날의 개념을 크게 바꿔놓았다. 심리적인 측면에서 보면, 공격이 방어보다 훨씬 더 두드러진 이점을 누리는 것이 분명하다. 왜냐하면 어디서 쳐들어올지 모르는 상태에서 공격을 예상하고 있는 적은 분명히 불리한 위치에 서기 때문이다. 나폴레옹의 시대 이후로, 이 원칙은 모든 군사 학교에서 가르쳐졌으며, 더욱이 그것은 독일군 참모본부의 근본적인 원칙이었다.

"베른하르디는 '수적으로 열세일 때에도 공세를 취하는 것이 언제나 유리하다.'고 말한다. 프리드리히 대왕은 루이 15세에게 이렇게 썼다. '적은 종종 대담한 일격에 당황하며, 그러면 공격하는 자는 당하는 적보다 우위에 서게 된다.'
프리드리히 대왕은 대담한 공격전을 통해 정복했으며, 그가 그렇게 성공을 거둘 수 있었던 것은 적들이 대체로 방어 태세가 느슨한 상태에서 그와 맞닥뜨렸기 때문이다. 적들은 그 시기의 용병술의 엄격한 형식과 원칙들에 당황한 나머지 적절한 반격으로 그의 대담한 작전을 마비시키지 못했다. 나폴레옹은 적들의 부적절한 전략과 전술에 맞서 눈부신 성공을 거두었으며, 폰 몰트케의 시대에 적을 포위하는 원칙은 적들이 거기에 대응할 작전을 발견하지 못했기 때문에 성공을 거둘 수 있었다."

참호전은 이런 이점들을 아주 없애진 않았다. 그러나 참호전이 공격을 워낙 어렵게 만들었기 때문에, 근본적으로 중요한 작전이 걸려 있지 않은 한 지휘관은 참호전을 대규모로 택하길 꺼린다. 독일군이 칼레를 점령하길 바라며 프랑스 군 측면을 돌아 프랑스군 참호를 공격하려다가 며칠 사이에 15만 명의 병사를 잃었다는 사실에 대해선 이미 언급한 바 있다.

그러나 방어가 공격에 비해 누릴 수 있었던 이런 우연적인 우위는 절대적인 원칙으로 받아들여질 수 없다. 왜냐하면 무기의 적절한 공급이 이뤄진다면, 공격이 예전에 누리던 이점을 다시 누릴 수 있게 되기 때문이다. 러시아군 참모본부가 1915년 6월에 발표한 공식 문서는 이렇게 되어 있다.

"대체로 말하면, 공세 작전을 펴는 동안에 입는 피해가 중포(重砲)의 포격이 집중되는 가운데 참호를 방어할 때의 피해보다 덜하다. 지다추[Jidatchew]의 서쪽에 있는 데멘칼리스마[Demenkalisma]라는 마을을 공격할 때가 그런 예였다. 거기서 우리는 기관총 한 정과 오스트리아 군인 629명을 포로로 잡았는데, 그 중에 19명이 장교였다. 그럼에도 우리의 손실은 50명이 죽거나 다치는 데서 그쳤다."

또 다른 흥미로운 사실은 독일군에서 가장 성공한 지도자들이 나폴레옹의 장군들과 달리 노인이었다는 점이다. 바이에른의 레오폴트 Leopold 왕자, 4군단을 지휘하다가 무능하다는 이유로 은퇴했다가 다시 돌아온 힌덴부르크Paul von Hindenburg, 마켄젠Friedrich August Mackensen, 벨로우Otto von Below는 70대였으며, 해젤러는 80세였다. 그들은 젊은 장교들에게 길을 열어주기 위해 모두 은퇴했다가 이 전쟁이 발발하면서 다시 불려왔다. 나폴레옹 시대에는 꽤 젊은 군인들이 유럽의 늙은 장군들을 패배시켰으나 지금은 그와 정반대의 현상이 나타나고 있다. 여기서 틀림없이, 어떤 결론을, 말하자면 1세기 전에 성공을 보장했던 자질들이 지금은 성공을 보장하지 못한다는 결론을 끌어낼 수 있다. 예전처럼 꽤 많은 대담성이 필요하지만, 깊은 숙고도 필요한 것이 확실하다.

3. 현대전의 요새와 참호

현재의 전쟁은 요새에 관한 생각을 완전히 바꿔놓았다. 이 경우에는 통찰의 부족이니 운운할 필요조차 없다. 경험만으로도 너무나 분명하게 드러났기 때문이다. 만약 낭시 같은 무방비 도시들이 급조한 참호로 방어한다면, 그 도시들은 많은 수의 포위군의 공격에도 버텨낼 것이다. 반면에 앤트워프나 리에주, 나무르 등 난공불락으로 여겨졌던 요새들은 며칠 안에 무너질 것이다. 이 전쟁은 틀림없이 영원한 요새화라는 개념에 종지부를 찍을 것이다. 요새 중 어느 것도 짧은 시간의 저항조차도 하지 못했기 때문이다. 지베 근처에 있는 샤를몽 요새는 8월 29일 7.5마일 떨어진 곳으로부터 공격을 받기 시작해 3일 만에 무너졌다. 이 기간에 방어하던 병사들이 쏜 화력은 적에게 전혀 닿지 못

독일군 참호(왼쪽)와 프랑스군 참호의 모습.

했다. 롱위의 요새도 마찬가지로 6일 간의 전투 뒤에 무너졌으며, 앤트워프는 14일도 견디지 못했다. 물론 독일군은 벨기에와 프랑스의 요새에 설치된 대포보다 성능이 훨씬 더 뛰어난 대포를 소유하고 있다는 사실에 대해 말하지 않았다. 독일군의 대포는 이 요새들의 철제 구조물을 사나흘 만에 파괴할 수 있었다.

현재의 전쟁의 결과는 요새들이 거기에 있지 않았더라면 전투를 벌였을 군인들을 꼼짝 못하게 한다는 점을, 요새가 제공하는 안전은 하나의 함정이고 망상이라는 점을 보여주고 있다. 바르샤바와 코브노는 난공불락일 것처럼 보였다. 왜냐하면 바르샤바는 서른 개가 넘는 요새들로 둘러싸여 있었고, 러시아의 마지막 후퇴선이던 코브노는 가장 현대적인 방어 장비를 갖추고 있었기 때문이다. 코브노의 포대는 매우 막강했음에 틀림없다. 독일인들이 거기서 노획한 대포가 400문을 넘었으니까.

그러나 현재의 전쟁은 요새의 시대를 마감하고 참호의 시대를 열었다. 참호는 간단히 확 트인 시골에 자리 잡은 하나의 요새이며, 일부가 점령되거나 파괴될 경우에 다른 곳으로 옮겨질 수 있는 그런 요새이다. 참호의 방어에 필요한 병사들의 숫자는 아주 작지만, 그럼에도 불구하고 대단히 과학적으로 축조된 요새보다 훨씬 더 가공할 만하면서도 피해는 훨씬 더 적다. 참호는 종종 공격보다 방어에 유리하다. 왜냐하면 참호를 공격하는 경우에 확 트인 들판에서 전투를 벌이는 때보다 10배나 더 많은 병사와 대포가 필요하기 때문이다.

참호들이 그렇게 무서운 이유 하나는 참호들 중 하나를 엄청난 노력을 통해 점령하는 사이에 적은 그 참호 뒤로 다른 참호들을 몇 개 더 만들 수 있다는 사실이다. 이런 경우에 적들이 만든 참호들을 점령하려면 다시 그 전과 똑같은 작전을 펴야 한다.

참호는 이전 시대의 전략적 기동(機動)에만 종지부를 찍은 것이 아니라, 한 국가의 운명을 결정하거나 적어도 원정의 운명을 결정했던 악티움, 부빈, 아우스터리츠, 워털루 전투 같은 대규모 전투에도 종지부를 찍었다.

현대전에서 참호의 색다른 점은 참호가 만들어지는 지역의 범위와 중요성, 그리고 그것이 요새화되는 방식에 있다. 참호를 이용했다는 점이 색다른 것은 아닌 것이다. 왜냐하면 참호가 이용되지 않은 적은 사실상 한 번도 없었기 때문이다. 예전에도 요새는 언제나 성채와 평행되게 판 참호를 갖추고 있었으며, 이 참호는 평행되게 팠다고 해서 평행호(壕)라고 불렸다. 1640년에 있었던 아라스 포위 때, 드 쇼네스de

Chaulnes 사령관이 참호를 이용했으며, 1658년 덩케르크 포위 때에도 참호가 이용되었다.

오래 전에 참호는 공격뿐만 아니라 방어에도 이용되었다. 영국의 웰링턴Wellington 공작이 토레스-베드라스에 이중의 참호선으로 리스본으로 접근하는 길을 둘러쌈으로써 프랑스의 마세나André Masséna가 후퇴하도록 만들었다는 것[57]은 잘 알려진 사실이다. 이중의 참호선 중 첫 번째는 길이가 30마일이었고, 두 번째는 그보다 7.5마일 뒤에 설치되었다. 참호 자체는 폭이 5.5야드였으며, 2만5,000명이 그것을 파는 데 약 1개월이 걸렸다. 쿠투조프Mikhail Koutouzoff [58]도 보로디노에서 참호를 이용해 자신을 보호했으며, 참호는 현대 전쟁, 특히 보어 전쟁과 일본의 전쟁에도 이용되었다.

군사 학교의 교과서들이 참호의 중요성을 가르치고 있음에도 불구하고, 프랑스는 전쟁 초반에 프랑스를 방어하는 데 참호를 이용하지 않았다. 이 맥락에서, 나는 1906년 10월 24일 발표된 보병을 위한 전투 지침에 참호가 언급되었다는 점을 밝혀야 한다. 1911년 10월 28일 수정된 이 지침은 심지어 위쪽이 트였거나 덮인 것을 포함해 다양한 유형의 참호 설계까지 담고 있다.

현재 참호 전쟁에서 가장 신기한 점은 중포를 사용하고 있다는 점이다. 바로 이것이 참호를 그야말로 요새로 만들고 있다. 두 번째로 신기한 것은 참호 자체가 300마일 내지 400 마일이나 이어진다는 점이다.

....

57 스페인과 포르투갈이 영국의 지원으로 나폴레옹 군대의 지배에 맞서 싸운 반도 전쟁(1807-1814) 당시를 말한다.

58 러시아 제국의 야전사령관(1745-1813).

이 같은 연장은 필요에 따라 즉석에서 나온 조치이다. 마른강 전투 뒤에 프랑스군과 독일군이 상대방의 화력에 노출되지 않고 서로 측면으로 돌파를 꾀하고 있을 때에도 이 같은 조치가 취해졌다. 그때 군인들이 발견할 수 있는, 유일하게 적절한 은신처는 참호였으며, 따라서 서로 맞서 싸우던 군인들은 바다에 의해 막힐 때까지 전선을 따라 쭉 참호를 파나갔다. 그리하여 300마일에 달하는 지하 은신처들이 몇 주일 안에 건설되었다.

몇 개월 동안 참호 생활을 견디는 것은 불굴의 인내와 용기를 요구한다. 이 지하 거주지를 방어하는 군인들은 자신의 발 밑에 매설되어 있을지 모르는 적의 지뢰뿐만 아니라 곡사포에도 노출되었다. 다음 글은 종군 작가가 참호들을 둘러보고 묘사한 내용이다.

> "장성한 어른 두 사람이 앞뒤로 서 있어도 몸을 숨길 수 있을 만큼 넓고 깊은 도랑을 상상하라. 바닥은 평평하며, 그 위에 군인이 총을 잡고 서 있다. 뒤쪽 벽엔 휴대품이나 탄약통을 놓을 곳이 움푹하게 파여져 있다. 한쪽 면엔 흙을 깎아 계단을 만들어 쉽게 들락거릴 수 있도록 했다. 참호의 길이는 지형에 따라 다르다.
> 곡사포 파편이 참호에 떨어지는 경우에 그 안에 있는 병사들이 모두 죽을 수 있다. 이 때문에 파편을 막는 장치가 만들어졌다. 파편을 견뎌낼 수 있을 만큼 두껍게 흙으로 담을 쌓은 것이다. 참호는 다수의 통신 구획으로 나뉘었으며, 각 구획마다 한 사람이 다닐 정도의 공간을 두고 부분적으로만 막았다. 위에서 보면 참호는 마치 갈퀴처럼 보이며, 파편을 막는 장치는 마치 치아처럼

보인다. 한 치아와 다음 치아 사이에 서너 명의 명사수들이 자리 잡고 있다. 지형이 허락하면, 참호 한쪽 끝이나 참호 뒤에 훨씬 더 넓은 공간을 만들어놓고 비번인 군인들이 휴식을 취하며 기운을 회복한다. 이 공간은 두꺼운 판지로 덮고 그 위에 나뭇가지와 흙으로 위장하고 바닥엔 짚을 깐다. 참호는 종종 회랑 같은 것으로 연결된다. 이 굴을 통해서 수십 만 명의 사람들이 오갈 수 있으며, 각국의 군은 이런 지하 전투를 통해 상대방을 공격하려고 노력하고 있다."

참호를 함락시키는 것도 매우 위험한 일이지만, 뒤에 그것을 방어하는 것은 간혹 그보다 훨씬 더 위험하다. 왜냐하면 참호가 언제나 박격포에 다소 파괴되어 있어서 적의 포화가 쏟아지는 가운데 수리해야 하기 때문이다. 어느 포병은 이렇게 말한다.

"나는 포병의 활동이 아주 철저하게 이뤄지는 가운데 벌어진 공격을 기억하고 있다. 포병 덕분에, 그 진지를 공격하라는 명령을 받은 추격병 부대는 80명밖에 잃지 않았으며, 점령 명령이 내려진 참호선을 함락하는 데 겨우 13분밖에 걸리지 않았다. 그러나 그 참호선을 지키기 위해서 부대는 반격을 열한 차례나 물리쳐야 했다. 그들은 그것을 지키는 데 성공했지만, 6일 동안 밤낮을 가리지 않고 싸워야 했으며 병력도 1만5,000명이나 잃었다."

참호는 적절히 만들어지지 않고 제대로 지켜지지 않을 경우엔 절대로 난공불락이 되지 못한다는 점을 인정해야 한다. 참호는 러시아 군인들에게는 거의 소용이 없었다. 러시아 군인들은 독일군의 진격을 중단시키지 못했으며, 그래서 그들은 자기 나라 도시들을 불태우는 야만적인 방법에 의존해야 했다.

1915년 9월 3일자 '르 탕'은 러시아가 단지 적의 진격을 잠시 중단시키기 위해 자기 나라를 체계적으로 황폐화시킨 방법에 대해 다음과 같이 설명했다.

> "헝가리 보병이 크릴로프로 들어섰을 때, 도시의 거리는 모두 거대한 화로처럼 불타고 있었다. 그래서 그들은 그곳을 통과하지 못하고 우회해야 했다. 헝가리 보병이 블라디미르-볼린스키에 도착했을 때, 그 도시도 불타고 있었고, 거기서 그들은 베르바라는 도시도 불타고 있는 것을 볼 수 있었다. 그 도시 너머의 마을들도 마찬가지로 불타고 있었다. 코벨의 평원 전체가 굴러다니는 불꽃의 바다였으며, 평원을 둘러싸고 있는 마을들은 모두 불타고 있었다.
> 후퇴하는 러시아 군인들에게 쫓겨나지 않은 주민들은 놀람과 공포로 모두 혼이 나간 상태였다."

불에 탄 것은 마을만이 아니었다. 인구가 4만 명이나 되는 브레스트-리토브스크 같은 큰 도시도 불에 타서 시커먼 벽만 남았다. 러시아 군인들은 후퇴하면서 모든 것을 태웠다. 그들은 독일군의 진격을 겨우 몇 시간 지연시키기 위해 엄청난 대가를 치른 것 같다.

4. 대포와 군수품

전쟁이 터질 때, 대체로 병사들의 숫자가 싸움에서 가장 중요한 요소가 될 것으로 짐작되었다. 그러나 활용 가능한 군수품의 양이 훨씬 더 중요하다고 결론을 내리지 않을 수 없다. 왜냐하면 러시아 군인들이 적들보다 수적으로 우세하면서도 그렇게 자주 패배한 이유가 바로 군수품의 부족이었기 때문이다. 대포와 분당 600발이나 발사하는 자동소총에 의해 방어되는 참호를 공격하려면 눈사태나 다름없는 양의 곡사포가 필요하다. 어느 영국 장군은 병사 2명과 두 정의 자동소총만 있으면 여단을 상대로 참호를 지킬 수 있다고 솔직히 말한다.

군수품의 양적 요소가 엄청난 중요성을 지닌다는 사실이 확인되기까지 오랜 시간이 걸렸다. 이유는 그런 생각이 지금은 아주 명백할지라도 프랑스와 영국, 러시아 군인들 사이에 파고든 것은 6개월 이상의 전투가 치러진 뒤의 일이기 때문이다. 그런 사실을 제때 파악하지 못한 탓에 엄청난 수의 병사들이 목숨을 잃었다.

전쟁이 발발했을 때, 곡사포를 대규모로 생산해야 한다는 사실을 깨달은 프랑스 장군은 한 사람도 없었다. 프랑스의 동원 계획은 필요한 곡사포의 최대 양으로 일일 1만3,000발을 제시했다. 군수품 공장들은 1914년 9월에 곡사포를 7,000발이 채 안 되는 양을 생산하고 있었던 반면에, 1915년 5월에는 '75mm' 야포를 위해서만 하루에 8만 발 이상을 생산하고 있었으며, 이 숫자도 많이 모자라는 것으로 여겨지고 있다.

프랑스군 참모본부는 처음에 군수품의 풍부한 공급을 거의 중요하게 여기지 않았다. 그래서 전쟁 장관은 무기 공장에서 일하던 근로자들 대부분을 전쟁이 벌어지는 전선으로 보냈으며, 따라서 이들을 연대에서 차출하느라 한 달을 그냥 날려 버렸다. 오늘날 우리는 경험을 통해서 군인의 숫자는 적어도 군수품이 많은 것이 병사는 많지만 군수품이 적은 경우보다 무한히 더 유리하다는 사실을 잘 알고 있다.

5. 전쟁의 한 요소로서 병력의 숫자

군수품을 충분히 공급하는 것이 현대 전쟁의 중요한 요인이지만, 병력의 수적 우세도 마찬가지로 매우 중요한 요소이다. 독일인들은 병력의 수적 우세의 한계를 보여주려고 세심한 주의를 기울이면서도 언제나 병력의 숫자의 영향을 크게 강조해왔다. 다음은 베른하르디의 의견이다.

> "도덕적 및 지적 요소들이 언제나 가장 중요하다는 것을, 그리고 그런 요소들이 수적 요소보다 훨씬 더 강하다는 것을 잊지 말아야 한다. 이것은 너무나 확실한 진실이다. 그래서 어떤 경우에는 도덕적 힘만이 다른 결함을 겨우 상쇄할 수 있을 것이다. 또 두드러진 어떤 인격의 영향이 전체 군대, 심지어 국민의 전반적인 능력을 꽤 높일 수 있다. … 불확실한 다툼을 벌이고 있는 두 상대가 서로 균형을 이루고 있을 때, 두 쪽의 실제 효과는 점진적으로 떨어질 것이고, 그러면 성공은 최종적으로 도덕적 가치와 희생정신을 가장 많이 보이는 쪽에 돌아갈 것이다. 만약에 양측 모두 도

독일군 보병(위쪽)과 프랑스군 보병.

덕적 자원이 똑같다면, 재정적 투쟁을 오랫동안 뒷받침할 수 있는 쪽이 승자가 될 것이다."

그러므로 병력의 견실함이 수적 요인보다 앞선다. 같은 저자는 이렇게 쓰고 있다.

"프랑스 공화국이 1870년과 1871년에 징집한 군인들의 집단은 수적으로 월등했음에도 불구하고 용감한 프로이센 군대에게 패했다. 일본 군인들이 수적으로 적보다 대단히 열세였음에도 불구하고, 잘 알려진 바와 같이, 그들은 수적으로 월등히 앞선 러시아 군대를 상대로 지속적으로 승리를 거두었다."

그럼에도 불구하고, 서로 맞서고 있는 힘들 사이에 차이가 지나치게 많이 나지 않아야 한다. 양측의 힘이 서로 비슷하다면, 결국엔 숫자가 많은 쪽이 이길 것이다.

"이론과 경험은 똑같이 천재성도 다수의 탁월한 사람들 앞에 서면 무력하다는 점을, 그리고 충분히 큰 규모의 대중은 집단으로 행동할 수 있다면 어떤 지적, 도덕적 탁월성도 무효화시킬 수 있다는 점을 보여준다. 그러므로 천재성은 숫자의 이점을 제한적인 범위 안에서만 상쇄할 수 있다. 이유는 수적 우월성이 어느 지점에 이를 경우에 압도적인 영향력을 행사하기 때문이다."

유럽 전쟁에 가담한 군대들은 엄청난 수의 병력을 갖고 있었다. 참전국의 병력이 곧 활동 가능한 인구 전체였기 때문이다. 몇몇 군사 전문 저술가들은 독일의 경우에 900만 명을 무장시키고 있다고 추산하고 있다. 그런 거대한 규모의 전투 병력은 인류 역사에서 조직된 적이 없다는 점은 말할 필요도 없다. 군인만 아니라 전 국민이 함께 싸우고 있는 현재의 전쟁은 인류 역사에 유례가 없는 일이다.

전쟁 초반에 독일군은 급습 전술과 밀집 대형으로 인해 엄청난 병력 손실을 입었지만, 마른강 전투에서 패배한 뒤로, 그들은 방어-공격 전술을 채택했다. 엄격히 선택한 방어 지점에서 공격 기회를 기다리다가, 적의 공격 능력이 약화되는 조짐이 보이는 순간에 반격에 나서는 방식이었다. 독일군은 마른강 전투 이후로 이 전술을 채택했지만, 좋은 결과를 얻지는 못했다. 왜냐하면 전투에 임한 각국 병사들의 힘이 거의 동일했기 때문이다. 그 군대들 중 어느 한 쪽이 병력과 대포, 지휘 능력 등에서 상대방보다 우위를 보이면서 적의 전선에 몇 마일 정도의 돌파구를 열 수 있을 때까지, 전선엔 어떤 변화도 가능하지 않을 것이다. 그런 돌파구가 열리기만 하면, 참호선은 어느 지점에서 뚫릴 것이고, 이어서 전체 방어선이 무너지게 된다.

6. 해전과 공중전

해전은 육상전보다 훨씬 더 중대한 변화를 보일 것 같다. 이유는 해전이 바다 위가 아니라 바다 밑에서 싸우는 경향을 점점 더 뚜렷이 보이기 때문이다. 건조비만 400만 파운드에 달하는데도 기뢰나 잠수함이 쏘는 어뢰에 몇 분 만에 침몰할 수 있는 대형 전함이 미래에도 지속적으로 이용될 것인지 의문이다.

잠수함들은 해전에서 두 가지 역할을 한다. 파괴를 통해 실질적 피해를 안기는 한편으로, 공포를 불러일으킴으로써 심리적 효과를 일으키는 것이다. 대형 전함들이 항구에 대피하고 다시는 해상으로 나오지 않도록 만드는 것은 바로 후자의 효과이다.

독일은 아마 잠수함을 충분히 보유하고 있었다면 영국을 효과적으로 봉쇄할 수 있었을 것이지만, 전문가의 의견은 아직까지 대형 전함을 선호하며 잠수함은 부차적인 요소로 고려하고 있다. 이런 선호를 뒷받침할 근거는 전혀 없다. 왜냐하면 미래에는 잠수함의 중요성이 예상되기 때문이다. 1905년에 영국 해군 장관이었던 피셔John Fisher는 잠수함이 해전에 혁명을 초래할 것이라고 말했다. 전쟁이 발발하기 몇 주 전에, 퍼시 스콧Percy Scott 영국 제독은 잠수함의 도입이 바다 위의 장비들을 무가치하게 만들었다고 썼다. 그는 "자동차가 도로에서 말을 몰아냈듯이, 잠수함이 바다에서 전함을 몰아낼 것"이라고 썼다.

현대 문명이 과학의 급속한 발달을 통해 불안정한 균형 상태로 들어가고 있다는 점을 고려할 때, 다양한 변화가 많이 예상된다.

2장

전쟁이 불러일으킨 감정들. 새로운 인격들의 출현

1. 새로운 인격들의 출현

현재 유럽에 격변을 야기하고 있는 전쟁처럼 오랫동안 지속되는 전쟁은 우리의 정신적 삶을 구성하고 있는 요소들의 균형을 바꿔놓을 수 있는 힘을 지닌 근본적인 사건이다. 따라서 이 전쟁으로 인해 인격에 다양한 변화가 나타나고 있다. 내가 다른 장에서 언급한 바 있는 인격의 변화는 당연히 개인에게 아주 중요한 변화를 야기한다. 그 변화가 얼마나 두드러지는가 하면, 그 개인의 행동은 지인들을 놀라게 만들고, 그가 훗날 옛날 환경으로 다시 돌아가서 그때의 인격을 되찾으려고 노력할 때에는 그 사람 본인까지 놀라게 만든다.

이런 종류의 변화는 그 변화를 낳는 사건들과 거의 동시에 일어난다. 사치와 안락한 분위기에 파묻혀 위험과 궁핍한 생활에 대해서는 꿈도 꾸지 않고 지내던 수십 만 명의 남자들은 전혀 아무런 준비를 하지 않은 상태에서 매일 끔찍한 죽음의 위협을 직면하면서 돌연 옛날의 유명한 전사들만큼 용감한 사람이 되었다. 그들에게 지금 영웅적인 행위는 일상이 되었으며, 급송 공문서에 언급된 병사들의 명단을 보는 사람은 평상시에 그저 평화롭기만 한 직업을 가졌던 사람들이 전쟁터에서 무한한 용맹을 떨치고 있다는 사실을 확인할 수 있다.

따라서 현재의 전쟁은 내가 다른 책들에서 제시한 이론, 즉 인격의 지속성은 단지 환경의 지속성에 따른 결과일 뿐이라는 이론을 다시 뒷받침하고 있다. 우리가 일상의 삶에서 잘 알고 지내는 사람도 우리가 알아볼 수 없을 만큼 변할 수 있다. 왜냐하면 우리 모두가 성격의 다양한 가능성들을 갖고 있으며, 이 가능성들이 상황에 따라 다양한 방식으로 나타날 수 있기 때문이다. 그러므로 어느 누구도 자기 자신을 잘 알고 있다고 단정하지 못한다.

모든 목격자들은 군대를 형성하고 있는, 다양한 사회 계층의 구성원들의 사고방식에 깊은 변화가 일어나고 있다는 사실에 강한 인상을 받고 있다. 어느 목격자는 이렇게 말하고 있다.

> "상황 때문에 종종 영웅적인 모습을 보여야 하는 군인들 사이에서 어떤 특이한 사고방식이 발달했다. 그들은 기꺼이 자신을 희생시키려 들고 이기적이지 않고 열정으로 충만하지만, 불필요한 대화를 대단히 싫어한다. 말이 많은 사람들은 사선(射線)에서 환영받지 못한다. 이유는 프랑스인이 더 이상 듣기 좋은 말에 넘어가지 않기 때문이다. 그러나 이를 보완하려는 듯, 남자들 사이에

연대가 너무나 끈끈하게 형성되고 있다. 그래서 위험한 기습 공격을 하라는 명령이 내려오면 자원자를 찾을 필요조차 없다. 모두가 자신을 희생시킬 각오가 되어 있기 때문이다. 의무와 전투가 모든 군인을 고상한 존재로 만들었다. 내가 잘 아는 한 장교는 한때 트라피스트회 수사였으며, 그가 지휘하는 병사들은 파리에서 제대로 처신하지 않던 사람들이지만 지금 아주 우수한 군인이 되어 있다. 동료들의 눈에 그들의 과거는 이미 충분히 만회되었다."('Le Temps', 1915년 7월 27일)

이런 새로운 사고방식은 어떤 감정들의 발달을 암시하며, 나는 그 감정들 중에서 가장 중요한 것들을 여기서 설명할 것이다.

2. 애국심 고양. 민족정신의 영향

자기 나라에 대한 사랑, 즉 애국심은 개인적 이해관계를 보편적 이해관계에 완전히 희생시킬 것을 요구한다. 민족정신이 여러 세기에 걸친 공통적인 삶과 이해관계에 의해 점진적으로 안정화되기 때문에, 애국심은 갈수록 더욱 커진다. 이유는 개인적 보존 본능이 쉽게 집단적 보존 본능으로 대체되기 때문이다.

민족의 정신은 전쟁에서 진정한 전투원의 역할을 한다. 민족정신은 존립이 위태로워질수록 스스로를 더 강하게 방어한다. 애국심은 합리적인 성격이 아니라 신비주의적인 성격을 지닌 자질로서 조상들로부터 물려받는 것이다. 그러므로 이성만으로 애국자가 되는 사람은 허약한 애국자가 될 것이고, 그의 애국심은 오래 지속되지 못한다. 슈브리용은 이렇게 말한다.

"종교와 도덕처럼, 애국심은 이성의 문제가 아니라 생명의 문제다. 애국심은 하나의 본능이며, 생명의 진화 과정에 구축된, 착각과 감정의 체계들 중 하나이다. 이 착각들과 감정들의 체계들 중 일부는 개인의 보존에 기여하고, 다른 일부는 집단의 보존에 기여하고, 또 다른 일부는 종(種)의 보존에 기여한다. 그러나 그 체계들 모두는 유일하게 근본적인 목표인 유형의 보존에 다소 직접적으로 관심을 두고 있다. 이것이 그 같은 주장에 죽은 뒤에 알지도 못할 것을 위해서 자신을 희생시키는 것은 어리석은 짓이라는 점을 보여주는 것이 전혀 없는 이유이다. 왜냐하면 그런 식으로 추론하는 사람들은 엉터리 전제에서, 말하자면 오직 개인만이 존재를 갖고, 그 개인은 그 사람 자신에게만 한정되고, 그의 유용성과 존재의 목표는 그 사람 자신에게 있다는 전제에서 시작하고 있기 때문이다. 반대로, 한 장의 나뭇잎이 부모인 나무에 의해, 또 나무를 위해 살아가듯이, 인간은 자신의 집단에 의해서 자신의 집단을 위해서 살아가며, 틀림없이 중요한 부분일 인간의 일부는 개인적이지 않고 사회적이다. 이 관점에서 본다면, 애국심은 논리적이다. 어떤 개인이 자기 자신이 아닌 다른 무엇인가를 위해 자신을 희생시킬 때, 그것은 오류나 판단 착오가 아니라, 개인 안에서 민족의 사랑이나 생명 같은 집단적인 삶을 위해서 작동하고 있는 하나의 기능이다. 그것은 평소에는 잠자고 있다가 사랑처럼 갑자기 일깨워지는 기능이다."

죽은 사람들이 물려준 유산인 애국심은 오랜 세월 동안 조상들에 의해 축적된 최고의 힘들 중 하나이며, 그 힘은 결정적인 순간에 드러난다. 전쟁이 선포되던 날, 서로 다른 집단에 속했던 평화주의자와 무정부주의자, 사회주의자 등이 같은 깃발 아래로 모이도록 만든 것도 애국심이었다. 애국심이 모든 논쟁을 일축해버리는 무의식적인 힘이 아니라면, 그들의 만장일치 지지는 불가능했을 것이다.

많은 작은 것들이 애국심의 놀라운 힘을 보여주고 있다. 가장 전형적인 사건 하나는 1899년에 달아나 칼즈루헤에 농부로 정착해서 독일 여자와 결혼해 아이를 여섯 둔 군인의 예다. 병역에 대한 그의 혐오는 분명 매우 깊었음에 틀림없다. 그가 병역을 피하기 위해 도피하는 것을 서슴지 않았다는 사실에서도 충분히 드러난다. 그러나 전쟁이 터졌을 때 피의 부름이 너무나 강하고 압도적이었기 때문에, 그는 새 가족을 떠나서 전투를 벌이기 위해 프랑스로 돌아왔다.

이와 유사한 예들은 많지만, 가장 감동적인 것은 아마 고위 공무원 출신으로 나이 예순에 사병으로 등록했다가 끝내 곡사포 파편에 맞아 전사한 예일 것이다.

3. 위험에 대한 사랑과 경솔함

위험을 사랑하는 것은 인간 본성의 일부이며 도박이나 위험한 사냥, 싸움, 탐험 등 다양한 방식으로 그 모습을 드러낸다.

제국 권력의 정복자나 창설자는 운명의 신의 도박대 위에 여러 차례 자신을 던질 때까지는 성공했다고 말하기 어렵다. "위험을 무릅쓰지 않고 얻을 수 있는 것은 절대로 없다."라는 말이 전투에서만큼 절박하게 통하는 곳도 없다. 그러나 성공 가능성이 실패 가능성보다 지나치게 낮아서는 안 되며, 따라서 가능성이 있다는 확신을 분명히 가질 수 있어야 한다.

비스마르크는 독일 통일을 끌어내기 위해 많은 위험을 무릅썼다. 다른 사람이었다면 아마 매우 강력한 나라로 여겨지던 오스트리아를, 이어서 이탈리아에서 오스트리아를 패배시킬 만큼 막강했던 프랑스를 공격하는 것을 망설였을 것이다.

성공 가능성이 매우 낮은 상태에서 위험을 무릅쓰는 것은 경솔이다. 이것은 무익하고 위험한 형태의 용기이며, 현재의 전쟁에서도 프랑스는 경솔 때문에 수 천 명의 목숨을 잃었다. 다음 내용은 이 주제에 대해 어느 포병 장교가 나에게 쓴 내용이다. 전선에서 보내온 이 글 일부를 나는 다른 곳에서도 인용할 것이다.

> "용맹과 경솔 사이엔 하늘과 땅 만큼의 차이가 있다. 경솔은 전적으로 금지되어야 하고 처벌되어야 한다. 우리 연대에 장교가 부족한 사태가 벌어지고 있는 원인이 바로 경솔에 있기 때문이다. 독일군의 가혹한 방법은 틀림없이 그들도 이 같은 사실을 깨닫도록 했으며, 그 깨달음이 독일군이 영웅 같은 행동을 절대로 보이지 않는다는 사실을 설명해준다. 그런 행동을 우리 프랑스 군대는 대단히 자랑스러워하지만, 그것이 재앙이나 다름없는 결과를 안겨줄 때가 종종 있다. 왜냐하면 그런 행동 자체가 최고의 인재를 빼앗아가고, 그러면 우리 군대는 가치가 크게 줄어들 것이기

때문이다."

4. 전쟁 동안에 프랑스에서 일어난 종교적 감정의 부활

이 전쟁은 프랑스 내에 신비주의적 징후들을 초래했다. 그러나 프랑스의 징후들은 독일의 정치적 신비주의의 결과로 생긴 징후들과 많이 다르다.

독일인들에게만 특이하게 나타나는, 지배라는 신비주의적인 이상에서, 황제라는 인간으로 구현된 신은 세속적인 일들로부터 거리를 두고 있다. 마치 신이 이 세상을 혁신하는 주체로 게르만 민족을 선택하고 그 목적에 필요한 모든 선한 자질을 부여했기 때문에 그 민족에게 더 이상 마음 쓸 것이 없다는 듯이 말이다.

독일 신비주의자는 자신의 신이 게르만족을 안전하게 지켜주는 힘을 갖고 있다고 확신하며, 그 힘을 간청할 필요성을 느끼지 않는다. 그러나 프랑스 신비주의자는 신의 보호를 덜 확신하며, 따라서 기도를 반복함으로써 보호를 얻으려고 노력한다. 한 학술원 회원이 중요한 어느 신문에 발표한 설명에 따르면, 프랑스 신비주의자는 다음과 같이 믿고 있기 때문에 기도의 필요성을 더 강하게 느낀다.

> "프랑스 민족에 닥친 재앙은 우리의 죄들에 대한 속죄이다. 이 격변에는 어떤 의미가 있으며, 모든 종파들은 민족의 재앙 앞에서 속죄를 인정한다는 점에 의견의 일치를 보이고 있다."

이 저자는 사나운 신의 분노를 달래는 최선의 방법은 신에게 공개적으로 기도를 올리는 것이라고 생각했으며, 따라서 정부에 그 같은 조치에 동의해 달라고 요청했다. 물론, 그 요구는 거부당했다. 이유는 절망적인 탄원이 있어야만 느낄 수 있는 신이라면 우리 현대인의 정신에 비춰 지나치게 야만적인 사고방식을 갖고 있기 때문이다. 그럼에도 불구하고, 일부 탁월한 전사들에 따르면 신이 최근의 전투들에 개입한 것처럼 느껴진다. 셰르필Cherfils은 1914년 12월 26일자 '골루아'에 이렇게 쓰고 있다.

> "전지전능한 신의 계획이 전쟁이 우리가 예상했던 것만큼 신속하고 파괴적인 방향으로 허용하지 않는 이유는 쉽게 이해된다. 이 전쟁이 '교회의 큰딸'의 해방이 되고 부활이 되어야 하고, 부활은 무덤을 암시하기 때문이다. 라자로Lazarus[59]의 무덤 대신에, 신은 우리에게 욥Job[60]의 밀짚 침상을, 말하자면 기독교 프랑스의 영혼이 새롭게 태어날, 길고 잔인하고 슬픈 고통을 주었다. 이것이 전쟁이 길어지는 데 대한 가장 진정한 설명이며, 이 설명이 가장 진정한 이유는 그것이 초자연적이기 때문이다. 잔 다르크Jeanne d'Arc[61] 시대 이후로, 초자연적인 것이 우주를 지배한다는 것이 이보다 더 명백하게 드러난 적은 없었다."

....

59 마리아와 마르타의 오빠이며, 죽어 무덤에 묻혔다가 4일 만에 예수에 의해 살아났다.

60 구약성경 '욥기'의 주인공이다. 하느님이 그의 신앙심을 시험하기 위해 온갖 고난을 내렸으나 욥은 신앙을 끝까지 지켜 가족, 재산 등을 다시 찾게 되었다.

61 백년 전쟁에 참전하여 프랑스군을 승리로 이끌면서 프랑스 국민의 영웅으로 추앙받았으며 로마 가톨릭교회의 성인(1412-1431)이기도 하다.

틀림없이, 신비주의적인 정신은 진정한 신자들에게 아주 큰 힘의 원천이지만, 그런 정신은 가끔 정말 이상한 설명을 암시하기도 한다.

전선에서는 종교적 감정의 부활이 뚜렷이 나타났겠지만, 프랑스의 나머지 지역에서는 훨씬 덜 두드러졌다. 프랑스의 불행은 하늘의 징벌이라고 믿은 성직자들의 실언뿐만 아니라 교황의 적대와 일부 중립국들의 가톨릭 집단의 적대는 프랑스 국민의 애국심에 깊은 상처를 입혔으며, 가톨릭교에 대해 냉담한 감정을 품도록 만들었다.

5. 전쟁 동안에 일어난 대중의 감정 변화

전쟁 동안에 대중의 감정이 어떤 식으로 전개되었는지에 대해 논하기는 어렵다. 왜냐하면 모든 사회 계층에 감정과 생각의 변화가 뚜렷이 나타난다 하더라도 그 변화가 최종적으로 어떤 형태가 될 것인지는 여전히 알려져 있지 않기 때문이다.

전쟁이 중단될 것인지 아니면 계속 수행될 것인지는 관련 당사국들의 여론에 크게 좌우된다. 이유는 어떤 사태의 실상보다 사람들이 그 사태에 대해 어떻게 생각하는가 하는 문제가 훨씬 더 중요하고, 자신의 패배를 믿는 사람은 곧 그 패배가 실제로 일어나는 것을 보게 될 것이기 때문이다. 지금 세계는 집단적인 개념들의 지배를 받고 있으며, 이 개념들은 형성은 느리지만 완전히 발달하기만 하면 그 힘만은 저항할 수 없을 만큼 크다. 이것이 독일이 여론을 선점하려고 그렇게 열심히 노력하고 있는 이유다. 그러나 독일은 진실을 너무 자주 왜곡하는 바람에, 사람들이 독일의 발표를 더 이상 믿지 않게 되었다. 그러나 승리에 대한 독일의 신비주의적인 확신은 약해지지 않았으며, 그 믿음은 독일인들이 전쟁의 신이 자기 나라를 버리고 있다는 느낌을 받을 때까지 계속될 것이다.

다양한 국가들의 국민들이 진정으로 느끼고 있는 감정을 발견하려는 노력은 아예 하지 않는 것이 낫다. 왜냐하면 짐작컨대 영국을 제외한 모든 국가들의 언론이 정부가 허용하는 것만을 전하고 있기 때문이다. 그러나 나는 헝가리의 어느 신문이 보도한 내용을 일부 인용할 것이다. 그럼에도 그 내용에 특별히 중요성을 부여할 생각은 없다.

> "이 끔찍한 전쟁이 벌어진 8개월 사이에 대중의 감정이 세 단계로 변화하는 모습을 보였다.
> 첫 번째 단계는 모든 사람의 영혼이 열광으로 넘쳐나는 단계였다. 그런 다음에 사람들의 기질이 변했다. 여론이 전쟁에 대해 점점 냉담한 반응을 보였다. 승리도 사람들을 들뜨게 하지 못하고, 패배도 마찬가지로 어떤 동요도 일으키지 못했다.
> 지금은 대중의 감정이 세 번째 단계에 이르렀다. 극도로 신경질적인 흥분이 그 앞의 냉담을 대체하고 있다. 이것은 중요한 반응이다. 감정들이 모든 자극에 반응을 보이고, 약간의 사건에도 영향을 받고 있다. 사람들의 슬픔이 이보다 더 깊었던 적도 없었으며, 죽은 자들에게 느끼는 슬픔이 이보다 더 비통했던 적도 없었으며, 사건들이 군중을 이처럼 심하게 움직였던 적도 없었다. 그것은 신경성 흥분 그 이상이며, 거의 병적인 현상이다."('Magyar Orzag', 1915년 4월 4일)

이 장과 다음 장은 인격의 고착성에 대한 우리의 인식이 얼마나 많이 바뀌었는지를 보여줄 것이다. 인격의 안정성은 사회적 환경과 일상생활의 필요에 크게 좌우된다. 유전에 의해 축적되는 조상들의 영향이 상당히 고착적인 심리적 핵심을 형성하지만, 뜻밖의 상황이 이 핵심에 새로운 균형을 야기할 수 있다. 그러면 이 새로운 균형이 인격을 변화시키고, 그 사람은 동시대인들을 놀라게 만들고 후손을 당황하게 만들 그런 이방인이 된다.

3장

군인들의 용기: 그 기원과 형태

1. 용기의 다양한 형태들

목숨은 인간에게 아주 소중하지만, 인간은 어떤 상황에서, 특히 자기 보존 본능보다 더 강한, 조상 대대로 내려오는 충동에 복종해야 하는 상황에서 스스로 목숨을 희생시킨다.

용기는 위험 앞에서 자연스럽게 생겨나는 두려움에 대한 저항이다. 용기는 다양한 요소들로 구성되어 있으며, 다양한 모습으로 나타난다. 용기는 우발적일 수 있으며, 그런 경우에 용기를 행하기가 비교적 쉬워진다. 그러나 용기를 지속적으로 발휘해야 하는 경우에는 용기를 행하는 것이 더 어려운 문제가 된다. 용기가 습관에 따라 거의 무의식적으로 행해지는 것이 아니라 지속적으로 실행되어야 한다면, 그때 용기는 어려운 문제가 된다.

유럽 전쟁은 용기 문제와 관련해서 매우 흥미로운 심리학적 관찰을 할 기회를 많이 제공하고 있다. 다양한 전쟁터에서 기록한 관찰들이 아주 많은 정보를 제시하고 있는 것이다. 내가 전선에서 받은 편지 중 하나를 소개하고 싶다. 앞에서 이미 인용한 바가 있는 편지다.

> "용감한 행위에 대해서 말하자면, 나는 예전에 다소 혼란스런 상태로 두루뭉술하게 함께 묶었던 자질들을 이 전쟁을 통해서 세분하게 되었다.
>
> 먼저, 나는 어떤 사람을 두고 '그는 어느 날엔 용감했다.'라는 식으로 말하는 스페인의 표현이 진리라는 것을 깨닫게 되었다.
>
> 용기에서 가장 존경할 만한 자질은 어떤 사람이 전투의 흥분 상태에 있지 않으면서도 냉철한 계산을 바탕으로 안전한 장소를 떠나서 어느 정도의 위험 속으로 자신을 던질 수 있는 정신이다. 이때 그 사람은 그 위험을 속속들이 잘 알고 있다.
>
> 진정한 용기는 사려 깊고 꼭 필요한 일만 하는 것으로 엄격히 제한한다. 병사들이 흔들리지 않고 있어서 본보기를 보여야 하는 상황이 아니라면, 진정한 용기는 거칠게 몰아치지도 않는다.
>
> 동일한 인간들의 집단이 발휘하는 용기는 상황에 따라 대단히 강하거나 아무것도 아니거나 둘 중 하나다. 이 말은 암시에 매우 쉽게 넘어가는 프랑스인의 기질에 특히 더 맞는 말이다. 독일 군인들은 이 측면에서 분명히 프랑스 군인들에 비해 변화의 폭을 적게 보일 것이다.
>
> 장교에 대한 병사들의 신뢰가 아주 중요한 요소이다. 왜냐하면

똑같은 군인들이 똑같은 상황에서 지휘를 받는 방식에 따라 성공 하기도 하고 실패하기도 하기 때문이다."

프랑스 군대의 용기는 전쟁이 시작된 이후로 크게 변했으며 당연히 성급하고 충동적인 성격을 버렸다. 프랑스는 처음에 충동적인 성격 때문에 많은 병사들을 잃었다. 전쟁 초기에 프랑스 군인들은 프랑스군 참모본부가 한 번도 수정하지 않은 케케묵은 방법을 그대로 답습하고 있었다. 따라서 프랑스 군인들은 적의 화력에 자신을 노출시키면서 적의 요새를 향해 미친 듯이 몸을 날렸다. 그러면 적의 요새는 프랑스 군인들이 접근하도록 내버려두었다가 어느 선까지 오면 상대방을 닥치는 대로 마구 쏘아 쓰러뜨렸다. 그 과정에 독일군들은 거의 피해를 입지 않았다. 당연히 그런 전술은 재앙에 가까운 패배로 이어졌으며, 이것도 프랑스 지휘부의 무능 못지않게 독일군의 성공을 도왔다.

어느 독일 장군은 1914년 10월 5일자 '피가로'에 실린 인터뷰에서 이 점을 강조했다.

"프랑스의 보병은 큰 칭송을 들을 자격이 있지만, 심각한, 아니 끔찍한 결점을 안고 있다. 보병이 안고 있는 결점 중에서 가장 위험한 것은 바로 용기다. 프랑스 보병은 자신의 생명을 보호할 장치가 없는 상황에서 자신을 노출시키며, 자신이 표적이 되는 데서 기쁨을 느끼는 것 같다. 그들을 맞히는 것은 아주 쉬운 일이다. 당연히, 그 같은 행동은 영웅적이지만 터무니없다.

사람들은 용기는 언제나 유익하다고 생각한다. 요새화된 곳을 공격하거나 총검 돌격을 하는 경우에는 그렇다. 그러나 병사들의 지나친 용기는 이로울 때보다 해로울 때가 더 많다. 당신은 이것을 깨닫지 못하고 있지만, 그럼에도 그건 진실이다. 당신은 어떤 목표물을 점령하길 원한다면 당신 자신을 숨겨야 하고, 당신의 접근을 위장해야 하고, 적에게 노출을 최대한 줄이고, 땅에 구멍을 파고, 그 안에 편안하게 자리 잡고, 시골의 온갖 지형지물을 이용하고, 적을 보되 적에게 들키지 않아야 한다.

아마 당신은 언젠가 우리가 그렇게 하는 것을 봄으로써 이 모든 것을 배울 것이다. 당신은 전투 중에는 온갖 위험을 다 감수해야 하지만 전투를 하지 않는 상황에서는 어떤 위험도 무릅쓰면 안 된다."

군인들은 마침내 경험을 통해서 자신의 장교들이 평화 시에 그런 것을 가르치는 것을 망각했다는 사실을 배웠다. 전쟁을 벌이는 과정에 일어난 변화는 1914년 11월 29일자 '에클레르'Eclair에 요약되어 있다.

"용기에 대한 인식이 달라졌다. 용기가 약해진 것이 아니라, 더 적절해지고, 더 조심스러워지고, 더 겸손해졌다. 한마디로 말해, 용기는 보다 도덕적인 것으로 변했다. 옛날에 용기는 멋지고 귀족적이었다. 용감한 사람들은 대열 중에서 두드러졌으며 누가 봐도 달라 보였다. 그런 병사들은 처음부터 군대의 꽃으로 보였으며, 그들은 일반적인 법칙의 예외라는 점을 보여주는 특징들을 갖고 있었다. 그러나 군중이 없는 곳에선 예외도 있을 수 없으며,

참호 속에서는 그런 사람의 용기에 강한 인상을 받는 사람은 그와 이웃한 두 사람 뿐이다. 말하자면, 그의 용기를 알아줄 사람은 아무도 없는 것이나 마찬가지이다. 참호 속의 용기는 명성이 수반되지 않으며, 그것이 용기인지조차 잘 모르고, 극적인 요소를 더 이상 갖추고 있지 않다. 참호 속의 용기는 거의 전적으로 냉정을 지키고, 뇌와 의지가 제 기능을 할 기회를 주는 것에 지나지 않는다. 이프르 전투에서 살아남은 자들은 자신이 광인도 아니고 정신병동에 입원할 사람도 아니라는 사실에서 충분한 영광을 발견할 것이다.

이것은 우리가 지금까지 거둔 영광이며, 그 영광은 성격이나 상황 때문에 특권을 누리게 된 몇몇 개인들이 발하는 빛이 아니라 우리 민족 전체가 공유하고 있는 자질들의 결과이다."

이 글은 요령 없이 지속적으로 발휘하는 용기 대신에 지속적이고 사려 깊은 용기가, 말하자면 현재의 환경에서 훨씬 더 유익한 형태의 대담성이 정착하고 있다는 점을 아주 분명하게 보여주고 있다.

포화가 쏟아지는 가운데서 관찰된 사실들은 언제나 특별히 흥미롭다. 다음 내용은 졸리보[Jolivot] 박사가 나에게 보내온 글로서, 장교들의 영향력에 대해 잘 설명하고 있다.

"총알이 무섭게 날아오는 상황이 불러일으키는 감정에 지배당하고 있는 군인은 자신의 장교를 맹목적으로 따른다는 것을 제외한다면 달아나고 있는 말과 아주 비슷하다. 그런 상황에서 장교가 사라진다면, 병사들은 곧 자제심을 잃는다. 아르곤에서 나는 일개 중대가 첫 공격에서 패주하는 것을 보았다. 그때도 장교가 지휘하고 있던 연대의 나머지 부대원은 계속 작전을 수행하고 있었다. 병사들을 다시 모을 수는 있지만, 만약에 장교들의 목소리와 행동이 자신감을 보여주지 않는다면, 결과는 제로일 것이다. 이유는 병사들이 가장 소중한 소유물인 총과 배낭을 내던질 것이고, 그런 병사들의 무리는 오합지졸일 것이기 때문이다."

2. 영웅적 자질

현대 전쟁의 잔혹하고 포악한 조건들은 당연히 패배 아니면 영웅적 자질을 낳게 되어 있었다. 다행히도, 그런 조건의 결과가 영웅적 자질로 나타났으며, 영웅적 자질이 너무나 보편적이기 때문에 근본적인 자질로 여겨질 수 있다. '오늘의 공적'에 언급된 긴 명단을 훑어보아도 이 같은 판단에 어떤 의문도 제기하지 못할 것이다. 내가 무작위로 선택한 다음 전투들은 수천 개에 달하는 전투들의 예에 불과하다.

= 126 보병대의 예비병 쿠르탱은 먼저 자동소총을 다루던 독일군 병사들부터 모조리 죽인 다음에 독일군 20명이 방어하던 참호 속으로 혼자 뛰어 들어가 일부는 총으로 쏘아 죽이고 나머지는 총검으로 찔러 죽였다.

= 정식 임명을 받지 않은, 제3 주아브병[62]의 장교인 체일라드는

62 알제리인을 주축으로 편성한 프랑스 보병.

1914년 10월 8일 밤 병사 3명과 함께 적진을 정찰하러 나갔다가 어느 울타리 뒤에 숨어 있던 독일군 40명을 발견하고 그 중 18명을 죽이고 나머지는 패주시켰다.

= 제4 기병대의 르부크 하사는 혼자서 침착성과 대담성을 발휘하며 독일군 육군 대위 1명과 뷔르템베르크의 군인 23명을 포로로 잡았다.

= 선원이었던 마티외 주이는 보호 장비라고는 몇 개의 모래주머니밖에 없는 상태에서 홀로 남아서 동료들의 후퇴를 엄호하면서 100명 가까운 적들로부터 참호를 지켜냈다. 그는 한쪽 팔이 총검에 찔려 마비된 상태에서도 적들을 막는 데 성공하고 자기 중대와 합류했다.

= 제319 의용군 보병대의 아서 플뢰리는 혼자 독일군 4명을 죽이고 8명을 포로로 잡고 다른 3명이 달아나도록 했다. 그는 두 차례 부상을 입고 후방으로 보내졌으나 상처가 채 아물기도 전에 자신의 뜻에 따라 다시 중대로 복귀했다.

이런 식으로 용맹을 떨친 이야기는 모든 계층의 군인들 사이에 무수히 많다. 영웅적 자질에는 계급제도 같은 것이 없으니까. 그러나 그 이야기들은 간헐적인 영웅적 자질의 예들인 반면에, 현재의 전쟁이 요구하는 참호 생활의 조건은 지속적인 영웅적 자질을 불가결하게 만들며, 다양한 출처에서 끌어낸 다음과 같은 예들이 보여주듯이, 그 조건은 용기를 발휘할 것을 요구한다. 1914년 11월 29일자 '에클레르'에 발표된 글에서, 이프르 전투 당시에 참호에서 지냈던 한 장교는 이렇게 말한다.

“11월 24일 밤에 우리는 갑자기 이프르 근처의 최전방 부대의 참호로 보내져, 거기서 12박 13일 동안 지하에서 지냈다. 나는 13일째 되던 날 부상을 입었다. 우리는 진흙을 뒤집어썼고, 밤에 안개에 흠뻑 젖었으며, 가만히 앉아 있다 보니 몸이 무감각해졌다. 그 사이에 총알과 유탄 파편, 곡사포 파편은 밤낮으로 15분도 채 멈추지 않았다. …
그것은 극적인 영웅적 행위와 총돌격, 적의 피에 적셔진 시뻘건 총검 같은 우리의 모든 꿈에 작별을 고하는 것이었다. 그 대신에, 우리는 불타는 파편의 연기에 숨 막히고, 파편 튀는 소리에 귀가 먹고, 파편 조각들에 파묻히고, 부상병들의 신음소리를 들으면서도 도움을 주러 갈 힘을 내지 못하고, 얼굴에 동료의 골이 튀고, 동료의 팔이 공중으로 날아가는 것을 보고, 두 발이 뭉개진 동료를 들어 올리고 가슴이 박살난 동료를 옮겼다. 이 모든 것을 우리는 보고 듣고 겪어야 했으며, 우리는 전율하면서도 움츠러들 수 없었다. 우리는 언젠가는 우리를 무덤에 눕게 만들 운명을 아슬아슬하게 피하고 있었다. 우리는 산 채로 묻혀 지옥 같은 고통의 악몽에 희생되고 있는 것이나 마찬가지이다.”

레옹 부르주아Léon Bourgeois는 참호 생활을 다음과 같이 요약하고 있다.

“그들의 발은 얼음 같은 물에 잠겨 있으며, 그들은 칠흑 같은 어둠 속에서 잠을 한숨도 자지 못하고 밤의 흐릿한 속삭임에 귀를 기울이며, 손을 총에서 떼지 못한 상태에서 말없이 고통을 겪고 있다. 그들은 언제나 싸우다가 죽을 태세가 되어 있다. 하룻밤이 가고 또 하룻밤이 가고 있다. 수백 마일에 이르는 참호 속에서 그들은 조금도 방심하지 않고, 태연하며, 감정의 동요를 보이지 않는다. 그들의 장교들은 그들 옆에 가까이 있으며, 장교들도 마찬가지로 침묵을 지키고 있다. 그러나 싸움이 벌어졌다 하면, 병사들은 자신의 장교조차 보지 못하며, 장교의 명령은 전화로 전달된다. 탄환이 바람 소리를 내며 날아가고, 포탄이 우레 소리를 내며 터진다. 무시무시한 파괴 무기들이 참호 위로 떨어지며 참호를 파괴한다. 한 차례 공격이 끝나면 그들은 구성원들을 체크하며 남은 사람을 헤아린다. 지칠 줄 모르는 병사들은 조금의 망설임이나 혼란도 없이 말없이 자신의 짐을 다시 짊어지며, 장교들도 병사들과 똑같이 한다.

그리고 다음날 '군 공보지'가 어느 정도 넓이의 땅을 획득한 그 전투를 소개하면서 영웅적인 투쟁을 단 몇 줄의 글로 표현할 때, 그 누구도 대대나 분대의 이름이나 군인들을 승리로 이끈 장교의 이름에 대해 우리에게 말하지 않는다. 맨 꼭대기에서 맨 아래까지, 그들 중 어느 누구도 명예에 대해 생각하지 않았다. 옛날엔 명예가 용맹스런 기적의 부모로서 반드시 필요한 것으로 여겨졌는데도 말이다."

3. 습관이 용기에 미치는 영향

전쟁 중에 맥주를 만드는 독일군(위쪽)과 머리를 깎는 프랑스군.

습관은 현대 전쟁이 필요로 하는 지속적인 용기의 기원에 중요한 역할을 한다. 이 지속적인 용기는 똑같은 위험을 거듭 경험하는 과정에 형성되며, 그 용기는 위험이 처음 나타날 때 거기에 저항하는 개인의 능력을 말한다. 이 단계에서, 군인은 단속적(斷續的)인 용기에서 연속적인 용기로 나아간다.

내가 지금 묘사하고 있는 참호 생활의 어려운 측면을 과장해서는 안 된다. 왜냐하면 참호 생활도 습관이라는 것을 고려하지 않고 그것 자체만을 놓고 대략적으로 볼 때에만 그렇게 비참해 보일 뿐이기 때문이다. 언제나 햇살 속에서 사는 사람은 폭발의 위험이 상존하는 광산 속의 삶을 지옥 같은 것으로 여길 수 있다. 만약 그런 사람이 기어 다니는 것밖에 허용되지 않는 컴컴한 동굴에서 살기 위해 햇살 넘치는 시골을 어쩔 수 없이 떠나야 하는 상황이라면, 그 사람은 틀림없이 천국을 떠나 지옥으로 가는 느낌을 받을 것이다. 그럼에도 현장을 떠난

참호에서 포도주를 배급하는 프랑스 군인들.

늙은 광부들은 가끔 지하의 삶을 아쉬워한다. 늙은 광부들에게는 그곳이 천국이고, 햇빛 속에서의 삶이 지옥일 수 있다.

참호 속의 군인들이 유쾌하고 피로의 흔적을 전혀 보이지 않을 수 있는 것은 습관의 힘 때문이다. 습관은 그들에게 강력한 영향을 끼쳤으며, 그들이 공장이나 들판, 사무실로 돌아갈 때, 그들 중에서 무시무시한 참호를 그리워하는 사람이 분명히 있을 것이다.

에리오M. E. Herriot는 참호 생활의 쾌활함에 대해 적절히 전하고 있다.

"젖은 짚을 깐 진흙 구덩이 안에서, 우리 군인들은 정말로 인간 고통의 극한을 느끼고, 궁핍과 얼음 같은 추위가 수반되는 비참의 극한을 경험하고, 하루하루 긴장의 극한에 노출되며, 끝이 보이지 않는 극한적인 절망을 느끼고 있다. 그러나 어떤 일에 대한 생각이 간혹 그 일 자체보다 더 나쁠 때가 있고, 또 사람이 그 일에 익숙해진다는 점도 인정해야 한다. 나는 단 한 차례의 불평도 듣지 않았으며, 그런 현상이 결코 병사들이 숫기가 없어서 나타나는 것은 아니다. 이 군인들은 숫기 없는 그런 인간들이 절대로 아니다. 나는 불평만 들을 수 없었던 것이 아니었다. 삶의 조건이 그들이 처할 수 있는 최악의 상황임에도 불구하고, 나는 유쾌한 사람밖에 보지 못했다. 그들의 유쾌함은 민족적 기질의 깊은 샘에서 나오고 있으며, 거기엔 확신과 낙관주의, 결심 등이 혼합되어 있다."

우리는 유쾌함에 관한 이 마지막 말을 기억해야 한다. 그것이 참호 속에서 지낸 군인들의 중요한 버팀목이기 때문이다. 유쾌함이 대단히 중요하다는 사실을 잘 아는 장교들은 다양한 방법으로 그 자질을 배양하고 있다. 어떤 경우든, 사람은 곧 무서운 삶에 익숙해진다. 그 같은 조건에서 오랫동안 지낸 한 군인은 그런 현상에 대해 이렇게 말한다.

"프랑스 병사를 한 사람 만드는 것은 그리 어려운 일이 아니다. 길어야 일주일이면 충분하다. 일주일 정도 지나면, 군인이 지옥 같은 포격의 혼란에 너무나 익숙해지기 때문에 어쩌다가 연속 포격이 중단되면 그 고요에 그야말로 귀가 먹어 버린다. 그러면 군인은 포탄 소리가 요란하게 들리는 상황에서 잠을 아주 잘 자지만, 우리가 늘 확인하듯이, 포탄 소리가 멎으면 어김없이 잠을 깬다. 이것은 습관이 형성되었다는 것을 의미한다. 전쟁이 시작된 이후, 습관 형성이 뜻밖에 아주 빨리 일어났다.

전선의 군인들로부터 받은 편지들은 모두 그들이 새로운 삶에 아주 빨리 익숙해지고 있다는 점을 암시하고 있다. 다음 글도 습관의 역할을 보여준다. 또 프랑스 군인이 물려받은 사고방식과 꽤 반대되는 투쟁 상태에 자신을 쉽게 적응시킨다는 점도 보여준다.

"지금 나를 실망시키는 것은 아무것도 없다. 총알이나 포탄이 아무리 쌩쌩 날아다녀도, 나는 처음과 똑같이 평정을 잃지 않는다. 나만 그런 것이 아니라 우리 모두가 다 그렇다. 처음 전투가 벌어졌을 때, 우리는 너무 빨리 전투에 돌입했다. 이유는 우리가 생각하고 있었던 것이 총검 돌격뿐이었기 때문이다. 그런 식으로 너무 성급하게 서두름으로써 우리는 총을 맞는 피해를 입었다. 그러나 지금 우리는 공격할 때 낮은 포복으로 나아가며, 위장으로 흙을 이용하고 있다. 그러면 우리는 독일군을 마음대로 쏠 수 있다. 가끔은 독일군들은 우리가 어디서 총을 쏘는지조차 모를 수 있다. 지난번 작전 때, 우리는 거의 방어 불가능한 상황에서 측면 공격과 정면 공격을 동시에 격퇴해야 했다. 그러나 우리 중 어느 한 사람도 주춤하지 않았다."

여기서 적응 능력의 결과인 습관의 심리학적 원인들을 설명할 수는 없다. 그러나 한 가지만은 분명히 밝혀야 한다. 자신을 적응시키지 못하는 존재는 어떠한 습관도 형성하지 못한다는 점을.

지속된 기간에 따라서, 습관은 저절로 작동하는 일시적 또는 영속적 조건반사를 낳는다. 밤에 기습 공격에 노출된 어느 장교가 전하는 다음 보고가 그 과정을 잘 보여준다.

"전문적인 훈련이 안겨주는 자동성보다 더 소중한 자산은 없다. 몇 초 전에, 나는 밤의 장난인 꿈을 꾸고 있었다. 그러나 지금 이 순간 나는 부하들을 마주하고 있다. 그들의 눈길 앞에서, 나는 어떤 이상한 힘에 관통당하는 느낌을 받았다. 당장 나는 침착한 장교가 되었다. 자기 자신의 주인이고, 자신의 명령이 옳다고 확신하고, 자신의 지식을 굳게 믿고, 약한 자들을 자신의 결심으로 고무하는 그런 존재로 돌아왔다는 뜻이다."

습관에서 비롯된 용기는 종류가 이미 알려진 위험 앞에서 나타나며 비슷한 상황에서 되풀이된다. 이런 현상은 종종 관찰된다. 예를 들어, 일반적으로 특정한 어떤 종류의 곡사포 공격을 받고 있는 군인들은 곡사포에 전혀 신경을 쓰지 않지만, 탄환이 바뀌면 크게 당황하게 되며 그에 따른 동요를 극복하기 위해서는 다시 새로운 습관을 형성해야 한다.

습관이 지속적인 용기의 형성에서 하는 역할은 내가 방금 언급한 사실들에 의해 충분히 증명되었다. 전쟁 때에도 평화로운 때와 마찬지로, 우리의 행동 중 4분의 3 정도는 습관을 따른다.

그러나 지속적인 용기를 낳는 습관은 예기치 않은 위험 앞에서는 전혀 아무런 효과를 발휘하지 못한다. 그래서 그런 위험에 대처하는 용기는 분명히 다른 무엇인가에서 비롯된다. 지속적인 형태의 용기는 강한 의지를, 따라서 일종의 신경 긴장을 암시하는데, 이 신경 긴장은 오래 지속되기 어렵다. 바로 이 대목에서 장교들의 역할이 중요해진다. .

4. 정신적 전염의 영향

사회적 삶에서 매우 강력한 요소인 정신적 전염은 군인의 생존에도 여전히 중요한 요소이다. 왜냐하면 군사 작전에 반드시 필요한 집단 유대를 낳을 수 있는 유일한 것이 바로 정신적 전염이기 때문이다.

잘 알려진 바와 같이, 정신적 전염은 정신적 영향에 노출된 개인들이 자신의 의지가 아니라 주변 사람들의 의지에 따라 행동하는 심리적 현상을 말한다. 정신적 전염은 지성에는 별로 영향을 미치지 못하지만 감정에 대단히 큰 영향을 끼친다. 이유는 군중 속의 모든 사람들이 정신적 암시에 따라 똑같이 느끼고 반응하기 때문이다.

낙관주의나 염세주의, 두려움, 용기 등 다양한 감정들의 결합에서 생겨나는 정신 상태들 중 많은 것은 전염성을 지닐 수 있으며, 사상도 간혹 전염성을 띠지만 사상의 전염성은 전적으로 사상의 정서적 또는 신비주의적 내용에 좌우된다. 순수하게 합리적인 사상은 절대로 전염성을 지니지 않기 때문이다.

어떤 개인이 군대 같이 정의가 명확한 전문적인 성격을 지닌 집단에 합류할 때, 그 사람에게 정신적 전염이 일어난다. 그러면 집단적인 정신이 그의 인격을 덮게 되며, 이제 그는 집단의 생각에 따라 느끼고 생각하고 의견을 형성한다. 그가 한 사람의 개인으로서 평소에 선호하던 감정과 생각, 의견을 더 이상 따르지 않게 되는 것이다.

육군 대위 타뷔로는 이렇게 쓰고 있다.

"보충병이 군복을 입을 때, 놀라운 기적이 일어나면서 그의 정신 상태가 갑자기 변한다. 개성을 덜 느끼고 집단생활의 새로운 감각을 얻게 되는 것이다. 그는 더 이상 잡화상 주인이나 대장장이, 농부가 아니며 기계의 한 부품이 된다. 그의 개인적인 생각은 사라지고, 어떤 신비한 힘이 그가 다른 사람들과 똑같이 생각하고 행동하도록 만든다. 주변 사람들이 '적은 형편없어. 그러니 단칼에 없앨 수 있어.'라는 식으로 말한다면, 그런 소리를 듣는 개인은 자신의 적이 허약하고 터무니없는 인간이라서 멸시당하는 것이 마땅하다고 믿어버린다. 그러나 만약 주변 사람들이 그에게 '우리는 배신당했어.'라면서 놀라운 비밀을 들려준다면, 그는 모든 장교가 자신을 적에게 팔아먹었다고 똑같이 믿어 버린다.

우리의 군인들이 전쟁터에서 강한 감정을 느끼고 있을 때 '각자 살 길을 찾아라!'라는 외침이 들린다면, 합리적인 생각은 그에게서 모조리 달아나 버리고, 그는 위험이 진짜인지 아닌지에 대해 조금도 신경을 쓰지 않고, 또 일순간의 생각도 하지 않은 채 광인처럼 달아나기만 할 것이다."

루머와 의견 같은 것의 전파는 정신적 전염에 의해 매우 위험해지며, 패배로 인해 군대의 사기가 약해져 있을 때 특히 더 위험해진다. 내가 앞에서 인용한 바가 있는 그 포병 장교가 쓴 다음 편지에서 그 점이 드러나고 있다.

"전투를 시작하고 겨우 며칠 뒤에, 나는 당신의 생각이 옳다는 사실을 확인해주는 사건을 당하게 되었다. 그 일은 8월 20일 자르부르에서 일어났다. 적의 포병에 관한 단순한 소문이었다. 적이 소유한 대포의 사거리가 너무나 길기 때문에, 우리가 대포의 공격을 피하지 못한다는 것이었다. 이 같은 소문 때문에, 몇 시간 전에 아주 열정적이던 병사들이 결단력 없는 오합지졸이 되어 버렸다. 대포 하나가 군대 전체의 사기를 떨어뜨린 것이다. 그때 갑자기 파편 하나가 나의 말을 맞혔고, 나는 움푹 파인 곳으로 나뒹굴었다. 왜 내가 당신에 대해 생각했는지 모르지만, 나는 그 충격으로 반쯤 무의식적 상태에서 이 군인들이 정신적 전염 때문에 마비되었다는 것을 깨달았다. 반면에 포병들 사이에서는 그 전염의 영향을 느낄 수 없었다. 우리가 그들의 무리에 속하지 않았기 때문이다. 그러고 나서 5일 뒤에, 똑같은 병사들이 눈부신 노력을 보였다. 이때 그들은 용기를 잃지 않은 어느 중대의 예에 고무되었고, 북쪽에서 전해오는 승리에 대한 소문에 크게 자극을 받은 터였다. 결단력 없던 오합지졸이 다시 막강한 무기가 되어 있었던 것이다."

이 장교는 또 군인들이 자신이 예전에 속했던 중대에 합류할 수 있을 때에 군사적 가치를 다시 얻지만 다른 중대로 편입될 때에는 그런 가치를 발휘하지 않는다는 사실에 주목해 줄 것을 나에게 당부했다. 그것은 예전에 정신적 전염이 일으켰던 확신이 낯선 환경에서 사라져 버리기 때문이다.

4장

무력 충돌의 기원에 관한 통찰력 결여와 심리적 오류의 결과

1. 정치적인 심리의 일반적인 특징인 통찰력과 관찰력의 결여

대부분의 물리적 현상은 즉시 공식으로 환원되지만, 사회적 삶의 사건들은 그렇지 않다. 이유는 너무나 많은 요소들이 사건들에 작용하고 있는 탓에 간단한 원칙으로는 그 사건들을 절대로 예상하지 못하기 때문이다.

시간적으로 꽤 가까운 사건들에 대한 예측도 거의 언제나 불확실하다. 왜냐하면 어떤 한 사건이 연속적으로 어떤 식으로 전개될 것인지를 파악할 수 있는 두뇌가 그리 많지 않기 때문이다. 그러니 사건의 먼 결과까지 예측하는 것은 더더욱 어려운 일이다. 정말이지, 중요한 문제들의 전개를 좁은 범위에서나마 예상할 수 있는 능력을 가진 정치인들도 극히 드물다.

먼 미래에 일어날 사건들을 예측하는 일은 분명히 매우 어렵지만, 정확히 관찰하는 능력이 그렇게 드문 이유를 이해하는 것도 그리 쉽지 않다. 그럼에도 역사는 대사와 무관, 스파이 등 온갖 정보원을 두고 있어서 돌아가는 사정에 꽤 밝을 것 같은 정부들이 이웃 국가들에서 일어나고 있는 일에 대해 거의 아무것도 모르고 있다는 사실을 보여주고 있다. 예를 들어, 만약 나폴레옹 3세가 1870년에 독일의 실제 군사력을 알았다면, 그는 프랑스에게 너무나 큰 피해를 안긴 그 불행한 전쟁을 일으키지 않았을 것이다. 또 1914년 이전에 게르만족의 방법과 군사력이 알려졌다면, 프랑스는 훗날 경험을 통해서 확인하게 될 모든 결함을 해결할 수 있었을 것이다. 그런데 당시에 판단력이 꽤 있는 사람이라면 독일군이 대규모 훈련을 하는 동안에 그런 것들을 발견할 수 있었다.

정치인들은 언제나 다른 어떤 분야보다 민족의 심리학 영역에서 관찰력이 크게 떨어진다는 점을 보여준다. 이유는 그들이 자신의 선입견에 따라 인간 존재들을 판단하기를 원하기 때문이다. 따라서 정치인들은 모든 사람들의 사고방식을 똑같은 기준으로 판단하는 심각한 실수를 저지르고 있다.

위대한 정치인들은 언제나 위대한 심리학자들이었지만, 그들은 자국의 동포들이 행동을 취하도록 고무하는 동기들을 파악하는 데 성공할 때조차도 다른 국가들의 국민들에 대해서는 종종 아무것도 모르고 있다.

프랑스 국민들의 마음을 너무나 잘 알았던 나폴레옹은 러시아인과 스페인인의 사고방식에 대해서는 완전히 속았으며, 그는 그들에 대한 이해력이 부족한 탓에 원정에 나섰다가 자신의 제국을 몰락의 구렁텅이에 빠뜨렸다.

비스마르크의 놀라운 성취 한 가지는 그가 독일 국민에 관한 지식뿐만 아니라 외국 국민들에 대한 지식까지 깊이 갖추고 있다는 점이다. 그는 어디까지 나아가야 하는지, 어디서 멈춰야 하는지, 대중의 움직임을 자극하는 데 어떤 수단을 이용해야 하는지에 대해 잘 알고 있었다. 그는 그 유명한 엠스Ems 전보[63] 중 단어 몇 개를 바꿈으로써 프랑스가 전쟁을 선포하도록 만들었다. 인내심 있게 조사한다면 2, 3일 후에 진실이 드러날 터였지만, 그는 프랑스인들의 심리를 잘 이해하고 있었기 때문에 그 같은 사소한 인내도 프랑스인의 한계를 벗어나 있을 것이라고 짐작했다.

다른 국민의 심리를 모르는 지도자들은 종종 자국 국민에게 상당한 피해를 안기게 된다. 보어인[64]의 심리에 무지했던 탓에, 한 영국 총리는 보어 전쟁을 일으켰으며, 이 전쟁은 영국에 피해를 안겼을 뿐만 아니라 아무런 쓸모가 없는 전쟁이었다. 이유는 영국이 트란스발이라는 작은 나라의 영혼을 정복하지 못한다는 점을 인정하지 않을 수 없게 되었고, 최종적으로 그 나라에 거의 완전한 자유를 허용하고 정복하려는 노력을 포기해야 했기 때문이다.

....

63 1870년 7월 14일 공개되어 프랑스 제국을 분노케 만들어 결국 7월 19일 프랑스가 프러시아 왕국을 상대로 전쟁을 선포함으로써 프랑스-프러시아 전쟁의 원인이 되었던 전보를 말한다. 전보는 프로이센의 빌헬름 1세가 프랑스로부터 받은 전보를 의도적으로 편집해 공개한 것이었다. 엠스는 프러시아가 새로 갖게 된 헤세-나사우에 위치한 리조트 온천을 가리킨다.

64 남아프리카 공화국의 네덜란드계 주민.

정치의 특징인 통찰력과 관찰력의 결여는 프랑스 제2 제국이 치렀던 전쟁들의 역사에서 아주 뚜렷하게 드러난다. 왜냐하면 그 시기의 모든 원정, 특히 크림 전쟁과 멕시코 전쟁은 프랑스 통치자들이 이해력을 완전히 결여하고 있었다는 사실을 드러내고 있기 때문이다. 프랑스 통치자들의 관심은 오직 한 전쟁을 일으키는 데 있었으며, 그 목적은 프로이센이 오스트리아와 동맹을 맺지 못하도록 막아서 프로이센을 무능한 국가로 전락시키는 것이었음에 틀림없다. 그런 전쟁은 훗날 프랑스에 닥친 재앙을 예방할 수 있었을 것이다.

그러나 1870년 전쟁에 앞서 일어난 사건들은 통찰력과 이해력의 부족을 드러내는 사건에 속할 것이다. 1865년부터 1870년 사이의 프랑스 신문들과 의회의 연설, 외교 문서들을, 그리고 사도바에서 일어난 사건에서부터 스당에서 일어난 사건까지 대충 훑어보아도, 그릇된 판단과 부조리한 예측, 놀랄 만한 오해가 쌓여 있는 것이 보인다. 맹목성은 보편적으로 나타나던 현상이었으며, 통찰력은 전무했다. 만약 이 사건들이 훗날 이해될 수 있다면, 그것은 그 사건들의 결과들이 나타났고 그 결과들이 더 이상 의문의 대상이 될 수 없기 때문일 것이다.

현대 정치의 복잡성을 고려한다면, 시간적으로 아주 가까운 사건들조차도 예견하기가 어렵다는 점을 인정해야 한다. 따라서 이 전쟁이 발발하기 직전에도 프랑스 정치인들 중에서 가장 탁월하다는 평가를 듣는 정치인이 이런 글을 쓸 수 있었다는 사실은 그다지 놀랄 만한 일이 못 된다.

"오스트리아-헝가리는 완벽하게 조용한 나라이다. 오스트리아-

헝가리는 어느 나라에도 위험이 되지 않는다."

모든 당사자들이 현재 벌어지고 있는 사건들을 이해하지 못하고 그 사건들의 결과에 대해 짐작조차 하지 못하는 이 무능을 어떻게 설명해야 할까? 그것은 주로 대부분의 정치인들이 신비주의적 또는 정서적 원천에서 나온 정치적 믿음의 덫에 갇혀 있기 때문이다. 정치인들은 사건들을 근거로 논쟁을 벌이지 않고, 자신이 사건에 대해 품고 있는 생각들을 근거로 논쟁을 벌이고 있으며, 정치인들의 생각은 현실과 전혀 연결되지 않으며 대체로 보면 단순히 자신의 감정과 욕망을 반영하고 있을 뿐이다.

역사 속에서 빚어진 최악의 실수들의 기원까지 거슬러 올라간다면, 거기서 언제나 통찰력 결여와 관찰력 결여, 이해력 결여가 발견된다.

정치가가 저지를 수 있는 오류 중에서 가장 위험한 것은 심리적 오류이며, 따라서 정치인의 임무는 정말 어렵다. 이유는 국민의 운명이 종종 정치가의 통찰력이나 실수에 좌우되기 때문이다. 카부르Cavour 백작[65]의 훌륭한 판단이 이탈리아 통일을 이뤄냈고 비스마르크의 훌륭한 판단이 독일 제국을 이룩한 반면에, 왕관을 쓴 어느 몽상가의 통찰력 결여는 프랑스 국민이 현재 전쟁의 한 원인이기도 한 침공을 벌이고 스당에서 대패하도록 만들었다. 인간의 의지는 역사의 사건들을 완전히 지배하지는 못하지만, 적어도 그 사건들이 전개되는 방향을 바꿀 수는 있다. 이유는 우리의 부주의와 실수가 훗날 우리가 감당해야 하는 재앙을 낳기 때문이다.

....

65 이탈리아 통합을 주도한 이탈리아 정치인(1810-1861).

정치인들의 오류는 종종 그들이 국민들을 지배하고 있는 정서적, 신비주의적, 집단적 영향에 무지하다는 사실에서 비롯된다. 현재의 전쟁도 그런 실수를 보여주는 놀라운 예이다. 그 실수들 중에서 빠지지 않는 것이 바로 프랑스가 발칸 반도와 관련된 정책에서 실패를 했다는 점과 탁월하다고 여겨지던 프랑스 외교관들이 몇 개월 동안 불가리아인과 터키인들의 조롱거리가 되었다는 점이다.

인간들은 체스 판 위의 감정 없는 말이 아니다. 인간들은 또 냉철한 계산에 따라 움직이지도 않는다. 지적 추리 과정에 대한 과도한 확신이 종종 인간의 영혼을 지배하고 있는 동기들을 이해할 길을 가로막기 때문이다.

사건들을 내다보는 재능은 정치인들에게 매우 유익하지만, 사적인 개인들에겐 그 재능이 특별히 유익해 보이지 않는다. 클레망소는 이렇게 말한다.

> "지나치게 멀리 내다보는 불행한 인간은 근시안적인 동료들에게 위험인물로 여겨지는 것이 오래 전부터 관찰되었다. 정치적 성공에 좁은 시야보다 더 큰 기여를 하는 것은 없다. 귀스타브 르 봉은 집단의 심리를 냉철하게 분석한 『군중 심리』에서 '국민'의 정의가 곧 '군중'이라는 사실에 대해 충분히 설명하지 않았으며, 역사가 끊임없이 보여주는 바와 같이, 그 같은 사실이 온갖 이름을 단 형편없는 정부들의 행위를 용이하게 만든다는 점에 대해서도 충분히 설명하지 않았다."

이제 일반적인 사항들은 옆으로 밀쳐놓고, 전쟁이 터지기 전이나 전쟁이 전개되는 동안에 다양한 국가들이 저지른 심리적 실수들 일부에 대해 설명할 것이다.

2. 프랑스의 심리적 오류와 통찰력 결여

프랑스가 저지른 심리적 실수가 많다. 가장 심각한 실수는 평화주의의 착각이었다. 이 망상 때문에 프랑스는 오랫동안 군사력을 무시하고 3년 병역법에 반대했다. 독일의 위협적인 태도가 프랑스가 위험에 처할 때가 가까워졌음을 보여주고 있는 때에도, 병역법의 필요성은 부정당했다.

그러나 프랑스의 통치자들 중 많은 수는 이런 증거를 전혀 보지 못했다. 프랑스 지도자들이 현재와 같은 문명 상태에서는 유럽 대재앙 같은 것은 절대로 일어날 수 없다는 인식에 거의 전부 설득 당했기 때문이다. 그래서 전쟁이 선포되었을 당시의 장관들 대부분은 실제로 3년 군 복무 법에 반대표를 던진 사람들이었다. 독일인들이 군사력을 하루가 다르게 키우고 있는 동안에, 프랑스인들은 보편적 평화를 꿈꾸고 있었던 것이다.

게다가, 전쟁이 발발하더라도 적대적 행위는 틀림없이 단기간에 끝날 것이라는 의견이 지배적이었다. 자동 소총과 속사포, 포탄 같은 현대 무기 때문에 전쟁이 연장되기 어렵다는 분석이었다. 18세에서 46세 사이의 모든 신체 건장한 남자들을 소집하는 한 가지 사실만도 전쟁에 개입한 국가들의 삶을 즉시 파괴하고, 교전국들이 궁핍으로 죽을 지경에 이르게 할 것으로 여겨졌다.

경험은 이런 예상들이 얼마나 무가치한지를 보여주었다. 전쟁은 짧기는커녕 매우 길게 이어질 것처럼 보이고, 커즌George Curzon 경이 영국 지원병들에게 말했듯이, 그들이 고국을 다시 보려면 크리스마스를 몇 번 보내야 할 것이다. 사람들은 새로운 생존 조건에 적응하지 못할 것이라는 예상을 깨고 즉시 적응했다. 늙은이들과 여자들, 어린이들이 남자들의 참전으로 생긴 노동력 부족을 용감하게 메웠다. 당시에 국가의 존속은 노동력에 좌우되었다. 삶의 속도가 느려졌을 뿐이지, 삶은 절대로 멈추지 않았다.

또 다른 일반적인 확신은 참전하고 있는 군인들의 수가 엄청나기 때문에 한 두 건의 대규모 전투가 서로 맞서 싸우는 군대들의 운명을 결정할 것이라는 믿음이었다. 이런 예상과 정반대로, 현재의 전쟁의 근본적인 특징은 대규모 전투는 극히 드물고 긴 전선을 따라 소규모 전투가 자주 벌어진다는 점이다.

현재의 전쟁에서 자행된 폭력적인 행위를 예측한 저술가들도 드물었다. 그럼에도 내가 보기엔 이런 폭력적 행위를 예측하는 것은 그다지 어렵지 않았다. 오래 전에 나는 『정치 심리학』에서 전쟁이 불가피하다고 말했다.

> "다가올 전쟁은 역사에 기록된 많은 전쟁들과 다르지 않은 투쟁이 될 것이라는 점을 잊지 않도록 하자. 그리고 그 전쟁은 다른 전쟁들과 마찬가지로 교전국들 중 하나가 영원히 사라지도록 만들 것이다. 끔찍하고 무자비한 싸움이 벌어질 것이며, 그 싸움에

서 시골 지역 전체가 체계적으로 약탈당함에 따라 집이나 나무, 인간은 하나도 살아남지 못할 것이다."

나는 싸움이 코앞에 임박했다는 것을 확신하면서 이렇게 덧붙였다.

"아이들을 교육시키고 군인들을 훈련시킬 때, 이런 생각들을 명심하고, 아울러 평화주의와 형제애, 그리고 다른 허튼 생각에 관한 공허한 연설은 그냥 웅변가들에게 맡기도록 하자. 그들과 상관없이, 우리 모두는 메흐메트Mohammed 2세[66]가 콘스탄티노플의 성벽을 깨뜨리고 있을 때, 비잔틴 사람들이 신학 논쟁에 빠져 있었다는 사실을 상기하도록 하자."

프랑스 외무장관을 지낸 아노토는 전쟁이 발발한 이후로 프랑스 통치 계층이 저지른 심리학적 실수를 지적한다. 실수는 심하다 싶을 만큼 많다.

"강대국들은 발칸 반도에 개입해야 하는 중요한 이유들을 갖고 있었다. 터키가 강대국들에 맞서는 태도를 취하던 때부터, 강대국들의 임무는 두 게르만 제국이 오스만 제국과의 동맹을 통해 누리게 된 이점을 무효화시키는 것이었다. 러시아는 새로운 적을 마주하게 된 결과 남쪽이 땅과 바다에 의해 봉쇄되었으며, 수에

....

66 오스만 제국의 7대 술탄으로 칼리프라는 칭호를 처음 썼다. 1444년부터 1446년까지 통치하다가 퇴위한 뒤 1451년에 다시 즉위하여 1481년 죽을 때까지 집권했다.

즈 운하와 인도에 대한 영국의 소유권도 위협에 처했다.

시작 단계에서 이 문제와 관련해 외교적 대비를 하지 않은 것은 이상하다. 갈등이 일어날 경우에 터키가 취할 태도에 관한 정확한 정보가 거의 없었다는 사실도 놀랍다. 전쟁이 선포되기 불과 며칠 전에 프랑스가 오스만 제국에 2,000만 프랑을 빌려줬으니 말이다. 행동의 필요성이 분명해졌을 때에도 보다 신속하고 강력한 조치들이 취해지지 않았으며, 순양 전함 괴벤 호와 브레슬라우 호를 콘스탄티노플 항까지 추격하지 않은 것도 마찬가지로 이상하다.

이런 것들이 현재의 상황을 무겁게 짓누르고 있는 일련의 실수들이다."

3. 독일의 심리학적 오류와 통찰력 결여

프랑스의 심리적 실수들은 심각했다. 그 실수들이 준비 미비를 불렀고, 결과적으로 재앙으로 이어졌다. 그러나 독일인들도 프랑스만큼 중대한 실수는 아니었어도 마찬가지로 값비싼 대가를 치르게 한 실수를 많이 저질렀다.

몇 년 전에 '데페슈 콜로니알'Dépêche coloniale에 발표된 어느 독일인 유명인사의 인터뷰에 따르면, 독일인들은 프랑스를 정복하도록 도울 요소들로 이런 것들을 꼽았다.

1. 프랑스의 종교적, 정치적 불화.

2. 반(反)군국주의.

3. 전쟁이 선포되자마자, 노동 총동맹이 총파업과 군(軍)파업을 선언할 가능성.

4. 프랑스의 육체적, 도덕적 쇠퇴.

5. 프랑스 육군과 해군의 무(無)조직.

6. 프랑스 기관들의 전반적인 평화적 성격.

프랑스인들이 매우 잘 알고 있듯이, 현실은 이 예상들이 근거 없다는 것을 잘 보여주고 있다. 이런 예상들을 내놓은 사람은 단지 자기 나라에 팽배한 사상들을 나름대로 해석하고 있었을 뿐이며, 그 사람은 어떤 근본적인 심리적 요소의 영향을 망각했다. 그 요소란 바로 위기가 발생할 때 개인들의 다양한 의지들을 지배하면서 공통의 위험에 맞서도록 모든 사람들의 가슴을 결합시키는 민족정신이다.

독일인들이 이해하지 못한 또 다른 한 가지는 벨기에의 중립을 짓밟는 행위가 영국의 분노를 불러일으키면서 영국 안에서 영원히 대립하고 있는 것처럼 보이는 당파들을 즉시 화해시킬 것이라는 점이었다. 어쨌든, 독일인들은 조약 위반이 낳을 수 있는 결과를 예측하지 못했다. 이유는 독일 교과서에서 가르쳐지던 국제법의 원리들이 영국인들이 공언한 국제법의 원리와 완전히 달랐기 때문이다. 마지막으로, 독일은 약한 벨기에가 무력 침공에 저항할 것이라고는 생각조차 하지 않았다. 여기서 다시 유전적인 요소들의 힘이 독일인들의 관심을 끌지 못했다.

이런 다양한 예들에서 드러난 통찰력의 부족은 파리로 신속히 진군

한다던 독일의 당초 계획을 망쳐놓았다.

전쟁의 중요한 원인 하나가 독일이 러시아나 영국, 프랑스가 개입하지 않을 것이라고 판단했다는 사실이라는 점에 대해서는 이미 말한 바 있다. 독일이 오스트리아에게 비타협적인 태도를 취하고 세르비아를 침공하라고 조언한 이유는 거기에 있었다. 이것도 새로운 심리적 오류였다.

이탈리아와 관련해 독일이 저지른 심리적 실수들은 꽤 심각했다. 이유는 독일이 이 동맹국에게 취한 오만한 태도가 결국 새로운 적을 하나 더 만들었기 때문이다.

독일인들이 저지른 매우 중대한 심리적 실수는 그들이 점령국들을 불필요하게 야만적으로 다뤘다는 점이다. 이 같은 사실이 미국을 포함한 모든 중립국들이 독일을 멀리하도록 만들었다. 그런 결과는 틀림없이 독일인들의 목표가 아니었다. 독일인들이 여론을 바꿔놓기 위해서 미국에서 신문사를 구입하고 팸플릿을 찍고 강연하는 일에 수백 만 달러를 투입했으니 말이다. 브리외Brieux가 미국 내에서 감정이 어떤 식으로 변하게 되었는지를 잘 보여주고 있다.

> "가장 흥미롭고 의미 있어 보이는 사실은 미국 여론이 프랑스 쪽으로 기울고 있다는 점이다. 나는 그 같은 현상을 눈으로 직접 목격할 수 있었다. 하나의 예로서 버틀러Murray Butler 컬럼비아 대학 총장에 대해 말하고 싶다. 전쟁 초기에 그는 적(赤) 수리 훈장Order of the Red Eagle을 받은 사람이기 때문에 매우 친독일적이었으며, 자신의 의견을 전혀 비밀로 하지 않았다. 사건들이 전개됨에 따라,

상황이 너무나 분명하고 진실이 너무나 분명해졌기 때문에 버틀러는 지금 솔직히 프랑스에 공감을 표현하고 있다. 나는 3개월 만에 보스턴을 다시 찾았으며, 나를 환영하는 마음이 처음 방문했을 때보다 훨씬 더 따뜻했다.

강연이 끝나면, 종종 젊은이들이 나에게 다가와서 따뜻한 마음으로 '우리는 독일인입니다만 당신과 악수를 하고 싶어요. 당신은 그것이 무슨 의미인지 잘 알고 있어요. 그러니 우리에게 더 이상 설명을 요구하지 말았으면 합니다.'라고 말했다. 루뱅을 불태우고 랭스를 폭격하는 등 독일의 파괴에 전반적으로 분노하는 분위기가 형성되고 있다. 예술 대학에서 회화와 조각, 건축을 공부하고 있는 젊은이들은 나에게 500명 이상이 서명한 항의문을 전달했다."

독일인들의 심리적 실수들은 전쟁 내내 계속되었다. 먼저, 독일 지식인들이 서명한 악명 높은 선언들이 있다. 너무나 뚜렷한 사실들을 부정하는 내용이다. 또 중립국들에게 독일의 목표는 작은 국가들을 정복하여 통치하는 것이라고 말한 유명한 교수들의 실수도 있었다. 또 독일이 세계에 보낸 전보와 소책자에 담긴 부적절한 과장의 실수가 있었다. 마지막으로, 조약을 휴지 조각으로 여긴 역사적 발언을 정당화하기 위해 경멸스런 설명을 만들어낸 독일 수상의 실수가 있었다.

독일인들은 심리적 성격을 지닌 것으로 규정할 수 있는 일에서 거의 아무런 성공을 거두지 못했다. 독일인들의 가장 두드러진 성공은 터키가 연합국에 맞서 전쟁을 선포하도록 유도한 것이었다. 그러나 이것은 간단한 일이었다. 왜냐하면 독일인들이 돈과 힘으로 터키 정부를 현혹시키기만 하면 되었기 때문이다. 돈과 힘은 오스만 제국의 통치자들에게 언제나 영향을 미친 요소들이다. 만약 3국 협상이 1914년 12월 초에 필요한 행동력만 보여주었다면, 터키가 중립 상태로 남았을 것이라는 점이 지금 인정되고 있다. 적어도 터키가 연합국 함대가 다르다넬스 해협을 통과하는 것을 금지시키지 않았을 가능성은 꽤 크다. 교묘하게 몇 백만 파운드만 지불했더라면 어떤 문제라도 발생하는 경우에 터키가 평화를 지키도록 만들 수 있었을 것이다.

독일이 심리적 성격을 지닌 분야에서 아주 작은 성공만을 거둔 것과 별도로, 그들의 실수는 매우 중대했으며, 자기 나라 국민의 정치적 무능력에 대해 한탄했던 폰 뷜로브의 판단을 뒷받침하고 있다. 그것은 독일인들이 다른 나라 국민들의 심리를 이해하지 못한 무능력의 결과이다. 독일인들이 그렇게 무능했던 이유는 독일 외교관들이 똑같은 잣대로 모든 사람들을 측정할 수 없다는 사실을 늘 망각하고 있었기 때문이다.

'르 탕'이 1915년 3월 29일에 독일 신문 데어 탁Der Tag에서 발췌한 다음 글은 독일인들이 자신들이 거듭 저지른 심리적 오류를 마침내 인정했다는 점을 보여주고 있다.

> "독일인들은 계산 착오를 너무 많이 저질렀다. 독일인들은 유럽에서 총성이 들리는 순간 인도 전체가 반란을 일으킬 것이라고 기대했으나, 보시다시피 수만 명의 인도인들이 영국 군인들과 함께 우리에 대항해 싸우고 있다. 우리는 영국 제국이 무너질 것이

라고 기대했으나, 영국 식민지들은 모국과 전에 없이 하나가 되었다. 우리는 영국령 사우스 아프리카에서 성공적인 반란을 기대했으나, 거기서 대실패만을 확인하고 있다. 우리는 아일랜드에서 무질서를 기대했으나, 아일랜드는 최정예 부대를 보내 우리와 싸우고 있다. 우리는 어떤 일이 있어도 평화를 추구하겠다는 정당이 영국에서 막강한 것으로 믿었지만, 그 정당은 독일을 상대로 한 전쟁이 야기한 전반적인 열광에 묻혀 사라져버렸다. 우리는 영국이 쇠퇴했기 때문에 전쟁에서 심각한 요인이 될 수 없다고 생각했지만, 영국은 독일의 가장 위험한 적으로 증명되었다.

프랑스와 러시아와 관련해서도 마찬가지다. 우리는 프랑스가 타락하여 국민적 연대의 감각을 잃어버렸다고 생각했으나, 프랑스는 가공할 만한 적이었다. 우리는 러시아 국민이 정부에 대한 불만이 너무나 깊은 나머지 정부를 위해 싸우지 않을 것이라고 상상하면서 러시아가 아무것도 하지 못하고 군사 강국으로서의 지위를 급속도로 잃을 것이라고 믿었지만, 러시아는 수백 만 명의 국민들을 매우 신속히, 매우 성공적으로 동원했으며, 러시아 국민들은 열정으로 넘치고 러시아의 힘은 압도적이다. 전쟁의 무거운 책임은 우리가 이런 실수와 엉터리 계산을 하도록 만든 자들이, 그러니까 우리가 이웃 국가들과 그들의 이해관계에 대해 오해를 하도록 이끈 자들이 져야 한다."

독일인들의 심리적 오류들은 모든 나라의 저술가들에게 강한 인상을 안겨주었다. 이탈리아인 파레토Vilfredo Pareto는 1915년 3월 1일자 평론 잡지 '스키엔티아'Scientia를 통해 그 오류들에 대해 이렇게 말했다.

"이탈리아를 3국 동맹과 묶고 있던 끈은 오스트리아의 만행과, 독일과 오스트리아가 똑같이 동맹 안에서 이탈리아에 종속적인 지위를 주려는 경향에 의해 느슨하게 풀렸다. 한편, 독일과 프랑스 사이에는 알자스 로렌의 점령과 그 지역 주민들이 당하는 박해 때문에 지속적인 평화나 동맹 같은 것은 생각조차 할 수 없었다. 또 독일이 프랑스의 식민 사업마다 끊임없이 저지하려 들었기 때문에 독일과 프랑스 사이의 평화는 꿈도 꾸지 못할 문제였다. 독일이 프랑스와 영국에서 반(反)군국적인 민주주의가 파괴 작업을 마무리할 때까지 인내심 있게 기다리지 않고 그런 공격성을 먼저 보인 것은 크게 잘못되었다. …

영국은 고대에 로마가 그랬듯이 자국의 지배를 받는 사람들의 우정을 얻는 기술을 갖고 있다. 이것이 로마가 한니발의 이탈리아 침공 때 의기양양하게 버틸 수 있었던 이유였고, 오늘날 영국 제국이 단합하고 있는 이유이다. 카르타고는 이 기술을 절대로 소유하지 않았으며, 독일도 그것을 소유하지 못했다. 이 기술을 소유하지 않은 결과가 카르타고의 경우에 로마인들이 아프리카를 침공했을 때 나타났다. 오늘날 독일의 경우에는 그 결과가 알자스-로렌과 덴마크 공작령, 독일의 지배를 받던 폴란드 주민들의 감정에 나타나고 있다."

4. 러시아의 심리적 오류와 통찰력 결여

러시아가 드러낸 통찰력 결여는 독일이나 프랑스가 보인 것과 다소 성격이 다르다. 그것은 통찰력의 결여라기보다는 막강한 러시아 제국을 통치하는 사람들의 신비주의적 기질 때문에 일어난 심리적 오류들이었다. 이 실수들은 러시아인들이 전쟁 초기에 점령한 갈리치아 같은 나라들에서 인기를 얻지 못하게 되는 결과를 낳았다. 이유는 러시아인들이 종교 같은 확신은 한 국민의 가장 신성한 소유물이라는 점을, 그리고 힘은 그런 확신 앞에서 무력하다는 점을 망각하면서 새로운 백성들을 종교적인 이유로 탄압했기 때문이다. 갈리치아에서 벌어지고 있는 종교적 금지에 관한 세부 사항은 아직 파악되지 않고 있으며, 따라서 편파성을 의심할 수 없는 외국 신문을 인용하는 외에 달리 방법이 없다. 다음 내용은 1915년 2월 16일자 '주르날 드 주네브'의 한 특파원이 쓴 것이다.

> "1914년 9월 30일 칙령에 의해서, 갈리치아에서 인쇄된 루테니아어 서적은 기도서까지 포함해 모두 경찰서에 맡겨져야 하며, 책들은 거기서 파괴될 것이다. 이 칙령에 따르지 않는 데 대한 처벌은 서적 소유자에게 3개월 징역형 또는 3,000루블의 벌금을 물리는 것이다. 모든 통신, 심지어 개인적 성격의 통신까지도 루테니아어로 하는 것이 금지된다. 오스트리아의 행정에 속하는 우체국과 철도 등에 종사하는 갈리치아인 2만 명은 지금 일자리를 잃고 더없이 비참한 상태에 빠져 있다. 그들의 자리는 차르의 영토

에서 온 러시아인들이 차지하고 있으며, 이 러시아인들은 현지 언어를 알아듣지도 못한다."

우크라이나 의회 대표단의 단장은 같은 신문 1915년 4월 28일자에 이렇게 썼다.

"러시아의 갈리치아 침공은 그곳 사람들이 오랜 세월에 걸쳐 이룬 모든 결과물을 단번에 파괴해 버렸다. 우크라이나어는 교회와 학교뿐만 아니라 공식적인 목적에서도 전적으로 금지되고 있다. 갈리치아에 있는 모든 우크라이나 신문들은 억압당하고 있으며, 도서관들은 파괴되고, 민족 박물관의 소장품은 러시아로 보내지고 있다. 모든 우크라이나 결사들은 해산되고 있으며, 우크라이나 귀족 수백 명이 시베리아로 보내지고 있다.

갈리치아 동부의 우크라이나인들 모두가 2세기 이상 믿으면서 우크라이나 국교나 다름없게 된 우니아트-그리스 교회가 지금 모든 가능한 수단에 의해 박해를 받고 있다(갈리치아 동부에는 전쟁 전에 정교회 신자가 사실상 전무했다). 우니아트-그리스 교회의 수장인 스젭티키Andreas Szeptyckyj 대주교는 러시아의 내륙에 있는 쿠르스크로 끌려갔고, 다수의 성직자들은 추방되었으며, 반쯤 굶주리면서 공포에 떠는 주민들은 러시아에서 데려온 주교들의 협박과 약속에 의해 정교회로 개종했다. 러시아인들은 지금 가톨릭 교회들을 강제로 정교회 교회로 바꾸기 시작했다. '그 교회들이 2, 3백 년 전에 정교회 교회였으며, 그래서 다시 정교회 교회가 되어야 하기 때문이라고 한다.'"

러시아 신문 '노보예 레임자'Novoje Wremja는 주교 회의가 갈리치아 동부의 러시아인의 종교 생활을 감독할 위원회를 지명했다고 전한다. 또 신문은 차르의 선언에 따라서 "갈리치아는 1세기 동안 가톨릭과 폴란드의 지배를 받은 뒤에 신성한 어머니 러시아의 품으로 돌아갔다."고 덧붙였다.

그렇기 때문에, 너무나 끔찍하게 억압당했던 갈리치아인들이 러시아인들을 자기 나라로부터 추방하는 것을 열광적으로 반겼다는 것을 알게 되어도 놀라운 일이 절대로 아니다.

'르뷔 드 파리'(1915년 3월)가 발행한 '주르날 뒨느 프랑세즈 앙 알르마뉴'Journal d'une Française en Allemagne'는 "러시아의 박해는 단지 폴란드인들의 불신을 불러일으키는 결과만을 낳았으며, 폴란드인들은 독일과 오스트리아에 그만큼 더 강하게 집착하고 있다."고 말한다. 그리고 같은 잡지(1915년 3월 23일)의 한 특파원은 이런 가혹한 조치가 폴란드인의 감정에 끼친 영향을 분명히 보여주고 있다.

> "내가 만난 폴란드인들은 매우 낙담하고 있다. … 그들 중 한 사람은 나에게 이런 이야기를 들려주었다. '동부 갈리치아의 러시아 총독 보브린스키Bobrinski가 이곳 사람들이 누려왔던 자유를 어떤 식으로 폐기하고 있는지를 보라. 그곳의 모든 사람은, 심지어 러시아인을 그렇게도 반겼던 루테니아인까지도 오스트리아의 지배를 그리워하고 있다. 그것은 고무적인 현상이 아니라는 점을

당신도 인정해야 한다. 게다가, 새로운 정부에 고용된 사람들의 반이 발트 해 지역의 독일계 러시아인들이다. 프로이센 출신의 어떤 도당이 페트로그라드의 제국 협의회를 여전히 지배하고 있다. 이 협의회는 1905년 이후로 차르의 말을 어겼듯이 이 약속도 깰 것이다.' …

바르샤바에도 낙담한 사람들이 많다. 이유는 얼마 전에 학교에 대한 새로운 규제가 시행되었고, 박해가 계속되고 있기 때문이다. 신문들은 대공(大公)의 약속에 대해 논하는 것까지 허용되지 않고 있다."

아득한 옛날의 야만적인 시대로 되돌아가고 있는 이런 어리석은 규제들은 당연히 효과를 낳게 되어 있었으며, 폴란드인들의 의심을 정당화했다. 폴란드의 최고 위원회의 의장인 야보르스키Jaworski는 1915년 3월 15일자 '스키엔티아'에 이렇게 말한다.

"과연 나의 말을 믿어줄까? 러시아가 지배하고 있는 폴란드에서, 자기 나라를, 그리고 자유를 너무나 사랑했다는 이유로 교수형에 처해지거나 러시아 감옥에 산 채로 매장되어 있거나 동토의 땅 시베리아에서 비참한 삶을 살아가고 있는 가족을 두고 있지 않은 가정은 하나도 없다.

자기 나라를 사랑하는 모든 폴란드인들은 상황의 심각성을 너무도 잘 이해하고 행동 방침을 분명히 결정했다. 그들은 대공의 유화적인 약속을 거부했다. 이유는 그들이 자신들의 문명과 민족적 이해관계와, 러시아의 문명과 이해관계 사이에 심연 같은 것이 자리 잡고 있다는 것을 느끼고 있고, 러시아가 승리를 거두는 경우에 폴란드가 불가피하게 짓밟히게 될 것이라는 점을 잘 알고 있기 때문이다."

지금까지 러시아가 짧은 기간 갈리치아에 머물면서 저지른 어리석기 짝이 없는 심리적 실수들을 살펴보았다. 러시아인들이 내가 여러 책에서 종종 제시하는 어떤 이론을 뒷받침하고 있기 때문이다. 신비주의적인 요소가 정서적인 요소들과 합리적인 요소들을 완전히 지배한다는 이론 말이다. 신비주의적인 충동을 따르는 개인들은 양식(良識)을 모두 상실하고, 자신의 이해관계가 너무나 분명하게 드러나고 있을 때조차도 그것을 보지 못하며, 논쟁의 영향을 전혀 받지 않는다.

5장

심리적 오류에서 비롯된 전략적 오류

1. 전략의 심리적 요소들

모든 위대한 지휘관들은 전쟁은 전략의 문제인 것 못지않게 심리의 문제라고 확신해 왔다. 나폴레옹은 "전쟁에서는 사기가 전부다. 사기와 여론의 힘을 물리적인 힘과 비교한다면 3대 1정도다."라고 말했다.

전략적 오류는 물론 군수품과 탄약의 부족과 예기치 않은 사건들 등 다양한 원인들로 인해 일어날 수 있지만, 그 원인들 중 많은 것은 심리적인 요소에서 나온 것이다. 예를 들어, 권위자들에 따르면 전쟁 발발 초기에 연합국의 해군력이 부적절했던 것은 전적으로 지휘를 맡은 사람들의 통찰력 결여와 극도의 어리석음 때문이었다. 전쟁이 벌어질 때 인내와 끈기, 주도력 같은 심리적인 요소들이 결정적일 만큼 중요하다는 점에 대해선 이미 언급한 바가 있다.

작전 중에 일어나는 많은 전략적 실수들은 작전 초기에 저질러지는 심리적 오류 때문에 일어난다. 예를 들어, 프랑스 정부는 독일 육군이 1870년에 어느 정도 효율적인지 완벽하게 알고 있었다. 이 정보가 다양한 출판물을 통해 공개되었기 때문이다. 그러나 프랑스 정부는 엉터리 확신을 쉽게 낳는 그릇된 비교에 희생되었다. 너무나 유명한 인물인 티에르Adolphe Thiers[67]도 그랬듯이, 프랑스는 독일 예비군들의 군사적 가치가 그 당시에 규율도 없고 군사적 교육도 받지 않은 민간인들로 구성되었던 프랑스 국민방위군의 수준보다 결코 더 높지 않다는 식으로 설득 당하고 있었다.

2. 심리적 오류에서 비롯된 프랑스의 전략적 오류

현재의 전쟁은 이전의 전쟁들을 전혀 닮지 않았지만, 전쟁의 전개 중에서 새롭고 예상할 수 없었던 것들을 제외한다면, 이 전쟁에서도 마찬가지로 그 결과를 짐작할 수 있는 일반적인 법칙들이 작용하고 있다는 사실이 확인된다. 베른하르디는 『오늘의 전쟁으로부터』에서 일부 법칙들의 이런 영원성을 보여주고 있다. 이 법칙들의 중요성은 구체적인 사건들에 따라 달라지지 않는다.

"사회적인 문제들 대부분의 경우와 마찬가지로, 전쟁에도 지속적인 법칙과 현상이 나타나며, 원인과 결과의 관계가 결코 변하지 않는 그런 관계도 나타난다. 어떤 상황과 원인들은 언제나 결

67 프랑스의 제2대 대통령을 지낸 정치가이자 역사가(1797-1877).

정적인 반면에, 많은 특별한 현상들은 우연적이고 변화하는 성격을 지니고 있다."

나는 지금까지 저질러진 모든 실수를 다 나열하지 못하고 단지 아주 큰 피해를 안긴 실수 몇 가지에 대해서만 언급할 것이다. 이 예들은 약간의 통찰력만 있었더라도 피할 수 있었던 것들이다.

1914년에 프랑스군 참모본부가 독일 군대의 방법을 모르고 있는 것이 오히려 불가능한 일이었다. 그러나 내가 '계급 자만심'이라고 부르는 어떤 감정이 프랑스군 참모본부에 프랑스의 사상이 훨씬 더 낫다는 확신을 심어주었다. 첫 패배를 겪은 뒤에야, 프랑스군 참모본부는 독일인들이 자기들만의 방법으로 전투를 벌이고 있다는 사실을 깨달았다. 당시에 프랑스군 장교들은 포대가 발휘하는 중요한 영향도 깨닫지 못하고 있었으며 참호의 방어적인 강점도 깨닫지 못하고 있었다. 참호는 너무 늦게 본격적으로 활용되었음에도 불구하고 독일군의 침공을 쉽게 중단시킬 수 있었다. 이런 것들은 당연히 평화 시에 배워뒀어야 했던 것들이다.

프랑스 육군의 군사 교육이 매우 부적절했다는 점을 인정해야 한다. 왜냐하면 전쟁이 발발했을 때, 45년 전에 프랑스에 재앙을 안겨줬던 패배를 똑같이 되풀이하고 있는 것이 확인되었기 때문이다. 정찰의 결여가 두드러졌고, 자연적 특성을 이용할 수 있는 은폐 장소도 이용되지 않았으며, 공격은 포대의 지원을 받지 않는 가운데 먼 지점에서 이뤄졌다. 프랑스는 특유의 적응력 덕분에 이런 실수들을 바로잡는 데 성공했지만, 적응을 이루기까지 엄청난 병력 손실을 겪고 몇 차례의 패배를 불렀다. 프랑스 대사관에 근무하는 무관들이 의무적으로 참관하게 되어 있는 독일군의 훈련을 유심히 보기만 했어도, 그런 사항들에 대해서는 훤히 알고 있었을 것이다. 너무나 많은 근본적인 문제들이 무관들의 관심을 끌지 못한 것은 그들의 정신에 너무나 깊이 박힌 관념들이 반대되는 관념들이 들어오는 것을 막는 심리적인 현상 때문이었다. 그래서 전문가는 자신의 생각 외에는 다른 생각을 좀처럼 받아들이지 못하게 된다. 이 원리를 당신의 친구들이 하는 말의 해석에 그대로 적용해 보면, 당신도 그 원리가 얼마나 진리인지를 금방 확인하게 될 것이다.

심리적 기원을 가진 전략적 오류들 중에서, 랭스 성당의 공격을 부른 전략적 오류에 대해 언급하고 싶다. 프랑스인들은 단지 일부 장교들이 하는 말만을 믿고 랭스를 보호하던 요새들이 버텨내지 못할 것이라고 확신했으며, 따라서 요새들을 비웠다. 사실은 약간의 노력만 기울이면 그 요새들을 난공불락의 요새로 만들 수 있었는데도 말이다. 왜냐하면 독일 군인들이 그 요새들에 자리 잡은 뒤 1년 동안 그곳을 지키면서 성당을 마음대로 공격할 수 있었기 때문이다. 프랑스 군인들조차도 이 불가사의한 철수를 제대로 설명하지 못했으며, 그것은 철수 명령을 내린 장교의 기억을 오랫동안 짓누르게 될 것이다. 1914년 10월 초에, 셰르필 장군은 랭스의 요새들의 엄청난 중요성에 대해 이렇게 말했다.

"프랑스군 참모본부가 어떤 선입견 때문에 포기한 엔Aisne 전선은 랭스와 몽포콩을 거쳐 아르곤까지 이어지는 것으로, 엄선한 방어선이며, 랭스에 의해 특별히 강화되었다. 우리는 참호화한 랭스의 진지를 알 수 없는 이유로 포기했지만, 요새들은 손상되지 않았다. 독일인들은 그곳을 점령하여 프랑스의 방어 시설을 바로 프랑스인을 겨냥하는 요새로 만들었다. 브리몽 요새와 비트리-레-랭스 요새, 특히 노장-라베스 요새는 야만인들의 작전에 이용되는 무서운 기지가 되었다. 독일인들은 거기서 랭스를 폭격하고, 종교와 역사와 미술이 세 배로 성스럽게 만드는 랭스의 성역을 포격했다. … 랭스는 우아즈에서부터 아르곤까지 넓게 펼쳐지는 긴 커튼의 중심을 잡아주는 축이다."

전쟁 초반에, 프랑스군 참모본부는 대단히 기이한 망상을 품고 있었다. 1914년 8월 25일, 그러니까 독일군이 침략하며 파리로 번개처럼 진격을 서두르고 있을 시점에, 프랑스의 코뮈니케[68]는 이런 내용을 담고 있었다.

"우리는 철도망을 완전히 자유롭게 이용할 수 있으며, 바다는 물자를 가져올 수 있게 완전히 열려 있다. 우리의 작전이 러시아가 행동을 개시하면서 프로이센 동부의 심장으로 침투하도록 허용했다."

그때 러시아는 프로이센 동부로 침투하는 상황과 거리가 아주 멀었으며, 정반대로 프로이센이 러시아의 심장부로 침투하고 있었다.

68 일정한 자격을 갖춘 사람이 공식적으로 밝히는 견해를 말한다.

참모본부의 속보들은 심리학적 관점에서 봐도 매우 약했다. 예를 들어, 12월 5일자 코뮈니케는 "랭스가 포격을 당했는데, 그 공격엔 적들의 특별한 분노가 작용했다."고 전했다. 당연히 독일인들이야 이 같은 사실이 널리 알려지기를 바랐겠지만, 100만 명에 달하는 프랑스 군인들이 겨우 몇 천 명밖에 되지 않는 독일군이 대단히 중요한 프랑스의 도시를 매일 폐허로 만들고 주민들을 죽이고 있는 행위를 막지 못할 만큼 약하다는 점을 대중에게 널리 알리는 것은 프랑스가 할 일은 절대로 아니다.

그러나 프랑스가 저지른, 심리적 성격을 지닌 전략적 오류 중에서 가장 심각한 것은 전쟁 초기에 참모본부가 독일군이 알자스를 통해 올 것이라고 믿도록 만든 것이었다. 그 때문에 프랑스 군은 동쪽에 많이 집결했지만, 정작 적은 북쪽에서 침공하고 있었다. 프랑스와 독일 저술가들은 똑같이 독일군이 벨기에를 통해 프랑스로 들어갈 것이라는 내용의 논문을 많이 발표했으며, 8월 중순경에 '더 타임스'의 군사 평론가는 지도까지 제시하면서 독일군 30개 군단이 프랑스의 북쪽과 서쪽에 집결해 있는 반면에 동부 전선에는 독일군 서너 개 군단밖에 배치되지 않았다는 점을 보여주었다. 그러나 그 같은 주장도 허사였다. 프랑스 군부를 바꿔놓은 것은 아무것도 없었다. 이유는 그릇된 생각들이 너무나 강하기 때문에 참모본부의 인식이 바뀔 수 없었으며, 그 모든 오류의 결과가 바로 샤를루아에서 겪은 참혹한 패배였다.

3. 해전에서 빚어진 심리적 오류들

심리적 요인들은 연합국의 함대 활용에 절대적인 영향을 끼쳤다. 이유는 심리적인 요소인 소심함 때문에 연합국의 노력이 거의 마비 상태에 이르렀으며, 이 마비의 결과가 막심한 피해를 안긴 것으로 드러났기 때문이다. 물리적인 힘이 정신적 영향 때문에 완전히 무(無)로 전락할 수 있다는 점을 보여주는 예로 이보다 더 적절한 것은 없다. 물론 용감한 사람들이 연합국에 부족한 것은 아니었지만, 결단력 있고 모험심 있는 성격의 소유자들은 연합국에 많이 부족했다. 전쟁 초반에 순양 전함 괴벤 호와 브레슬라우 호가 알제리의 보나와 필리프빌에 포격을 가하고 다르다넬스 해협으로 들어갔을 때, 만약에 연합국의 지중해 함대에 소속된 다수의 전함들이 그 전함들을 추격했더라면, 연합국은 오래 전에 콘스탄티노플에 가 있었을 것이고, 훗날 다르다넬스 해협을 강제로 들어가는 데 따른 선박과 병사들의 손실을 막을 수 있었을 것이다. 당시에 지휘를 맡았던 제독들은 해협을 쉽게 통과할 수 있었는데도 감히 그렇게 하려 들지 않았다.

해군조차도 연합국이 통찰력 부족을 심각할 정도로 보여주었다는 점을, 또 해상 전술에서 실수를 많이 저질렀다는 점을 인정하지 않을 수 없었다. 드구이[Degouy] 제독은 '르뷔 드 파리'에 이렇게 말한다.

> "무엇보다 먼저, 그것은 불운이었다. 미래의 모든 작전에 부담으로 작용할 그런 불운이었다. 그 때문에 3국 협상의 함대들은 처음부터 신속하고 강력하게 공세를 취하지 못했다. 이는 현대 해

군의 평상시 행동과 부합하지 않는 것이며, 따라서 작전에 온 힘을 쏟아 붓지 못했다. …

전쟁 초기에 우리가 오스트리아 함대를 장기간 마비시킬 만큼 타격을 입힐 기회를 놓칠 것이라고는 아무도 의심하지 않았다.

우리 해군은 매우 활기차게 작전을 벌일 준비가 되어 있지 않은 것은 아니었다. 그러나 여러 가지 이유 때문에, 나쁘게 말하면 소심함이, 좋게 말하면 신중한 조언들이 위대한 성공의 중요한 요소인, 냉철하고 확신에 찬 대담성을 누르고 말았다. 그 이유들을 꼽는다면, 정확한 정보의 부족, 대단히 고민스런 순간에 적뿐만 아니라 우리 자신까지 할 수 있는 것과 할 수 없는 것을 구분할 줄 아는 능력의 결여, 군사적 통찰력 또는 정치적 명민함의 결여, 과거 44년 동안 잃어버린 공격적인 사고방식 등이 있다."

이 저자는 전쟁 초기에 영국 해군이 적보다 훨씬 더 막강했음에도 불구하고 소심한 태도를 취했다는 점을 지적한다. 그는 "영국 해군의 예는 강한 쪽이 약한 쪽을 상대로 취한 체계적인 수동적 방어였다."고 말한다.

전쟁이 발발했을 때, 사실 독일 함대는 매우 위험한 위치에 있었다.

"그때(7월 25일과 26일) 독일 함대는 평소의 작전 기지에서 멀리 떨어진 베르겐 해안에서 훈련을 하고 있었다. 따라서 독일 함대는 보급품을 다시 받고, 연료 창고와 무기고에 석탄과 무기를 다시 채우고, 승무원들을 모두 태우고, 결정적인 전투를 위한 준비를 하기 위해서 기지로 돌아가야만 했다. 반면에 정말 안타깝게 도 당시에 영국 함대는 평소보다 훨씬 더 막강한 상태를 유지하고 있었다."

이 기사의 저자는 영국 해군이 심하다 싶을 만큼 조심스런 태도를 취한 이유를 이해할 수 없다고 말한다.

"'영국의 전선은 곧 적의 해안'이라는 유명한 말이 무색해진다. 적의 기뢰 부설함이 북해의 남쪽 전역을 그렇게 오랫동안 자유롭게 활동하고, 적국이 해안의 어귀 지역들을 잠수함으로 방어할 준비를 하고, 선원과 포병을 나누는 작업을 마무리하고, 해안 신호 체계를 확립하고, 다수의 보조함들과 예비대를 무장시키고, 박격포 등을 이용해 다소 약했던 해안 방어를 강화할 시간적 여유를 누렸으니 말이다. … 발트 해에서도 똑같이 영국인들의 우유부단과 타성이 작용하고 있었다."

영국인들의 소심함은 아마 당시에 의견이 갈라져 있던 영국 내각의 결단력 결여 때문이었을 것이지만, 그들이 위험한 상황에서 망설인 탓에 나타난 결과들은 나라의 지도자에게 결단과 통찰력이 아주 중요한 요소라는 점을 다시 보여주고 있다.

현재의 전쟁은 영국 정치인들에게 그들의 선임자들 중 일부가 미래를 보는 눈이 아주 근시안적이었다는 점을 보여주고 있다. 헬리골란트 섬은 현재 독일이 소유한 가장 소중한 해군 기지이다. 이유는 그 섬이 독일 해안과 매우 가깝고 함부르크 항구를 보호하기 때문이다. 그래서 만약에 이 섬이 영국의 소유라면, 전쟁의 판도 자체가 바뀔 수도 있을 것이다. 그런데 이 섬은 몇 년 전까지만 해도 영국에 속했다. 솔즈베리Salisbury 후작이 1890년에 그 섬의 중요성에 대해선 조금도 생각하지 않고 프로이센이 잔지바르[69]를 영국의 보호국으로 인정한다는 조건으로 비스마르크에게 주어 버렸던 것이다. 틀림없이 솔즈베리는 자신이 거대한 청어를 낚기 위해 자그마한 스프랫청어[70]를 던지고 있다고 상상했겠지만, 사실 그는 수많은 스프랫청어를 던져서 겨우 작은 청어를 한 마리 얻는 데 그쳤다. 솔즈베리는 그럼으로써 "통찰력 없는 정치인은 재앙의 창조자"라는 정치 심리학의 바탕을 뒷받침하는 예를 하나 제공하고 있다.

러시아도 똑같은 심리적 오류들을 저질렀다. 내가 방금 인용한 제독은 이렇게 말한다.

> "러시아인들은 어뢰정과 구축함, 기뢰 부설함, 기뢰 제거함, 잠수함 등을 프랑스와 영국 만큼 갖고 있었다. 사실, 러시아는 이런 경(輕)선박들을 발트 해에 두고 있었다. 그러나 러시아는 자국의 동맹국들과 마찬가지로 순수한 방어적인 행동 외에는 이런 소중한 자산들을 공격적으로 활용하는 일에 대해서는 꿈도 꾸지 않았다. 아마 장비뿐만 아니라 승무원들도 즉시적인 공격 준비는 되어 있지 않았을 것이다."

....

69 동아프리카 탄자니아의 섬.

70 유럽산 작은 청어.

이 모든 것은 내가 이미 몇 차례 거듭 말했던 원리를, 말하자면 전시에는 심리적 요소들이 물질적 요소들의 영혼이라는 원리를 뒷받침한다. 왜냐하면 물질적 요소들은 강한 의지에 의해 생기를 얻지 못하면 아무런 가치를 발휘하지 못하기 때문이다.

내가 지금까지 말한 내용을 근거로, 연합국 함대들이 전쟁에서 아무런 소용이 없었다는 식으로 추론을 내려서는 안 된다. 연합국 함대들이 입구를 강철 구조물로 보호한 항구에 소심하게 대피해 있었던 것은 사실이지만, 그럼에도 함대들은 분명히 있었고, 함대들이 존재한다는 사실만으로도 우리에게 대양의 자유를 주고, 독일 함대가 감히 북해 밖으로 나서지 못하도록 막고, 외국 선박들과 독일의 교류를 끊어 놓을 수 있다. 영국 함대는 타성에 젖어 있었음에도 영국에 해상의 지배권을 안겨주고 있다.

4. 독일의 전략적 오류들

독일인들은 분명히 적들만큼 총체적인 심리적 오류를 범하지 않았지만, 그들도 마찬가지로 수많은 오류를 저질렀다. 이미 밝힌 바가 있듯이, 독일인들은 예상에서 실수를 많이 범했다.

베른하르디는 미래의 전쟁에서 참호가 중요해질 가능성을 인정했지만, 그는 참호가 독일인들에 의해 쓰이는 경우는 적을 것이라고 확신했다. 그는『오늘의 전쟁으로부터』에서 이렇게 말했다.

"독일인들은 틀림없이 성벽이나 도랑 안에 몸을 피하지 않을 것이다. 독일 민족의 천재성이 그런 것을 피하게 할 것이다. … 자신을 적극적으로 방어하는 사람은 흙으로 만든 보루 뒤에 몸을 숨기며 행동의 자유를 희생시키는 쪽으로 결정을 내리지 않을 것이다."

그러나 독일인들은 참호를 이용하기로 결정했다.

독일 장군들 중에서 가장 유명한 장군은 미래에 대해 오판을 많이 했다. 어느 스위스 저술가는 그에게 이렇게 상기시키고 있다.

"폰 데르 골츠Rüdiger von der Goltz 육군 원수는 처음으로 예측을 하지 않고 있다. 발칸 동맹[71]이 결성된 1912년에, 그는 꽤 수다스러웠다. 그는 자신이 조직한 터키 군대에 대해 다른 누구보다 더 잘 아는 것으로 여겨졌으며, 독일과 오스트리아, 헝가리, 영국, 심지어 프랑스 저널리스트조차도 그의 사무실 문을 에워쌌다. 그는 불쌍한 불가리아인과 그리스인, 세르비아인, 몬테네그로인들이 끔찍한 패배를 당할 것이며, 터키 군대는 세계에서 가장 위대한 군대 중 하나라고 말하면서 저널리스트들에게 자신의 확신을 거리낌 없이 표현했다. 모두가 그를 믿었으며, 오스트리아와 독일의 정책은 모두 폰 데르 골츠의 무오류 예언을 바탕으로 했다. … 이어서 키르크-킬리세Kirk-Kilisse 전투[72]와 룰-부르가스Lulle-Bourgas 전

71 발칸 반도의 그리스 왕국과 불가리아 왕국, 세르비아 왕국, 몬테네그로 왕국이 1912년에 오스만 제국에 맞서기 위해 결성한 방위 동맹.

72 제1차 발칸전쟁의 일환으로 불가리아 군대와 오스만 제국 군대가 벌인 전투를 말한다. 1912년 10월 24일 벌어진 이 전투에서 불가리아 군대가 오스만 제국 군대를 이겼다.

투[73], 아드리아노플 점령, 코소보와 모나스티르 전투, 살로니카와 요아니나 점령 등이 있었다. 터키-독일 동맹군의 그 위대한 장군은 심각한 실수를 저질렀으며, 한동안 그는 불명예에 시달리기도 했다."

심리적 요소들을 조작하는 것보다 총을 쏘는 것이 훨씬 더 쉬운 일이며, 독일인들은 심리적 요소들을 잘못 활용함에 따라 불필요한 적들을 만들기도 했다. 어쨌든 독일인들의 심리가 맘껏 활용하는 유일한 요소는 협박이다. 이제 독일인들이 자주 활용했던 협박의 결과를 볼 것이다.

독일인들은 적들의 심리를 결코 이해하지 못했으며, 그들의 전략적 예상이 그렇게 자주 빗나간 이유는 바로 거기에 있었다. 파일러[Feyler] 대령은 이렇게 지적한다.

"전쟁이 발발하고 15개월 동안에, 독일 정부는 미래의 목표들을 신속히 성취하겠다고 끊임없이 약속해 왔지만, 이 목표들은 전혀 성취되지 않았다. 파리는 6주 안에 점령하는 것으로 되어 있었으나, 독일인들은 우발적인 사건들을 예상하지 않았다. 칼레도 가을에 함락시킬 계획이었으나, 벨기에 군대를 벗어날 길이 보이지 않았다. 비행선들이 런던을 파괴하게 되어 있었으나, 런던은 약간 고통을 당하긴 했지만, 비행선들의 명성이 더 큰 피해를 입었

....

73 제1차 발칸전쟁에서 가장 치열했던 전투로 꼽힌다. 1912년 10월 28일부터 11월 2일까지 불가리아 군대와 오스만 제국 군대 사이에 벌어진 이 전투에서 불가리아 군대가 오스만 제국 군대를 물리쳤다.

다. 독일 잠수함들이 영국을 봉쇄하게 되어 있었으나, 영국은 잠수함을 낚는 것을 하나의 스포츠로 만들어 버렸다. 러시아군을 바르샤바와 빌나, 그 다음에 리가에서, 아니면 다른 어딘가에서 틀림없이 항복시킬 예정이었으나, 오스트리아-독일 군대는 러시아의 공격을 막느라 전전긍긍하고 있다."

BOOK VI

독일의 전쟁 방식에 나타난 심리적 요소들

1장

독일식 전쟁 방식의 심리적 바탕들

1. 전쟁의 목적

독일인들을 향해 무력 충돌에서 병사들의 사기를 무시했다는 식으로 비난하지 못한다. 이유는 독일인들이 종종 엉뚱한 방식을 선택하며 속았을지라도 심리적인 요소 자체의 중요성을 결코 간과하지 않았기 때문이다. 독일 저자들이 제시하는 근본적인 원칙은 전쟁의 목적은 가능한 모든 수단을 동원해서 적의 의지를 지배하고 적에게 자신의 의지를 강요하는 것이다.

> "한 국민의 영혼이 반드시 제압되고 정복되어야만, 그 영혼을 비틀어 승리를 빼앗을 수 있다."

이런 식으로 적국의 영혼을 지배하는 것은 물질적인 요소들의 도덕적 효과일 뿐만 아니라 심리전의 도덕적 효과이기도 하다. 더욱이, 독일인들은 전쟁을 단순히 적의 의지를 지배하는 수단으로만 여기지 않고, 한 국민의 도덕적 우위를 증명하는 가장 결정적인 방법으로 여기고 있다.

이 사상은 헤겔에 의해 다듬어진 후 많은 저자들에 의해 되풀이되고 확장되었으며, 현재의 전쟁에서 다시 호출되고 있다. 독일 저술가 제베르크Seeberg는 '전쟁의 도덕적 권리'에 관한 에세이에서 이렇게 말하고 있다. 이탈리아 평론 잡지 '스키엔티아' 1915년 5월 호에 압축해 실렸다.

> "전쟁은 진정한 역사적 가치들과 힘들의 관계들을 수정한다. 전쟁은 각 국가들에게 동원 가능한 힘에 비례하여 적절한 위치를 부여하며, 또 국가들에게 능력에 따라 활동 영역을 준다. 전쟁은 진리의 계시를 촉진한다. 전쟁이 역사에서 지니는 탁월한 도덕적 의미는 바로 거기에 있으며, 전쟁의 도덕적 권리도 거기서 찾아야 한다. 그 누구도 전쟁은 기껏 우수한 물리적인 힘의 표현에 지나지 않는다는 식으로 반대할 필요가 없다. 이유는 현재의 전쟁이 그렇지 않다는 점을 증명하고 있기 때문이다.
> 전쟁은 물리적인 힘의 탁월성뿐만 아니라 윤리적, 문화적 힘의 탁월성도 마찬가지로 입증한다. 전쟁은 보편적인 역사에서 가장 위대한 심판관이다. 어떤 나라들은 일어나고 어떤 나라들은 몰락한다. 그러나 전쟁의 심판은 공정하다."

현재의 투쟁에서 독일인들에게 영향을 끼치고 있는 심리학적 원칙들을 검토하기 전에, 문명국가들 사이에서 전쟁의 법칙들을 정하려는 시도들을 일부 살피도록 하자.

2. 전쟁의 법들

그리스인들은 고대에 전쟁의 법들의 한계를 놓고 논했던 유일한 민족이었던 것 같다. 폴리비우스Polybius[74]는 "모든 전쟁은 법의 기존 상태를 흔들어놓지만, 그럼에도 불구하고 전쟁은 나름의 법칙들을 갖고 있다."고 말한다.

고대 세계의 다른 지역에서, 특히 로마인들 사이에서 유일하게 인정되던 법은 정복자의 의지였다. 정복자는 도시들을 파괴하고, 주민들을 마음대로 죽이고, 목숨을 살려준 포로들은 노예로 팔거나 자국 국민을 즐겁게 하기 위해 원형 투기장 안에서 포악한 짐승들에게 산 채로 먹히게 했다. 이런 힘의 법에 항의한 저자들은 극히 드물었으며, 그들의 항의는 정말로 약했다.

전쟁의 법들에 관한 이런 사상은 아주 오랫동안 이어져 왔으며, 정복당한 도시의 시민들을 살려주고, 부상당한 사람들을 치료해주는 등 개선책은 거의 현대에 와서야 도입되었다.

지난 몇 년 동안 헤이그에 일종의 국제 재판소 같은 것이 존재하고 있다. 이 재판소의 목적은 우리가 전시 법규라고 부를 법을 마련하는

....

74 B.C. 264- B.C. 146년의 역사를 세세하게 기록한 『역사』로 유명한 그리스 역사학자(B.C. 208?- B.C. 125?).

것이다. 이 법전을 확립하려고 노력하고 있는 유능한 법학자들은 대단히 가치 있는 동기들에 고무 받고 있지만, 조금만 깊이 생각해 봐도 그들의 사상이 현실로 구현될 수 없다는 것이 확인될 것이다. 사실 그들은 어떤 법전이든 충분한 힘이 뒷받침되지 않는 한 아무짝에도 쓸모없다는 것을 잘 알고 있다. 자칫 헤이그 조약은 적이 양심의 가책을 전혀 느끼지 않는 상황에서 그것을 준수한 나라들에게만 해를 입힐 수 있다. 독일인들이 택한 관점이 꼭 그렇다. 독일인들은 이런 조약을 지킬 생각은 꿈에도 하지 않았으면서도 적의 행동을 마비시키고 자신들에게 큰 이점을 안겨줄 것이라는 희망에서 조약에 동의했다.

독일인들은 헤이그 조약을 위반하면서 자국의 법학자 과반수가 옹호하는 이론에 충실하고 있다. 독일의 법학자들은 정복자의 권리를 제한하는 합의를 무시한다는 점을 절대로 비밀로 하지 않았다. 독일 법학자들은 정복자의 권리를 제한할 만큼 강한 자가 없는 한 정복자의 권리는 절대적이라고 생각하고 있다.

그로티우스Hugo Grotius[75] 이래로, 거의 모든 독일 저자들은 전시 법규와 관련해선 자발적 제한을 제외하고는 어떠한 제한도 인정하지 않는다. 뤼더Lueder는 전쟁을 빨리 끝내기 위해서 간혹 대단히 끔찍한 수단이 동원되어야 한다는 사실을 근거로 자신의 입장을 표명하면서 그 같은 의견에 동의하고 있다. 독일인 학자들은 비(非)전투원의 면책을 의무로 여겨야 한다는 점에도 동의하지 않는다. 그들은 그 어떤 것도 정복자가 도시의 시민들을 몰살시키거나 도시의 부(富)를 몰수하지 못하도록 막지 못한다는 입장이다.

....

75 '국제법의 아버지'로 불리는 네덜란드 법학자이자 정치가(1583-1645).

물론, 이것은 고대 사상의 부활이다. 말하자면 적들 사이에는 어떤 법도 있을 수 없고, 정복자에게 유익하지 않는 한 그 어떤 것도 정복자가 부상당한 자를 죽이거나 포로들을 집단적으로 살해하는 것을 막지 못한다는 사상이 현대에 다시 나타나고 있는 것이다. 독일인의 관점에서 본다면, 전쟁은 동물의 세계를 지배하고 있는 투쟁이 국가들 사이에 무자비하게 벌어지는 것에 지나지 않는다. 모든 국가가 사냥꾼이자 사냥감이 되는 것이다. 무자비한 파괴를 옹호하는 이 이론가들이 기사도라는 옛날의 사상을 얼마나 경멸할 것인지 쉽게 이해가 된다. 다른 장에서 묘사된 살육과 황폐화는 독일인들에게 전반적으로 받아들여지던 원칙들을 적용한 것에 지나지 않는다. 이런 원칙들이 독일의 군사 관련 저자들을 고무하고 독일군 참모본부의 훈련에 적용되었다.

3. 독일군 참모본부가 정한 심리적 원칙들

내가 방금 지적한 사항들은 전 세계에 걸쳐 깊은 분노를 불러일으킨 독일군의 행위가 단순히 본능에 휘둘리고 있는 군인의 과도한 잔인성에서 나온 것이 아니라, 독일 이론가들이 오래 전에 제시하고 군사 관련 저자들이 퍼뜨린 원칙들의 결과라는 점을 충분히 보여주고 있다. 군사 관련 저자들의 책들은 게르만족 장교에게 영향을 강하게 끼쳤다. 그 책들 중에서 가장 중요한 부분들을 C. 앙들러Andler 교수가 번역해서 1915년 1월 15일자 '르뷔 드 파리'에 실었다. 주요 내용을 보자. 독일군 참모본부는 이렇게 말한다.

"19세기의 도덕적 경향이 곧잘 감상에 빠지는 인도주의의 영향을 강하게 받은 탓에, 전쟁을 전쟁 자체의 본질과 목표와 완전히 모순되는 방향으로 이끌려는 시도가 끊임없이 이뤄져 왔다. 앞으로도 틀림없이 우리를 대상으로 똑같은 종류의 다른 노력들이 전개될 것이다. 제네바 협정과 브뤼셀 회의와 헤이그 회의가 그들에게 도덕적 허가를 내 준 이후로, 그런 노력은 특히 더 강화될 것이다.
장교는 전쟁의 역사를 면밀히 연구함으로써 과장된 인도주의 사상들의 영향에 저항할 수 있어야 한다."

클라우제비츠Carl von Clausewitz [76]의 관찰을 보자.

"양심의 가책을 느끼지 않고 살해를 마다하지 않는 가운데 무력을 휘두르는 자는 적이 그렇게 하지 않을 경우에 조만간 반드시 우위에 설 것이다. 전쟁의 철학에서 중용의 원리 운운하는 것은 모순일 뿐이다."

하르트만Hartmann 장군은 이렇게 말한다.

"과학적으로 다듬어진 국제법이 강제하는 모든 요구 사항보다 실용적 군국주의가 당연히 앞서야 한다. … 소송 같은 것이 군사적 조치에 적용되기만 하면, 전쟁 행위들을 저지하려는 온갖 제한은 대체로 교전국의 행위를 약화시키는 경향을 보인다. … 국

76 프로이센 왕국의 군인이자 정치 사상가(1780-1831)로 『전쟁론』을 남겼다.

제법은 군사적인 행위를 방해함으로써 그런 행위를 마비시킨다는 점을 명심하라.

전쟁은 성격상 문명과 문화가 의존하고 있는 원칙들을 부정하는 것이며, 문명과 문화의 발달을 지배하던 법들을 부정하는 것이다. 이유는 전쟁 상황에서는 문명과 문화가 뒤로 밀리고 힘과 개별적 권력이 앞으로 나오기 때문이다. 만약에 문명이라는 단어를 국가들의 사회적 구조를 뒷받침하고 국가들의 제도를 보장하는 권리들과 의무들이 균형을 이루는 상태를 뜻하는 것으로 받아들인다면, 블룬트슐리가 쓰는 '문명화된 전쟁'이라는 용어는 거의 이해가 불가능해진다. 그 용어 자체가 해결 불가능한 모순을 담고 있기 때문이다.

적의 의지를 꺾기 위해선 적에게 부상을 입힐 필요가 있으며, 그런 수단을 정당화하는 것은 수단 자체의 효과성에, 그리고 그 수단이 명확한 군사적 목적을 달성하게 한다는 사실에 있다."

폰 블룸Von Blum은 이렇게 쓰고 있다.

"우리의 작전은 무엇보다 적에게 해를 최대한 입히는 것을 목표로 잡아야 한다.

이를 위해 동원해야 할 첫 번째 방법은 적의 영토를 차지하겠다는 목적이 아니라 점령지 주민에게 세금을 거두거나 단순히 황폐화시킬 목적으로 적의 주들을 침공하는 것이다."

하르트만은 이렇게 말한다.

> "적국이 전쟁에 고유한 고통이나 재앙을 면하도록 해줘서는 안 된다. 부담은 짓누를 정도로 무거워야 한다. 적국에 부담을 안길 필요성은 바로 국가간 전쟁이라는 개념에서 비롯된다. … 국가간에 전쟁이 발발할 때, 테러리즘이 군사적 관점에서 필요한 원칙이 된다."

정복자가 점령지에서 징발할 권리를 갖는다는 이론은 클라우제비츠에 의해서 다음과 같이 설명된다.

> "징발의 유일한 제한은 그 나라의 고갈과 불모, 파괴이다."

징발에 관한 독일군 참모본부의 진술은 매우 분명하다. 하르트만은 다음과 같이 말한다.

> "징발 체계는 침략한 지역 안에서 약탈 그 이상의 것으로 이뤄져 있다. 징발이 그 지역 전체를 모든 측면에서 완전히 착취하는 것을 뜻하기 때문이다. …
> 따라서 우리는 가장 먼저 군사적 필요는 공적 재산과 사적 재산을 구분하지 않는다는 점을, 그리고 군대는 어디서나 필요한 것이 있으면 수단 방법을 가리지 않고 가질 권리를 갖는다는 점을 강조한다.

군사 행동의 절대적 자유는 전쟁에서 성공을 거두기 위해 반드시 필요한 조건이다. 이런 것들이 바로 군대 조직이 국제적인 전쟁법을 통해 그런 행동을 저지하려는 모든 노력에 반대하는 근거로 삼아야 할 원칙들이다."

독일군은 이 원칙들을 전쟁 내내 엄격히 적용했다. 독일군은 인류의 유산으로 여겨지는 기념물의 파괴에 대한 중립국의 불만에 극도로 무관심했다. 이 같은 사실은 어느 독일 장군이 베를린의 신문을 위해 쓴 기사에서 발췌한 다음 글에도 잘 드러나고 있다. 이 글은 1914년 12월 15일자 '르뷔 데 되 몽드'Revue des Deux Mondes에 실렸다.

"우리가 정당화해야 하는 것은 아무것도 없다. 우리의 군인들이 적을 해치는 모든 행위는 적절하고 사전에 정당화된다. 우리의 총과 프랑스 군인들의 총 사이에 있는 소중한 건축물이 파괴된다면, 그 일은 우리와 아무런 관계가 없다. … 그들은 우리를 야만인이라고 부르지만, 그런 터무니없는 말을 우리는 그저 비웃을 뿐이다. 어느 누구도 우리에게 랭스 성당이나 그와 똑같은 운명에 처할 교회들과 궁전들에 대해 더 이상 말을 하지 못하도록 하라. 그런 것들에 대해서는 더 이상 듣고 싶지 않으니까. 우리가 랭스로부터 우리 군대가 두 번째로 승리의 입성을 이뤘다는 소식만 들을 수 있다면, 그 밖의 다른 것은 전혀 중요하지 않다."

독일인들은 중립국들이 자신들의 행동에 분노를 표시하는 것을 보고는 깜짝 놀랐다. 이유는 그들로서는 단순히 평소에 배운 이론을 의무적으로 적용하고 있었을 뿐이며, 방화와 약탈에는 매우 놀라운 무엇인가가 있다는 것을 전혀 보지 못하기 때문이다. 프리드리히 대왕이 오래전에 말했듯이, "약탈은 도둑질과 절대로 같지 않은 것"인데도 말이다.

4. 독일 군대가 채택한 다양한 심리적 수단들

전쟁 중에, 독일인들은 테러와 기습 공격, 야간 공격 등 다양한 심리적 수단을 이용하려고 노력하고 있지만, 이 모든 것은 한 가지 원칙에서 나오고 있다. 그것은 적의 정신에 강한 충격을 안김으로써 적의 사기를 떨어뜨린다는 원칙이다. 독일군이 이용한 가장 두드러진 심리적 특징들을 열거하면 다음과 같다.

□ **테러**: 이것은 독일군 장교의 전반적인 행동을 지배하고 있는 근본적인 심리 작용이며, 독일군이 저지른 대량 살상과 방화 범죄는 바로 여기서 나왔다. 다른 장에서 테러의 효과를 연구하게 되어 있기 때문에, 여기서는 단순히 언급만 하고 넘어갈 것이다.

전쟁 초반부터 독일군은 적에게 공포심을 불러일으키려고 노력했다. 독일군은 다른 사람들을 무섭게 할 목적으로 다수의 무고한 시민들을 총으로 쏴 죽이거나 고문했으며, 살아남은 자들로부터 빈털터리가 될 만큼 엄청난 군세(軍稅)를 징수함으로써 공포 분위기를 극대화했다. 만약 적이 평소에 사랑하던 기념물의 파괴로 인해 영향을 받을 수 있다면, 그 기념물은 폐허가 될 때까지 포격을 받을 것이다. 벨기에의 도시와 마을 대부분에서 이런 식의 파괴가 아주 철저하게 이뤄졌다는 것을 우리는 잘 알고 있다. 주민들 모두가 정해진 장소에 집합했으며, 거기서 일부 시민들은 총에 맞아 죽고 주택들은 약탈당하고 불태워졌다. 이런 만행은 공개적으로 행해졌으며, 장교들은 그런 행위를 영광으로 여겼다. 앙들러의 말을 들어 보자.

> "8월 22일자로 리에주 자치 당국에 전한 선언에서, 폰 뷜로브 장군은 앙덴의 약탈을 암시하면서 이렇게 말했다. '최고 지휘관이 도시 전체를 불태우고 주민 100명 가량을 총살한 것은 나의 동의에 따른 것이었다.'"

이런 야만스런 장군들은 단지 고대 게르만족의 전투 방식을 그대로 고수하고 있었을 뿐이다. 12세기에 프리드리히 바르바로사Friedrich Barbarossa [77]는 거의 언제나 전쟁 포로들의 한쪽 손을 잘랐으며, 밀라노를 약탈하고 불태울 때, 그는 잡히는 주민들을 모조리 죽이라는 명령을 내렸다. 그의 아들은 시칠리아에서 포로들을 산 채로 가죽을 벗기거나 눈알을 뽑도록 했다. 그 같은 행동은 게르만족 사이에 언제나 관습으로 내려왔다. 1622년에, 틸리Graf von Tilly [78]는 하이델베르크의 주민들을 모두 살해하고 도시를 불태웠으며, 이어 1631년에는 마그데부르크를 약탈하고 주택 1,500채와 교회 6곳을 파괴하고 주민들 대부분을 산 채로 태웠다. 사바리Savarit는 이렇게 말한다.

....

77 신성로마제국의 프리드리히 1세 황제(1122-1190)를 일컫는다.

78 유럽에서 가톨릭을 지지하는 국가들과 프로테스탄트를 지지하는 국가들 사이에 벌어진 30년 전쟁에서 가톨릭 동맹군을 지휘했던 사령관(1559-1632).

> "독일인들은 그런 잔악 행위를 저지름으로써 거의 언제나 적들도 같은 종류의 보복을 하도록 강요했다는 점이 지적되어야 한다. 엄격한 루부아Marquis de Louvois[79]는 팔츠 사람들과 관련해서 내린 유명한 '명령'으로 크게 비난을 받았지만, 그 명령은 단지 라인강 좌안을 오싹하게 만들었던 게르만족의 잔인성에 따른 것일 뿐이다. 사실 루부아는 이렇게 말했다. '만약에 게르만족이 명예롭게 싸우기로 결정하지 않는다면, 우리는 비인간적인 측면에서 그들을 능가해야 한다.'"

독일군 참모본부는 자신들의 행동이 중립국에 미치는 영향을 눈으로 확인할 때까지 그 행동을 정당화할 구실을 전혀 찾지 않았다. 당시에 독일군 참모본부는 벨기에의 성직자들과 젊은 소녀들이 독일군 부상자의 눈을 후벼 팠다는 식으로 주장했지만, 아마 중립국 사람들이 그 말을 믿어줄 것이라고는 크게 기대하지 않았을 것이다.

□ **전쟁을 반드시 적의 영토 안에서 수행할 필요성:** 앞에서 제시한 방법들이 아무런 피해를 입지 않고 채택되려면, 전쟁은 반드시 적의 나라에서 수행되어야 하며, 따라서 이것은 독일군 참모본부의 기본적인 원칙 중 하나가 되었다. 이 원칙을 실질적으로 적용하려면 당연히 사전에 전략적인 철도의 건설, 세부적인 동원 계획 수립 등 긴 준비 과정이 필요하다. 독일인들은 적의 영토를 먼저 공격하는 것을 대단히 중요하게 여겼기 때문에 영국과 전쟁을 벌일 위험까지 무릅쓰면서 벨기에의 중립을 짓밟았다. 사실, 전쟁을 적의 나라 안에서 수행하는 것

....

79 루이 14세 통치 기간에 프랑스 전쟁 장관을 지낸 인물(1641-1691).

은 엄청난 이점이다. 왜냐하면 그런 식으로 전투가 전개될 경우에 군대에 식량을 제공하는 일이 용이해지고, 정복자들이 정복당한 지역을 약탈함으로써 부를 챙길 수 있기 때문이다. 어느 독일 신문은 이 두 가지 사항을 이런 식으로 암시하고 있다.

> "전체 작전은 군대가 필요로 하는 것을 독일로부터 최대한 적게 가져오고, 적국으로부터 최대한 많이 끌어내며, 활용 가능한 것은 모두 독일로 보낸다는 한 가지 원칙에 따라 수행된다.
>
> 3개월 동안에 군대가 필요로 하는 물건 중 5분의 4는 점령지에서 조달했으며, 지금도 점령지들이 예전만큼 많이 내놓지는 않지만 여전히 서쪽의 우리 군대가 필요로 하는 것 중 5분의 3을 제공하고 있다. 평균적으로 따지면, 독일은 지금까지 하루에 300만 내지 400만 마르크를 아낀 것으로 추산된다.
>
> 이 같은 승리의 보상은 우리가 국제법에 따라서 정복한 영토를 상대로 치른 경제적 전쟁의 수확에 의해 더욱 커지고 있다. 말하자면, 우리가 벨기에와 프랑스 북부에서 독일로 갖고 온 거대한 자원을 활용한다는 뜻이다. 이 자원은 요새를 위한 물자들과 곡물, 양모, 금속, 목재 등이다. 독일이 지능과 사업적 능력을 갖고 수행하는 이 경제 전쟁을 통해 버는 액수는 매일 600만 내지 700만 마르크로 추산되며, 전쟁이 시작된 이후로 서부 전선 뒤쪽에서 축적한 이익의 총계만도 20억 마르크 정도 된다."

전쟁을 적국 안에서 수행하는 것 자체가 아주 큰 이점을 안겨준다는 것은 너무나 자명하기 때문에, 그런 말을 한다는 것 자체가 터무니 없어 보이기도 한다. 그럼에도 프랑스 정치인들은 프랑스 방어를 위해 조직화할 수 있었던 45년 동안에 지속적으로 그런 말을 들어야만 했다. 만약 프랑스 정치인들이 그런 조언을 귀담아 들었다면, 그들도 아마 프랑스의 북부 전선을 보호해야 한다는 생각을 가졌을 것이다. 경험이 입증하듯이, 참호 몇 개만 있었어도 그 목적에 충분했을 것이다. 이번 전쟁을 통해서 참호는 거의 함락 불가능하며, 어떻든 오랜 시간 동안 공격을 물리칠 수 있다는 사실이 확인되었다. 외국의 모든 군사 교과서는 참호가 대단히 중요하다고 가르쳤으며, 참호의 힘은 러시아와 일본의 전쟁에서도 확인되었다.

□ **밀집 대형 공격:** 방금 언급한 결과를, 즉 적의 영토를 즉시적으로 점령하고 적을 공포에 떨게 만드는 결과를 얻기 위해선, 적국에 먼저 들어가야 할 뿐만 아니라 대규모로 침공해야 한다. 독일군은 프랑스와 러시아에서 그렇게 할 수 있었다.

앞에서 말한 바와 같이, 이 작전은 오랜 준비를 필요로 한다. 이유는 그런 공격이 현역뿐만 아니라 예비군들의 도움까지 받아야만 가능하기 때문이다. 아직 이 주제에 대한 믿을 만한 정보를 전혀 갖고 있지 않지만, 프랑스가 200만 명 규모에 이르는 군대의 침공을 받았을 가능성이 있다.

나중에 독일군은 대규모로 침공할 수 없었지만, 그래도 여전히 많은 수의 병력을 정해진 장소에 투입할 수 있었다. 플랑드르에서 벌어진 첫 전투에서 독일군은 참호에도 불구하고 군단들을 모두 동원해서 밀집 대형으로 밀고 들어왔다. 이 전략으로 독일군은 며칠 만에 15만 명의 병사를 잃었지만, 그 시도가 성공했더라면, 그것은 곧 대단한 중요성을 지니는 칼레의 함락을 의미했을 것이다. 거기에 걸린 이해관계를 고려한다면, 독일군의 입장에서는 그런 위험을 무릅쓸 만했다.

□ **다양한 협박 방법들:** 독일군 참모본부는 적의 사기에 영향을 줄 수 있는 조치를 절대로 무시하지 않으면서, 야간 공격이나 질식 가스, 기구(氣球)를 이용한 폭탄 투하 등을 채택하고 있다. 이런 작전들 중 일부, 예를 들면 기구를 이용한 폭탄 투하 같은 것은 실제적 피해를 안겨주지 못한다는 것이 경험으로 이미 확인되었다. 그렇기 때문에 그런 방법을 채택하는 것은 순전히 적의 사기와 관계가 있었다.

심리적 효과를 고려한다면, 독일이 동원한 방법들 중에서 가장 유익한 것은 영국 함대의 수준 낮은 감시를 피할 수 있었던 순양함으로 영국 해안의 작은 마을들에 포격을 가하는 것이었다. 그것은 매우 위험한 임무였다. 적의 전함과 조우할 위험이 있거나, 배를 몇 분 만에 침몰시킬 수 있는 끔찍한 기뢰를 만날 수도 있었기 때문이다. 그러나 그 중요성 때문에 독일군은 그런 일 앞에서 조금도 망설이지 않았다. 실질적 결과는 거의 무의미에 가까웠을지 모르나 심리적 영향은 상당했다. '더 타임스'가 제시하는 수치에 따르면, 그런 공격 때문에 영국이 당시에 프랑스로 보내려던 병력을 60만 명 감축한 것으로 전해진다.

사실, 이 시도의 성공이 모든 영국인들에게 공격에 대한 공포심을 안겨주었으며, 나폴레옹 시대에도 이런 공포심은 영국인들에게 악몽이었다. 따라서 영국인들은 유럽 대륙으로 보내려 준비하던 병력의 상당 부분을 영국 내에 그대로 남도록 함으로써 예상되는 포위 공격으로부터 자국을 보호하기로 결정했다. 선박 몇 척을 버릴 위험을 감수한 대가로, 독일군은 적들의 숫자를 60만 명이나 줄일 수 있었다.

그러므로 독일군이 영국 해안에 포격을 가한 것은 분명히 심리적인 작전이었으며, 그것은 '루시타니아' 호 같은 정기 여객선을 침몰시켜 승객 1,200명을 죽게 한 사건과 같은 범주에 속한다. 그러나 '루시타니아' 호 사건의 경우에 독일은 많은 미국 시민들을 희생시킨 것이 미국 내에 엄청난 분노를 야기할 수 있다는 점을 예견하지 못함으로써 어리석은 실수를 저질렀다. 당시에 미국은 이 사건으로 인해 거의 전쟁을 벌일 뻔했다. 그 일로 독일은 그때까지 독일에 우호적이던 미국인들까지 등을 돌리도록 만들었다.

□ **기습 공격:** 어떤 군사 작전을 벌이든, 독일군은 늘 기습적으로 단행하려고 노력했으며, 따라서 독일군은 종종 야간 공격을 택했다. 이런 행태를 어느 군사 전문 저자가 아주 적절하게 표현하고 있다. "모든 위험은 위험할 수 있는 가능성 때문에 무서운 것이 아니라, 그 위험 가능성을 숨기고 있는 그 불분명함 때문에 무섭다. 공포를 불러일으키는 것은 두려움 자체가 아니라 의심이다. 밤이 두려운 것은 그것이 기습을 감추고 있기 때문이다."

연합국은 군사 작전에서 기습의 중요한 역할을 종종 망각했다. 연합국이 다르다넬스 해협을 공격하기로 결정한 때가 특별히 그런 예이다. 그 작전이 터키가 전쟁을 선포한 그 이튿날 실시되었더라면 훨씬 더 쉬웠을 것이다. 터키 군이 바다와 육지의 동시 기습 공격을 버텨내기 어려웠을 것이기 때문이다. 그러나 연합군은 기습 공격을 택하지 않고 콘스탄티노플의 최종 소유권을 놓고 러시아와 논의하느라 엄청난 시간을 허비했다. 알이 부화되기도 전에 병아리 숫자부터 헤아린 꼴이었으며, 그 결과 적은 방어를 조직할 시간을 충분히 누릴 수 있었다. 영국의 어느 신문은 이 문제와 관련해서, 영국과 프랑스는 군사 작전 내내 주도권을 별로 보이지 못했다고 적절히 지적했다.

현대의 전쟁에서 몇 차례 보았듯이, 두 나라가 아직도 평화적인 관계에 있는 동안에 이뤄진 신속한 공격도 기습이 사기에 미치는 효과를 누리기 위한 것이다. 이런 방식이 바로 제2차 발칸전쟁 동안에 불가리아인들이 자신의 옛 동맹이었던 그리스인들과 세르비아인들을 상대로 벌인 공격이었다. 그 공격은 실패했다. 이유는 공격자가 자신의 힘을 과대평가했고, 또 그 공격을 받은 군대를 지휘한 장군이 방어적으로 나온 것이 아니라 역습을 벌였기 때문이다. 달리 표현하면, 기습 공격에 기습 공격으로 대응했다는 뜻이다. 그 결과, 적들의 혼란을 기대했던 불가리아 군대는 곧 사기를 잃고 말았다. 자신감도 좋지만, 자신의 힘에 대한 착각이 지나치면 곤란하다. 또 적이 내가 짐작하는 대로 행동할 것이라고 생각해서는 안 된다. 그런 생각은 대체로 오류로 확인된다.

현대전에서 심리적 요소들의 역할에 대한 연구는 더 이상 파고들지 않을 생각이다. 나는 이 전쟁 동안에 드러난 특징들 일부를 조사할 때 이미 심리적 요소들의 영향을 보여줄 기회를 가졌다. 내가 지금까지 언급한 사실들은 모든 물리적인 요소들은 최종적으로 심리적인 힘들에 지배당하게 되어 있다는 점을 여실히 보여주고 있다.

2장

독일군 참모본부가 정한 원칙의 적용. 방화와 살육, 약탈

1. 독일 포로들의 노트에 기록된, 살육과 방화, 약탈에 관한 묘사

내가 간단히 제시하고자 하는 살육과 방화, 약탈 등의 예들은 독일군이 사전에 결정하고 다양한 간행물을 통해 제시한 방법들을 적용한 결과였으며, 모두 독일군이 중요하게 여기는 테러에 근거하고 있다.

당연히, 언급되는 사실들의 정확성을 증명하기는 어렵다. 독일인들이 전적으로 부정하고 있기 때문이다. 그러나 똑같은 증거들이 너무나 자주 나타나고 있고 또 다양한 출처에서 나온 증거들이 서로 거의 일치하고 있기 때문에, 그 사실들을 전반적으로 부정하기는 불가능해 보이며, 어쨌든 독일군 포로들에게서 압수한 노트는 그런 사실들을 뒷받

독일군의 공격으로 폐허가 된 벨기에의 도시 이르프(위쪽)의 모습과 독일군이 벨기에 민간인들을 처형하는 장면.

침하는 내용을 담고 있다. 베디에Joseph Bédier [80]는 그런 사실들 중 많은 것

80 프랑스 작가이자 역사가(1863-1938)이며 독일 포로들의 기록을 바탕으로 독일군이 벨기에와 프랑스인에게 가한 가혹 행위를 고발했다.

에 대해 언급했다.

이런 종류의 문제에서 증거의 가치는 숫자보다 출처에 더 크게 의존한다. 예를 들어, 우리는 아시리아 왕들이 자신의 손으로 직접 전쟁 포로들의 눈을 뽑는 데 익숙했다고 확신하고 있다. 그렇게 믿는 이유는 간단하다. 아시리아 왕들이 궁전의 얕은 돋을새김으로 자신들이 그런 행위를 하는 모습을 고의로 남겼기 때문이다. 독일 군인들의 노트에 담긴 인정(認定)도 그와 비슷한 문서의 가치를 지닌다.

독일군의 잔혹한 행위들 대부분은 정보가 축적되면 언젠가 틀림없이 세세하게 드러날 것이다. 여기서 독일인들이 저지른 것으로 비난받는 범죄들을 살펴볼 것이다. 먼저 포로들의 노트에 기록된 내용 중에서 가장 전형적인 것들을 볼 것이다. 다음에 소개하는 예들은 베디에 교수가 번역해서 1915년 1월 1일자 '르뷔 드 파리'에 발표한 것들이다. 이 묘사들을 제공하는 사람들의 이름과 그들이 소속된 군단과 연대는 베디에 교수의 책에 제시되고 있다.

"1914년 9월 3일, 솜피(마른). 끔찍한 살육. 마을은 완전히 불타고 잿더미만 남았다. 프랑스인들은 불타고 있는 집으로 던져졌으며, 민간인들과 모든 것이 함께 불탔다."

작센의 어느 장교의 노트에 적힌 내용이다.

"8월 24일. 게도쉬(아르덴)라는 아름다운 마을이 아무 죄가 없는 것 같은데 불탔다. 그들은 나에게 자전거를 탄 사람이 넘어졌으며 이어서 그가 갖고 있던 소총이 저절로 발사되었다고 말했다. 당시에 그 사람 쪽으로 사격이 가해졌으며, 그 일로 그곳 주민들 모두가 그냥 불 속으로 던져졌다."

다른 기록을 보자.

"이런 식으로 우리는 집 여덟 채와 그 안에 있던 사람들을 함께 파괴했다. 어느 집에서는 2명의 남자와 그들의 아내들과 열여덟 살 어린 소녀가 총검에 찔렸다. 나는 어린 소녀에게 동정을 느꼈다. 너무나 순수해 보인 소녀였는데!"

다른 노트에 기록된 내용이다.

"8월 25일(벨기에에서). 마을 주민 300명이 총을 맞았다. 생존자들은 무덤 파는 일에 징발되었다. 그때 여자들의 모습이 어땠는지 사람들이 봤어야 하는데!"

군인들 중 일부는 포로들을 친절하게 다뤘다. 그래서 58여단을 지휘한 슈텡어Stenger 장군은 휘하 부대에게 8월 25일자로 다음과 같은 명령을 내렸다.

"오늘부터 더 이상 포로는 없다. 포로는 모두 처형되어야 한다. 부상당한 포로들은 무장을 했든 안 했든 처형한다. 포로들은 규모를 따지지 않고 처형한다. 우리 뒤로 살아 있는 사람을 단 한 사람도 남기지 마라."

'르뷔 데 되 몽드'는 이런 노트들로부터 다른 내용을 끌어내고 있다. 가장 두드러진 내용 하나를 소개한다.

"8월 23일, 군복으로 미뤄 짐작할 때 '비정규병'으로 보이는 군인들이 생포되어 세 줄로 세워졌다. 실탄 한 발로 3명을 동시에 죽이기 위해서였다. 우리는 뫼즈 강을 따라 진지를 구축했다. 우리의 병사들은 반달족처럼 행동했다. 모든 것이 혼란에 빠졌다. 죽은 민간인들의 시신이 널브러져 있는 장면은 이루 말로 표현할 수 없다. 제대로 서 있는 집은 한 채도 없었다. 우리는 수녀원에 불을 지른 뒤 구석구석을 돌며 생존자들을 하나씩 끌어내서 남녀노소 가리지 않고 총을 쏘았다."

통역 장교인 아자르Paul Hazard는 많은 노트를 번역했으며, 그 중에서 다음과 같은 내용을 인용한다.

"8월 18일, 마을 전체가 불탔다. 주민 8명을 쏘았다."
"8월 25일, 마을 주민 50명 정도에 사격을 가했다."
"10월 19일 밤에 모(某) 지점에서 야영을 했다. 시민 몇 명을 쏘았다. 지금 벨기에가 어떤 모습인지 아무도 짐작하지 못할 것이다. 마을 대부분은 완전히 파괴되었다. 모든 것이 불탔다. 마을에서 가장 먼저 총을 맞는 사람은 언제나 교구 성직자이지만, 목사들도 목숨을 건지지 못하긴 마찬가지이다."

모든 사건이 독일이 부정하지 않을 수 없을 만큼 악랄하지만, 독일인들도 자국 군인들이 기록한 사실까지 부정하지는 못할 것이다.

2. 다른 문서에 나타난, 살육과 방화, 약탈에 대한 묘사

조사 결과 공식적인 문서에 기록되었거나 다른 출처에서 끌어낸 행위들은 당연히 앞에 인용한 당사자들의 인정보다 신뢰성의 측면에서 떨어지지만, 그럼에도 불구하고 그런 것들도 확증적인 증거이며, 그래서 나는 그 행위들 중 일부에 대해 설명할 것이다. 다음은 디낭 대학살을 조사한 공식 위원회의 보고서에서 발췌한 내용이다.

"파괴와 강탈 행위를 끝낸 뒤, 군인들은 집에 불을 질렀다. 곧 도시는 거대한 화로로 변했다. 한마디로, 디낭이 파괴되었다. 디낭에는 1,400채의 주택이 있었는데, 그 중에서 겨우 200채 만이 온전히 서 있었다. …

위원회는 디낭 대학살의 희생자 명단을 갖고 있다. 700명 가까운 이름을 포함하고 있지만 아직 명단이 완전하지는 않다. 죽은 사람들 중에는 여자가 73명, 아이들이 39명 포함되어 있다. 아이들은 생후 6개월에서 15세 사이였다.

디낭의 주민은 7,600명이었다. 인구 중 10분의 1이 죽음을 당했다. 희생자를 두고 있지 않은 가족이 없었으며, 가족이 모두 사라진 예도 많았다."

1914년 11월 30일자 '르 탕'은 디낭 대학살 때 독일 군인들이 저지른 끔찍한 행동에 대해 세세하게 전하고 있다.

"가족 모두가 총에 맞았다. 군인들을 시간을 아끼기 위해 자동 소총 2정을 이용했으며, 거리에 집합한 시민들을 남녀노소 가리지 않고 닥치는 대로 쓰러뜨렸다."

대량 학살의 예와 포로들에게 고문을 가한 예는 무수히 많다. 1914년 12월 31일자 '르 탕'은 다음과 같은 사실을 전하고 있다.

"9월 6일에 바텔랑이라는 기병이 무장해제되었다. 그는 줄에 묶였으며, 그런 그의 배를 단검으로 찔러 찢었다. 타민느에서는 어떤 프랑스 장교가 나무줄기에 묶인 다음에 다리마다 말이 매어졌다. 그런 다음에 신호에 따라 말에게 채찍이 가해졌다. 말이 그를 찢고 있었다. 어떤 목격자가 몸을 덜덜 떨며 '난 보았어. 그의 붉은 바지가 찢어지고, 몸이 찢어졌어.'라고 말했다."

같은 신문은 바동빌레에서 몇몇 여자들과 아이들이 석유에 푹 적셔진 다음에 산 채로 불에 태워졌다고 보도하고 있다.

이처럼 약탈과 살인을 일삼는 독일인들의 잔인한 경향은 모든 전쟁에서 언급된 문제이다. 1807년에 웰링턴 공작은 당시에 영국 국기 아래에서 나폴레옹에 대항하고 있던 게르만족의 어느 연대에 대해 이렇게 썼다.

> "게르만족 연대는 맨 위의 장군에서부터 맨 아래의 북치는 소년까지 모두 똑같다. 그들의 악랄함과 잔인함을 따를 자는 없다. 그들은 가는 곳마다 농민들을 죽이고, 강탈하고, 학대했다."

그러므로 내가 방금 열거한 범죄들을 저지른 독일 군인들은 단순히 옛날의 전통을 고수하고 있었다. 독일인의 벨기에 침공은 기독교 시대 초기 몇 세기 동안에 일어났던 튜턴족 침입의 모든 특징을 떠올리게 한다. 그때도 게르만족 사람들은 지금처럼 후손을 많이 두었으며, 땅이 더 이상 그들을 부양할 수 없는 지경에 이르자 그들은 홍수처럼 이웃 국가들의 영토로 몰려갔다. 몇 차례 로마인들이 그들을 대량 살해했으나, 그것으로 충분하지 않았다. A.D. 3세기의 프로부스Probus 황제가 이 야만인들 40만 명을 몰살시킨 것으로 전해지지만, 그가 현장에 도착했을 때 야만인들은 로마령 갈리아 지방의 유명한 기념물들을 이미 파괴한 뒤였다. 1세기 뒤에, 게르만족들은 다시 파괴를 시작했으며, 갈리아 지방과 스페인, 이탈리아를 황폐화시켰다. 독일은 한때 로마 제국의 재앙이었듯이 오늘날 세계의 재앙이 되고 있다.

루뱅과 수아송, 랭스, 아라스 등의 종교 기념물은 황제의 직접적인 허가 없이는 절대로 파괴될 수 없었을 것이다. 이 종교 기념물들의 파괴는 황제가 가톨릭에 대해 품고 있던 깊은 혐오의 결과이다. 황제는 오래 전에 가톨릭으로 개종한 친척에게 보낸 편지에서 가톨릭에 대한 강한 증오를 표현했다. "나는 당신이 받아들인 종교를 증오하고 있으며, 그 종교를 파괴하는 것을 내 생의 최고 목표로 여기고 있다."

1914년 10월 3일자 '라 프랑스'에 실린 그의 연설에는 이런 내용이 들어 있다.

> "교황 위주로 움직이는 가톨릭교회는 간혹 전능하신 하느님에게 모욕을 주고 있다. 그들은 거만하게도 가상의 성인들을, 말하자면 고대 로마인들의 미신 때문에 신성을 대신하게 된 우상에 불과한 성인들을 위해서 신을 무시하고 있다. 어떤 면에서 보면 간통자에 불과한 프랑스 왕들이 랭스 성당에서 신격화되고 있으며, 출입구 위에 새겨진 프랑스 왕들의 조각상은 신의 상보다 더 좋은 자리를 차지하고 있다.
>
> 게르만 민족의 가치를 고스란히 간직하고 있는 독일 선생들은 그런 교회들에 대해 설명할 때면 어김없이 교황 예찬자의 미신에 분노하는 마음을 품을 것이다."

이 글은 독일인들이 고대 성당에 대해 품고 있는 원한을 잘 설명해 준다.

3. 오스트리아의 잔학 행위

세르비아를 침공한 초반기에, 오스트리아 군인들도 벨기에로 들어간 독일군보다 결코 더 부드럽지 않았다. 로잔 대학의 라이스Reiss 교수는 세르비아로 들어가서 조사 활동을 벌였으며, 그 결과가 1915년 4월 7일자 '르뷔 드 파리'에 실렸다. 오스트리아 군인들이 장교들의 명령에 따라 저지른 잔학 행위들을 전하는 다음 글은 그의 보고에서 발췌한 것이다.

> "나는 다음과 같은 종류의 사지 절단과 살육을 확인했다. 희생자들은 총에 맞거나, 총검에 찔려 죽거나, 칼에 목이 찔려 죽거나, 성폭행을 당한 뒤에 죽었다. 돌에 맞아 죽거나, 교수형에 처해지거나, 소총 개머리판이나 몽둥이에 두들겨 맞아 죽거나, 창자를 들어내거나 산 채로 태워져 죽은 사람도 있었다. 또 희생자들의 팔다리가 잘리거나, 코나 귀가 베이거나, 눈알이 뽑히거나, 가슴이 도려내어지거나, 살갗이 벗겨지거나, 살점을 뼈에서 발라낸 예도 있으며, 3개월 된 여자 아이는 돼지들에게 던져졌다."

발칸 반도의 국가들이 터키인들과 전쟁을 벌이고, 이어서 그들끼리 전쟁을 벌이는 동안에도 이와 비슷한 행위가 있었다는 비난이 기억날 것이다. 당시에 발칸 반도의 국가들은 몇 세기 동안에 서로를 학살하면서 사는 데 익숙한 반(半)야만적인 민족이고, 터키인들만이 그 민족들이 서로 평화롭게 살게 할 수 있다는 주장이 제기되었다. 그러나 이 같은 주장이 독일인들에게는 적용될 수 없기 때문에, 우리는 가장 높은 문명이라고 해서 인간이 덜 야만스러워지는 것은 아니라는 점을 인정해야 한다. 옛날의 인도주의적인 사상들은 뒤로 밀려나지 않을 수 없으며, 그 사상들은 오랫동안 뒷구석에 남아 있을 것이다.

4. 공포의 심리학

독일군 참모본부는 독일군의 살인과 방화 정책을 정당화하는 이론으로, 그 나라의 주민들에게 공포심을 심어줘서 자신들의 정부에 적대 행위의 중단을 요구하게 할 필요성을 제시한다.

혁명가들뿐만 아니라 왕들도 위협을 적들에게 강한 인상을 주는 수단으로, 그리고 자신들에게 복종하지 않는 사람들에게 본보기를 보여주는 수단으로 언제나 이용해 왔다. 한편, 고문을 가하는 행위는 그와 동시에 많은 인간들의 내면에 존재하고 있는, 대대로 내려오는 잔인한 본능을 충족시킨다. 따라서 우리는 이 방법이 역사 초기부터 이용되었을 것이라고 짐작해야 한다. 앞에서 말한 바와 같이, 아시리아의 얕은 돋을새김은 포로들의 눈알은 왕이 직접 뽑고, 그보다 더 복잡한 행위, 예를 들어 포로들의 살갗을 산 채로 벗겨서 성벽에 내거는 행위는 군인들에게 맡겨졌다는 이야기를 들려주고 있다.

나는 또 초기의 로마인들도 오늘날 독일인들이 적국과 포로들을 다루는 문제와 관련해서 제시하고 있는 이론과 똑같은 이론을 인정했다는 사실에도 주목해줄 것을 요구했다. 고대 로마인들의 의견에, 정복자에게 이로운 행위는 모두 선한 행위였다. 이유는 고대 로마인들이 이방인들은 어떤 권리도 갖지 않는 적이라는 원칙을, 또 어느 누구도 동료 시민이나 동포를 제외하고는 누구와도 친하게 지낼 수 없다는 원칙을 고수했기 때문이다.

이처럼 무자비한 냉혹함과 야만적인 이기주의는 오랫동안 로마의 법이었지만 언제나 그랬던 것은 아니었다. 왜냐하면 공화정 말기에 가까워지면서 태도와 관습이 점점 덜 잔인한 쪽으로 변하고 있었기 때문이다. '아에네이스'Aeneid[81]에는 야만적인 행위에 대한 언급이 전혀 없다. 키케로Cicero는 마르켈루스Marcus Claudius Marcellus[82]에 대해 시라쿠스의 기념물을 건드리지 않았다는 점을 높이 평가하는 한편, 약탈자 베레스Gaius Verres[83]를 경멸했다.

현대 독일인들의 잔인성은 우리를 거꾸로 아득히 먼 옛날로 이끌었다. 그러나 독일인들이 살인과 고문, 약탈을 지금의 전쟁에서 하나의 체계로 다듬었지만, 그들이 그 방법들을 공식화한 것은 이번이 처음이 아니다. 왜냐하면 비스마르크가 전쟁은 민간인들이 평화 사상을 갈망하도록 하기 위해 그들에게 고통을 최대한으로 안기는 방향으로 치러져야 한다고 이미 주장했기 때문이다. 1870년에 비스마르크는 이렇게 말했다.

> "진정한 전략은 적을 최대한 강하게 때리는 데 있다. 무엇보다도 침공한 도시들의 주민들이 전쟁에 질리도록 하기 위해 그들에게 최대한 큰 고통을 안기는 것이 중요하다. 그러면 주민들이 정부에 전쟁을 중단하라고 압박을 가하면서 실질적으로 우리를 돕게

....

81 베르길리우스가 B.C. 29년에서 B.C. 19년 사이에 쓴 장편 서사시. 이탈리아로 가서 로마인들의 조상이 된 트로이 사람 아이네아스에 관한 전설적인 이야기이다.

82 로마 공화정 시대의 군인이자 정치가(B.C. 268-B.C. 208)로 제2차 포에니 전쟁 때 로마군을 지휘했다.

83 시칠리아의 총독(B.C. 120?-B.C. 43)으로 현지 농민들을 박해하고 신전을 파괴한 것으로 악명이 높다.

될 것이다. 여러분들이 통과하는 국가들의 국민들에게는 눈물을 흘릴 눈 외에는 아무것도 남겨 둬서는 안 된다.
어떤 상황에서든 우리가 지켜야 하는 원칙은 전쟁을 민간인에게 최대한 끔찍한 방향으로 치르면서 그들 스스로 평화를 간청하고 나서도록 만들어야 한다."

독일군이 이 조언을 대단히 열광적으로 따르고 있다는 것이 확인되었다. 또 독일군이 마을에 불을 지르고 여자들과 아이들을 산 채로 태우거나 그들을 상대로 온갖 고문을 자행했다는 것도 확인되었다. 그러나 이런 행위들은 실제로 주민들의 집단 탈출 외에는 어떠한 결과도 낳지 않았다.

법률적인 관점이나 인류애의 관점에서 그런 과정이 유효한지 여부에 대해 논하는 것은 쓸모없는 일이지만, 적어도 그 행위들의 결과에 대해서는 논할 수 있다. 이런 폭력 행위들은 독일인들이 바랐던 만큼 효과적이지도 않았을 뿐만 아니라 모든 민족의 분노를 불러일으키고 그들을 적으로 만들어 오히려 독일에 해를 입힌 것으로 드러났다.

사실, 테러는 그 행위가 매우 짧은 시간 안에 끝나지 않으면 절대로 효과적일 수 없다. 테러의 장기화는 이롭게 작용하지 않고 재앙을 낳는다. 테러의 장기화는 점령한 지역에 반란의 감정뿐만 아니라 증오심도 불러일으키는데, 이 증오심은 전쟁에서 성공의 한 막강한 요소가 된다. 왜냐하면 침공당한 국민이 자비를 기대할 수 없다는 사실을 깨닫게 될 때 끝까지 스스로를 방어하고 나설 것이기 때문이다. 그리고 그 국민은 자신을 방어할 뿐만 아니라 그 같은 사실을 오래도록 기억한다. 전쟁이 발발하기 전에, 독일인들은 벨기에의 상업 중 큰 부분을, 특히 앤트워프의 상업을 지배했다. 그래서 사람들은 평화가 이뤄질 경우에 독일인들의 지위가 어떻게 될 것인지 궁금해 할 수 있다. 독일인들의 입장에서 보면 자신들이 영원히 점령하기를 원하는 나라에서 부드럽게 행동하는 것이 훨씬 더 사려 깊은 처신이었을 것이다.

게다가, 잔인한 행동을 체계적으로 동원하려면, 당신이 괴롭힌 적이 당신의 영토에 들어와서 보복하는 일은 절대로 없을 것이라는 확신이 필요하다. 그러나 어느 누구도 운명의 수레바퀴를 고정시키지 못한다. 나폴레옹도 그렇게 할 수 없었다. 만약에 10만 명의 카자크인[84]이 어느 날 베를린으로 들어가서 그곳 남녀노소 시민들에게 독일인들이 프랑스의 디낭과 벨기에의 루뱅의 불행한 주민들에게 한 행동을 그대로 한다면, 누가 베를린 시민들을 불쌍히 여기겠는가?

5. 독일의 변명

독일인들은 자신들에게 쏟아지던 모든 비난을 체계적으로 부정한 뒤에야 마침내 자신들의 행동에 대해 단순히 동일한 범죄에 대한 보복이라는 식으로 정당화하려 들었다. 말하자면, 범죄의 원인을 벨기에인과 프랑스인에게 돌리려 들었던 것이다.

독일 수상이 의회에서 행한 연설에서 벨기에의 어린 소녀들이 부상당한 독일 병사들의 눈알을 뽑았다고 비난했다는 사실을 모두가 알고 있다. 독일 언론에 따르면, 벨기에의 성직자들도 독일군 포로들의 눈

....

84 우크라이나 일대와 러시아 서남부 지역에서 살았던 민족 집단을 말한다.

알을 뽑고 손가락을 자르는 일에 익숙했다고 한다. 이런 주장들이 사실일 가능성은 매우 낮지만, 그것들은 전쟁이라는 특수한 상황에서는 명백한 사실 앞에서도 허황된 설명이 통할 수도 있다는 예를 보여주고 있다.

독일에는 프로테스탄트와 가톨릭 신자들 사이에 대립이 언제나 상당히 거셌으며, 프로테스탄트들이 가톨릭 신자들을 향해 온갖 비행을 저지른다는 식으로 곧잘 비난했기 때문에, 가톨릭 신자들은 자기 방어의 일환으로 오래 전에 조사 기관을 결성했다. 그 단체 중 가장 중요한 것이 독일 제국의 가톨릭 신자들에 대한 비난을 조사하는 의무를 진 뷰로 팍스Bureau Pax이다.

독일의 가톨릭 신자들은 가톨릭 성직자들이 저지른 것으로 비난받는 죄를 절대로 인정할 수 없었으며, 그래서 뷰로 팍스는 각 사건을 대상으로 세밀한 조사를 벌였다. 그 결과, 벨기에 가톨릭 성직자들이 한 것으로 비난을 듣는 행위들은 모두 독일 당국이 꾸며낸 것이라는 점을 쉽게 밝힐 수 있었다.

당시에 독일인들이 무방비 상태의 도시들, 특히 루뱅에 불을 지른 뒤에 내세운 주된 이유는 전쟁에 끼어들지 말아야 할 민간인들이 독일군을 향해 사격을 가했다는 것이었다. 그러나 문제가 독일의 이해관계를 건드리게 되는 순간, 그 같은 원칙은 완전히 뒤집어진다. 러시아에 침공 당한 동부 프로이센으로 보낸 다음 선언이 이를 잘 보여준다. 이 선언은 신문에 발표되었다.

"적이 독일 제국의 국경을 넘을 때, 반드시 국토 방위를 위한 투쟁이 따를 것이고 그런 투쟁이 벌어지는 동안엔 모든 방법이 합법적이다. 무기를 들 수 있는 모든 남자의 의무는 침략자들을 물리치는 것이고 퇴각하는 침략자들을 괴롭히는 것이다. 전체 주민은 적에게 휴식할 틈을 조금도 주지 않고, 적의 무기를 빼앗고, 적의 보급 경로를 차단하고, 적의 정찰병을 체포하고, 가능한 모든 수단을 동원해서 적의 앰뷸런스와 야전 병원을 파괴하고, 밤에 적을 죽이기 위해 무기를 들어야 한다."

6. 공포를 불러일으키는 방법을 동원한 데서 배워야 할 심리적 교훈들

독일인들과 오스트리아인들이 채택한 살인과 약탈, 방화는 내가 이미 지적한 바와 같이 두 차례의 발칸 전쟁에서도 목격되었다. 그런 식의 무자비한 전쟁 방식은 점점 더 널리 퍼지고 있는 것 같으며, 인간을 점진적으로 역사의 초기로 되돌려놓고 있다.

문명의 진보가 인간의 지능을 발달시킴으로써 인간의 감정을 변화시킬 수 있다고 생각한 것은 큰 실수였다. 왜냐하면 그런 변화가 전혀 일어나지 않았기 때문이다. 사회적 억제가 일부 민족들에게 대대로 내려오는 야만성을 부분적으로 감추고 있지만, 그것은 단순히 위장일 뿐이다. 사회적 억제가 제거되기만 하면, 그 순간에 야만성이 다시 나타나는 것이다.

그 야만성은 무식한 사람들 사이에서뿐만 아니라 교육을 받은 계층에서도 다시 나타난다. 성격과 지능이 서로 아주 멀리 떨어져 있고, 교육이 감정에 미칠 수 있는 영향이 대단히 적다는 점을 명심한다면, 야만성이 모든 계층에 쉽게 다시 나타나는 이유가 잘 이해된다. 사회적 억제가 사라지는 순간, 독일 군대의 장교와 사병들은 서로 똑같은 수준에 놓이면서 똑같이 야만적인 본성의 영향을 받았다.

역사에서 세련된 문화가 대단히 악랄한 잔인성을 보인 예가 더러 있다. 르네상스 때 보르자Borgia 가문이 지배하던 동안의 이탈리아 통치자들 사이에서, 그리고 시인이나 예술가, 학자였던 무굴 제국의 황제들 사이에서도 이런 사실을 보여주는 예들이 확인된다. 무굴 제국의 일부 황제들은 하늘의 별들을 분류하고 황도(黃道)의 경사도를 계산했지만, 그럼에도 불구하고 그들은 참수한 포로들의 머리로 피라미드 모양의 탑을 쌓았다.

독일 방법들의 일반적인 확산은 미래에 대해 확신을 품지 못하도록 만들고 있다. '스펙테이터'Spectator가 전하는 내용을 보자.

> "만약에 현대의 전쟁이 앞으로 어떠한 규칙도 인정하지 않는다면, 정말로 인간 종의 미래는 매우 암울하고 위태로울 것이다.
> 만약에 인류가 대체로 독일이 한 행위를 필요에 따른 불가피한 법이나 전쟁의 통상적인 작전이라고 냉혹하게 받아들인다면, 독일의 적들이 그 방법 그대로 독일에게 보복하지 않도록 막기가 정말로 어려워질 것이다."

미래의 모든 전쟁에서 모든 국민들이 독일 방법들을 채택하면서 무자비하게 행동할 수밖에 없을 게 확실하다. 헤이그 조약 같은 국제적 협약을 지키는 군대가 그런 협약 따위에는 전혀 관심을 두지 않는 군대와 대치할 때 정말로 불리한 입장에 놓일 것이기 때문이다.

인도주의적 사상의 퇴조가 아주 뚜렷하다. 독일군 장교들의 선언과 그들이 끊임없이 방화와 대량 살상에 대해 말하는 내용과, 보나파르트가 1796년에 이탈리아를 침공하려고 하면서 군대에 내린 명령과 비교해 보면 그 퇴조가 쉽게 확인된다.

사회주의와 인도주의, 헤이그 조약 같은 일반적인 성격의 모든 개념들과 국제 관계를 변화시킬 뜻으로 나온 다른 개념들은 어떠한 영향력도 행사하지 못한다는 것이 쉽게 관찰될 것이다. 분명히, 그런 것들은 영구 파산 상태에 처했다.

온갖 잔인성이 완전히 검증될 때, 그것들을 모아 특별히 책으로 만든 뒤에 그 책을 읽는 것을 초등 교육의 일부로 정할 수 있다. 독일과 국경을 접하고 있는 주의 주민들은 독일군의 침공이 의미하는 바를 잊지 말아야 한다. 그곳의 주민들은 독일군에 관한 정보를 더 잘 알고 있었다면 자신들의 대표를 통해서 정부가 프랑스 북쪽 국경의 방어를 위해 적절한 요새를 짓도록 했을 것이고, 그러면 프랑스 중에서 가장 부유한 지역이 오늘날 폐허가 되지 않았을 것이다. 게다가 이런 책은 전쟁 후에 독일의 새로운 평화적 침공을 예방할 것이다. 독일인과 모든 통상 관계를 단절하는 것은 불가능할 것이지만, 프랑스인은 독일인이 프랑스 문명과 프랑스 민족의 화해 불가능한 적이라는 것을, 또 독일인과 거리를 둬야 한다는 것을 언제나 기억해야 한다.

3장

독일식 전쟁 방식이 중립국의 감정에 끼친 영향

1. 독일의 전쟁 방식이 중립적인 의견에 미친 심리적 효과

도시 황폐화와 대량 학살이라는 독일군의 방식이 전 세계적으로 불러일으킨 항의에 독일군은 처음에 아주 무관심했다. 독일인들로서는 확고한 원칙에 따라 행동하고 있었기 때문에 그런 행동이 중립적인 사람들에게 불편하게 느껴질 것이라는 생각조차 떠오르지 않았기 때문이다. 그러나 비난이 점점 거세지자 그들도 마침내 문제의 심각성을 깨닫게 되었다. 독일 정부는 비록 힘이 권리를 뭉갤 수 있을지라도 힘의 남용은 적의를 부를 수 있고 이 적의가 쌓이면 결국엔 하나의 힘이 될 수 있다는 것을 깨달았다.

벨기에의 중립을 위반한 것이 이미 독일에게 영국이라는 가공할 만한 적을 안겨주었다. 지금 문제는 그 위반이 다른 강대국들, 특히 미국을 화나게 만들어도 좋을 만큼 가치 있는 일이었는가 하는 것이다. 군사적 이점을 전혀 낳지 않는 잔인한 행위에 몰입하는 것은 명백한 심리적 오류였다. 너무나 야만적인 행위가 저질러졌기 때문에, 이제 게르만족의 패권과 문화의 이점에 대해 논의하는 것 자체가 불가능하게 되었다.

독일인들은 잘못을 깨닫자마자 신문과 강연, 팸플릿 등을 통해 여론을 바꾸려고 노력했지만, 그들의 입장에서 보면 불행하게도 독일에게 느끼고 있던 적개심의 물결이 너무나 거세고 독일군이 자행한 파괴 행위가 부정하기 어려울 정도였기 때문에, 처음에 형성되었던 인상이 지워질 수 없었다. 독일인들조차도 마침내 자신들의 선전이 거의 성공을 거두지 못했다는 점을 인정하지 않을 수 없게 되었다. '쾰니셔 차이퉁'Kölnische Zeitung에서 끌어낸 다음 인용문에서도 그런 인정이 보인다.

> "독일인들, 특히 프로이센 사람들은 많은 재능에도 불구하고 사람들의 가슴을 얻지 못했다는 점을 인정해야 한다. 다른 민족의 감정을 꿰뚫어보는 심리적 통찰은 게르만족의 강점이 아니다. 독일이 지금 중립국의 공감을 얻으려는 목적으로 언론을 통해 벌이고 있는 노력은 뒤늦은 감이 있으며, 언제나 완벽한 감각을 보이고 있지도 않다."

이제 나는 세계 곳곳에서 탁월한 인물들이 제기한 항의 일부를 요약할 생각이다. 나의 요약은 쓸모없는 비난이 아니라, 미래에 독일 방식을 모방하고 싶은 유혹을 느끼는 국가들이 그런 행위가 부를 비난과

적의가 어떤 것인지를 깨닫게 할 것이라고 나는 기대하고 있다.

기사도의 시대는 틀림없이 영원히 사라졌고, 인류는 일부 법들을 최종적으로 포기함으로써 원시적인 야만의 암울한 시대로 되돌아갈 것이다. 그런데 이 법들에게 다시 생명을 불어넣을 수 있는 것은 아마 여론뿐일 것이다.

2. 미국인들이 받은 인상

먼저 미국에서 가장 유명한 인물인 시어도어 루즈벨트Theodore Roosevelt 전 대통령의 발언부터 보자. 그는 1914년 11월 8일자 뉴욕 타임스에 이렇게 썼다.

> "벨기에는 아무런 잘못을 저지르지 않았다. 그럼에도 벨기에의 영토는 공격을 당했으며, 벨기에 국민은 압정에 시달리고 있다. 무방비 도시에 대한 포격을 뒷받침하는 증거도 있다. 이것은 무방비 도시에 대한 공격을 금지하는 헤이그 조약을 명백히 위반하는 행위이다.
> 헤이그 조약 43조와 50조는 금전적인 것이든 다른 것이든 집단적 처벌을 명확히 금하고 있다. 집단적 처벌은 어떤 나라의 거주자들을 그들이 책임질 수 없는 사람들이 저지른 행위를 이유로 처벌하는 것을 말한다. 비제와 루뱅, 아르스홋, 디낭 등의 파괴에 대해 말하자면, 이 금지 조항은 전혀 아무런 효력을 발휘하지 못하고 있다. 더욱이, 벨기에 중부의 일부 지역을 체계적으로 황폐

화시킨 행위의 목적은 처벌이 아니라 공포를 퍼뜨리는 것이었다. 이것은 헤이그 조약에 의해 엄격히 금지되고 있다."

1914년 10월 20일자 뉴욕 타임스에서 엘리엇Eliot 교수는 이렇게 말하고 있다.

"이곳의 여론은 독일의 전쟁 방식 때문에 크게 변했다. 미국 국민에게는 그 어떤 것도 비전투원이 거주하는 도시에 폭탄을 떨어뜨리거나 요새화되지 않은 도시 지역을 불태우거나 폭파시키는 행위를 정당화하지 못한다. 소중한 기념물과 귀중한 예술품을 파괴하거나, 북해에 기뢰를 설치하거나, 파괴 위협에 처한 도시로부터 '몸값'을 요구하거나, 인구 전체로부터 온순한 행동을 끌어내기 위한 인질로 비무장 시민들을 체포하거나 억류하는 행위도 마찬가지이다."

유명한 카네기 연구소Carnegie Institute의 처치A. Church 총장은 베를린의 샤퍼Schaper 박사라는 사람이 자신에게 보낸 독일 지식인 선언서에 대해 이렇게 대답하고 있다.

"독일인들이 미국으로부터 호의적인 여론을 얻기 위해 끈질기게 노력하는 모습을 보고 있으면 측은하다는 느낌이 든다.
샤퍼 박사여, 들어보시라. 만약에 상황이 역전된다면, 그래서 외국 군인들이 베를린 시가지를 행진하고 베를린 시민들의 집이 파괴되고 거주자들이 대량 학살을 당한다면, 당신과 93명의 지식인들은 자비심을 조금도 보이지 않는 침공자들에게 총을 쏘지 않을 텐가? …
당신들이 천년 동안 프랑스와 벨기에에 금을 지급한다 하더라도, 당신들이 천년 동안 매 시간 속죄의 기도를 올린다 하더라도, 그 금이나 기도는 두 나라가 흘린 피와 두 나라가 입은 피해를 절대로 보상하지 못할 것이며, 당신들의 끔찍한 침공으로 흘린 인간 눈물의 바다를 다 말리지 못할 것이다. …
이 전쟁을 벌인 구실은 절대로 있을 수 없다. 당신들은 무장을 단단히 한 상태에서 방어를 하고 있었기 때문에, 세계의 어떤 나라도 당신 나라의 국경을 절대로 뚫을 수 없었다. 위대한 당신의 나라는 모든 바다에 무역선을 항해시키고 있고, 아주 먼 지역에도 제품을 팔고 있으며, 모든 사람들이 당신 나라를 인도적인 국가로 믿었기 때문에 당신 나라는 모든 사람들로부터 최고의 호의를 누렸다. 그러나 오늘로서 이 모든 호의적인 의견은 사라져 버렸다. 당신들은 잃어버린 물질적, 정신적 이점을 50년 안에는 절대로 회복하지 못할 것이다."

벨기에가 황폐화될 때 거기에 있었던 극소수의 미국인 중에서 다웰Dawell 씨를 언급할 것이다. 소름 끼치는 그의 기억은 그의 책에 요약되어 있으며, 그 중 일부를 여기에 소개한다.

"나는 세계의 여러 지역에서 끔찍하고 혐오스런 일들을 많이 보았지만, 아르스홋에서처럼 무서운 일은 평생 처음이었다. 내가 하는 말은 전혀 과장이 아니다. 그 도시의 집 3분의 2가 화염에 재가 되었다. 그 집들은 불에 타기 전에 광기에 휩싸인 군인들에게 약탈당한 흔적이 뚜렷했다. 죄의 증거는 넘쳐났다."

3. 스위스를 비롯한 중립국들의 의견

독일어를 사용하는 스위스 지역의 여론은 처음에 독일에 호의적이었으나, 독일군이 벨기에 내에서 저지른 대량 학살과 방화가 알려진 뒤로 독일에 반대하는 쪽으로 완전히 돌아섰다.

다음 글은 스위스 연방 판사인 로젤Rossel이 '비블리오테크 위니베르셀 드 주네브'Bibliothèque universelle de Genève라는 잡지에 발표한 글의 일부다.

"1867년의 엄숙한 약속에도 불구하고 룩셈부르크를 침공하고, 1831년의 똑같이 엄숙한 약속에도 불구하고 벨기에의 영토를 침범한 것은 어떤 구실로도 용서되지 않는 범죄다. 바다가 그 범죄들 위를 휩쓸고 지나간다 해도 범죄의 흔적을 말끔히 지우지 못할 것이다.

국가들이 개별적으로 신성하다고 여기는 서명을 더 이상 존경하지 않을 때, 모든 문명은 위험에 처한다. 국제간의 교류에서 누구를 믿을 수 있을 것이며 무엇을 믿을 수 있겠는가? 만약 조약이 강한 자의 법의 지배만을 받는다면, 그런 것이 무슨 가치가 있겠는가? 무시무시한 고대의 예들이 오늘날의 위반을 정당화할 수 있는가? 열아홉 번의 세기가 흐르는 동안 이어져온 기독교와 과학의 모든 정복, 법의 발전, 예술의 모든 걸작은 헛일이었단 말인가? 승리 자체가 지워지지 않는 얼룩을 씻을 수 있는가? 독일의 머리가 월계관으로 장식된다 하더라도, 독일은 제정신을 차리는 날 자신들의 긍지였던 '독일인의 성실'을 생각하며 창피해 할 것이다."

이전에 말한 바와 같이, 우리 시대의 독일은 전체 국민을 현혹시키면서 논의 자체를 불가능하게 만드는 신비주의의 단계들 중 하나를 거치고 있는 것 같다. 1914년 11월 6일자 '주르날 드 주네브'에 발표된 어느 기사의 저자는 이 점을 매우 분명하게 보여주고 있다.

"자신이 진리를 추구하고 있는 것이 아니라 이미 진리를 갖고 있다고 주장하는 사람과는 토론이 불가능하다. 당분간은 아무리 강한 정신이라도 독일이 낮의 빛을 가리고 있는 그 확실성의 두꺼운 벽을 뚫지 못할 것이다. 그것은 신을 찬양하는 그 궁정 설교자의 무시무시한 확신이고 만족이다. 이 궁정 설교자가 신을 찬양하는 이유는 신이 그만 아니라 그의 황제와 그의 장관들, 그의 군대, 그의 민족까지 결백하고 고결하고 순수하게 만들었다고 믿기 때문이다. 이 궁정 설교자는 자신과 달리 생각하는 모든 존재들의 파괴를 미리 기뻐하고 있다. …
한편, 독일에서 가장 명확한 정신의 소유자들, 그러니까 텍스트의 연구에 익숙한 역사가들과 학자들은 자신들의 확신의 근거를

> 한쪽에서 나온 문서에만 두고 있으며, 자신들의 황제와 수상의 이익과 부합하는 자료만을 우리에게 증거로 언급하고 있다. 그들은 꼭 '선생님이 말씀하셨다'는 식으로 나오는 어린 학생들 같다. 그런 그들에게 그들의 선생 그 너머에 어떤 진리가 있다는 것을, 우리는 백서[Weissbuch]뿐만 아니라 온갖 색깔의, 온갖 종류의 책들을 갖고 있다는 점을 어떻게 심어줄 수 있겠는가? 또 그런 그들에게 그들의 증언을 공정한 심판관도 들어야 한다는 점을 어떻게 설득시킬 수 있겠는가?
>
> 오늘날의 게르만 정신과 나머지 유럽의 정신 사이엔 더 이상 접점이 없다.
>
> 독일은 병적인 흥분에, 집단 광기에 사로잡힌 것 같으며, 이것을 치료할 수 있는 것은 시간뿐이다. 비슷한 예들에 대한 의학적 진단은 그런 형태의 일시적 정신착란은 급속도로 생겨났다가 갑자기 깊은 우울증의 시기로 이어진다는 점을 보여준다."

스위스에서 나온 다양한 기사들 중에서, 나는 포기[Henri Poggi] 교수가 1915년 4월 15일자 '르뷔 데 되 몽드'에 '스위스의 여론'이라는 제목으로 발표한 글 중에서 한 단락을 인용하고 싶다. 그 글에서 그는 처음에 독일에 공감을 보였던 스위스 국민들이 뒤에 독일군의 반달리즘 행동에 분노하며 독일에 반대하는 쪽으로 돌아선 과정을 보여주고 있다. 보다 훌륭한 심리학자들이었다면, 독일인들은 불태우고 대량으로 살해하는 것이 큰 쾌락일지는 몰라도 그렇게 행동하는 데 따르는 만족이 가끔 쾌락을 능가하는 낭패를 수반한다는 점을 깨달았을 것이다.

> "전쟁이 시작되던 때부터, 독일이 벨기에의 중립을 위반한 사실과 독일 수상이 의회에서 그에 대한 변명으로 한 냉소적인 연설 때문에 우리들 사이에서 독일인들에 반대하는 외침이 점점 더 커져갔다. 처음에 독일어를 쓰는 지역에서 많은 사람들과 신문들이 친(親)독일적이었다. 그들이 독일과 민족적으로 가깝고, 상업적 이해관계가 얽혀 있었기 때문에 그것이 자연스러웠다. …
> 벨기에와 프랑스에서 경악할 만큼 잔인한 행위들이 저질러진 뒤에, 메헬렌과 루뱅의 약탈과 파괴, 그리고 랭스의 성당에 대한 가증스런 공격이 전개되면서, 독일어를 쓰는 스위스 지역의 여론과 언론은 크게 바뀌면서 설득력 있는 항의의 목소리를 높였다. 그때까지 스위스에서 가장 중요한 범(汎)게르만주의자였던 코르넬리우스 페터Cornelius Vetter 교수까지도 루뱅에서 신성모독적 범죄가 있은 뒤에 독일 지식인들에게 매우 강력한 공개서한을 보냈다."

네덜란드와 덴마크, 노르웨이, 그리고 다른 중립국들은 미국과 스위스만큼 의견을 솔직하게 표현하지 않았다. 그 나라들은 독일과 너무 가깝고 독일의 위협을 강하게 느꼈기 때문에 의견을 자유롭게 나타내지 못했다. 벨기에의 예가 그 나라들이 침묵을 지키도록 하기에 충분했던 것이다.

스페인의 여론은 예리하게 나뉘고 있다. 내가 이미 언급한 바와 같이, 처음에 가톨릭 신자들은 공개적으로 독일 편을 들었다. 그러나 스페인에서 가장 유명한 학자인 라몬 이 카할Ramon y Cajal이 공개적으로 의견을 표현했다. 그가 발표한 내용 중 일부를 여기에 옮긴다.

"우리의 혈거인 조상은 희생자들을 고문하기 위해 인류학적 이론을 동원하는 일 없이 공개적으로, 또 솔직하게 약탈하고 살해했다. 그러나 오늘날의 침략자들은 자신이 충분히 강하다고 느낄 때 철학적이고 학문적인 책들을 쓴다. 그런데 이 책들은 자신들의 죄와 사악한 면을 정당화하기 위한 것일 뿐만 아니라 자신들은 우수한 민족이며 따라서 원하는 것이면 무엇이든 할 수 있다는 점을 세상에 보여주기 위한 것이다."

이 글의 저자는 교전국 중 어느 한쪽이 완전히 분쇄되는 경우는 없을 것이라고 믿고 있다.

"정복당한 사람들은 정복자의 방식을 모방하는 것에 대해서만 생각하면서 다음에 정복자들을 반드시 정복하려고 노력할 것이다. 그러다가 오늘날의 고아들이 성인이 되면, 끔찍한 대량 학살이 다시 시작될 것이다."

BOOK Ⅶ

알려지지 않은 양적 수치들

1장

현대전의 즉각적 영향

1. 현재와 미래에 끼칠 영향의 범위

현대의 전쟁들은 무수히 많은 결과들을 낳으며, 그 결과들의 반향은 오랫동안 이어진다. 1870년 전쟁에서 패한 이후로 거의 반세기가 지났건만 그 패배는 지금도 프랑스의 경제적 삶과 사회적 삶 구석구석에 영향을 끼치고 있다.

이 유럽 전쟁의 영향이 미칠 범위를 지금 보여주는 것은 불가능하며, 따라서 나는 현대 전쟁이 야기하는 까다로운 문제와 비용, 상실, 심리적 영향 등에 대해 경험이 우리에게 가르치고 있는 범위 안에서만 논할 것이다.

그처럼 무시무시한 요소들이 두루 동원된 투쟁은 역사상 지금까지 한 번도 없었으며, 따라서 어떤 투쟁도 이 전쟁과 비슷한 결과를 낳지 않았다. 그러나 물질적이기도 하고 심리적이기도 한 이 결과들은 너무 나 복잡하게 서로 얽혀 있기 때문에 명확하게 구분되지 않는다.

2. 현대 전쟁의 복잡성

고대에 군대에 필수품을 공급하는 것은 매우 간단한 일이었다. 로마인들을 예로 들면, 모든 군인이 자신의 무기와 필요한 식량을 직접 갖고 왔기 때문이다. 식량이라고 해 봐야 약간의 곡식 가루가 전부였으며, 군인은 통과하는 나라에서 먹을 것을 발견하지 못하는 경우에 그 가루로 음식을 직접 만들었다. 만약에 도시가 포위당한다면, 전쟁에 반드시 필요한 것들, 말하자면 투석기와 요새 등은 나무줄기를 이용해 즉석에서 만들었다.

엄청난 숫자의 전투원과 대포, 물자와 장비를 갖춘 현대의 군대는 공장과 창고, 작업장, 전신 및 우체국, 병원, 막사를 포함하고 있는 하나의 움직이는 도시이다. 이 시설들은 모두 전선 뒤쪽에 위치해 있으며, 전선에서 작전을 벌이는 데 반드시 필요하다.

현재 전쟁터의 범위가 아주 넓고 군사적 전술이 부대의 이동을 요구하고 있기 때문에, 보급품을 군인들에게 전하고 부상병들을 후송하는 데 철도망과 자동차 운송망이 반드시 필요하다. 4만5,000명의 병사와 말 1만2,000마리와 2,000대의 짐마차로 이뤄진 육군의 1개 군단은 일렬로 쭉 세워 놓으면 30마일이나 이어지며, 수송에 1백 량의 기차가 필요하다.

통신 부분도 대단히 중요하다. 러시아의 패배는 주로 부적절한 통신 때문이었던 반면에, 오스트리아-독일 군대를 지휘한 장군은 병력을 신속히 이동시킬 수 있었던 덕분에 숫자가 많은 러시아 군대를 상대로 쉽게 승리를 거둘 수 있었다.

모든 명령은 육군 군단의 경우에 장교 50명과 사병 300명, 말 200필, 짐마차 35대로 이뤄져 있는 본부에서 내려온다.

모든 군단은 하나의 독립적인 부대이며, 오직 1주일 분량의 보급품만 싣고 다니기 때문에 후방에 식량과 탄약을 공급하는 정교한 시스템을 갖추고 있어야 한다. 다양한 군대를 지휘하는 장군들은 수백 마일에 달하는 전선을 나눠서 담당하며, 총사령관으로부터 전신으로 명령을 받는다.

현대 전쟁에서 철도가 맡는 중요한 역할은 프랑스에서 동원이 이뤄지던 20일 동안에 1만 량의 열차들이 프랑스 전역을 왔다 갔다 했다는 사실에서 확인된다.

마른강 전투 뒤에 프랑스 군대는 독일 군대의 우측으로 돌려고 시도했으며, 독일 군대도 당연히 그와 비슷한 작전으로 프랑스 군대의 전략에 대처했다. 연합국 병사들이 이 작전에 필요한 이동을 완료하는 데 걸린 6주 동안에, 영국군 전체와 프랑스군 일부는 엔에서부터 이제르까지 이동했다. "6,000량의 기차가 60마일에서 375마일까지 다양한 거리를 70개 사단을 실어 날랐다." 이 작전이 바로 이제르 전투로 이어졌다.

지금 살펴보고 있는 것은 수송 문제 한 가지만의 복잡성이다. 그러나 수백 만 명의 병사들에게 식량과 탄약을 공급하는 일과 관계있는 것들에 대해 생각한다면, 전쟁 중인 국가의 외국 생활과 국내 생활이 심하게 방해를 받지 않을 수 없다는 사실이 금방 확인된다. 그 국가의 공장들과 그 비슷한 시설들은 전선에 배치된 군인들에게 영양과 군수품을 공급하는 일 외에 다른 일에는 신경을 쓸 수 없다. 당연히 수출이 격감할 것이고, 따라서 국부(國富)도 격감할 것이다.

이것이 바로 지금 독일뿐만 아니라 프랑스에서 일어나고 있는 일이다. 두 나라 모두 수출이 엄청나게 떨어졌기 때문이다. 한편, 많은 생필품을 외국에서 구입해야 했으며, 이것이 수입을 크게 증대시켰고, 따라서 국부의 감소를 낳았다. 수입은 곧 돈의 지출을 의미하기 때문이다. 제품을 받기 위해서 돈을 외국으로 보내야 하는 것이다. 반면에 수출은 돈의 수령을 의미한다. 상품을 나라 밖으로 보낼 때, 그 가치만큼의 돈이 들어오기 때문이다. 따라서 그에 상응하는 수출이 없는 상태에서 이뤄지는 수입은 그 나라의 지출을 상쇄할 이익을 전혀 일으키지 않는 상태에서 지출한다는 뜻이다.

평상시에 독일은 4억8,000만 파운드어치의 제품을 수출하고, 그것과 다소 비슷한 액수의 제품을 수입한다. 반면에 전쟁 동안에 독일은 매우 작은 액수를 수출하고 중립국을 통해 엄청나게 많은 액수의 물품을 수입했으며, 이 수입 초과액을 결제하기 위해 독일은 고율의 융자를 빌리고 많은 양의 금을 외국으로 보내야 했다. 금의 유출은 장기간 지속될 수 없다. 상품을 수출하지 않는 나라에서, 금의 비축이 바닥을 매우 빨리 드러내기 때문이다.

전쟁의 물질적 영향을 다루는 것은 여기서 끝낼 생각이다. 그쪽 방향을 논하는 것 자체가 나로 하여금 원래 의도했던 심리적인 현상으로부터 다소 멀어지게 만들기 때문이다.

3. 전쟁이 한 나라의 주민에게 미치는 영향

고대에 전쟁은 대대적인 공격이 일어나는 경우를 제외하곤 인구 중에서 작은 부분에만 영향을 미쳤다. 이유는 통신 수단이 너무나 형편없었던 탓에 다양한 속주에 사는 토착민들은 거의 이방인이나 마찬가지였으며, 제한적인 숫자의 병사들만이 전쟁에 참가했기 때문이다. 그래서 민간인은 적의 군대들이 진격하는 길에 살지 않는 이상 거의 아무런 피해를 입지 않았다.

현대전의 조건은 완전히 다르다. 옛날에 10만 명 넘는 경우가 드물었던 군대는 지금 수백 만 명으로 이뤄져 있으며, 이 군인들의 무리는 도로와 철도를 이용해 메뚜기 떼처럼 한 나라의 곳곳으로 배치되면서 그 나라를 그야말로 황무지로 만들어버린다. 프랑스의 몇 개 주만이 침공을 당했지만, 그 주들은 완전히 폐허가 되었다. 독일인들이 제시하는 숫자에 따르면, 그들이 그 지역에서 약탈한 것들의 가치가 전쟁 초기 몇 개월 동안에 8,000만 파운드에 달했으며, 항소법원의 마송Henri Masson은 전쟁이 발발하고 첫 82일 동안에 벨기에의 손실만 2억1,600만 파운드에 달한다고 추산한다.

현재 벨기에는 완전히 빈곤 상태에 처해 있다. 전쟁이 시작할 때 자행된 잔인한 유린이 체계적인 약탈로, 말하자면 벨기에로부터 자원이 하나도 남지 않을 때까지 모조리 빼앗도록 계획된 징발로 바뀌었기 때문이다.

벨기에와 프랑스 북부의 파괴가 대중과 언론의 관심을 빼앗아버렸지만, 폴란드와 갈리치아, 아르메니아 같은 다른 중요한 국가들도 독일군으로부터 똑같이 다뤄졌다.

폴란드와 관련해서 나는 1915년 6월 5일자 '주르날 드 주네브'에 실린 글 일부를 소개한다.

"전쟁은 폴란드의 4분의 3으로 확대되었다. 오스트리아-독일군은 지금 폴란드의 영토 중 3분의 2를 점령하고 있으며, 폴란드 주민 중 1,300만 명을 통치하고 있다. 5,000개의 마을과 200개의 도시가 폭격을 받아 황폐화되거나 불에 탔다는 소문이 있다. …
여기엔 더 이상 철도가 없으며, 따라서 더 이상 상업도 없다. 폴란드의 석탄과 설탕, 섬유 산업과 갈리치아의 석유 생산은 갑자기 중단 상태에 이르렀다. 빈곤과 기근, 전염병이 퍼지고 있으며, 고통을 덜어주기 위해 현장에 간 사람들은 민간인의 상실이 전쟁터의 상실보다 더 크다고 말한다."

문명화된 국가들에서 전쟁이 그런 결과를 낳고 있다면, 침략자들이 아무런 제약을 받지 않는 곳의 상황이 어떨 것인지는 미뤄 짐작할 수 있다. 그런 곳에선 대량 학살과 온갖 종류의 파괴에 전혀 아무런 제한이 없다. 흑해의 코파에서 한 특파원은 '코리에레 델라 세라'Corriere della Sera[85]에 이렇게 쓰고 있다.

"알려지지 않은 엄청난 비극이 일어나고 있다. 서부 아르메니아 전체가 유린과 대량 학살, 절망적인 비참으로 신음하고 있다. 도

85 이탈리아 밀라노에서 발행되는 일간지.

시들은 모두 무덤이다. 알렉시오스 콤니노스Alexios Comnenus[86]의 영광을 재현하길 기대했던 트레비존드는 반쯤 파괴되고 주민들은 탈출하고 있다."

우리는 고대 야만족이 침입하던 그 시대로 돌아갔음에 분명하지만, 현대의 야만인들은 고대의 야만인만큼 무자비하면서도 훨씬 더 넓은 영역에 걸쳐 퍼져 있다.

4. 병력 손실

이 전쟁 동안에 일어난 엄청난 인명 상실은 역사상 가장 유명한 전투들에서 벌어진 살육을 훨씬 능가한다. 그러나 정확한 수치를 제시하기는 아직 어렵다. 프랑스 군 위원회는 1915년 2월 15일과 5월 1일 현재 프랑스의 병력 상실을 포함하고 있는 통계 자료를 확보했다.

	2월 15일	5월 1일
사망	186,541	327,000
부상	415,863	592,000
실종 또는 포로	243,321	317,000

....

86 비잔티움 제국의 군사적, 재정적 부흥을 이룬 황제(1056-1118).

이 수치는 1915년 7월에 벌어져 11만3,000명의 사상자를 낸 아라스 전투와 1915년 9월에 일어나 10만 명 이상의 사상자를 낸 샹파뉴 전투의 상실을 포함하지 않은 것이다. 부상병 중 반이 전선으로 돌아갔다고 치더라도, 프랑스의 사상자가 1년에 100만 명 정도는 된다는 계산이 나온다.

독일군들은 아마 훨씬 더 심각한 인명 손실을 입었을 것이다. 그들이 두 개의 전선에서 전투를 벌여야 했고, 또 밀집 대형으로 공격했기 때문이다. 독일군 사상자는 200만 명 이상인 것으로 추산된다.

각 교전국이 제시하는 숫자를 모두 합하면 전쟁 발발 첫 1년 동안에 600만 명에 크게 미달하지 않는다. 이 추산은 독일에 포로로 잡힌, 러시아인 60만 명을 포함한 100만 명의 군인을 포함하지 않은 것이다. 이 무서운 전쟁에서 유럽의 젊음의 꽃이 사라져 버릴 것이다.

나폴레옹 전쟁은 20년 동안 치러졌지만 그만한 살육을 낳지 않았다. 예나와 바그람에서 적(연합국)의 인명 손실은 3만 명에 미치지 못했으며, 제1 제정의 가장 큰 전투인 라이프치히 전투에서만 연합국은 6만 명의 병력을 잃었다.

한때 대규모 전투였던 것이 지금은 전초(前哨)에서 벌어진 작은 충돌에 불과하며 관보에 겨우 한두 줄을 차지한다. 그러나 현재의 교전은 엄청난 생명의 손실을 부를지라도 장군 한두 명의 행동이 원정의 운명을 결정하던 옛날의 전투 때와 같은 결과를 낳지 않는다. 오늘날에는 작은 언덕이나 몇 개의 참호를 차지하기 위해 3만 명의 병사가 희생되고 있지만, 최종적 결과는 거의 무(無)이다.

5. 현대전의 비용

현재의 투쟁보다 더 값비싼 전쟁은 지금까지 없었다.

로이드 조지는 하원에서 영국 한 나라가 지출하는 비용만 1개월에 4,000만 파운드에 달한다고 말했다. 당시까지 비용이 가장 많이 든 것으로 전해진 나폴레옹 전쟁 동안에 영국은 20년 동안에 8억4,000만 파운드를 지출했다. 크림 전쟁에는 8,000만 파운드 미만이 들었고, 보어 전쟁에는 2억 파운드 약간 더 들었다.

평화 체제가 이어졌던 지난 45년 동안에 군비는 분명히 수백 만 파운드가 들었지만, 그것은 외부 공격에 대비한 일종의 보험료였다. 그 금액도 큰 수치이지만, 경험은 그것도 부적절했다는 사실을 보여주었다. 왜냐하면 전쟁이 발발했을 때, 프랑스와 영국의 준비가 전반적으로 불충분했다는 사실이 드러났기 때문이다. 독일군의 공격을 받은 프랑스의 10개 주는 독일인들에 의해 황폐화되었고, 그곳의 공장과 기념물 수백 곳이 잿더미가 되었다. 그 피해는 공격자에게 맞설 수 있을 만큼 충분히 준비하는 데 필요했던 금액보다 훨씬 더 컸다.

1915년 8월 20일에 의회에서 행한 연설에서, 헬퍼리히 독일 재무장관은 "한 달 지출이 1870년 전쟁 때의 총지출보다 3분의 1이나 더 많다."고 말했다. 독일은 의회가 승인한 8억 파운드의 융자를 다 쓰고, 새로운 융자를 얻어야 했다.

현대전에서 예산이 가장 많이 소요되는 항목은 대포와 그에 필요한 무기이다. 드레드노트dreadnought형 전함[87] 한 척이 전속력으로 달릴

87 포탑에 대구경포를 장착한 20세기 초의 전함.

때 태우는 석탄의 양은 한 시간에 19톤이며, 이 전함이 12개의 포로 2시간 동안 150발을 발사하는 데 드는 비용은 20만 파운드 이상이다. 12인치 대포로 포를 한 발 쏘는 데 드는 비용은 200파운드 이상이며, '75mm' 야전포에 쓰이는 포탄 한 발도 24실링 정도 한다.

다음 글은 1915년 7월 19일자 '르 마탱'Le Matin에 실린, 전문가의 추산이다.

> "6월 17일자 프랑스의 공식 발표에 따르면, 프랑스의 포병은 아라스의 북쪽에서 24시간 동안 곡사포 30만 발을 발사했다. 이것은 1870년과 1871년에 독일의 야전 포병이 발사한 전체 양과 맞먹는다.
> 30만 발의 대포는 무게로 따지면 4,500톤이나 된다. 이것은 곧 그만한 양의 포탄을 옮기는 데 300대 이상의 트럭 또는 6량 이상의 기차가 필요했다는 뜻이다. 이것을 도로편으로 옮긴다면, 6마리의 말이 끄는 짐마차가 4,000대 이상 필요했을 것이다. 거기에 드는 비용은 37만5,000파운드에 달한다."

겨우 몇 시간 동안에 거의 40만 파운드에 달하는 비용에다가 겨우 며칠 사이에 일어난 11만3,000명의 병력 손실을 더해야 한다. 이런 수치만으로도 현대전에 드는 비용이 어느 정도인지 분명하게 그려진다.

유럽 전쟁이 미치는 영향의 범위는 정말로 짐작하기 어려울 만큼 다양하다. 1914년 10월에 유명한 화학자 윌리엄 램지William Ramsay는 독일이 군수품 제작을 위해 목화를 매일 1,000톤씩 이용하고 있다는 사실에 주목할 것을 요구했다. 그러면서 램지는 목화 수입이 처음부터 금지되었더라면, 전쟁은 불가피하게 4월에 끝났을 것이라고 말했다. 여기서 만약에 영국의 탄광 파업이 연장되었더라면, 연합국은 공장과 철도에 공급할 석탄이 충분하지 않아서 전쟁을 계속 수행하지 못했을 수 있다는 점에도 주목할 필요가 있다.

엄청난 수의 실업자도 이 전쟁의 한 결과였다. 프랑스 정부는 군대에 동원된 남자를 둔 3,253,367 가족에게 보조금을 지급해야 한다. 6월 30일에, 다시 말해 전쟁이 발발하고 1년이 채 되지 않은 시점에 이 가족들은 총 5,200만 파운드 이상을, 즉 평화 시 프랑스 공화국의 1년 예산의 거의 3분의 1에 해당하는 금액을 받았다.

전쟁 비용은 예산의 엄청난 증가에서도 확인되고 있다. 1915년 6월에 예산은 이미 9억6,000만 파운드를 썼으며, 이중 3분의 2는 전적으로 군사비에 쓰였고 나머지도 국민들을 위한 식량 구입(748만 파운드)과 국채 이자 지급(5,708만 파운드)에 쓰였다. 그러나 이 액수도 절대로 전쟁으로 인한 손실의 전부가 아니다. 프랑스의 가장 부유한 주들에서 벌어진 약탈까지 고려해야 하기 때문이다.

1915년 6월까지, 인구 325만 명이 거주하던 494만 에이커가 침공당했으며 적들의 점진적 진격에 의해 황폐화되었다. 점령당한 땅의 가치를 돈으로 환산하면 거의 4억 파운드가 되며, 그곳의 건물, 특히 공장들의 가치는 그보다 훨씬 더 크다.

이런 온갖 비용을 충당하기 위해, 교전국들은 융자를 확대하는 수밖에 없었으며, 융자 확대도 국민들의 부(富)와 은행이 금으로 확보한 지불 준비금이 소진될 때까지만 가능할 뿐이다. 그러나 그날은 반드시 오게 되어 있기 때문에 그날을 맞은 나라는 어쩔 수 없이 투쟁을 포기해야 할 것이다.

경제적 요인은 틀림없이 유럽 전쟁이 30년 전쟁이나 100년 전쟁처럼 투쟁 기간으로 불리는 전쟁만큼 오래 지속되지 못하도록 막을 것이다. 이유는 오늘날의 전쟁은 옛날과 달리 값비싼 무기를 동원하고 있으며, 이런 종류의 전쟁은 국부가 제한적이라는 단순한 이유 때문에 오래 지속되지 못한다.

6. 현대 전쟁의 기간

현재의 전쟁은 앞으로 일어날지 모르는 다른 전쟁들과 마찬가지로 군사적 요인보다는 경제적 영향 때문에 막을 내릴 가능성이 크다. 왜냐하면 참호전 자체가 교전 당사국 중 어느 쪽도 상대방에 비해 크게 유리하지 못하도록 막고, 따라서 교전국들이 방어 전술에 의해 서서히 약해져 가기 때문이다. 결국엔 힘을 빨리 잃는 측이 점령당할 것이다.

프랑스 공화국과 제정의 전쟁이 20년 동안 지속되었다는 사실은 나의 이론에 반대할 근거가 되지 못한다. 이유는 당시의 파괴 수단이 상대적으로 쌌고, 오늘날에 비해 훨씬 덜 치명적이었기 때문이다. 프랑스는 12개월 동안에 20년 간 전개된 나폴레옹 전쟁 때보다 더 많은 돈을 들였고 더 많은 인명 피해를 보았다.

지난 반세기 동안 벌어진 여러 전쟁은 다양한 길이를 보여주고 있다. 1854년에 벌어진 크림 전쟁은 2년 동안, 1899년의 보어 전쟁은 2년 반 동안, 1861년 일어난 미국의 남북 전쟁은 5년 동안 이어졌다. 그러나 그 기간의 전쟁들 대부분은 이 전쟁들보다 훨씬 더 짧았다. 1870년에 벌어진 프랑스와 프로이센의 전쟁은 6개월, 1904년에 러시아와 일본 사이에 벌어진 전쟁은 18개월, 1898년에 스페인과 미국 사이에 벌어진 전쟁은 4개월, 1912년의 1차 발칸 전쟁은 5개월, 1931년의 2차 발칸 전쟁은 6주도 채 안 되는 기간 이어졌다.

현대의 전쟁 중에서 현재의 전쟁과 비교할 만한 것으로는, 비용이 대단히 많이 들고 잔인했던 전쟁으로 꼽히는 미국 남북 전쟁이 유일하다. 미국의 북부 주들과 남부 주들이 서로 싸운 이 전쟁이 1865년에 끝났을 때, 북군의 병사는 100만 명이었고 남군의 병사는 70만 명이었던 한편, 양측의 사상자를 합하면 100만 명이 넘는다. 북부 주들의 부채는 5억6,000만 파운드에 달했다. 남부 주들은 완전히 폐허가 되고 4억 파운드의 부채를 안게 되었지만, 공동선에 대한 믿음이 워낙 강했기 때문에 남부 주들의 여자들은 보석을 기부했으며 더 이상 내놓을 것이 없게 되자 각자의 머리를 잘라 유럽 시장에 팔자고 제안했다. 정복자들은 승리로 거의 아무것도 얻지 못했으며, 현재의 전쟁과 앞으로 일어날지 모르는 다른 전쟁에서도 승자는 틀림없이 아무것도 챙기지 못할 것이다.

2장

전투에 관한 묘사의 불명확성

1. 전투 관련 공문서들의 가치

이 장에서 유럽 전쟁의 중요한 전투들을 묘사할 생각은 전혀 없다. 이유는 예기치 않은 일과 의지가 중대한 사건들에서 하는 중요한 역할 같은 심리학적 가르침을 몇 가지 얻고, 또 수천 명이 관찰하고 있는 사건들의 진상을 아는 것은 거의 불가능하다는 이론을 뒷받침하는 것이 나의 목적이기 때문이다. 그런 사건들의 최종적 결과는 알려져 있지만, 그 사건들에 관한 설명과 해석들 중 대부분은 잘못되어 있다. 따라서 우리가 역사적으로 대단히 유명한 사건들, 특히 우리가 문서만을 증거로 갖고 있는 사건들의 세부사항을 진정으로 알고 있는지에 대해 의문을 품지 않을 수 없다.

현재의 전쟁 동안에, 강대국들이 발표한 공식 보고들은 다양한 심리적 원칙의 영향을 받았다. 이 심리적 원칙들은 다음과 같이 요약될 수 있다.

1. 패배에 관한 소식은 공표하지 않거나 숨긴다.
2. 진실을 여론에 영향을 미칠 수 있는 방향으로 호도한다.

침묵의 방법이라고 불릴 수 있는 첫 번째 원칙은 영국과 프랑스 양국에 의해 특히 전쟁 초기에 이용되었다. 독일인들은 사실들을 왜곡시키는 두 번째 원칙을 폭넓게 이용했으며, 러시아인들은 첫 번째 원칙을 이용하다가 두 번째 원칙을 이용했다. 정확히 사실만을 말하는 방법에 대해서는 언급할 필요도 없다. 어느 측도 그 방법을 채택하지 않았기 때문이다. 그러나 서로 싸우고 있는 국가들이 패배를 숨기고 승리를 과장하는 것은 너무나 당연한 일이다.

사실, 다양한 국가들의 속보에서 상반되는 내용을 발견하는 독자는 속보에 대한 믿음을 완전히 잃고 오직 결과만을 믿는 쪽을 택한다. 예를 들어, 그런 독자가 최종적으로 정복자들이 특별히 중요한 전략 지점을 비우고 지속적으로 후퇴하고 있다는 사실을 확인할 때, 다수의 포로를 잡고 기관총을 노획했다고 선언하는 러시아의 공식 발표는 그에게 별다른 인상을 남기지 못한다.

독일의 속보에는 엉터리 내용이 너무나 많았기 때문에, 중립국 국민들은 독일의 속보가 무슨 말을 하든 더 이상 믿지 않는다. 1915년 4월 10일자 '주르날 드 주네브'는 이렇게 말하고 있다.

> "독일의 속보들을 깊이 연구하는 사람은 전쟁이 시작된 이후로 축적된 온갖 거짓 보도에 크게 놀라게 된다. 독일의 속보들은 발표될 때마다 거짓 내용을 사람들이 일반적으로 생각하는 것보다 훨씬 더 많이 담고 있다."

침묵의 방법은 전쟁 초기에 오히려 프랑스군 참모본부에 의해 과도하게 이용되었다. 프랑스군 참모본부의 전신은 오직 중요하지 않은 전투에 관한 내용만 담고 있었으며, 샤를루아 전투 같은 큰 전투에 관한 소식은 전혀 언급하지 않았다. 1914년 8월 한 달 동안 프랑스 국민들은 전선에서 벌어지는 일에 대해 아무것도 알지 못했다. 그러다가 8월 29일 솜에서부터 보주 산맥까지의 상황이 변하지 않았다는 내용의 급전이 전해지면서 독일군이 솜 주에 와 있다는 암시가 처음으로 나왔으며, 프랑스 국민은 9월 1일에 갑자기 독일 기병 군단이 콩피에뉴의 숲을 통해 진격하고 있다는 소식과 정부가 파리를 떠날 수밖에 없다는 소식을 듣게 되었다.

침묵의 방법이 안고 있는 가장 불리한 점 한 가지는 바로 그 방법이 계속 지켜질 수 없다는 사실이다. 이유는 어느 정도의 정보는 일반 대중에게 때때로 전해져야 하기 때문이다. 우리가 지금 고려하고 있는 속보들의 작성자들은 분명히 매우 탁월한 심리학자들이 아니었으며, 사람들에게 자신들이 진실을 숨기고 있는 방식을 아주 노골적으로 드러냈다. 예를 들면, 우리가 독일군들이 어떤 마을에서 퇴각했다는 내용을 읽고 있는데 그 마을이 점령당했다는 소식을 접한 적이 없는가 하면, 부상병들과 외국 신문, 대사관 직원 등이 우리의 속보가 한마디도 하지 않은 큰 전투에 대해 말할 수 있다. 그러면 곧 사람들은 대단히 중요한 문제들이 자신들에게 감춰지고 있다는 사실을 확인할 수 있었다. 사람들이 릴에 있을 것으로 여겨졌던 독일군들이 콩피에뉴로 들어선 뒤 곧 파리의 성문에 당도했다는 것을, 그리고 그 독일군들은 프랑스인들이 당장 강화조약에 동의하도록 하기 위해 파리의 각 구를 차례대로 불태울 뜻을 품고 있다는 것을 알았을 때, 주민들 사이에 광기가 폭발하면서 1870년에도 볼 수 없었던, 지방으로 앞 다퉈 달아나는 현상이 나타났다.

만약에 진실이 처음부터 서서히 알려졌더라면, 여론도 서서히 거기에 적응했을 것이다. 해로운 신문 기사 때문에 무질서가 더욱 악화되었다. 검열 때문에 근본적으로 중요한 문제들에 대해서는 한 줄도 쓰는 것이 허용되지 않았다. 그런 상황에서 검열은 주요 일간지들이 독일군들이 도시들을 불태우거나 여자와 아이들을 대량 학살하거나 포로들에게 가하는 고문에 대해서는 길게 설명하는 것을 허용했다. 이것은 독일인들의 손에 놀아난 것이나 다름없었다. 왜냐하면 당시에 독일인들이 절실히 바랐던 것이 바로 모든 사람들이 독일군의 무자비한 방법을 잘 알도록 하고, 그렇게 함으로써 저항을 사전에 차단하고 마비시키는 것이었기 때문이다.

마른강 전투가 독일의 침공을 저지하고 프랑스에 약간의 행운을 안겨주었을 때, 프랑스 정부는 여전히 언론 검열과 관련해서 똑같이 무관심한 심리를 보였다. 전투가 진행되고 있는 장소와 적군의 소속 연대, 그러니까 독일인들이 분명히 알고 있었던 것들이 프랑스인에겐 감춰져 있었으며, 대중의 정신을 일깨울 수 있는 용감한 행위들은 침묵

속에 그냥 무시되고 있었다. 안타깝게도, 나라를 구한 영웅적인 공적은 그냥 망각 속에 묻혀 버렸으며, 프랑스의 지배 계층은 시간이 한참 지난 뒤에야 정신적 전염의 엄청난 영향력을 발견하고 그때까지 비밀로 지켜왔던 용맹스런 업적을 공개할 필요성을 깨달았다. 정말로 민간인들을 그런 식으로 위로하는 것은 무시해도 좋은 무기가 절대로 아니다. 프랑스 군대의 첫 번째 성취를 세세히 묘사함으로써 비전투원들의 두려움과 슬픔을 달래주는 것이 극히 중요하기 때문이다. 영웅들의 행위는 영웅적 자질의 씨앗이다.

언론에 침묵을 강요하는 이유는 부분적으로 여론이 군사 작전에 영향을 미칠 수 있다는 두려움 때문인 것 같다. 충분히 이해할 수 있는 바이다. 1870년에 바젠François Achille Bazaine을 최고 지휘관에 임명한 것이나 마크마옹Patrice de MacMahon이 황당하게 스당으로 진군한 것 등 최악의 군사적 행동을 취하도록 만든 것이 바로 여론이었으니 말이다. 스페인-미국 전쟁에서도 여론이 다시 등장하면서 함대를 산티아고 데 쿠바로 보낼 것을 요구했다. 이 도시의 항구가 배가 한 척씩만 드나들 수 있을 만큼 좁았을 뿐만 아니라 당시에 적의 총구 아래에 있었는데도 말이다. 이것은 미국 전함들이 스페인 함대를 완전히 파괴하도록 만들었던 실제 사건이다.

다양한 변화를 보이고 있는 유럽 전쟁의 진실을 묘사하는 것이 공식적인 정보의 부정확성 또는 부족 때문에 얼마나 어려운 작업인가 하는 문제는 지금까지 말한 내용으로도 충분히 확인되었을 것 같다.

2. 전투에 대한 설명에 가미되었을 가치. 장군들의 착각. 제1 플랑드르 전투

전투에 대한 설명이 지니는 약간의 가치로 만족하겠다면, 전투를 치르고 있는 당사국들의 다양한 보고들을 서로 비교하는 것으로도 충분하다. 그러나 전투를 지휘하고 있는 장군이 자신을 최대한 돋보이도록 꾸미고 싶어 하는 욕망을 포함한 다양한 심리적 원인들과 그런 욕망이 장군의 내면에 무의식적으로 낳고 있는 착각들이 서로 결합함에 따라, 전투에 관한 설명은 진실과 거리가 먼 내용만을 담게 된다.

같은 진영에 속하는 장군들조차도 똑같은 전투를 놓고 매우 다르게 묘사할 수 있다. 제1 플랑드르 전투[88]에 관한 보고에서도 이런 차이가 보인다. 정말이지, 1914년 12월 5일자 프랑스의 공식 군 공보지가 제시하는 설명과 영국군의 지휘관 프렌치John French 육군 원수의 보고 사이에는 비슷한 것이 전혀 없다.

프랑스의 군 공보지에 따르면, 프랑스군 최고 사령관이 전투 계획을 수립했고 영국 지휘관은 부차적인 역할만 한 것으로 되어 있는 반면에, 영국 측 보고는 정반대의 내용을 주장하고 있다. 다음은 프랑스의 공보지에 실린 내용이다.

> "그러나 이런 것들은 시간이 걸리는 일이었으며, 영국군은 10월 20일 이전에 새로운 작전 현장에 도착할 수 없었다. 한편, 3개월 동안 전투를 벌여온 벨기에 육군은 당분간 군수품이 떨어진 상태

88 1914년 10월 19일부터 11월 22일까지 벌어진 제1차 이프르 전투를 말한다.

였다. 그래도 사령관은 망설이고 있을 수 없었던 터라 심기일전해 새로운 노력을 펼 것을 명령했다.

사령관은 이미 10월 4일에 포슈Ferdinand Foch 장군에게 북쪽의 군대 쪽으로 이동해서 거기서 앞으로의 작전을 짜도록 했다. 사령관은 18일부터 증원군을 이용할 수 있게 되었다. 증원군은 11월 12일까지 계속 늘어났으며, 이 병력이 뒤르발Victor Durbal 장군의 지휘를 받는, 벨기에 내 프랑스 육군을 이루게 되어 있다. 이 군대는 벨기에 병사와 영국군 1개 군단과 함께 앞으로 바다와 리스 강 사이에서 작전을 전개할 것이다.

이 기간의 전투를 평가하면서, '주르날 드 주네브'는 프랑스 군이 신속하고 광범위한 수송 능력을 발휘함으로써 이 부분에서 타의 추종을 불허한다고 전하고 있다. 이런 노력이 플랑드르에서 독일군의 공격이 완전히 실패하도록 만들었다."

'더 타임스'가 프렌치 육군 원수의 보고를 1914년 12월 1일자에 요약 소개한 기사에 따르면, 영국 측의 설명은 이와 많이 다르다.

"북쪽에서 독일군의 이동이 뜻하는 심각성을 가장 먼저 간파하고 그 이동을 저지하기 위해 결정적 조치를 취한 사람이 프랑스에서 영국군과 인도군을 지휘하고 있는 육군 원수였음이 아주 분명하다. 그의 지휘를 받는 병력을 엔에서 철수시키고 몽땅 북쪽으로 신속히 이동시켜 칼레에서 독일군이 진격하던 길목에 배치한 것은 그의 주도로 이뤄졌다. … 지휘하던 전투병들의 숫자에 비해 훨씬 더 넓은 전선을 담당하면서, 결단력이 형편없는 사람들의 아우성과 회의(懷疑)에 귀를 닫았던 사람은 바로 그였다. … 그러나 영국의 지휘관이 프랑스 측 동료로부터 받은 확실한 지원도 당연히 인정해야 한다. 뒤르발 장군과 모드위Louis de Maud'huy 장군, 드 카스텔노Edouard de Castelnau 장군은 야전에서 진정한 영웅이라는 점을 입증했다."

이 설명에 따르면, 프랑스 군은 단순히 영국 육군 원수에게 유익한 도움을 준 것처럼 보인다.

일이 실제로 이런 식으로 전개된 것일까? 프랑스에게 너무나 많은 피해를 안겨줄 수 있는 침공을 예측하고 저지하는 일에 영국 장군의 개입이 필요했던 것일까? 그 전투와 관련해서 유일하게 확실한 것은 독일군이 패한 이 전투가 역사에서 가장 잔인한 전투 중 하나라는 점이다. 이 전투로 독일군 15만 명, 그리고 영국군과 프랑스군 5만 명이 전투력을 상실하게 되었으니 말이다.

이 기간의 전쟁에 관한 진실을 알기까지는 틀림없이 아주 긴 세월이 필요할 것이다. 그러나 우리는 프랑스 군의 공보지가 그다지 정확하지 않다는 점을, 그리고 공보지에 실린 내용을 그대로 받아들이는 것이 간혹 실수가 된다는 점을 인정해야 한다. '르 탕'의 어느 특파원이 전하는 다음 글에서도 그런 사실이 확인된다.

"현재 전개되고 있는 작전을 평가할 때, 전략과 군사 작전의 중요한 목표가 국민의 고결과 명예, 생명을 안전하게 지키는 것이라는 사실이 종종 망각되고 있다. 게르만족 무리들이 랭스에서부터 메지에르까지, 릴에서부터 아르곤까지 넓은 지역에 걸쳐서 살육을 저지르고 파괴 행위를 일삼는 상황에서, 현재 표현되고 있는 낙관론은 아무리 좋게 보려 해도 이상해 보인다.

독일군은 벨기에를 공격해 아주 작은 지역을 빼고 벨기에 전역을 점령하고 프랑스의 북부와 동북부의 주들을 점령했다. 독일군에게 점령당한 주는 인구와 부의 측면에서 보면 프랑스 전체의 6분의 1로 추산된다. 대단히 보수적인 통계학자도 프랑스가 잃은 땅과 주택, 가구, 공장, 광산, 철도, 도로, 예술품 등의 가치가 12억 파운드 이상으로 볼 것이다. 또 죽은 사람들에 대해서는 뭐라고 말할 것이며, 침공의 불명예와 모독에 대해서는 또 뭐라고 할 것인가? 어떤 저자는 독일의 침공이 전혀 아무런 수확을 안기지 못했다고 보고 있다. 그렇다면 그 저자는 무엇을 바랐단 말인가?"

그러나 그 결과들이 엄청난 희생을 치른 대가일지라도, 그럼에도 절대로 그 결과들을 부정해서는 안 된다. 1914년 8월 말의 그 암울했던 때와 지금 상황을 비교해 보면, 인내심 있게 집요하게 용기를 발휘한 군대에 감사와 존경을 보내지 않을 수 없다. 용감한 군대야말로 프랑스인들을 끔찍한 침공으로부터 보호해 준 기적의 보루였다.

여기서 이런 결과들을 강조하고 있을 필요는 없다. 나의 목표가 단지 전투에 관한 정보를 얻는 것이 얼마나 어려운 일인지를 보여주는 것이기 때문이다. 서로 투쟁을 벌이고 있는 장군들은, 심지어 어떤 때는 같은 군대의 장군들까지도 자신이 전투에서 보는 것만이 진실이라고 선언한다. 이들 장군들이 제시하는 다양한 버전의 설명은 똑같은 사실을 다루고 있음에도 종종 크게 다르다. 마른강 전투의 기원에 관한 다양한 설명은 이 같은 사실을 보여주는 또 다른 전형적인 예이다.

3장

마른강 전투에 관한 가설들

1. 전투의 시작. 첫 번째 패배

많은 군사 평론가들이 독일군은 북쪽에서 쳐들어올 것이라고 예측했음에도 불구하고 프랑스군 참모본부가 독일군이 동쪽에서 공격할 것이라고 예측하도록 만든 심리적 착각들이 무엇이었는지를 아는 것은 절대로 불가능할 것이다.

앙리 보날Henri Bonnal 장군은 자신의 논문에서 프랑스를 목표로 한 독일의 공격 계획은 베른하르디의 『오늘의 전쟁으로부터』에 모두 설명되어 있다고 아주 적절하게 말했다. 베른하르디의 책은 1913년에 프랑스어로 번역 소개되었다. 독일 육군의 오른쪽 병력은 벨기에를 통해 칼레로 진격할 것으로 예견되었다. 독일군이 실제로 시도한 것과 똑같았다.

따라서 아주 큰 규모의 병력을 프랑스 중에서 방어력이 떨어지는 곳으로 투입시켜 서둘러 파리를 점령하고 프랑스와 강화 조약을 체결한 다음 뒤돌아서서 러시아를 공격한다는 독일의 계획을 간파하는 것은 어려운 일이 아니었다.

200만 독일군은 이런 목표를 갖고 프랑스를 침공했다. 프랑스는 독일군에 맞설 병력을 150만 명밖에 두고 있지 않았지만, 만약에 프랑스 장군들이 300마일이 넘는 긴 전선에, 다시 말해 자체적으로 방어할 요새들이 충분히 갖춰져 있던 곳에 병력을 분산 배치하지 않았더라면, 이 숫자도 방어 목적에 충분했을 것이다. 그것은 1870년에 저질러진 실수와 똑같은 실수였지만, 이번에는 그 실수에 대한 설명이 그때보다 훨씬 더 어렵다. 왜냐하면 독일군의 침공이 벨기에를 통해 이뤄질 것이라는 점을 예측하기가 쉬웠기 때문이다. 1914년 8월 중순에 '더 타임스'가 공개한 지도들은 독일 육군 군단이 동쪽에는 서너 개 뿐인 반면에 북쪽과 북서쪽에 집중적으로 배치되어 있었다는 점을 보여주고 있다.

프랑스군 참모본부가 이처럼 통찰력을 결여한 사실이 끔찍한 결과를 불렀다. 마침내 실수가 확인되었으며, 병사들을 급히 동쪽 국경에서 디낭-샤를루아-몽스 전선으로 이동시켰지만 이미 때는 늦어 있었다. 8월 20일부터 23일까지 지속된 샤를루아 전투는 비참한 결과를 낳았으며, 총사령관은 8월 23일 밤에 후퇴 명령을 내렸다. 후퇴는 샤를루아 전투에서 패한 뒤인 8월 24일 시작되었으며, 패주의 성격이 짙었다. 후퇴하던 군인들은 그 일에 대해 악몽 같은 기억들을 갖고 있다. 하루에 30마일씩 진군하고 있던 독일군이 그들의 뒤를 바짝 따르면서 휴식 시간을 전혀 주지 않았기 때문이다.

이 후퇴에 관한 이야기는 거기에 참가했던 군인이 1914년 11월 10일자 '라 프랑스'에 털어놓았다. 그 후 많은 장교들은 그 설명이 전적으로 사실이라고 나에게 말해주었다.

> "이어서 후퇴 명령이 내려졌다. 얼마나 끔찍한 후퇴였는지! … 우리는 밤낮없이 줄곧 걸었다. 멈출 수가 없었다. 어디로 가고 있는지조차도 몰랐다. 우리는 같은 군단 소속이 아닌 군인들과 섞였다. 온갖 다양한 병과들이 서로를 밀치고 있었다. 기병들은 말이 없는 상태에서 걸었고, 포병은 정처 없이 헤매고 있었으며, 보병은 말을 타고 있었다. 나는 5일 동안 행군한 끝에 나의 연대를 발견할 수 있었다."

독일군은 한 순간도 놓치지 않고 추격해 왔다. 9월 3일에, 폰 클뤽의 군대는 낭퇴유-크레유-상리스 전선에 당도했으며, 프랑스 군인들의 상황은 절망적이었다.

2. 독일군의 파리 진격.
도시를 불태우기 위한 체계적 계획

파리를 점령한다는 독일군의 계획은 전략적 근거만 아니라 심리적 근거에도 바탕을 두고 있었다. 프랑스의 수도를 점령하는 행위는 프랑스군의 사기에 엄청난 영향을 미칠 것이고, 독일군의 의견엔 그것이 전쟁의 즉각적 종료를 낳을 것처럼 보였다. 독일군의 의도는 파리를 점령함으로써 프랑스 정부가 금방 강화조약을 맺도록 한다는 것이었다. 그러면 독일군은 프랑스에 오랫동안 머물 필요가 없을 것이며 200만 병력을 그때까지 동원을 완료하지 못하고 있을 러시아로 돌릴 수 있었을 것이다.

지금 전쟁 포로로 잡혀 있는 독일군 장교들의 일치하는 증언에 따르면, 독일군 참모본부는 자신들에게 꼭 필요한 이런 결과를 이룰 수 있는 유일한 수단을 발견했다. 그것이 바로 프랑스 정부가 강화 조약을 체결하겠다고 나설 때까지 파리 내의 각 지구를 하나씩 그곳 거주민들과 함께 불태우는 것이었다. 프랑스가 확보한 정보는 이 문제와 관련해선 독일의 계획을 뒷받침하고 있으며, 사태가 그런 식으로 전개되었다면 파리는 트루이요^Georges Trouillot^ 상원의원과 라비스^Ernest Lavisse^ 교수가 암시한 그런 운명을 맞으며 큰 고통을 겪었을 것이다. 트루이요 상원의원은 1915년 4월 2일 '라 프랑스'를 통해 이렇게 말하고 있다.

> "파리는 적에게 점령당한 뒤에 7개 지역으로 나눠지게 되어 있었으며, 이 지역들은 프랑스가 돌이킬 수 없는 파멸을 의미할 강화 조약을 받아들이기를 거부하는 사이에 하나씩 차례대로 완전히 파괴되는 불행을 겪었을 것이다. 그러면 이번에는 적의 목적이 성취되었을 것이다. 파리가 이 땅에서 사라져버렸을 테니까."

'르뷔 드 파리'에 실린 라비스의 의견도 이와 똑같다.

"파리는 인질처럼 다뤄지게 되어 있었다. 독일군은 파리를 여러 지역으로 나눈 다음에 프랑스 정부에 경고를 보낼 뜻을 품고 있었다. 만약에 프랑스 정부가 정해진 날까지 강화를 위한 예비적 논의에 동의하지 않는다면 한 개 지역을 파괴하고, 연기한 날까지 또 다시 동의하지 않으면 또 다른 한 개의 지역을 파괴하고, 그런 식으로 모든 지역을 파괴한다는 것이었다. 우리는 지금 독일군이 파리를 완전히 파괴할 수 있다는 것을 잘 알고 있다. 그들의 어느 게르만족 조상이, 그 사람이 반달족의 왕 겐세리크Genseric였던 것으로 생각되는데, '로마를 불태우라고 무엇인가가 나를 충동질하고 있어.'라고 말했듯이."

심문받던 독일군 포로들은 이런 계획에 대해, 독일군이 프랑스를 침공한 군대를 되돌려서 러시아를 공격하려면 프랑스와의 강화 조약이 반드시 필요한데 프랑스 정부가 강화 조약을 체결하도록 강요할 수 있는 다른 방법이 없기 때문이라고 설명했다. 독일군 참모본부의 이론들을 고려한다면, 독일군이 머뭇거리도록 할 수 있는 것은 아무것도 없었을 것이다.

3. 마른강 전투의 기원에 관한 가설들

이제 1,000년의 프랑스 역사에서 가장 중요한 지점에 이르렀다. 독일군이 파리를 파괴하는 경우에 그 사건은 틀림없이 세계의 발달에서 터키인들이 콘스탄티노플을 점령한 것보다 더 중요한 요인이 되었을 것이기 때문이다. 그것은 프랑스의 도덕적 존재를 종식시켰을 것이다. 프랑스의 사지를 절단하는 것이나 다름없는 파리의 파괴는 프랑스를 절대적으로 열등한 지위로 떨어뜨릴 것이다. 독일군의 파리 파괴는 또 프랑스가 적에게 대항할 준비를 하지 않았다는 것을 부끄럽게 여기고 슬픔에 빠지도록 만들 것이다.

그러나 프랑스를 지옥의 입구까지 끌고 갔던 운명은 프랑스가 지옥 속으로 사라지는 것을 허락하지 않았으며, 프랑스가 무시무시한 위험을 피하게 했던 원인들은 언젠가 '역사의 필연'이라는 이론을 반박하는 데 이용될 것이다. 역사의 필연이라 불리는 것을 창조하고 있는 것이 바로 프랑스인이다. 필연의 탄생은 종종 인간의 의지에 좌우되며, 곧 보게 되듯이, 주어진 어떤 시점에 아주 하찮은 사건이 한 국민의 생명을 구할 수도 있다.

그때 독일 군인들은 파리의 성문에 와 있었다.

프랑스군 총사령관은 프랑스 군대의 후퇴를 정지시켰다가 자칫 북쪽과 동쪽으로부터 물밀 듯 쳐들어오고 있던 두 집단의 독일군 사이에 갇힐 수 있겠다고 걱정했다. 프랑스 군대가 포위를 피할 수 있는 유일한 방법은 파리의 남쪽으로 후퇴하는 것이었지만, 그것은 곧 수도가 파괴당하도록 내버려둔다는 것을 의미했다. 그런 상황에서 어떤 조치를 취할 수 있겠는가?

다양한 상황이 그로 하여금 마른강에서 전투를 벌이도록 강요했을 때, 그의 입장은 절망적이었다. 여기서 반드시 승리를 거둬야만 파리가 구원을 받을 수 있었던 것이다.

지금까지의 사실들은 매우 정확하며, 그 사실들은 프랑스가 마른강 전투에서 승리를 거뒀다는 간단한 진술로 압축된다. 그러나 여기서 어떤 역사학자가 그 전투를 보다 깊이 조사하면서 먼저, 프랑스 총사령관이 원래의 계획을, 그러니까 그가 육군에 내린 명령이 보여주듯이 파리의 남쪽까지 멀리 후퇴하는 것을 고수하지 않고 전투를 벌이기로 결정한 이유는 무엇이며, 둘째, 파리의 성문에 있던 폰 클뤽 독일 장군이 공격을 포기하고 동쪽으로 간 이유는 무엇인가 하고 궁금해 한다고 가정해 보자.

공식적인 설명이 그 문제에 대해 결코 많은 것을 밝혀주지 않는다 하더라도, 우선 신문에 발표된 공식적인 설명부터 보도록 하자. 다음 글은 군 공보지에서 끌어낸 것이다.

> "총사령관이 후퇴의 최종 한계로 정한 지점에 도착한 9월 4일 이후로, 군대가 강해졌으며 2주일 동안 끊임없이 전투를 치르는 과정에 전쟁에 익숙해졌다. 이 같은 사실은 군대가 후퇴하는 과정에 벌어진 국지적인 전투에서 거둔 승리에 의해 증명되고 있다. 따라서 두말할 필요도 없이 프랑스의 후퇴는 자발적이었으며, 깊은 고려 끝에 나왔으며, 의도한 것이었다. 프랑스군 참모본부는 작전을 펴는 데 전혀 제약을 느끼지 않았으며, 조프르Joseph Joffre 장군은 다양한 군대를 지휘하는 장군들에게 6일에 공세를 취하라는 명령을 완벽하게 자유로운 상태에서 내렸다."

일간 신문들은 당연히 이 내용을 바탕으로 가공했으며, 어느 신문은 최고 지휘관에 대해 이런 식으로 보도했다.

"그의 지휘 방식 전체는 마른강 전투를 위한 준비에서 드러나고 있다. 9월 5일에 시작된 전투를 위한 모든 명령은 그가 손으로 직접 썼으며 8월 27일까지 모두 준비되어 있었다. 그는 전투의 다양한 양상을 하나씩 별도로 고려했다. 마치 전투의 양상들이 정밀한 어떤 기계 장치의 부속품인 것처럼. 그러다가 정해진 시간에 그 기계 장치가 시계처럼 작동하기 시작했다."

이런 종류의 진술은 일반 대중에게 아주 잘 받아들여졌으며, 그 때문에 사람들은 그런 진술에서 결함을 발견하지 못한다. 그러나 주의를 조금만 기울여도 그런 진술엔 비판할 것이 쉽게 눈에 띈다. 왜냐하면 뫼즈에서 마른까지 황급히 달아난 것이 자발적이고 깊이 의도한 후퇴가 아니라는 것이 너무나 분명하기 때문이다. 1914년 12월 18일자 '주르날 드 주네브'에 다음과 같은 기사가 실리게 된 배경에도 이런 식의 과장이 작용하고 있다.

"진실이 앞으로 나아가는 것이 얼마나 어려운지를 확인하는 것은 정말 재미있는 일이다. 더할 나위 없는 사실인 경우에도 마찬가지이다. 한 가지 예만을 언급한다면, 프랑스군 총사령관이 전쟁이 시작될 단계부터 적을 마른강에서 무찌르기 위해 파리 인근까지 적을 유인하기로 결정했다고 믿는 사람들이 아직도 많다는 사실이다. 마른강 전투의 승리는 매우 분명한 패배를 연속적으로 겪은 군대가 돌연 공격을 아주 훌륭하게 재개하면서 거둔 결과물이지만, 100만 독일군을 프랑스 깊숙이 유도하기 위해 프랑스에서 가장 부유한 주들을 황폐와 파괴에 무방비 상태로 내버려두는 것이 프랑스 장군의 계획은 아니었다."

이 신문이 매우 적절히 덧붙이고 있듯이, 정복당한 사람들은 모두 자신의 후퇴가 자발적인 성격을 띠고 있다는 식으로 주장한다.

"모든 교전국들이 저마다 주장하는 바와 같이, 이 전쟁 동안에 많은 전투들이 자발적으로 갑자기 그쳐졌다. 예를 들어, 오스트리아의 속보들을 읽는 사람은 그들의 가장 중대한 패배들이 자유의지에 따른 것이라는 점을 확인할 수 있다. 세르비아인들은 베오그라드를 자발적으로 포기했다. 독일인들은 알자스의 안스파흐에서, 그리고 플랑드르의 베튄에서 자발적으로 물러났다. 프랑스 속보들을 대충 훑어보아도 틀림없이 이와 비슷한 자발적인 행동이 보일 것이다. 그런 식의 주장은 모두 자국 군대의 사기를 고려한 결과이다."

이것은 곧 신문 보도를 근거로 정확한 의견을 형성하는 것은 불가능하다는 점을 보여주고 있다. 따라서 우리가 시작 부분에서 제기한 질문들은 여전히 대답을 듣지 못한 상태로 남아 있다. 그 질문 중 첫 번째는 파리의 남쪽까지 후퇴하기를 바랐던 장군이 후퇴를 멈추고 전투를 벌이기로 한 이유가 무엇인가 하는 것이었다.

여기서 우리는 완전히 미지의 영역에 와 있으며, 이 문제를 명쾌하게 밝히려는 책들이 앞으로 많이 나올 것이지만, 두 가지 가설이 잠정적으로 제기될 수 있다.

첫 번째 이론은 프랑스 정부가 총사령관이 후퇴를 멈추도록 유도할 목적으로 개입했다는 것이다. 두 번째 이론은 총사령관이 폰 클룩 장군의 군대가 동쪽으로 방향을 튼 것을 이용하기로 작정하고 갑자기 독일군을 공격하기로 결정했다는 것이다. 실제로 총사령관은 9월 4일에 이런 내용의 명령을 내린다. "맨 왼쪽에 위치한 연합국 군대의 활동이 독일 제1군에게 부담이 되게 함으로써 독일 제1군의 불확실한 상황을 이용하는 것이 바람직하다. 모든 계획은 9월 6일 공격을 개시한다는 목표로 5일 하루 동안에 수립되어야 한다."

프랑스 정부의 간섭이라는 가설과 폰 클룩이 동쪽으로 방향을 바꾸는 것을 이용했다는 가설은 서로 모순되지 않으며, 이 두 가지 가설을 서로 결합시킬 경우에 진실에 매우 가까이 다가설 수 있지만, 그런 경우에 우리는 마지막 중요한 질문에 대답해야 한다. 파리의 성문에 있던 독일 장군이 파리를 공격할 계획을 포기한 이유는 무엇인가? 이제 이 질문에 대한 대답을 찾으려 노력할 것이다.

4. 독일군이 파리로 진격하지 않고 후퇴한 이유에 관한 가설들

독일군이 파리까지 이틀 안에 닿을 수 있었던 때에, 그리고 그들의 선발대가 퐁투아즈에 있었던 때에 후퇴를 했다는 사실은 이 전쟁의 최대 미스터리이다. 신앙심 깊은 사람에겐 그것이 진짜로 기적처럼 보이겠지만 단순히 전략적, 심리적 요인 때문일 수 있다.

우선, 나는 그 독일 장군이 요새화된 곳을 공격하기 전에 그곳을 방어할 수 있는 군대부터 처치해야 한다는 원칙을 지키고 있었다는 가설은 배제되어야 한다고 생각한다. 왜냐하면 그가 적의 동향에 워낙 훤했기 때문에 프랑스군이 수도 남쪽까지 후퇴하라는 명령을 받고 있었다는 것을, 따라서 독일군이 파리로 진격하는 것을 막고 나설 병력이 전혀 없다는 것을 잘 알고 있었기 때문이다. 그는 파리로 들어갈 수 있다는 것을 절대적으로 확신하고 있었다. 그런 그가 진격을 중단한 이유가 무엇일까?

이 질문에 대한 대답도 오직 가설로만 가능하다. 다음 설명이 가장 그럴 듯하게 들린다. 그 독일 장군이 무방비 상태의 수도를 정복해 아주 쉽게 얻을 명성에다가, 영국군이 콩피에뉴에서 격파당하고 후퇴하지 않을 수 없게 된 탓에 동쪽에 고립되어 있던 군대 전체를 단 한 차례의 공격으로 궤멸시키는 영광까지 더함으로써 명예를 극대화하길 원했다는 것이다.

독일군 장군은 이 군대를 포위하기 위해 동쪽으로 방향을 돌렸지만, 동시에 모누리 장군의 군대도 그 독일 장군 쪽으로 진군하고 있었다. 모누리 장군의 군대는 당시의 상황에 자극받아 모인 다양한 병사들로 구성되어 있었으며, 따라서 독일 장군은 이 부대의 존재에 대해 모르고 있었다. 그런 상황에서 독일 장군은 자신이 측면 공격에 노출되었다는 것을 알게 되었다. 왜냐하면 그가 프랑스의 공격이 전혀 없을 것이라고 확신하고 있었던 까닭에 노출된 측면을 모라는 도시의 북쪽에 자리 잡고 있던 한 개의 군단이 보호하도록 했기 때문이다.

9월 3일, 파리 지사 갈리에니Joseph Gallieni 장군은 이미 낭퇴유에 도착했던 폰 클뤽 군대의 선봉이 모를 향해 남동쪽으로 방향을 돌리고 마른강 쪽으로 향하고 있다는 것을 알았다. `갈리에니 장군은 상황의 이점을 확실히 인식했으며, 그의 명령에 따라 모누리는 9월 5일 독일군을 방어가 허술한 쪽으로 공격하며 낭퇴유-르-오두앵에서 후미를 덮치려 시도했다. 모누리는 4일 동안 우르크와 낭퇴유 사이에서, 자신의 실수를 금방 알아차린 폰 클뤽이 연속적으로 보내는 증원군을 상대로 싸웠다. 이것이 그 전투의 핵심이었다. 이제 모누리가 포위될 위험에 처했으며, 그래서 그는 약해지기 시작하며 낭퇴유 북쪽으로 후퇴했다. 바로 그때, 그러니까 9월 9일 밤부터 10일 사이에 폰 클뤽도 후퇴했다. 그 이유는 지금까지 아무도 모른다.

군사적 관점에서 본다면, 폰 클뤽은 이 작전 때문에 비난 받을 수는 없지만, 모 근처에서 보다 적절한 군사력을 통해서 오른쪽을 보호하지 않은 데 대해서는 확실히 비난의 소리를 들을 것이다. 그는 모누리가 독일군의 진격로 옆구리를 찌를 목적으로 우르크에 자리를 잡았다는 것을 알게 되자마자 자신의 군대가 포위되고 있다는 것을 깨닫고는 약한 쪽을 강화하기 위해 2개 군단을 보냈다. 그래서 그는 노출된 군단의 포위에 따를 재앙을 피할 수 있었지만, 그의 계획이 전부 흐트러졌으며, 그 결과가 바로 독일군의 후퇴였다. 독일군의 측면이 무너지기 시작할 때, 포슈 장군은 독일군 중앙의 일부를 생-공의 늪지대로 몰아넣는 데 성공했다.

독일군 전체의 후퇴가 동시에 일어난 것 같지는 않다. 왜냐하면 모와 세잔 사이의 반원 지역의 왼쪽에 있던 병력은 10일에 후퇴하고, 중앙에 있던 병력은 세잔 쪽으로 13일에 후퇴한 반면에, 오른쪽에 있던 황태자의 병력은 15일까지 후퇴를 시작하지 않았기 때문이다.

독일의 마지막 후퇴 작전은 아주 신속하게 이뤄졌다. 그렇기 때문에 프랑스군이 그 전투에서 승리를 거둔 것은 그들이 승리를 확인하기 36시간 전의 일이었다. 그때 만약에 프랑스군이 성공을 계속 추구하면서 적에게 휴식 시간을 주지 않고 적의 꽁무니를 따라붙었다면, 프랑스군은 아마 적을 전선까지 물리쳤거나 그 정도까지 성공을 거두지 못했다 하더라도 적어도 랭스의 동쪽까지는 몰아붙일 수 있었을 것이다. 그랬더라면 고대 도시 랭스는 그 끔찍한 포격을 피하고 성당의 파괴도 피할 수 있었을 것이다.

나는 마른강 전투 자체에 대해서는 아는 것이 전혀 없기 때문에 거기에 대해선 세부적으로 논하지 않을 것이다. 아마 아무도 아직까지 마른강 전투에 대해 정확히 알지 못할 것이다. 미래만이 프랑스의 승리가 어떤 식으로 이뤄졌는지를 설명할 수 있을 것이다. 그러나 지금도 프랑스군의 승리는 병사들의 용맹에 따른 집단적인 성취일 뿐만 아니라 운 좋은 사건들의 결합에 따른 것이기도 한 것만은 확실하다.

현재로서, 자신 있게 말할 수 있는 것은 마른강 전투가 역사상 가장 위대한 전투라는 점이다. 마른강 전투는 길이가 150마일에 달하는 거대한 반원 지역 안에서 치러졌다. 이 반원은 모누리의 군대가 진을 치고 있던 모에서 북쪽으로 15마일 떨어진 낭퇴유-르-오두앵에서부터 베르됭 조금 아래까지 이어진다. 이 반형은 모와 쿨로미에, 세잔, 페르샹페누아즈, 비트리-르-프랑수아 등을 포함하고 있다.

이 전투에 참여한 프랑스 병사는 100만 명 이상이었으며, 독일군 병사는 그보다 조금 더 많았을 것이다. 전투는 9월 5일에서 15일까지 10

일간 이어졌다. 독일군 사상자는 15만 명으로 추산되며, 프랑스군 사상자도 이보다 크게 적지 않을 것이다.

파리를 파괴로부터 구해낸 마른강 전투는 프랑스 역사에서 가장 중요한 사건으로 여겨져야 하며, 이 전투는 인간의 의지가 역사의 필연으로 받아들여지는 것들을 바꿔놓을 수 있다는 사실을 다시 보여주고 있다.

4장

평화 문제

1. 평화의 길에 놓인 어려움들

평화 문제는 아직 모든 사람들에게 뚜렷이 보이지 않는 어려움들을 안고 있을 것이지만, 연합국에 가장 유리한 가설을 고려해 봐도 그 같은 사실이 명확하게 드러난다. 여기서 신앙심 깊은 사람들이 기도를 올리는 그 신들의 신비한 뜻에 따라 프랑스가 매달 100m가 아니라 100km씩 전진한다고 가정하자. 또 베를린과 파리 사이에 자리 잡고 있는 200만 내지 300만 명의 독일군이 분쇄되고, 프랑스군이 독일의 수도에 닿아 거기에 프랑스의 법을 강제할 수 있게 된다고 가정하자. 그렇게 되면 모든 어려움이 제거될까? 절대로 그렇지 않다.

현재 상황이 프랑스가 짐작하는 대로 프랑스에 유리하게 돌아갈 경우에 취할 행동 노선을 예견하는 데엔 마키아벨리의 지혜 같은 것은 절대로 적절하지 않다.

지금 여기서 어떤 가설을 고려하든, 그러니까 독일을 여러 주로 분할하는 것을 옹호하든, 아니면 의무적인 무장해제나 어마어마한 액수의 배상금 또는 다른 계획을 옹호하든, 프랑스는 7,000만 명에 이르는 독일의 보복을 막기 위해서 강력한 군대를 무한정 보유해야 하며, 그것도 독일인들의 행동을 중단시키지 못할 것이라고 결론을 내려야 한다. 나폴레옹도 프로이센의 절대적 지배자가 되었던 예나 전투 후에 비슷한 문제에 직면했지만 그 문제를 해결하지 못했다. 그는 프로이센을 분쇄했다고 믿었지만, 그럼에도 불구하고 몇 년 후에 프로이센 장군들이 정복자로서 파리로 들어왔다.

만약에 그 문제가 다소 뜻밖의 방식으로 풀리지 않는다면, 프랑스는 틀림없이 휴전에 의해 중단될 뿐인 그 장기적인 투쟁들 중 하나를 다시 시작하게 될 것이다. 이런 일은 역사에 종종 일어났다. 30년 전쟁과 100년 전쟁이 그런 예들이다. 단지 앞으로 다가올 전투들은 옛날의 전투보다 훨씬 더 파괴적이고 잔인할 것이다.

만약에 사람들을 지배하고 있는 생각이 변하지 않는다면, 유럽 국가들은 틀림없이 일시적으로 평화의 시기를 갖는 것으로 만족할 것이며, 이 평화의 기간이 10년 내지 15년 정도 이어지도록 하기 위해서도, 교전국들은 패배 후에 그 즉시 투쟁을 다시 벌일 수 없을 만큼 아주 약해져야 할 것이다.

따라서 현재의 전쟁은 교전 당사국들 중 어느 한쪽이 완전히 폐허가 될 때에야 그칠 가능성이 있다. 그것은 그 문제의 새로운 해결 방식이 아니다. 그와 똑같은 일이 역사 속에서 여러 번, 특히 미국의 남북 전쟁에서도 일어났기 때문이다. 엘리엇 교수의 말을 들어 보자.

> "미국인들은 5년 동안의 내전을 결코 잊지 못한다. 쌍방이 결사적으로 싸운 내전은 남부의 병력과 보급품이 바닥을 드러내고서야 끝났다. 남부 주들의 자본은 몽땅 그 끔찍한 전쟁에 다 삼켜져 버렸다."

미해결의 평화는 어쨌든 연합국들에게 전쟁을 지속하는 것보다 더 큰 재앙이 될 것이다. 이 점을 의심하는 사람은 미국 주재 독일 대사 베른스트로프Heinrich von Bernstorff가 제시한 조건을 상기할 필요가 있다.

> "그의 출발점은 프랑스 국민이 500만 명 죽는 일이 벌어지더라도 프랑스가 포르투갈 같은 나라의 지위로 떨어져야 한다는 것이다. 보다 상세하게 들어가면서, 그는 프랑스를 해체하는 방향으로 나아갔다. 프랑스로부터 생-발레리와 리옹을 잇는 선의 동쪽에 사는 1,500만 명의 거주자들을 빼앗아서 벨기에의 주에 더해야 한다는 것이다. 당연히, 벨기에 주들은 독일이 되어야 한다는 생각이다. 독일은 프랑스에게 4억 파운드의 배상금을 요구하고, 프랑스의 국경을 없앰과 동시에 프랑스를 무장해제시키고, 프랑스가 정복자들과 200년 동안 의무적으로 동맹을 맺게 함으로써 영국과 러시아를 포기하도록 하고, 마지막으로 빌헬름 2세가 러시아를 사들이고 영국을 분쇄한다는 계획을 가졌다."

독일이 강화 조건과 관련해서 원하는 것들은 1915년 5월 20일 제국 수상에게 제출된 비밀 문서에 솔직히 표현되어 있으며, 이 문서에는 독일의 제조 및 농업 단체들의 서명도 들어 있었다.

> “벨기에는 경제적으로 독일에 종속되어야 한다. 벨기에의 국경에서부터 솜까지 프랑스의 해안 지역은 독일 제국의 일부가 되어야 한다. 독일은 프랑스의 동부 국경, 특히 베르됭과 벨포르에 있는 모든 요새들을 장악할 것이다. 프랑스 북부의 석탄기(石炭紀) 지역과 파-드-칼레는 독일에 속해야 한다. 이 지역에 재산을 소유하고 있는 사람들은 모두 추방되어야 하며, 그들의 땅은 독일인들이 차지한다. 폴란드와 발트 해 연안 지역을 러시아로부터 빼앗아야 한다.”

독일 산업계 지도자들이 작성한 이 문서는 많은 교수들의 이름이 더해진 또 다른 선언서의 뒷받침을 받았으며, 이 교수들의 선언서는 한 걸음 더 나아가 프랑스의 식민지를 빼앗을 것을 요구하고 있다. 독일의 강화 조약 조건이 정복당한 나라를 강탈하고 폐허로 만든다는 것을 전제로 하고 있다는 것은 독일 수상과 재무장관이 최근에 의회에서 한 연설에서도 확인되었다. 에드워드 그레이 경은 다음과 같이 논평하고 있다.

> “독일은 모든 국가들의 위에 서고, 다른 국가들은 독일이 허용하는 자유만을 누리게 된다. 이것이 독일 수상이 한 연설의 결론이

다. 그리고 재무장관은 수백 만 파운드의 무거운 부담을 수십 년 동안 독일이 아니라 독일이 전쟁의 선동자로 낙인을 찍는 국가들이 져야 한다고 덧붙이고 있다. 바꿔 말하면, 독일에 저항했던 모든 국가들이 앞으로 수십 년 동안 전쟁 배상금이라는 형식으로 조공을 바쳐야 한다는 뜻이다."

'포쉬쉐 차이퉁'Vossische Zeitung은 제국의 수상이 1915년 8월 19일 의회에서 한 연설에 대해 이렇게 논평했다.

"독일이 가장 위대한 국가이기 때문에, 지금부터 인간의 선봉에 서는 것은 우리의 의무이다. 우리보다 열등한 사람들에게 공손하게 대하는 것은 우리의 임무를 위반하는 죄이다."

1915년 9월 4일자 '주르날 드 주네브'는 전후 알자스의 운명에 대해 독일의 한 유명 인사의 매우 전형적인 발언을 실었다.

"알자스 주민들은 전쟁 후에 우리의 발을 핥아야 한다."

내가 방금 언급한 모든 사실들은 평화를 원하는 소수의 사람들이 반드시 알아야 할 사항이며, 프랑스 공화국의 대통령이 1915년 7월 14일 열린 루제 드 릴Rouget de lisle[89] 기념식에서 한 말은 깊이 새겨들을 만하다. 상황을 진정으로 파악하고 있다는 사실을 보여주는 말이다.

....

89 프랑스의 군인이자 작곡가(1760-1836)로, 프랑스 국가 '라 마르세예즈'를 작곡했다.

"만약 몹시 힘든 세월을 보낸 끝에 불완전한 평화가 폐허가 된 도시들의 쓰레기 더미 위에 자리를 잡고 앉게 된다면, 내일 무슨 일이 일어날 것인가? 쇠약해진 우리에게 당장 가혹할 만큼 엄격한 새로운 조약이 강요될 것이며, 우리는 정치적으로나 도덕적으로나 경제적으로나 영원히 적들의 노예가 될 것이다. 프랑스 제조업자와 농민, 노동자들은 의기양양한 경쟁 국가들의 변덕에 휘둘릴 것이고, 그러면 프랑스는 굴욕감을 느끼며 낙담과 자기비하에 시달릴 것이다. …

우리의 적들이 실수를 저지르는 일은 없어야 한다! 프랑스가 홀로 일어선 것은 부당하게 중단된 전쟁과 새로운 전쟁 사이의 불편한 휴전에 불과한 불확실한 강화 조약에 서명을 하기 위해서도 아니며, 미래에 있을 새로운 공격과 치명적인 위험에 스스로를 노출시키기 위해서도 아니다."

2. 미래의 갈등의 원인들

교전 당사국들이 어떤 종류의 강화 조약에 동의하든, 중요한 문제는 미래의 투쟁의 원인들을 다소 저지하는 것이다. 이 과제는 초인적인 영리함을 요구한다.

강화조약이 초래할 변화들 중 하나가 바로 국적(國籍)의 원칙이 힘의 균형이라는 옛 원칙을 대체할 것이라는 점이다. 국적 원칙은 하나의 이론으로서는 완벽하다. 이유는 모든 국민이 각자 원하는 체제를 선택할 수 있도록 하기 때문이다. 그러나 국적이 매우 복잡하게 얽혀 있는 나라들에서 그 원칙을 적용하는 것은 보통 어려운 문제가 아니다. 예를 들면, 그리스인과 세르비아인, 불가리아인, 루마니아인, 헝가리인을 포함한 다양한 민족들이 국적 원칙을 근거로 똑같은 지역에 대해 소유권을 주장하고 있는 발칸 국가들의 경우에 국적 원칙을 적용하는 것은 거의 불가능에 가깝다. 이 어려움은 극복 불가능한 것 같다. 예를 들어, 트리에스테는 샤를마뉴 시대 때부터 같은 지역에서 살고 있는 슬라브인들에게 둘러싸여 있는 이탈리아 도시이다. 그런데 이 슬라브인들은 라틴계 사람들의 지배에 절대로 복종하지 않을 것이다.

유럽의 문제와 나란히, 아시아의 문제들이 일어날 것이다. 주로 일본이 중국을 병합하는 문제가 부각될 것이다. 이 병합은 이 전쟁 동안에 말없이 수행된 평화적인 정복이며, 이 정복의 역사는 대단히 흥미로운 심리학적 문서의 원천이 될 것이다.

나의 독자들은 프랑스 외교관들이 유럽 전쟁에서 일본 군대의 도움을 한동안 받을 수 있다고 상상하면서 아시아적인 성격의 특이한 무지를 드러낸 것을 기억하고 있을 것이다. 일본 군대의 눈부신 전투는 프랑스 언론으로부터 열광적인 찬양의 소리를 들었다. 일본이 프랑스를 돕기 위해 군대를 보낼 뜻이 전혀 없고 단지 자국의 이익을 추구하는 방향으로 전쟁을 벌이고 있다는 것을 깨닫는 데는 그리 큰 지혜가 필요한 일도 아닌데도 말이다. 쉽게 예상할 수 있듯이, 일본은 강대국들이 중국에서 어떤 조치도 취할 수 없게 만든 이 전쟁을 이용해 중국에 보호 정치를 강요하고 중국에서 외국인들을 신속히 배제할 정책을 강제하고 있을 뿐이다.

그런 식으로 중국에 확립된 일본의 패권은 엄청난 결과를 낳을 것임에 틀림없으며, 일본의 정치 평론가들로부터 새로운 시장을 열기 위해 전쟁을 벌이라는 조언을 들은 독일은 조만간 아시아 시장 중에서 가장 중요한 시장이 자국에게 닫혔다는 사실을 깨달을 것이다. 이 문제에 있어서는 유럽의 다른 강대국들도 똑같은 결과를 확인할 것이다. 이 같은 결과는 일본의 영향에 따른 결과만은 아닐 것이다. 왜냐하면 현대 전쟁에서 그 중요성이 확인되고 있는 수적 우세를 바탕으로, 일본인들에게 종속되어 그들로부터 훈련을 받을 때 인구 4억 명이던 중국이 압도적인 강대국으로 올라설 것이기 때문이다. 프랑스 외교관들은 언젠가 이런 사실을 틀림없이 확인하게 될 것이다.

3. 전쟁 종식과 강화조약 서명 후 유럽의 상태에 관한 외국 평론가들의 생각들

지금 유럽의 미래는 충분히 어두워 보이지만, 많은 예상들이 단순히 가설에 지나지 않기 때문에 누구나 자신에게 가장 만족스런 것을 선택할 것이다. 이 시점에 다양한 국적의 저자들이 유럽의 미래에 대해 어떻게 생각하고 있는지를 보는 것도 도움이 될 수 있다. 엄청나게 많은 모순적인 예언들 중에서 나는 유명 인사들의 예언 몇 가지를 소개할 생각이다.

베를린 대학의 에두아르트 마이어 교수는 이렇게 말한다.

> "한 가지 확실한 것은 전쟁 전의 상태로 되돌아가는 것은 완전히 불가능하다는 점이다. 많은 국가들의 국경이 거의 변하지 않거나

전혀 변하지 않는다 할지라도, 전후의 세계는 전쟁 전의 세계와 꽤 많이 다를 것이다. 왜냐하면 다수의 새로운 문제들이 나타나서 해결을 요구하는 한편으로, 해결된 것처럼 보였던 다른 문제들도 다시 등장하면서 중요한 요소로 작용할 수 있기 때문이다. 광범위한 지역에 걸쳐 치러진, 영국에게 책임이 있는 이 전쟁의 가장 직접적이고 불행한 결과는 일본의 힘이 가공할 만큼 증대될 것이며, 이 때문에 태평양과 인도양의 패권을 놓고 치열한 경쟁이 불가피할 것이라는 점이다. [영국의 책임이라니, 이 얼마나 집요한 망상인가!] 종종 그랬던 것처럼, 영국은 자국의 권력을 위협하는 모든 적들 중에서 가장 위험한 국가를 맹목적으로 무장시켰다."

이 저자는 독일이 영국을 분쇄할 수 있다는 희망을 간직하고 있으면서 이렇게 덧붙인다.

"독일은 설령 모든 곳을 정복한다 할지라도 작은 결과에 만족해야 할 가능성이 크다. 영국은 동일한 동맹 또는 새로운 동맹의 우두머리로서 가장 먼저 찾아오는 기회를 이용해 투쟁을 다시 시작할 것이다. 종국적인 결판이 날 때까지, 비참하고 잔인한 일련의 긴 전쟁들이 계속될 것이다. 이것이 내가 영국의 책임(!)인 이 전쟁에서 현대사의 결정적인 전환점을 보는 이유이다. 지금부터 현대 문명이 서서히, 그렇지만 확실히 하강 곡선을 그릴 것이라는 점을 보여주는 징후들이 많다. 고대 문명이 포에니 전쟁[90] 후에 그랬듯이."

헝가리 수상을 지낸 안드라시Gyula Andrassy는 '세계 전쟁과 자유'라는 훌륭한 논문을 썼다. 거기서 그는 일본이나 영국에 대한 두려움을 전혀 나타내지 않고 러시아에 대한 불안을 표현하고 있다.

"러시아 제국이 상대적으로 커질 경우에 문제가 심각해질 수 있다. 러시아 제국이 자유로운 지적 삶의 최대 적이 될 수 있는 것이다. 이유는 다른 어떤 강대국도 차르 정부처럼 지적 자유를 방해하는 위치에 있지 않기 때문이다.

러시아의 관리 체계는 자유를 허용할 수 없다. 이것은 이기심과 정부의 지배를 유지하기 위해서일 뿐만 아니라, 러시아가 너무나 이질적인 요소들과 민족들로 구성되어 있는 탓에 중앙으로 강력히 집중된 권력만이 나라를 온전히 보전할 수 있기 때문이다. 자유로운 러시아는 더 이상 통합된 러시아가 아닐 것이며, 러시아 내에서 억압당하는 민족들의 숫자가 많을수록 제국은 더욱 제국다워질 것이다. 러시아 제국 안에서 억압은 근본적으로 필요한 부분이다. …

폼페이우스Graeus Pompeius Magnus가 패배하고, 이어 카이사르 사후에 브루투스Marcus Junius Brutus와 카시우스Gaius Longinus Cassius의 부대가 아

....

90 카르타고와 로마 사이에 세 차례(B.C. 264-241, B.C. 218-201, B.C. 149-146)에 걸쳐 벌어진 전쟁.

우구스투스Augustus와 안토니우스Marcus Antonius에게 패했을 때, 로마 공화정의 운명은 결정되었다. 정복자인 옥타비우스Gaius Octavius와 안토니우스 사이에 치열한 투쟁이 불가피해졌지만, 이 투쟁은 단지 둘 중 누가 세계의 지배자가 되는지를 결정할 뿐이었으며 자유가 계속 존재할 것인지를 결정하는 것은 아니었다.

그리고 중부 유럽의 제국들이 패배한다면, 마찬가지로 영국 의회나 러시아의 차르가 세계의 패권을 갖게 될 것인가 하는 물음이 제기될 것이다.

우리가 갈망하는 평화는 과거 어느 때보다 더 멀리 달아날 것이며, 우리가 바라는 자유는 더 이상 존재하지 않을 것이다."

독일 제국을 이루고 있던 다양한 나라들의 주권자들은 막강한 프로이센의 지배를 거의 50년 동안 받아들였으며, 독일 제국이 정복당한다 하더라도 그 나라들이 독일 제국으로부터 떨어져 나오려 할 것이라고 기대하기는 어렵다. 독일은 프로이센과의 결합을 통해서 군사적으로 엄청난 중요성을 얻었기 때문에, 어떤 분리가 일어난다 하더라도 그들 사이엔 언제나 통합의 경향이 있을 것이다. 베를린 주재 벨기에 공사를 지낸 베이옌은 이렇게 말한다.

"전쟁은 프로이센에서만 아니라 독일의 다른 지역에서도 환영을 받았다. 최초의 반응은 베를린보다 뮌헨에서 더 떠들썩했으며, 드레스덴의 군중은 프로이센 수도의 시민들 못지않게 격렬하게 영국 공사관의 창문을 부수었다. 이런 정신 상태는 먼저 범

(汎)게르만주의라는 바이러스가 남쪽의 차분한 주민들 사이에도 군사적 우위에 대한 열망이 아주 뜨거운 북부의 주민들 사이만큼 깊이 침투했다는 점을 보여준다. 그것은 또 모든 독일인들이 지금 게르만 연합을 하나의 국가로 존재하는 데 꼭 필요한 조건으로 여기고 있다는 것을 보여준다."

이 같은 민족적 열망 앞에서도 추론 능력이 파괴되지 않은 소수의 독일인들은 평화를 이루기까지 해결해야 할 문제가 너무나 많다는 것을 깨닫고 있다. 오스터리트Osterrieth 교수의 글에서도 그런 인식이 확인된다.

"독일이 승리를 거두면서 영국을 정복해서 종복의 처지로 전락시킨다고, 또는 연합국이 독일 연방을 찢고 남부 독일의 국가들을 노예화하는 데 성공한다고 가정하자. 어느 경우가 되었든, 그런 정치 조직이 오래 지속될 수 있을까?
독일은 절대로 유럽을 아시아의 침공으로부터 보호하지 못할 것이며, 동시에 영국으로부터 물려받을 해상권의 무거운 부담을 감당하지 못할 것이다. 연합국이 승리를 거둔다 하더라도, 그들도 마찬가지로 아시아에 맞설 거대한 보루 역할을 할 독일 없이는 유럽을 보호하지 못할 것이다. 유럽 문명은 세 강대국인 독일과 프랑스, 영국의 연합 없이는 보존되지 못할 것이다. 이 세 나라는 서로 힘을 합하면 유럽의 뼈대가 될 것이고, 다른 나라들도 정치적으로나 민족적으로 이 나라들에게 의존할 것이지만, 이 강대국들 중 어느 한 나라의 균형에 심각한 변화가 일어나는 경우에 다른 강대국들의 존재도 위협을 받게 된다.

러시아는 특이한 위치 때문에 그 자체로 하나의 세계이며, 러시아의 정통성은 비잔티움에 뿌리를 내리고 있다. 러시아는 유럽 문화를 동화시키려 시도했지만, 러시아의 권력의 원천은 언제나 아시아에 있을 것이다. 러시아의 지적 및 사회적 발달은 다른 유럽 국가들과 다른, 유럽 국가들을 서로 묶는 그런 전통이 없는 어떤 새로운 나라를 창조할 것이다. 유럽은 러시아의 탐욕으로부터 스스로를 지키려 노력해야 한다. 이유는 러시아가 기본적으로 아시아 국가이기 때문이다."(La Revue)

다음에 소개하는 글은 이탈리아 저자들의 의견 중 일부이다. 그 저자들 중 한 사람인 파레토도 어려움을 예상하지만 해결책에 있어서는 똑같이 당황하는 모습을 보인다.

"현재의 전쟁이 끝나는 방식과 관련해서 두 가지 가설이 가능하다. 적들을 힘의 측면에서 동등하거나 거의 동등한 수준으로 만드는 강화조약을 체결하는 것으로 끝나는 것이 한 방식이다. 이런 경우에 전쟁의 종식은 틀림없이 하나의 휴전에 불과할 것이다. 아니면 교전국 중 어느 하나가 완벽하게 승리를 거두는 것으로 끝날 수 있다. 만약 3국 협상이 승리한다면, 나는 독일의 군사력을 어떻게 파괴하고 군사력의 재건을 어떻게 막을 것인지 도무지 상상이 되지 않는다. 나폴레옹도 예나 전투 후에 프로이센의 군사력을 제대로 처리하지 못하지 않았는가. 정반대로, 패배의 슬픔과 비탄이 나폴레옹 전쟁 때도 그랬던 것처럼 독일인들의 애국심을 자극하기만 할 것이다. 만약에 중부 유럽의 제국들이 전쟁에서 이긴다면, 나는 이 제국들이 영국의 거대한 제국을 어떤 식으로 파괴할 것이며 또 영국 제국을 이루고 있는 국가들이 불타는 복수욕 아래에서 다시 결합하면서 미합중국이라는 강대국의 지원을 받지 못하도록 어떻게 막을 것인지 도무지 상상이 되지 않는다. 또 방대한 러시아 제국이 보다 밝은 미래에 대한 희망을 품지 않도록 하려면 어떤 식으로 협박해야 하는지 도무지 방법이 떠오르지 않는다."

또 다른 이탈리아 저자인 리냐노Rignano는 이렇게 말한다.

"연합국들은 독일을 완전히 파괴할 수 있다는 생각으로 자신을 속이지 말아야 한다. 이유는 그들이 결정적인 승리를 거둠으로써 패전국들에게 자신들의 조건을 강제할 수 있는 상황에 처하더라도 독일 같은 나라는 몇 년 후면 실패를 딛고 일어설 것이기 때문이다. 연합국들은 프랑스가 1870년과 1871년에 매우 심각한 패배를 당하고도 신속히 부활했다는 사실만 상기하면 된다."

앞의 발언들은 미래가 갈등과 불확실성으로 가득하다는 점을 보여주지만, 똑같이 어떤 불변하는 독일을 전제하고 있다. 그러나 이 문제와 관련해서 우리는 정치적 관점에서 독재적인 독일은 미국과 영국

같은 국가들의 민주적 발전보다 1세기 이상 뒤처져 있다는 점을, 따라서 현재 형태의 독일 정부가 오래 지속될 것인지 의문스럽다는 점을 지적하고 싶다. 독일의 독재 체제가 민주 체제로 바뀌어야 하는 경우에, 독일이 공격전을 벌이기는 매우 어려울 것이다.

이제 공식적으로 제기되지 않은 다른 가설들을 보도록 하자.

4. 전쟁의 실질적 유용성에 관한, 경험에 근거한 생각들

많은 저자들은 전쟁은 유익할 뿐만 아니라 불가피하고, 갈등은 자연의 법칙이며, 투쟁은 모든 곳에, 심지어 우리 육체의 세포 안에서도 일어나며, 갈등의 약화는 곧 질병을 의미하고 갈등의 중단은 죽음이라는 점을 보여주었다. 그런 저자들의 눈에 역사는 평화가 단순히 전투들 사이의 우발적 휴전에 지나지 않는다고 암시하는 것처럼 보인다. 왜냐하면 모든 문명이 전쟁을 바탕으로 건설되고 평화에 의해 파괴되었으며, 전쟁이 평화가 창조할 수 없는 자질들을, 그리고 민족의 정신을 강화하는 자질들을 낳기 때문이다.

이런 사상들이 진리에 입각하고 있다는 점은 부정하지 못하지만, 옛날의 전쟁은 절대로 지금의 전쟁만큼 파괴적이지 않았고 잔인하지도 않았다. 이유는 옛날에는 국민 전체가 아니라 군인들만 싸웠으며, 현재의 조건에서는 전쟁은 교전국들이 거의 완전히 파괴되는 결과를 낳을 수 있기 때문이다. 교전하는 국가들의 금이 모두 연기로 사라지고, 공채가 아무짝에도 쓸모없는 종이쪼가리로 변하면서 교전국들이 파산할 때, 적대적 행위가 어쩔 수 없이 종식될 것이다.

미래의 사람들이 이런 파괴적인 충돌을 완전히 포기하지는 않더라도 줄일 필요성은 있다는 사실을 깨달을 수 있을까? 물론, 국가들이 현명하게 처신할 것이라고 지나치게 기대해서는 안 되지만, 그래도 국가들이 장기적으로 진정으로 이로운 것을 발견하게 될 것이라고 기대할 수 있다.

그러나 무엇보다 먼저, 평화는 권리의 승리에서 나온다고 말하는 평화주의자들의 유치한 헛소리를 물리쳐야 한다. 이유는 오래 지속되는 평화가 성취된다면, 그것은 권리의 산물이 아니라 모든 의지보다 우위인 경제적, 사회적 필요의 산물이며 인간을 지배하는 사상에 어떤 깊은 변화가 일어난 결과일 것이기 때문이다.

한 국민의 사상에 조금의 변화가 일어나도 그 국민의 사고방식이, 따라서 국민의 행동이 바뀔 수 있다. 독일을 재정적으로만 아니라 산업적으로 폐허로 만들어버릴 전쟁들이 충분히 많이 일어날 때, 게르만족 전투원들은 아마 다음과 같은 몇 가지 개념을 얻게 될 것이다.

1. 독일인들이 세상을 황폐화시키고 세계를 지배하도록 신으로부터 선택받았다는 말은 진실이 아니다.
2. 증오하는 이웃들을 대량 살해하고 그들의 기념물과 도시들을 불태우는 것은 틀림없이 매우 큰 쾌락이지만, 그것은 생명과 돈을 많이 요구하는 극도로 비싼 쾌락이다.
3. 세계가 현재처럼 발달한 상태에서 경제적 전쟁은 정복자를 부유하게 하지만 군사적 전쟁은 앞으로 오랫동안 정복자를 망쳐놓을 것이다.

4. 자국의 적을 파괴하는 것보다 적과 거래를 하는 것이 훨씬 더 유익하다.
5. 현대는 국가들 사이에 그 어떤 의욕보다 더 중요한 재정적, 산업적 상호 의존을 발달시켰다. 국가들은 서로 혐오할 수 있지만, 각국은 저마다 기후와 능력에 따라 생산한 산물들을 서로 교환하지 않고는 오랫동안 존속하지 못한다.

이 진리들 대부분은 명백하지만, 어디까지나 이론으로만 그렇다. 왜냐하면 그것들이 우리의 행동의 원인들이 다듬어지는 무의식의 영역까진 아직 도달하지 않았기 때문이다. 그런 것들이 행동의 동기들이 될 수 있을 때까지, 수백 만 명의 사람들이 사라져야 할 것이다. 합리적인 어떤 진리가 정서적이거나 신비주의적인 기원을 가진 망상들을 상대로 승리를 거두기까지 오랜 세월에 걸쳐 대량 살해와 파괴가 필요했다는 사실을 역사는 보여주고 있다. 십자군 운동에서부터 종교 전쟁까지, 오늘날 힘이나 영향력을 전혀 행사하지 못하는 사상의 승리를 위해서 세상이 초토화되었다. 망상은 세월의 무게 외엔 아무것도 무서워하지 않으며, 그것이 바로 망상이 언제나 그렇게 오랫동안 지속되게 되는 이유이다.

결론

이 책에서 나는 유럽 전쟁의 기원을 제시하고, 유럽 전쟁이 가르치는 심리학적 교훈을 보여주었으나, 이 전쟁의 정치적, 심리적, 사회적 결과는 다른 책의 몫으로 넘겨야 한다.

이 책의 각 장에서 내린 일반적인 결론들은 너무나 자세하기 때문에 요약하기가 지극히 어렵다. 그래서 나는 그 결론들에 대해 간략히 언급하는 것으로 만족해야 한다.

지금까지 유럽은 줄곧 대변동에 시달려 왔으며, 죽음의 격동이 세대마다 사람들을 괴롭혔다. 그래서 각 세대는 모든 것의 종말이 가까워졌다고 믿지 않을 수 없었지만, 그럴 때마다 옛 세계의 폐허에서 새로운 세계가 나타났다.

국가들은 마치 역사의 어느 지점에 이르는 경우에 이런 중대한 위기를 겪지 않고는 더 이상 앞으로 나아가지 못하는 것처럼 보인다. 어쩌면 이 같은 위기는 국가들이 너무나 거세게 쥐고 있는 과거의 손아귀로부터, 그리고 너무나 단단하게 확립되어 있는 습관과 편견으로부터 풀려나는 데 필요한지도 모른다.

지금 독일은 다른 나라들을 자신의 독재적인 영향력에 복종하도록 만들려는 욕망에 자국의 부(富)와 미래의 번영을 제물로 바치고 있다. 당연히 프랑스는 독일을 저주하고 있다. 그러나 만약에 이 전쟁이 일어나지 않았다면, 세계의 무관심이 세계 지배에 대한 독일의 불길한 꿈을 점진적으로 하나의 기정사실로 만들었을 것이다. 그러다가 국가들이 마침내 게르만족 독재의 압박을 느끼면서 거기서 벗어나려고 노력할 땐, 이미 때가 너무 늦어 있을 것이다. 이유는 그때 산업과 과학, 상업을 포함한 국부(國富)의 모든 원천이 독일의 손아귀 안에서 발견될 것이기 때문이다.

평화가 아마 독일인들에게 이런 무시무시한 재앙을 통해 얻지 못하는 것을 주었을 것이지만, 그들의 꿈이 그만 그들의 눈을 멀게 만들었으며, 그래서 그들은 진리를 깨달을 수 없었다. 그들 스스로 로마 제국을 되살릴 수 있다고 믿고 있었기 때문이다. 독일인들의 꿈은 실현 불가능하다. 왜냐하면 독일군이 100번의 전투에서 승리를 거두고 100개의 도시를 초토화시킨다 하더라도 세계는 자유를 너무나 필요로 하며, 어떤 카이사르도 자유를 자신의 법에 종속시키려 하지 않을 만큼 자유를 방어하는 수단이 너무나 많기 때문이다.

현대의 사고방식은 그렇게 많은 정복자들을 사로잡았던, 세계 지배라는 이상의 실현을 배제한다. 이유는 우리 시대에 대부분의 국가들은 강제로 자신들에게 강요되는 지배권에 굴복하느니 차라리 사라지는 쪽을 택할 것이기 때문이다. 현대의 국가들은 자신들의 권력을 너무나 강하게 의식하고 있기 때문에, 어떤 독재자의 압제도 현대 국가들을 예속시키지 못한다. 침략 당한 국가들은 틀림없이 폐허가 될 것이지만 예속을 두려워할 필요는 없다.

* * *

유럽 강대국들의 운명은 우리로부터 숨겨져 있다. 이유는 미래가 인간의 지능이 아직 읽어내지 못하는 어떤 책에 쓰여 있기 때문이다. 그러나 어느 누구도 시간이 우리에게 안길 것이 무엇인지를 보여주지 못함에도 불구하고, 우리는 적어도 과거를 들여다볼 수 있다. 현재의 창조자로서, 지금 일어나고 있는 사건들과 앞으로 일어날 사건들의 원인을 포함하고 있는 과거를 말이다. 과거에 지금 우리를 짓누르며 거의 파괴하다시피 하고 있는 오류들의 씨앗이 있다. 이유는 현재가 결과들을 보여주듯이, 과거가 현재의 기원을 드러내고 있기 때문이다.

고대 로마인들이 위대했던 한 가지 이유는, 몽테스키외Montesquieu가 관찰했듯이, 그들이 언제나 적의 훌륭한 자질들을 인식하고 필요한 경우에 적의 방식을 적용할 줄 알았다는 점이다. 프랑스는 이 가르침을 가슴에 새기고, 독일인들의 군사적, 산업적 체계를 세심하게 연구해야 한다. 물론, 독일인들을 베끼려 들면 안 된다. 독일인의 사고방식과 프랑스인의 사고방식이 다르기 때문이다. 그러나 똑같은 결과를 서로 다른 과정을 통해 성취할 수 있다.

우리 시대의 독일인들은 결코 그들의 역사가들의 자만심이 상상한 그런 초월적인 피조물이 아니다. 독일인은 나폴레옹이 예나에서 아주 쉽게 정복했던 인간들의 후손이며, 지나치게 엄격한 규율과 현대 시대의 필요에 잘 적응한 꼼꼼한 조직 외에는 탁월한 것을 전혀 갖추고 있지 않다.

독일인의 신비주의는 독일인이 매우 실용적인 목표를 추구하지 않도록 막지 못한다. 프랑스 혁명의 군대들과 달리, 독일군은 점령지의 사람들을 매료시킬 수 있는 어떤 사상의 승리를 위해서 싸우는 것이 아니라, 자신의 상업적 이익을 증대시킬 수 있는 우월한 지위를 위해 싸우고 있다. 프랑스인은 이 분야에서 독일인을 능가하지 못할 것이지만, 전통 깊은 프랑스의 탁월성이 힘을 발할 다른 분야들이 있다.

* * *

독일의 전쟁 계획은 상황에 따라 변했지만, 전투가 벌어지는 내내 그 계획은 언제나 영토의 점령을 목표로 잡았다. 처음에는 벨기에와 프랑스의 부유한 산업 지역을, 이어서 폴란드와 리투아니아, 러시아의 쿠를란드, 마지막으로 콘스탄티노플, 그리고 가능하다면 수에즈 운하와 이집트를 점령한다는 계획이었다.

그러나 이 마지막 목표까지 성공적으로 달성했다고 가정하더라도, 독일인들은 이 전쟁을 승리한 것으로 여기거나, 자신들이 프랑스에서 그랬던 것처럼 역습을 막기 위해 요새화된 참호 체계를 이용해 점령지를 보호하는 외에 달리 할 것이 없다고 믿을 수 없을 것이다. 영국이 독일의 존립에 반드시 필요한 해상 무역의 길을 막고 있는 한, 사실 독일의 모든 승리는 그들에게 아무런 도움이 될 수 없다. 영국 함대가 라이벌이 없는 상태에서 바다를 지배하고 있기 때문에, 영국은 필요하다고 판단하는 한 독일의 해상 무역을 계속 방해할 것이다.

* * *

전쟁이 끝날 때, 프랑스는 아마 병력과 돈을 거의 다 소진한 상태일 것이지만, 프랑스의 쇠퇴를 낳을 수 있는 망상과 오류도 마찬가지로 잊힐 것이다.

종합적으로 판단할 때, 프랑스는 사회 구조가 정치적, 종교적 분열에 의해 약화되었다는 사실을 발견할 것이며, 프랑스는 내분을 종식시키지 못하는 국가는 역사에서 사라졌다는 사실을 기억해야 한다. 그런 국가가 비운을 맞는 이유는 국내의 적이 언제나 그 나라의 국민을 외부 적에게 저항하지 못하는 존재로 만들어 버리기 때문이다.

허약해진 사회의 끈들을 서로 결합시켜 단단하게 짜는 것은 힘든 과제가 될 것이며, 프랑스의 개인적, 사회적 삶의 많은 요소들은 근본적인 변화를 겪을 필요가 있다.

가장 어려운 과제 중 하나가 프랑스인 자신이 말의 해로운 힘으로부터 자유로워지는 것이다. 왜냐하면 웅변가들의 유려한 언술이 진보와 평화주의, 사회주의, 보편적 형제애에 관한 몇 가지 대중적인 공식을 이용해서, 무게가 무거울 수밖에 없는 현실을 덮었기 때문이다.

프랑스인은 또 다소 부족한 의무와 책임의 감정과 그것보다 더 많이 부족한 연대의 정신을 획득해야 한다. 이 전쟁은 프랑스인에게 이런 훌륭한 자질들을 안겨주었으며, 프랑스인은 평화 시에 그 자질들을 간직하려 노력해야 한다.

다른 어떤 것보다, 프랑스의 사회법과 교육 제도는 세심한 주의를 요구할 것이다.

프랑스의 사회 법률이 끼친 불행한 영향에 관해서라면, 독자는 나의 책 『정치 심리학』을 참고할 수 있으며, 그 책을 보면 사회 법률이 우리를 이끌고 있는 나락이 어떤 곳인지를 알 수 있다.

모든 개혁의 근본적인 토대인 교육은 내가 여기서 건드릴 수 없는 주제이며, 그래서 나는 교육 개혁을 논한 나의 책 『교육의 심리학』 Psychologie de l'Éducation 중 일부를 짧게 인용한다.

> "세계가 과학과 산업을 통해 이룬 발달의 현 단계에서는 성격을 형성하는 자질들이 아주 중요한 역할을 한다. 독창력과 인내, 정확성, 양식(良識), 활력, 의지, 자제력, 그리고 의무감이야말로 대단히 중요한 능력이며, 이런 능력을 갖추지 않을 경우에 지성을 아무리 많이 갖춰봐야 아무런 소용이 없다. 그런 능력들이 유전으로 허용되지 않았을 경우에, 교육만이 그런 것들을 창조하는 데 약간의 도움을 줄 수 있을 뿐이다."

우리의 대학들은 이런 자질들을 가르치지 않고 있으며, 더 나쁜 것은 억압적인 교육 제도가 그런 것들을 소유한 젊은이들로부터 그것들을 빼앗아버린다는 점이다. 우리의 방식은 철저한 변화를 필요로 하며, 교육 문제의 해결에 우리의 미래가 달려 있다.

*　*　*

유럽이 패권을 노리고 있는 독일을 상대로 최종적으로 어떤 승리를 거두든, 그 승리가 오래 지속될 것이라는 희망은 절대로 가질 수 없다. 왜냐하면 패권이라는 이상은 결코 짧은 기간에 끝날 수 없는 신비주의적 믿음이기 때문이다. 신에 의해서 세상을 정복하고 쇄신시키도록 선택받은 민족은 그런 임무를 절대로 쉽게 포기하지 않으며, 독일은 여러 차례 패배하기 전까지 그 임무를 포기하지 않을 것이다.

문명국가들은 지금 국부를 상실하고 인구 중 가장 훌륭한 구성원들을 잃는 것보다 훨씬 더 무서운 위험에 노출되고 있다. 지금까지 긴긴 세월을 두고 점진적으로 획득했던 미덕들이 사라질 위험에 처해 있는 것이다. 또 지금까지 문명의 영광과 기쁨이었던 미덕들이 이젠 그것들을 소유한 민족들에게 위험이 되고, 따라서 사라질 운명을 맞고 있는 것이다.

성실과 진실, 친절, 약속과 조약에 대한 존경, 한마디로 말해서 다양한 형태의 명예가 예외 없이 그것을 존경하지 않는 나라들과의 투쟁에서 약함의 원천이 되었으며, 아마 명예는 미래에 설 자리를 잃게 될 것이다. 그러나 이런 모든 미덕들이 영원히 사라져버리고 맹목적인 힘들만이 다른 모든 것들을 배제한 상태에서 세상을 지배하게 되는 날, 인류는 더없이 야만스런 상태로 퇴보하는 운명을 맞을 것이며, 문명의 중심들은 불가피하게 이동할 것이다.

게르만족 학자들 중에서 가장 인기 있는 학자는 사회가 더욱 많이 기대고 있는 형제애와 평등, 자유의 원리들을 가장 강한 자들만 살아

남는 무자비한 투쟁이라는 다윈의 공식으로 대체해야 한다고 주장한다. 독일 역사학자들은 이 공식을 생물학적 정의라고 부른다.

자연주의자들은 아직 이 같은 잔인한 법칙을 그렇게 강하게 믿지 않고 있음에도 불구하고, 아마 동물의 세계는 그런 법칙이 지배하고 있을 것이다. 그러나 과학은 인간이 자연의 잔인성으로부터 자유롭게 풀려나도록 하고 인간의 약함을 보호하기 위해 노력을 기울여왔다.

우리 인간은 문명의 승리를 포기하고 이런 끔찍한 대학살이 끝없이 반복되는 것을 보아야 한단 말인가? 한 나라의 젊은이들을 몰살시키고, 수많은 주들을 폐허로 만들고, 과거의 최고 걸작들을 파괴하는 그런 대학살을 계속 보아야 한단 말인가? 세상이 시작될 때처럼, 잔혹한 힘이 국가들의 유일한 지배자가 되어야 하는 것인가? 인류는 약한 자들을 노예로 만드는 무자비한 야만에 복종해야 하는가?

만약에 인간 정신이 자연을 상대로 일군 수많은 승리가 이런 식으로 끝난다면, 우리는 그런 인간 정신에 절망할 것이다. 또 만약에 존재를 아름답게 가꾸는 모든 것들이 야만적인 투쟁으로 대체되고, 그 투쟁이 엄격한 병영 생활의 휴가에 의해서만 잠깐 끊어지게 된다면, 인류의 미래는 참으로 암담할 것이다.

인류의 미래가 그럴 수는 없다. 우리가 미래를 그런 식으로 내버려두지 않을 것이기 때문이다. 자연의 법칙은 틀림없이 막강하지만, 자연의 법칙을 지배하려고 노력하는 과학도 마찬가지로 매우 막강하다.

어쨌든 우리는 자연의 법칙에 대해 지나치게 자유롭게 말하지 말아야 한다. 왜냐하면 우리 인간이 자연에 대해 아주 조금밖에 알지 못하고 있기 때문이다. 인간이 그렇게 자주 간청하는 자연은 신비로 가득하다. 자연의 이성은 인간의 이성이 아니며, 자연은 인간의 척도를 모른다. 인간의 지식은 잠정적일 뿐이며, 자연은 영원만 생각한다. 인간의 대재앙들은 틀림없이 자연에겐 끝없는 바다 위의 잔물결들에 지나지 않는다. 자연은 죽음에서 생명이 일어나도록 하고, 자신의 영원한 힘으로 언제나 변화하는 덧없는 형태들을 다듬어내고 있다.

학자들은 민족들을 지배하고 있는 망상들에 초연하고, 겉모습 밑에서 작동하고 있는 본질을 발견할 수 있지만, 학자들 중에서 자연이 사물들의 이유들을 다듬어내고 있는 미지의 영역까지 파고들 수 있는 사람은 아직 아무도 없다.

그렇다면 우리가 덜 암울했던 시대에 품었던 희망을 포기하지 않도록 하자. 이유는 세상이 오늘날 너무나 급변하고 있는 탓에 예기치 않은 것이 종종 인간의 허약한 진리들을 저지하기 때문이다.

* * *

사건들에 대한 철학적 관점이 우리가 현재의 위협을 망각하도록 해서는 안 된다. 이 글을 쓰고 있는 지금, 프랑스에서 가장 번창하던 주들이 쉼 없이 약탈당하고 있고, 러시아 군대들이 격퇴당하고 있으며, 폴란드가 패배하고 폴란드의 중요한 도시와 요새들이 불타거나 정복당하고 있다.

만약에 승리하겠다는 우리의 의지가 지속된다면, 이런 모든 재앙도 전혀 아무런 결과를 낳지 않을 것이다. 이유는 한 국민의 영토를 정복하는 것만으로는 절대로 충분하지 않기 때문이다. 어떤 국민을 지배하기 위해선 그 국민의 영혼까지 정복해야 한다.

한니발은 칸나이에서 마지막 로마 군대를 격파하면서 자기 나라가 두려워하던 라이벌을 영원히 정복했다고 생각했지만, 그는 로마의 의지를 부러뜨리지 못했으며, 최종적으로 세계 무대에서 사라진 것은 오히려 카르타고였다.

독일은 침공한 나라들의 의지를 꺾지 못했다. 그 나라들 모두는 복종하느니 차라리 죽겠다는 각오를 다지고 있다.

그런 행동력이라면 충분하다. 이유는 복종하지 않는 나라의 국민을 지배할 수 있을 만큼 강한 독재자는 오늘날 절대로 없기 때문이다. 나폴레옹은 스페인에서 이 같은 사실을 확인했다. 그는 스페인의 도시를 점령하고 스페인의 군대를 무찔렀다. 그러나 그는 역사에서 가장 위대한 군인이었음에도 불구하고 스페인을 종속시키지 못했다.

미래는 다른 어떤 것보다 우리의 의지의 지속성에 달려 있다. 지금 독일이 노예로 만들려는 민족들의 모토는 이것이어야 한다. 정복 아니면 죽음을! 항복은 절대로 없어! 자연도, 인간도, 운명도 강력하고 확고한 의지를 꺾지 못한다. 나는 이 말을 거듭했지만 여기서 한 번 더 반복해야 한다.